诚信为本　操守为重

坚持准则　不做假账

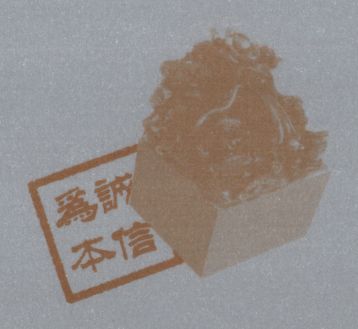

——与学习会计的同学共勉

"十三五"职业教育
国家规划教材配套用书

国家精品在线开放课程配套教材

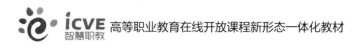

高等职业教育在线开放课程新形态一体化教材

纳税实务习题与实训

（第四版）

▶主　编　杨则文
▶副主编　黄　玑

中国教育出版传媒集团

高等教育出版社·北京

内容提要

本书是"十三五"职业教育国家规划教材配套用书,也是国家精品在线开放课程配套教材。

本书以截至 2022 年 10 月的最新财税法规为依据编写而成。全书围绕适应岗位工作的需要和考取职业资格证书的需要两个目的,设计了与课堂教学同步递进的学习指导、习题和实训,共 15 个项目。其中,学习指导部分包括每个教学项目的学习目标、标志性成果、重点难点、主要业务。习题部分包括对每个教学项目的典型例题分析和职业能力训练,典型例题分析是让学生通过学习例题和分析例题的答题思路来训练和巩固课堂知识,职业能力训练是让学生通过完成作业题目和实训项目来训练和提升职业能力。

本书可作为高等职业院校财务会计类、财政税务类及相关专业学生学习和训练用书,也可以作为在职财会人员业务学习、岗位培训的参考书。

本书提供参考答案等相关教学资源,具体获取方式请见书后"郑重声明"页的资源服务提示。

图书在版编目(CIP)数据

纳税实务习题与实训 / 杨则文主编. --4 版. -- 北京:高等教育出版社,2023.2(2024.4重印)
ISBN 978-7-04-059734-9

Ⅰ. ①纳… Ⅱ. ①杨… Ⅲ. ①纳税 – 税收管理 – 中国 – 高等职业教育 – 习题集 Ⅳ. ①F812.42-44

中国国家版本馆 CIP 数据核字(2023)第 009355 号

纳税实务习题与实训(第四版)
NASHUI SHIWU XITI YU SHIXUN

策划编辑	马 一	责任编辑	马 一	封面设计	赵 阳 裴一丹	版式设计	王艳红
责任绘图	李沛蓉	责任校对	刘丽娴	责任印制	耿 轩		

出版发行	高等教育出版社	网 址	http://www.hep.edu.cn	
社 址	北京市西城区德外大街 4 号		http://www.hep.com.cn	
邮政编码	100120	网上订购	http://www.hepmall.com.cn	
印 刷	山东百润本色印刷有限公司		http://www.hepmall.com	
开 本	787mm×1092mm 1/16		http://www.hepmall.cn	
印 张	22			
字 数	530 千字	版 次	2015 年 8 月第 1 版	
插 页	2		2023 年 2 月第 4 版	
购书热线	010-58581118	印 次	2024 年 4 月第 2 次印刷	
咨询电话	400-810-0598	定 价	46.80 元	

本书如有缺页、倒页、脱页等质量问题,请到所购图书销售部门联系调换
版权所有 侵权必究
物 料 号 59734-00

主编简介

杨则文，教授，高级会计师，中国注册会计师，中国注册税务师。国家"万人计划"教学名师，首届全国教材建设先进个人，全国职业院校技能大赛优秀工作者。获国家教学成果奖 3 项，全国优秀教材奖 1 项，主持国家级专业建设项目 2 项，主持国家级课程 5 门，主编国家规划教材 13 本、财政部规划教材 14 本，主持制定国家教学标准 5 项，主持制定国赛规程 2 项。

现任广州番禺职业技术学院财经学院院长，全国金融职业教育教学指导委员会委员，全国财政职业教育教学指导委员会高职专委会副主任委员，中国商业会计学会常务理事兼职业教育分会副会长，全国高等职业院校

财经类专业在线开放课程联盟副理事长兼课程建设组组长，会计教育专家委员会理事，全国云财务职教集团秘书长。广州市人民政府重大行政决策论证专家。

第四版前言

本书是十三五职业教育国家规划教材配套用书，也是国家精品在线开放课程配套教材，适用于高等职业教育财务会计类、财政税务类专业和经济管理类相关专业的"纳税实务""税法"和"税费计算与申报"等课程。

本书与主教材《纳税实务》（第四版）的项目结构相同。全书围绕《纳税实务》（第四版）各项目教学所需的训练展开，每个项目包含三个方面的内容：

一是学习指导。主要包括各项目的"学习目标""标志性成果""重点难点"和"主要业务"。简要说明了每个项目的学习要求和需要注意的问题，以及通过训练需要提交的仿真工作成果，并对本项目主要业务内容通过摘要和列表进行了归纳，使学生学习起来一目了然。

二是典型例题分析。主要包括涵盖主教材项目内容的"单项选择题""多项选择题"和"判断题"，通过例题讲解的形式从不同的角度反复训练学生对相关知识和技能的掌握，也为学生参加会计专业相关职业资格考试提供借鉴。

三是职业能力训练。主要包括对应各项目的"单项选择题""多项选择题""判断题""计算题"和"实训题"。这些题目既有对税法及相关知识掌握的训练，又有模拟实际工作的各税种的纳税申报表的填报。

本次修订《纳税实务习题与实训》，主要是依据截至 2022 年 10 月的最新财税法规，教材修订保证了教学内容的快速更新，尽可能实现与实际工作的一致性。但在修订的同时，我们保持了教材原有的项目式、立体化、时效强、层次高的特点，力求通过税务工作任务引导的实务活动，训练学生在会计岗位训练运用税法的能力，达到了解税收理论知识、熟悉税法主要内容、熟练操作办税业务的教学目的。

本书由广州番禺职业技术学院"税法"国家精品在线开放课程教学团队编写。杨则文任主编，负责编写导言和项目五；黄玑任副主编，负责编写项目二、项目七、项目九、项目十三、项目十四；刘水林负责编写项目八、项目十、项目十一、项目十二；罗威负责编写项目三、项目六；李兆慧负责编写项目一、项目十五；杨柳负责编写项目四；广州金算盘税务师事务所杨华军参与本书的整体设计和修改定稿。

不足之处，恳请读者批评指正。电子邮箱：yangzewen@126.com。

编　者

二〇二二年十月

目 录

走进税收

【学习目标】

通过学习导言，理解税收的基本含义，了解税收"三性"的基本特征，深刻认识在现阶段国家开征税收的必要性。认知征税对象、纳税人、税率、减免税、纳税环节、纳税期限和法律责任等要素。了解我国现行税制体系及税收管理机构。熟悉税收业务岗位职责、工作内容和胜任能力要求。能够计算超额累进税率的速算扣除数，能够运用三种不同的税率计算应纳税额。

【标志性成果】

导言部分主要是为后面各项目作知识准备的，重在了解和理解相关知识，不需要完成与岗位对应的工作任务，因此不需要提交与实际工作成果相同的标志性学习成果。

【重点难点】

重点：税收的概念，税收按照征税对象分类，办税员的工作职责和基本要求。

难点：速算扣除数的计算。

【主要业务】

业务流程	业务内容	处理方法
1. 理解税收的意义	（1）税收的定义	税收是国家为了满足社会公共需要，凭借政治权力参与社会剩余产品分配，强制地、无偿地取得财政收入的一种固定征收形式

续表

业务流程	业务内容	处理方法
1. 理解税收的意义	（2）税收的基本特征	无偿性：税收的无偿性是指国家取得税收收入不需要直接向缴纳的单位和个人付出任何代价。 强制性：税收的强制性是指税收这种分配关系是以国家的政治权力为依托的，具体表现为国家以颁布税收法令和制度等法定形式来规范、制约、保护和巩固这种分配关系。 固定性：税收的固定性是指对什么征税和征多少税是通过法律形式事先规定的，征、纳双方都必须遵守
	（3）税收的必要性	税收是补偿公共产品价值来源的基本途径； 税收是实现经济稳定、协调发展的重要调节手段； 税收是调节居民收入分配、实现共同富裕的重要保证； 税收是在国际经济交往中维护国家权益的重要工具
2. 认知税法要素	（1）税法的含义和类别	税法是规定政府与纳税人之间在税款征收和缴纳方面的权利义务关系的法律规范。它既是税务机关向纳税人征税的法律依据，又是纳税人履行纳税义务的法定准则。税法主要有两类：一是规定税收权利义务关系的税收实体法。二是规定税收征纳程序方面的税收程序法
	（2）征税对象	征税对象是指对什么征税，是税收法律关系中征、纳双方权利义务共同指向的客体或标的物
	（3）纳税义务人	纳税义务人简称纳税人，又称纳税主体，是指税法规定直接负有纳税义务的法人、自然人及其他组织。 负税人是实际承担税款的单位和个人。 扣缴义务人包括代扣代缴义务人和代收代缴义务人。 税务代理人是指在国家有关法律、法规范围内，受纳税人、扣缴义务人的委托，办理涉税服务事项的主体。 委托代征人是指受税务机关的委托，按照税务机关核发的代征证书的要求，以税务机关的名义向纳税人征收零星税款的单位
	（4）税率	税率是应纳税额与征税对象数量之间的法定比例或额度，它是计算税额的尺度，也是衡量税负轻重与否的重要标志。 比例税率对同一征税对象不分数额大小，规定相同的征收比例。 定额税率是按征税对象确定的计算单位，直接规定一个固定的税额。 累进税率是将征税对象按计税依据的大小分成若干等级，每一等级规定一个不同税率，对每个等级采用不同的税率计算税款
	（5）减税、免税	减税、免税，是根据国家政策，对某些纳税人和征税对象通过减征部分税款或免于征税而给予鼓励和照顾的一种特殊规定。 起征点是税法规定的征税对象达到开始征税数额的界限，征税对象的数额未达到起征点的不征税，达到或超过起征点的，则就其全部数额征税。 免征额是征税对象总额中免予征税的数额，它是按照税法规定的标准从征税对象总额中预先扣除的数额，免征额的部分不征税，只就超过免征额的部分征税
	（6）纳税环节	纳税环节是税法规定的征税对象在从生产到消费的流转过程中应当缴纳税款的环节
	（7）纳税期限	纳税期限是指纳税人的纳税义务发生后应依法缴纳税款的期限。纳税期限有两层含义：一是结算应纳税款的期限，也称结算期限，是指结算一次应纳税额的时间跨度。二是缴纳税款的期限，也称缴款期限，是指在结算应纳税款后多少天内缴纳税款
	（8）法律责任	法律责任，一般是指由于违法行为而应当承担的法律后果

续表

业务流程	业务内容	处理方法
3. 了解税收体系	（1）按税收管理使用权限划分	按管理和使用权限划分，我国税收可分为中央税、地方税、中央与地方共享税。 中央税包括关税、船舶吨税、消费税、车辆购置税和海关代征的增值税。 地方税包括房产税、城镇土地使用税、耕地占用税、契税、土地增值税、车船税、烟叶税和环境保护税
	（2）按税收的征税对象划分	按征税对象划分，可以将税收分为流转税、所得税、资源税、财产税、行为税。 对商品和劳务的征税简称商品劳务税，俗称流转税，它是对商品和劳务交易征收的一类税收。 对所得的征税简称所得税，是对纳税人在一定时期的合法收入总额减除成本费用和法定允许扣除的其他各项支出后的余额（即应纳税所得额）征收的税。 对资源的征税是对开发、利用和占有国有自然资源的单位和个人征收的一类税收。 对财产的征税是对纳税人所拥有或属其支配的财产数量或价值额征收的税。 对行为的征税也称行为税，一般是指针对某些特定行为或为达到特定目的而征收的一类税收
	（3）按其他方法划分	按税负能否转嫁可以将各税种划分为直接税和间接税。 按照税收与价格的关系划分，税收可以分为价内税和价外税。 税收按其计税标准的不同，可分为从价税和从量税
4. 熟悉税收业务岗位	（1）税收管理员岗位	税收管理员是政府基层税务机关及其税源管理部门中负责分片、分类管理税源，负有管户责任的工作人员
	（2）办税员岗位	办税员是指受纳税单位指派、聘用或委托，为纳税单位办理涉税信息采集、纳税申报、税款缴纳、申购发票、减免税优惠申请、资格等级认定等各种涉税事务及可以在有关涉税文书、证件上签名、盖章的人员
	（3）税务代理人岗位	税务代理人是指在国家法律规定的代理范围内，受纳税人、扣缴义务人的委托，代为办理税务事宜的单位和个人

【典型例题分析】

一、单项选择题

1. 税收的主体是（　　）。

　　A. 国家　　　　　　　B. 政府　　　　　　C. 税务机关　　　　　　D. 财政部门

　　【答案】A

　　【分析】从税收的定义可知"税收是国家为了满足社会公共需要"而开征的，国家的立法机构负责税收立法，政府及其部门根据国家法律来执行税收征收事务。

2. 税收与其他财政收入形式相比，（　　）特征不是税收特有的。

　　A. 无偿性　　　　　B. 收益性　　　　　C. 强制性　　　　　　D. 固定性

　　【答案】B

　　【分析】收益性是任何财政收入形式都具备的，税收的无偿性、强制性、固定性特征是指税收与其他财政收入形式的区别。

3. 下列各项中，属于税收按征税对象的性质分类的有（　　　　）。

A. 所得税　　　　　　B. 直接税　　　　　C. 地方税　　　　　　D. 从量税

【答案】A

【分析】税收按照征税对象可以分为流转税、所得税、资源税、财产税、行为税。

4. 下列税种属于流转税类的是（　　　　）。

A. 印花税　　　　　　B. 房产税　　　　　C. 关税　　　　　　D. 资源税

【答案】C

【分析】关税是对进出口货物或物品征收的税收，以上选项中只有关税是对商品和劳务交易征收的一类税收，属于流转税。

5. 按照税收管理和使用权限分类，可以将我国税种分为中央税、地方税和中央与地方共享税。下列各项中，属于中央与地方共享税的税种是（　　　　）。

A. 增值税　　　　　　B. 消费税　　　　　C. 房产税　　　　　　D. 土地增值税

【答案】A

【分析】消费税属于中央税，房产税和土地增值税属于地方税，增值税属于中央和地方按照比例分成共享。

二、多项选择题

1. 关于税收，下列说法正确的是（　　　　　）。

A. 税收是国家取得财政收入的主要来源

B. 税收具有强制性、无偿性、固定性

C. 征税的目的是满足社会公共需要

D. 税收是国家积累经济建设资金的重要工具

【答案】ABC

【分析】ABC 三项答案符合税收的定义。在公共财政体系中，税收的目的是满足社会公共需要积累资金，税收积累资金的目的不是经济建设。

2. 从量税是指以课税对象的（　　　　）为依据，按固定税额计征的一类税。

A. 数量　　　　　　　B. 面积　　　　　C. 重量　　　　　　D. 金额

【答案】ABC

【分析】凡是以实物量度为计税依据的都是从量税，以价值量为计税依据的才是从价税。

3. 我国现行的税率主要有（　　　　　）。

A. 比例税率　　　　B. 全额累进税率　　C. 定额税率　　　　　D. 超额累进税率

【答案】ACD

【分析】按照全额累进税率计税由于会出现征税对象少量增加导致税收大量增加的不合理情况，因此在现行税法中没有采用。

4. 下列属于办税员职责的有（　　　　　）。

A. 对纳税人开展纳税评估　　　　　　B. 办理纳税申报

C. 申办涉税信息补充采集　　　　　　D. 办理领购发票

【答案】BCD

【分析】开展纳税评估是税务机关的工作，属于税收管理员的职责范围。其他职责属于办税员职责。

5. 税务代理人的业务范围包括（　　　　）。

A. 办理税务登记
B. 办理增值税专用发票领购手续
C. 审查纳税情况
D. 企业所得税汇算清缴纳税申报

【答案】ACD

【分析】由于增值税专用发票的特殊性，税务代理人只能代理除增值税专用发票外的发票领购手续。

三、判断题

1. 税收的主体是政府，各国政府都有权根据本国的社会经济发展需要开征、停征税种。　（　　）

【答案】×

【分析】税收开征、停征权在立法机关，政府没有税种开征、停征的权利，我国通过政府发布暂行条例的方式开征税种是在特定历史时期由全国人大授权立法的一种非正常措施。

2. 税收的目的是满足国家实现其职能的需要，而国家是阶级矛盾不可调和的产物，因此，税收的本质是阶级斗争的工具。　（　　）

【答案】×

【分析】税收是国家为了满足社会公共需要而开征的，其目的是为纳税人提供公共产品。

3. 税收的固定性是指纳税人的应纳税额一旦确定，不得随意变更。　（　　）

【答案】×

【分析】税收的固定性是指对什么征税和征多少税是通过法律形式事先规定的，征、纳双方都必须遵守。

4. 我国的税收法律一般由国务院制定并颁布实施。　（　　）

【答案】×

【分析】我国立法权属于全国人民代表大会及其常务委员会。

5. 税收管理员不直接从事税款征收、税务稽查、审批减免缓抵退税和违章处罚等工作。　（　　）

【答案】√

【分析】在税务机关内部工作分工中，税收的征收、管理和稽查三项工作一般是分开的，税收管理员不直接从事征收和稽查工作。

6. 税收管理员发现所管纳税人涉嫌逃税、逃避追缴欠税、骗取出口退税、抗税，以及其他需要立案查处的税收违法行为的，应当立即进行依法处理。　（　　）

【答案】×

【分析】税收管理员发现所管纳税人有下列行为，应提出工作建议并由所在税源管理部门移交税务稽查部门处理：涉嫌逃税、逃避追缴欠税、骗取出口退税、抗税，以及其他需要立案查处的税收违法行为的；涉嫌增值税专用发票和其他发票违法犯罪行为的；需要进行全面系统的税务检查的。

【职业能力训练】

一、单项选择题

1. 税收分配的对象主要是（　　）。
   A. 社会产品价值　　　B. 剩余产品价值　　C. 国内生产总值　　　　D. 国民生产总值
2. 我国现阶段税收最主要的目的是（　　）。
   A. 满足提高党的执政能力的需要　　　　B. 满足国家经济建设的需要
   C. 满足社会公共需要　　　　　　　　　D. 满足对外开放的需要
3. 当经济衰退时，政府应采取（　　）税收政策，以刺激投资和消费。
   A. 降低税率　　　　　B. 提高税率　　　C. 设置新税　　　　　　D. 保持税负不变
4. 中央与地方共享税包括（　　）。
   A. 消费税　　　　　　B. 车辆购置税　　C. 增值税　　　　　　　D. 土地增值税
5. 税收管理员的工作职责包括（　　）。
   A. 企业所得税汇算清缴、纳税申报鉴证
   B. 税务咨询、受聘税务顾问
   C. 对分管纳税人开展纳税评估
   D. 直接从事税款征收、税务稽查

二、多项选择题

1. 社会公共需要包括（　　　　）。
   A. 保护国家主权和领土完整　　　　　B. 建设公共工程
   C. 举办教育、文化、社会保障事业　　D. 维持社会安定秩序
2. 我国税法目前采用的税率形式有（　　　　）。
   A. 超额累进税率　　　　　　　　　　B. 定额税率
   C. 全额累进税率　　　　　　　　　　D. 全率累进税率
3. 下列属于税收固定性表现的有（　　　　）。
   A. 征税的依据是由法律规定的　　　　B. 每年应交税额是不变的
   C. 计税方法是全国统一的　　　　　　D. 征收比例有一定的限度
4. 按照税收与价格的关系划分，税收可分为（　　　　）。
   A. 从价税　　　　　　B. 价内税　　　　C. 从量税　　　　　　　D. 价外税
5. 我国现阶段税收存在的必要性体现在（　　　　）。
   A. 税收是补偿公共产品价值来源的基本途径
   B. 税收是实行阶级专政的工具
   C. 税收是调节居民收入分配、实现共同富裕的工具
   D. 税收是实现经济稳定、协调发展的重要调节手段

6. 商品劳务税包括（　　　　）。

    A. 增值税　　　　　　　　B. 关税　　　　　　　C. 消费税　　　　　　　　D. 船舶吨税

7. 税法的基本要素包括（　　　　）。

    A. 征税对象　　　　　　　B. 纳税义务人　　　　C. 纳税环节　　　　　　　D. 起征点

三、判断题

1. 税收是政府凭借对生产资料的占有来取得收入的。　　　　　　　　　　（　　　）

2. 对于应税收入超过起征点的纳税人来说，起征点的规定不能起到减少税负的作用。

　　　　　　　　　　　　　　　　　　　　　　　　　　　　　　　　　（　　　）

3. 政府征税的目的是满足国家经济建设的需要。　　　　　　　　　　　　（　　　）

4. 社会主义税收"取之于民，用之于民"的意思是说，在社会主义条件下，税收不具备无偿性。　　　　　　　　　　　　　　　　　　　　　　　　　　　　　　（　　　）

5. 国家对需要鼓励发展的产业一般实行低税或免税政策。　　　　　　　　（　　　）

6. 公共产品消费的显著特点是具有排斥性。　　　　　　　　　　　　　　（　　　）

7. 一般来说，在发生通货膨胀的情况下，国家应该降低税率。　　　　　　（　　　）

8. 在同等计税依据条件下，超额累进税率的税负不高于全额累进税率的税负。（　　　）

9. 办税员的业务范围包括企业所得税税前弥补亏损和财产损失的鉴证。　　（　　　）

10. 按税负能否转嫁可以将各税种划分为直接税和间接税。　　　　　　　（　　　）

11. 按税收的计税标准划分，税收可以分为价内税和价外税。　　　　　　（　　　）

12. 间接税是指纳税人能将税负转嫁给他人负担的税种。　　　　　　　　（　　　）

13. 城镇土地使用税是一种财产税。　　　　　　　　　　　　　　　　　（　　　）

14. 在超额累进税率形式下，一个纳税人的全部课税对象数额仅仅适用一个征税比例。当课税对象数额提高到一个较高级次时，全部课税对象数额都按照高一级的税率征税。

　　　　　　　　　　　　　　　　　　　　　　　　　　　　　　　　　（　　　）

四、计算题

（一）

1. 目的：理解起征点和免征额的概念。

2. 资料：甲、乙、丙三人分别从事个体经营，某月份取得营业收入分别为 40 000 元、50 000 元、60 000 元。

3. 要求：

（1）假定起征点为月营业额 50 000 元，税率为营业额的 5%。三人是否都应纳税？应纳税额各为多少？

（2）假定免征额为月营业额 50 000 元，税率为营业额的 5%。三人是否都应纳税？应纳税额各为多少？

（二）

1. 目的：练习速算扣除数的计算。
2. 资料：假定某税种采用九级超额累进税率，如表 0-1 所示。

表 0-1　九级超额累进税率表

级数	全月应纳税所得额（含税所得额）	税率／%	速算扣除数／元
1	不超过 500 元	5	
2	超过 500 元至 2 000 元	10	
3	超过 2 000 元至 5 000 元	15	
4	超过 5 000 元至 20 000 元	20	
5	超过 20 000 元至 40 000 元	25	
6	超过 40 000 元至 60 000 元	30	
7	超过 60 000 元至 80 000 元	35	
8	超过 80 000 元至 100 000 元	40	
9	超过 100 000 元	45	

3. 要求：计算速算扣除数填入表 0-1 中。

项目一
纳税准备工作

【学习目标】

通过本项目的学习，能办理企业开办的纳税业务；能办理税务信息变更手续；能办理停业复业登记手续；能办理跨区域纳税事项报验手续；能办理企业注销清税手续。

【标志性成果】

提交填写完整的"新办纳税人涉税事项综合申请表"。

【重点难点】

重点：办理企业开办纳税业务、注销清税手续。
难点：填写"新办纳税人涉税事项综合申请表"。

【主要业务】

业务流程	业务内容	处理方法
1. 办理企业开办阶段的纳税业务	办理企业开办纳税事项	**企业开办阶段纳税事项的种类：** 新开办企业时，纳税人可申请办理的纳税事项包括登记信息确认、发票票种核定、增值税一般纳税人登记、增值税专用发票最高开票限额审批、增值税税控系统专用设备初始发行（含税务 UKey 发放）、发票领用等 6 类事项，纳税人可以根据自身实际情况选择办理。

续表

业务流程	业务内容	处理方法
1. 办理企业开办阶段的纳税业务	办理企业开办纳税事项	企业开办阶段纳税事项的程序： 纳税人可以在领取营业执照以后、首次办理纳税事项时，填写"新办纳税人涉税事项综合申请表"，通过线上或者线下方式办理上述纳税事项，也可以在企业开办、申领营业执照时，一并申请办理上述纳税事项
2. 办理企业存续阶段的纳税业务	（1）办理税务信息变更	如果发生变更的登记信息属于市场监督管理等部门管理的，纳税人应当向市场监督管理等部门申报办理变更登记。税收机关根据有关部门共享的变更信息，经纳税人确认后更新系统内的对应信息。 如果发生变更的登记信息不属于市场监督管理等部门管理的，如生产经营地、财务负责人变更等，纳税人应当向主管税务机关申报办理变更登记
	（2）办理停业、复业登记	实行定期定额征收方式的个体工商户或者比照定期定额户进行管理的个人独资企业，在营业执照核准的经营期限内需要停业的，应当办理停业登记，并在恢复生产、经营之前，办理复业登记。 确定办理停业、复业登记的时间： 申请类型 / 时间 表： 停业登记 — 停业前 复业登记 — 恢复生产、经营之前 纳税人停业期满不能及时恢复生产、经营的，应当在停业期满前向税务机关提出延长停业登记。纳税人停业期满未按期复业又不申请延长停业的，税务机关应当视为已恢复营业，实施正常的税收征收管理。 停业登记流程： 提出停业申请，并如实填写停业复业报告书；税务机关受理停业申请并审查；税务机关办理停业登记。 复业登记流程： 提出复业申请，并如实填写停业复业报告书；税务机关受理复业申请并审查；税务机关办理复业登记
	（3）办理跨区域涉税事项报验	跨区域涉税事项报验流程： 填写"跨区域涉税事项报告表"，并在首次办理经营地涉税事宜时，向经营地税务机关报验；跨区域经营活动结束后，应当向经营地税务机关填报"经营地涉税事项反馈表"，并结清税款及其他涉税事项
3. 办理企业终止阶段的纳税手续	清税申报	清税申报的情形： 已领取加载了统一社会信用代码的营业执照的企业，如果需要办理注销登记，应当先向税务主管机关申报清税。 清税申报流程： 填写发票缴销登记表，办理发票缴销；进行最后一期申报纳税，并结清各种款项；提出清税申请，并填写清税申报表；提供有关证件、资料；税务机关受理申请并审核；税务机关出具清税证明

【典型例题分析】

一、单项选择题

1. 下列选项中，不属于税务登记的是（　　）。

    A. 停业登记　　　　　　　　　　B. 复业登记

    C. 工商登记　　　　　　　　　　D. 跨区域涉税事项报验

【答案】C

【分析】停业、复业登记和跨区域涉税事项报验属于税务登记，故选 C。

2. 按照"多证合一、一照一码"的登记制度，纳税人领取营业执照以后，应当在初次办理涉税事宜时，进行（　　）。

　　A. 企业开办纳税事项办理　　　　　B. 税务信息变更

　　C. 清税申报　　　　　　　　　　D. 跨区域涉税事项报验

【答案】A

【分析】按照"多证合一、一照一码"的登记制度，纳税人领取营业执照以后，应当在初次办理涉税事宜时，进行企业开办纳税事项办理。

3. 纳税人办理（　　）税务事项时，无须出示加载统一社会信用代码的营业执照。

　　A. 纳税申报　　　　　　　　　　B. 申请减税、免税、退税

　　C. 申请开具外出经营活动税收管理证明　D. 申请办理延期申报、延期缴纳税款

【答案】A

【分析】纳税人办理下列税务事项时，应当出示加载统一社会信用代码的营业执照，经税务机关核准相关信息后办理手续：① 申请减税、免税、退税；② 申请办理延期申报、延期缴纳税款；③ 申请开具外出经营活动税收管理证明；④ 办理停业、歇业；⑤ 其他有关税务事项。

4. 与一般发票相比，增值税专用发票独有的联次是（　　）。

　　A. 存根联　　　　B. 发票联　　　　C. 抵扣联　　　　D. 记账联

【答案】C

【分析】由于增值税要对上一生产流通环节已纳税款实行抵扣，所以与一般发票相比，增值税专用发票独有的联次是抵扣联。

5. 税务登记的停业、复业登记适用于（　　）。

　　A. 扣缴义务人　　　　　　　　　B. 外商投资企业

　　C. 所有纳税人　　　　　　　　　D. 实行定期定额征收方式的个体工商户

【答案】D

【分析】实行定期定额征收方式的个体工商户，在营业执照核准的经营期限内需要停业的，应当在停业前向主管税务机关申报办理停业登记，并在恢复生产、经营之前，向税务机关申报办理复业登记。

6. 根据规定，从事生产、经营的纳税人到外省临时从事生产、经营活动的，应当在经营地首次办理纳税事项前，向经营地税务机关办理（　　），接受税务管理。

　　A. 复业登记　　　　　　　　　　B. 跨区域涉税事项报验

　　C. 登记信息确认　　　　　　　　D. 变更登记

【答案】B

【分析】从事生产、经营的纳税人跨省临时从事生产、经营活动的，应当向营业地税务机关办理跨区域涉税事项报验。

二、多项选择题

1. 下列各发票中，属于税控发票的有（　　　　）。

A. 增值税专用发票　　　　　　　　B. 增值税普通发票

C. 机动车销售统一发票　　　　　　D. 增值税电子普通发票

【答案】ABCD

【分析】税控发票包括增值税专用发票、增值税普通发票、机动车销售统一发票、二手车销售统一发票、增值税电子普通发票和增值税电子专用发票等。

2. 纳税人在清税申报前，应当向税务机关（　　　　　）。

A. 结清应纳税款、滞纳金、罚款　　B. 提供清缴欠税的纳税担保

C. 缴纳不超过 1 万元的保证金　　　D. 缴销发票和其他税务证件

【答案】AD

【分析】纳税人在清税申报前，应当向税务机关结清应纳税款、滞纳金、罚款，缴销发票、税务登记证件和其他税务证件。

3. 下列纳税事项中，可以在企业开办时申请办理的事项有（　　　　　）。

A. 登记信息确认　　　　　　　　　B. 发票票种核定

C. 增值税一般纳税人登记　　　　　D. 发票领用

【答案】ABCD

【分析】新开办企业时，纳税人可申请办理的纳税事项包括登记信息确认、发票票种核定、增值税一般纳税人登记、增值税专用发票最高开票限额审批、增值税税控系统专用设备初始发行（含税务 UKey 发放）、发票领用等 6 类事项，纳税人可以根据自身实际情况选择办理。

4. 纳税人（　　　　　）事项时，需要持加载统一社会信用代码的营业执照。

A. 开立银行账户　　　　　　　　　B. 申请办理延期申报、延期缴纳税款

C. 办理工商登记　　　　　　　　　D. 申请减税、免税、退税

【答案】ABD

【分析】纳税人办理开立银行账户、领购发票事项时，必须提供加载统一社会信用代码的营业执照。纳税人办理其他税务事项时，应当出示加载统一社会信用代码的营业执照，包括：申请减税、免税、退税；申请办理延期申报、延期缴纳税款；申请开具外出经营活动税收管理证明；办理停业、歇业；其他有关税务事项。

5. 纳税人在申报办理停业登记时，在结清应纳税款、滞纳金、罚款的同时，必须予以说明的有（　　　　　）。

A. 停业前的纳税情况　　　　　　　B. 发票的领用、保存情况

C. 停业时间　　　　　　　　　　　D. 停业理由

【答案】ABCD

【分析】纳税人应当在停业前向主管税务机关申报办理停业登记，并如实填写停业登记表，说明停业的理由、期限、停业前的纳税情况和发票的领、用、存情况。

三、判断题

1. 法人和其他组织统一社会信用代码，是国家为每个法人和其他组织发放的主体标识代码，可以根据企业需要进行修改或调整。（　　　）

【答案】×

【分析】法人和其他组织统一社会信用代码，是国家为每个法人和其他组织发放的一个唯一的、终身不变的主体标识代码，类似于自然人的居民身份证号码。

2. 企业在领取加载了统一社会信用代码的营业执照以后，可以在首次办理纳税事宜时，单独进行登记信息确认。（　　）

【答案】√

【分析】企业在领取加载了统一社会信用代码的营业执照以后，可以在首次办理纳税事宜时，自行选择办理包括登记信息确认在内的6类纳税事项。

3. 企业在领取加载统一社会信用代码的营业执照以后，还需要另外到税务机关办理开业税务登记、领取税务登记证。（　　）

【答案】×

【分析】根据"多证合一、一照一码"的商事制度改革，税务登记证及其有关信息已经被统一整合到营业执照上，因此企业在领取加载统一社会信用代码的营业执照以后，已经无须另外到税务机关单独办理开业税务登记、领取税务登记证。

4. 纳税人申报办理税务信息变更的，主管税务机关应当重新发放税务登记证件。（　　）

【答案】×

【分析】纳税人申报办理税务信息变更的，主管税务机关应当将经纳税人确认后更新系统内的信息，无须重新发放税务登记证件。

5. 停业、复业登记是纳税人中止和恢复生产经营活动而办理的纳税登记。（　　）

【答案】√

【分析】停业、复业登记是纳税人在暂时停止和恢复生产经营活动时办理的税务登记。

6. 纳税人在办理完停业登记手续后，应当自行封存保管其发票领购簿、未使用完的发票和其他税务证件，防止丢失。（　　）

【答案】×

【分析】在办理停业登记时，税务机关应当收回发票领购簿和发票，对不便收回的发票，税务机关应当就地予以封存。

7. 纳税人跨区域经营活动结束，应当向经营地税务机关填报"跨区域涉税事项报告表"，并按规定结清税款，其未使用完的发票可以保留以后使用。（　　）

【答案】×

【分析】跨区域经营活动结束，纳税人应当向经营地税务机关填报"经营地涉税事项反馈表"，并按规定结清税款，缴销未使用完的发票。

8. 纳税人发生解散、破产、撤销以及其他情形，依法终止纳税义务的，应当先向工商行政管理机关办理注销登记，然后向原税务登记管理机关申报办理注销税务登记。（　　）

【答案】×

【分析】发生解散、破产、撤销以及依法应当终止履行纳税义务的纳税人，应当先向原税务登记管理机关申请开具清税证明，方可办理注销工商登记。

9. 用票单位和个人已使用的发票保管期满后，应向主管税务机关缴销。（　　）

【答案】√

【分析】用票单位和个人已使用的发票保管期满后，应向主管税务机关缴销。

【职业能力训练】

一、单项选择题

1. 下列说法中，正确的有（　　　）。

  A. 停业、复业登记仅限实行定期定额缴纳税款的纳税人办理

  B. 跨区域经营纳税人应当到所在地主管税务机关办理报验登记

  C. 税务登记包括工商登记

  D. 跨区域涉税事项报验属于变更登记的种类

2. 纳税人应到（　　）进行登记信息确认。

  A. 行政机关　　　　　　B. 司法机关　　　　　C. 税务机关　　　　　　　　D. 工商局

3. 下列关于申请开具清税证明的表述中，错误的是（　　　）。

  A. 纳税人应当向主管税务机关提出清税申请

  B. 清税申请应当在办理注销工商登记之前提出

  C. 税务机关受理清税申请后，应当在 20 个工作日内办结

  D. 清税完毕后，由税务主管机关向纳税人出具清税证明

4. 从事生产、经营的纳税人到外省临时从事生产、经营活动的，应当在（　　　），向营业地税务机关办理报验，接受税务管理。

  A. 办理跨区域涉税事项报告后 180 天内

  B. 首次在所在地办理涉税事宜时

  C. 办理跨区域涉税事项报告后 30 天内

  D. 首次在经营地办理涉税事宜时

5. 根据规定，需要跨（　　）税务机关管辖区域临时从事生产、经营活动的纳税人，应当在外出生产经营以前，向主管税务机关提出申请，如实填写"跨区域涉税事项报告表"。

  A. 省　　　　　　　　　B. 市　　　　　　　　　C. 县　　　　　　　　　　　D. 区

6. 纳税人应当在首次在（　　　）办理涉税事宜时，向（　　　）税务机关报验登记，并接受（　　　）税务机关的管理。

  A. 所在地　所在地　所在地　　　　　　B. 经营地　所在地　所在地

  C. 经营地　经营地　经营地　　　　　　D. 所在地　经营地　经营地

7. 纳税人外出经营活动结束，应当向经营地税务机关填报（　　　），并结清税款。

  A. "新办纳税人涉税事项综合申请表"

  B. "经营地涉税事项反馈表"

  C. "停业复业报告书"

  D. "跨区域涉税事项报告表"

8. （　　　）是指在购销商品、提供或者接受服务，以及从事其他经营活动中，开具、收取的收付款凭证。

  A. 银行汇票　　　　　B. 银行本票　　　　　C. 支票　　　　　　　　D. 发票

9. 可以领购使用增值税专用发票的是（　　　）。

    A. 增值税一般纳税人　　　　　　　　B. 增值税小规模纳税人

    C. 个人纳税人　　　　　　　　　　　D. 非企业性单位

10. 纳税人办理停业登记的，对不便收回的发票，税务机关应当（　　　）。

    A. 予以缴销　　　　　　　　　　　　B. 自行保管

    C. 转借他人　　　　　　　　　　　　D. 就地予以封存

11. 纳税人生产经营地发生变化的，应当向（　　　）申报办理税务信息变更。

    A. 市场监督管理部门　　　　　　　　B. 海关

    C. 税务机关　　　　　　　　　　　　D. 公安机关

12. 停业、复业登记是纳税人在（　　　）时办理的纳税登记。

    A. 暂停和恢复生产经营活动　　　　　B. 暂停生产经营活动

    C. 恢复生产经营活动　　　　　　　　D. 中途整顿

13. 实行（　　　）征收方式的纳税人在营业执照核准的经营期限内停业，应向税务机关提出停业登记等。

    A. 不定期定额　　　　　　　　　　　B. 定期不定额

    C. 定期定额　　　　　　　　　　　　D. 不定期不定额

14. 纳税人停业期满未按期复业又不申请延长停业的，税务机关应当视为（　　　）。

    A. 自动注销税务登记　　　　　　　　B. 已恢复营业

    C. 自动延长停业登记　　　　　　　　D. 自动接受罚款处理

15. 发票是确定经营收支行为发生的（　　　　），是会计核算的（　　　），也是税务稽查的（　　　）。

    A. 重要证据　原始依据　法定凭证　　B. 原始依据　法定凭证　重要证据

    C. 法定凭证　原始凭证　重要依据　　D. 重要证据　法定凭证　原始依据

16. 外出经营活动结束，纳税人应当向（　　　）税务机关填报"经营地涉税事项反馈表"。

    A. 注册地　　　　　　　　　　　　　B. 注册地上级

    C. 经营地　　　　　　　　　　　　　D. 经营地上级

17. 外出经营活动结束，纳税人应当向经营地税务机关填报（　　　）。

    A. 税务文书传递单　　　　　　　　　B. 纳税人登记表

    C. "经营地涉税事项反馈表"　　　　　D. "跨区域涉税事项报告表"

二、多项选择题

1. 缴销发票的情况包括（　　　　）。

    A. 用票单位和个人已使用的发票保管期满的

    B. 用票单位和个人发生合并、联营、分设、迁移、停业、歇业等事项时，申报办理变更税务信息、清税的

    C. 税务机关在实行发票换版、更换发票监制章时，原来的发票使用期满的

    D. 用票单位和个人有严重违反税务管理或发票管理制度行为的

2. 下列各发票中，属于税控发票的有（　　　　）。

    A. 定额发票　　　　　　　　　　　　B. 机动车销售统一发票

C. 增值税电子普通发票　　　　　　　　D. 通用机打发票

3. 在清税过程中，纳税人应持（　　　　　）到发票管理部门申请办理发票缴销。

A. "发票缴销登记表"　　　　　　　　　B. 未使用完毕的空白发票

C. 发票领购簿　　　　　　　　　　　　D. "纳税人领购发票票种核定申请表"

4. 下列关于停业、复业登记说法正确的是（　　　　　）。

A. 纳税人应当于恢复生产、经营之前，向税务机关提出复业登记申请，经确认后办理复业登记，领回或启用发票领购簿的发票，纳入正常管理

B. 纳税人停业期满不能及时恢复生产、经营的，应当在停业期满前向税务机关提出延长停业登记

C. 纳税人停业期满未按期复业又不申请延长停业的，税务机关应当视为已恢复营业，实施正常的税收征收管理

D. 纳税人停业期间发生纳税义务，应当及时向主管税务机关申报，依法补缴应纳税额

5. 纳税人应当在停业前向主管税务机关申报办理停业登记，并如实填写停业复业报告书，说明（　　　　　）。

A. 停业的理由、期限　　　　　　　　　B. 停业前的纳税情况

C. 发票的领、用、存情况　　　　　　　D. 复业的时间

6. 目前企业开办纳税事项推行"一表集成"，即申领发票涉及相关事项所需填写、确认的（　　　　　）等均集成至"新办纳税人涉税事项综合申请表"。

A. "增值税一般纳税人登记表"

B. "税务行政许可申请表"

C. "纳税人领用发票票种核定表"

D. "增值税专用发票最高开票限额申请单"

7. 下列税务信息发生变更时，纳税人可以直接向主管税务机关申报办理变更税务登记的有（　　　　　）。

A. 生产经营地　　　　　　　　　　　　B. 法定代表人

C. 财务负责人　　　　　　　　　　　　D. 企业组织形式

8. 纳税人办理下列事项时，必须提供加载统一社会信用代码的营业执照的有（　　　　　）。

A. 开立银行账户　　　　　　　　　　　B. 领购发票

C. 纳税申报　　　　　　　　　　　　　D. 缴纳税款

9. 税务机关经过审核，应当责成申请停业的纳税人结清税款并交回（　　　　　），办理停业登记。

A. 营业执照　　　　　　　　　　　　　B. 开户登记证

C. 发票领购簿　　　　　　　　　　　　D. 发票

10. 下列情形中，市场主体可以适用简易注销程序、免予办理清税证明的有（　　　　　）。

A. 未办理过纳税事宜的

B. 办理过纳税事宜但没领用过发票（含代开发票）的

C. 被列入企业经营异常名录的

D. 没有欠税和没有其他未办结事项的

11. 未处于税务检查状态、无欠税（滞纳金）及罚款、已缴销增值税专用发票及税控专用设

备，且符合（ ）情形的纳税人在办理税务注销时，税务机关可以采取"承诺制"容缺办理，即时出具清税文书。

A. 纳税信用级别为 C 级的纳税人

B. 控股母公司纳税信用级别为 A 级的 M 级纳税人

C. 未纳入纳税信用级别评价的定期定额个体工商户

D. 未达到增值税纳税起征点的纳税人

三、判断题

1. 纳税人依法终止纳税义务，应当在向市场监督管理部门注销营业执照后，向原税务机关申报办理清税。（ ）

2. 企业开办时，必须在领取营业执照的同时办理登记信息确认、发票票种核定、发票领购等所有纳税事项，未办理的事后不得单独申请办理。（ ）

3. 企业税务登记信息发生变更的，纳税人应当先向主管税务机关申报办理变更登记，再由主管税务机关将变更信息共享至市场监督管理等部门管理。（ ）

4. 从事生产、经营的纳税人跨省临时从事生产、经营活动的，应当向营业地税务机关报验登记，并在经营活动结束后向所在地税务机关填报《经营地涉税事项反馈表》。（ ）

5. 纳税人停业期满未按期复业又不申请延长停业的，税务机关应视为已结束营业，不再实施正常的税收管理。（ ）

6. 纳税人停业期间发生纳税义务的，同样应当依法缴纳税款。（ ）

7. 经人民法院裁定宣告破产的纳税人，可免予到税务机关办理清税证明，直接向市场监督管理部门申请办理注销登记。（ ）

8. 从事生产、经营的纳税人到外省进行生产经营的，应当向主管税务机关申请办理变更登记。（ ）

四、实训题

1. 目的：协助企业办理开办阶段纳税手续。

2. 资料：广州市天一企业顾问有限公司于 2022 年 1 月 8 日在广州市市场监督管理局天河分局登记注册，注册资本 10 万元，法定代表人杨鑫，统一社会信用代码为 91440106660015 2338。公司位于广州市天河区黄埔大道 666 号（邮编 510000），电话 020-34657211，经营范围为企业管理咨询、商品信息咨询、企业投资咨询、劳务派遣，经营期限为 10 年，聘用中国职工 50 人，执行企业会计制度，实行个人所得税代扣代缴。该公司共有股东 3 人，分别是杨鑫（身份证号码：4401061951×××× 4789，电话：13322286482，住址：广州市天河区体育东路 3 号，货币出资 4 万元）、李丽华（身份证号码：4201541962×××× 1645，电话：3897521643，住址：广州市番禺区东环路 27 号，货币出资 3 万元）、王琦（身份证号码：4325781975×××× 3816，电话：18954623178，住址：广州市天河区天河路 697 号，货币出资 3 万元）。该公司财务负责人为梁天华（身份证号码：4401031957×××× 1023，电话：15554632111），办税员为康国荣（身份证号码：4401811990×××× 2392，电话：13322568974）。

2022年1月12日，该公司向税务机关申请办理开办纳税事项。

3. 要求：填写"新办纳税人涉税事项综合申请表"（见表1-1）。

表1-1　新办纳税人涉税事项综合申请表

基本信息	纳税人名称		统一社会信用代码	
	经办人		身份证件类型	
	证件号码		联系电话	

增值税一般纳税人资格登记	是否登记为增值税一般纳税人：是□；否□（无须填写以下一般纳税人资格登记信息）			
	纳税人类别：	企业□　个体工商户□　农民合作社□　其他□ （请选择一个项目并在□内打"√"）		
	主营业务类别：	工业□　　商业□　　服务业□　　其他□ （请选择一个项目并在□内打"√"）		
	会计核算健全：	是□　（请选择一个项目并在□内打"√"）		
	一般纳税人资格生效之日：			当月1日□　次月1日□ （请选择一个项目并在□内打"√"）

首次办税申领发票	发票种类名称	单份发票最高开票限额		每月最高领票数量	领票方式
	领票人	联系电话		身份证件类型	身份证件号码
	税务行政许可申请事项：	增值税专用发票（增值税税控系统）最高开票限额审批			
	增值税专用发票（增值税税控系统）最高开票限额申请	一千元□　　一万元□　　十万元□ （请选择一个项目并在□内打"√"）			

纳税人声明：能够提供准确税务资料，上述各项内容真实、可靠、完整。如有虚假，愿意承担相关法律责任。

经办人：　　　　　　　　代理人：　　　　　　　纳税人（印章）：

年　　月　　日

【填表说明】：1. 本表适用于新办企业，新办个体工商户、农民合作社可参照适用；

2. 表单一式一份，由税务机关留存。

项目二
增值税及附加税费办税业务

【学习目标】

通过本项目的学习，能准确找出纳税人计缴增值税的计税依据；能掌握增值税的性质并对增值税的特点作出判断；能准确判断是否为增值税的征税范围；能判别是否为增值税的纳税人及纳税人的类别；能根据不同征税对象判定适用税率或征收率；能准确判定应该开具增值税专用发票还是增值税普通发票，或是其他票据；能准确把握不同的销售方式所产生的销售额，并能正确计算其销项税额；能判断及计算可抵扣进项税额及不可抵扣进项税额；能对一般纳税人、小规模纳税人、采用简易办法计税的纳税人以及进口货物的纳税人的应纳税额进行计算；能判断增值税专用发票的使用及管理是否符合要求；能准确界定城市维护建设税和教育费附加的计征范围、计征方法，确定其纳税人，适用税率或征收率，确定计税依据并能正确计算纳税人应纳的城市维护建设税和教育费附加的金额；能进行一般纳税人和小规模纳税人的增值税及附加税费纳税申报表；能熟悉出口退税的相关政策规定，并能计算简单的出口退税业务的退税额。

【标志性成果】

提交填写完整、准确的一般纳税人和小规模纳税人增值税及附加税费纳税申报表及相关附表。

【重点难点】

重点：一般纳税人销项税额、进项税额的确定，应纳税额的计算及纳税申报方法；城市维护建设税和教育费附加的计算。

难点：特殊销售业务的销项税额的确定；不得抵扣进项税额的确定；一般纳税人纳税申报表的填写方法。城市维护建设税和教育费附加计税依据的确定方法。

【主要业务】

业务流程	业务内容	处理方法	
1. 增值税的综合知识	（1）定义	增值税是以商品（含应税劳务、应税行为）在流转过程中产生的增值额作为计税依据而征收的一种流转税	
	（2）增值税的类型	以扣除项目中对外购固定资产已纳税款的处理方式不同而分成收入型、生产型和消费型三种不同的类型	
		类型	**特点**
		收入型增值税	购入固定资产价值中所含的增值税税款，可以按照磨损程度相应地给予扣除
		生产型增值税（我国 1994—2008 年）	不允许扣除购入固定资产价值中所含的增值税税款，也不考虑生产经营过程中固定资产磨损的那部分转移价值
		消费型增值税（我国 2009 年起）	允许将购置物质资料的价值和用于生产、经营的固定资产中所含的增值税税款，在购置当期全部一次扣除
	（3）特点	价外税；比例税率；普遍征收；税款抵扣；税负最终由商品消费者承担	
2. 增值税的基本要素	（1）征税范围的确定	资产 / 有形资产 / 有形动产	
			不动产
		资产 / 无形资产 / 专利权、非专利技术、商标权、著作权、自然资源使用权和其他权益性无形资产	
			土地使用权
		劳务 / 加工、修理修配	
		服务 / 交通运输服务、邮政服务、电信服务、现代服务、生活服务、建筑服务和金融服务	

根据业务判断是否销售货物、提供加工修理修配劳务、进口货物、提供应税服务、转让无形资产、出售不动产，视同销售范围。
视同销售：将货物交付其他单位或者个人代销；销售代销货物；设有两个以上机构并实行统一核算的纳税人，将货物从一个机构移送其他机构用于销售，但相关机构设在同一县（市）的除外；将自产或委托加工的货物用于免税项目简易计税项目；将自产或者委托加工的货物用于集体福利或者个人消费；将自产、委托加工或者购进的货物作为投资，提供给其他单位或者个体工商户；将自产、委托加工或者购进的货物分配给股东或者投资者；将自产、委托加工或者购进的货物无偿赠送其他单位或者个人；单位或者个体工商户向其他单位或者个人无偿提供服务，无偿转让无形资产或者不动产，但用于公益事业或者以社会公众为对象的除外；财政部和国家税务总局规定的其他情形
混合销售：是指纳税人的一项销售行为既涉及服务又涉及货物。从事货物的生产、批发或者零售的单位和个体工商户的混合销售行为，按照销售货物缴纳增值税；其他单位和个体工商户的混合销售行为，按照销售服务缴纳增值税。

续表

业务流程	业务内容	处理方法
2. 增值税的基本要素	（1）征税范围的确定	兼营行为：纳税人兼营销售货物、劳务、服务、无形资产或者不动产，适用不同税率或者征收率的，应当分别核算适用不同税率或者征收率的销售额；未分别核算的，从高适用税率。 不征收增值税项目：用于公益事业或者以社会公众为对象的无偿提供的服务、无偿转让的无形资产或者不动产；根据国家指令无偿提供的铁路运输服务、航空运输服务，主要用于公益事业的服务；存款利息；被保险人获得的保险赔付；房地产主管部门或者其指定机构、公积金管理中心、开发企业，以及物业管理单位代收的住宅专项维修资金；在资产重组过程中，通过合并、分立、出售、置换等方式，将全部或者部分实物资产以及与其相关联的债权、负债和劳动力一并转让给其他单位和个人，其中涉及的不动产、土地使用权转让行为
	（2）纳税人的确定	纳税义务人：凡在我国境内销售货物、服务、无形资产或者不动产，提供加工、修理修配劳务，以及进口货物的单位和个人，都是增值税的纳税人。 根据年销售额和会计核算能力区分小规模纳税人和一般纳税人： 年销售额在规定标准 500 万元（含 500 万元）以下，并且会计核算制度不健全，不能按规定报送有关税务资料的增值税纳税人为小规模纳税人；年应税销售额超过小规模纳税人标准的其他个人按小规模纳税人纳税；不经常发生应税行为的单位和个体工商户可选择按小规模纳税人纳税；小规模纳税人以外的增值税纳税人，为增值税一般纳税人。 加油站一律认定为增值税一般纳税人； 扣缴义务人：境外的单位或者个人在境内发生应税行为，在境内未设有经营机构的，以购买方为增值税扣缴义务人。财政部和国家税务总局另有规定的除外
	（3）适用税率、征收率的确定	根据纳税人身份和其经营业务确定适用的税率。 基本税率 13%：增值税一般纳税人销售或者进口货物，提供加工、修理修配劳务的，提供有形动产租赁服务，除适用低税率、零税率和征收率范围外，税率均为 13%。 低税率（9%、6%）：纳税人销售或者进口下列货物的，适用 9% 的低税率：① 粮食、食用植物油、食用盐；② 自来水、暖气、冷气、热水、煤气、石油液化气、天然气、沼气、居民用煤炭制品；③ 图书、报纸、杂志；④ 饲料、化肥、农药、农机、农膜；⑤ 国务院规定的其他货物。提供交通运输服务、邮政服务、基础电信服务、建筑服务、不动产租赁服务，销售不动产，转让土地使用权，税率为 9%。需要注意的是："车辆停放服务、道路通行服务（包括过路费、过桥费、过闸费等）等按照不动产经营租赁服务缴纳增值税。"提供现代服务业（租赁服务除外）、增值电信服务、金融服务、生活服务、销售无形资产（转让土地使用权除外），税率为 6%。 零税率：纳税人出口货物；提供国际运输服务；提供航天运输服务；向境外单位提供的完全在境外消费的相关服务（包括研发服务、合同能源管理服务、设计服务、广播影视节目（作品）的制作和发行服务、软件服务、电路设计及测试服务、信息系统服务、业务流程管理服务、离岸服务外包业务及转让技术）及财政部和国家税务总局规定的其他服务，税率为零。但是，出口货物不包括国家禁止出口的货物（天然牛黄、麝香、铜和铜基合金等）和国家限制出口的部分货物（矿砂及精矿、钢铁初级产品、原油、车用汽油、煤炭、原木、尿素产品、山羊绒、鳗鱼苗、某些援外货物等）。 征收率（3%）：小规模纳税人及采用简易办法征税的纳税人； 征收率（5%）：部分不动产销售和租赁行为；中外合作开采的原油、天然气

续表

业务流程	业务内容	处理方法
3. 销项税额的计算	（1）增值税专用发票的填制和审核	销货、提供劳务或发生应税行为，向索取增值税专用发票的购买方开具增值税专用发票并进行审核
	（2）销售额的确定	销售额包括向购买方收取的除销项税额外的全部价款和价外费用；但不包括代收代缴的消费税、代收的全部上缴的政府性基金或者行政事业性收费、收取的代办保险费、收取的代购买方缴纳的车辆购置税、车辆牌照费。特殊销售业务销售额的确定方法如下：

方式	类型	处理
折扣折让	折扣销售（商业折扣）	销售额和折扣额在同一张发票金额栏上分别注明，可按折扣后余额征税；否则，销售额不能减除折扣额
	销售折扣（现金折扣）	现金折扣不得从销售额中减除
	销售折让	开具红字发票，可以从销售额中减除
以旧换新	一般货物	按新货物同期销售价格确定，不得扣减旧货物的收购价格
	金银首饰	可按销售方实际收取的不含增值税的全部价款征收增值税
以物易物		双方均作购销处理 注意：应分别开具合法票据
包装物押金	一般货物	如单独记账核算，时间在 1 年以内又未逾期的，不并入销售额征税；因逾期未收回包装物不再退还押金的，应并入销售额征税
	除啤酒、黄酒外的其他酒类产品	无论是否返还以及会计上如何核算，均应并入当期销售额征税
视同销售		按纳税人最近时期同类货物、同类服务、无形资产或者不动产的平均价格； 按其他纳税人最近时期同类货物、同类服务、无形资产或者不动产的平均价格； 按组成计税价格：组成计税价格 ＝（成本 ＋ 利润）÷（1－ 消费税比例税率）

业务流程	业务内容	处理方法
	（3）销项税额的确定	根据增值税专用发票确定销项税额； 根据普通发票计算确定销项税额； 根据折扣业务确定销项税额； 根据包装物销售业务确定其押金的销项税额； 根据旧固定资产出售业务确定销项税额； 根据视同销售业务、售价偏低或偏高业务确定销项税额

续表

业务流程	业务内容	处理方法
4. 进项税额的计算	（1）可抵扣进项税额的确定	以票抵扣：根据取得的增值税专用发票确定可抵扣进项税额；根据海关完税凭证确定可抵扣的进项税额；根据税务机关或者境内代理人提供的解缴税款的中华人民共和国税收缴款凭证确定可抵扣的进项税额；根据收费公路通行费增值税电子普通发票上注明的增值税额确定可抵扣进项税额。 计算抵扣：根据购买的免税农业产品、桥、闸通行费发票收费金额，根据注明旅客身份信息的航空运输电子客票行程单、铁路车票、公路、水路等客票，计算准予抵扣的进项税额。 原增值税一般纳税人自用的应征消费税的摩托车、汽车、游艇，其进项税额准予从销项税额中抵扣
	（2）不可抵扣进项税额的确定	用于简易计税方法计税项目、免税项目、集体福利或者个人消费的购进货物、加工修理修配劳务、服务、无形资产和不动产。其中涉及的固定资产、无形资产、不动产，仅指专用于上述项目的固定资产、无形资产（不包括其他权益性无形资产）、不动产，发生兼用于增值税应税项目和上述项目情况的，该进项税额准予全部抵扣。 纳税人购进其他权益性无形资产无论是专用于简易计税方法计税项目、免征增值税项目、集体福利或者个人消费，还是兼用于上述项目，均可以抵扣进项税额。

货物来源	货物去向	
	职工福利、个人消费、简易计税项目、免税项目	投资、分配、赠送
购入	不视同销售不计税，不可抵税	视同销售计税，可抵税
自产或委托加工	视同销售计税，可抵税	视同销售计税，可抵税

非正常损失的购进货物，非正常损失的在产品、产成品所耗用的购进货物（不包括固定资产），以及相关的加工修理修配劳务和交通运输服务；非正常损失的不动产，以及该不动产所耗用的购进货物、设计服务和建筑服务；非正常损失的不动产在建工程所耗用的购进货物、设计服务和建筑服务。以上业务所涉及的进项税额不准予从销项税额中抵扣（注意：因自然灾害损失的货物的进项税额可抵扣）；

适用一般计税方法的纳税人，兼营简易计税方法计税项目、免征增值税项目而无法划分不得抵扣的进项税额，按照下列公式计算不得抵扣的进项税额：

不得抵扣的进项税额＝当期无法划分的全部进项税额 ×（当期简易计税方法计税项目销售额 + 免征增值税项目销售额）÷ 当期全部销售额

一般纳税人购进的餐饮服务、居民日常服务和娱乐服务的进项税额不得从销项税额中抵扣（即使取得增值税发票也不能抵扣）。

需注意，酒店住宿可索取增值税专用发票，进项税额可抵扣。纳税人接受贷款服务向贷款方支付的与该笔贷款直接相关的投融资顾问费、手续费、咨询费等费用，其进项税额不得从销项税额中抵扣

续表

业务流程	业务内容	处理方法
5. 进口货物应纳税额的计算	（1）组成计税价格的确定	关税完税价格 = 进口货物的到岸价 组成计税价格 = 关税完税价格 + 关税 + 消费税 = 关税完税价格 ×（1 + 关税税率）÷（1 − 消费税税率）
	（2）进口增值税的确定	进口增值税应纳税额 = 组成计税价格 × 税率
6. 增值税专用发票的认证	（1）增值税专用发票的领购使用	一般纳税人必须使用防伪税控系统开具增值税发票，首次使用需办理初始发行；领购发票需要一定手续
	（2）增值税专用发票的开具	增值税专用发票上需分别注明销售额和销项税额； 向消费者个人销售货物、应税劳务、服务、无形资产或者不动产，销售货物、应税劳务或应税行为适用免税规定的，小规模纳税人（其他个人除外）发生增值税应税行为需要增值税专用发票的，可以自愿使用增值税发票管理系统自行开具。 纳税人提供旅游服务，可以选择以取得的全部价款和价外费用，扣除向旅游服务购买方收取并支付给其他单位或者个人的住宿费、餐饮费、交通费、签证费、门票费和支付给其他接团旅游企业的旅游费用后的余额为销售额。选择上述办法计算销售额的纳税人，向旅游服务购买方收取并支付的上述费用，不得开具增值税专用发票，可以开具普通发票； 纳税人提供有形动产融资性售后回租服务，向承租方收取的有形动产价款本金，不得开具增值税专用发票，可以开具普通发票； 发票开具、作废等均有要求
	（3）增值税专用发票的网上认证	增值税一般纳税人，取得的增值税专用发票无须扫描认证，可直接登录本省增值税发票查询平台，查询、选择用于申报抵扣。 认证前开户、认证时在线采集信息、认证后可查询、通过认证的发票可抵扣

业务流程	业务内容	销售方式	纳税义务时间	备注
7. 一般纳税人增值税应纳税额的计算	（1）销售货物纳税义务时间的确定	直接收款销售	收到销售款或取得收款凭据的当天	不论货物是否发出
		托收承付和委托银行收款销售	发出货物并办妥托收手续的当天	不论货款是否收到
		赊销和分期收款销售	书面合同约定的收款日期的当天；无书面合同或合同没有约定收款日期的，为货物发出当天	不论款项是否收到
		预收货款销售	货物发出的当天（生产期超 12 个月的大型货物，为收到货款或合同约定收款日期的当天）	

续表

业务流程	业务内容	处理方法

续表

销售方式	纳税义务时间	备注
预收款销售建筑服务、租赁服务	收到预收款的当天	
销售应税劳务	为提供劳务同时收讫销售款或取得索取销售款的凭据的当天	
委托代销	收到代销清单或收到全部（部分）货款二者中的较早者。如发出代销商品超180天仍未收到代销清单及货款，视同销售实现	
视同销售	货物移送的当天，或者是服务、无形资产转让完成的当天或者不动产权属变更的当天	
金融商品转让	金融商品所有权转移的当天	
扣缴	增值税纳税义务发生的当天	

（以上业务内容为"（1）销售货物纳税义务时间的确定"，业务流程为"7. 一般纳税人增值税应纳税额的计算"）

业务流程	业务内容	处理方法
7. 一般纳税人增值税应纳税额的计算	（2）进口货物	报关进口的当天为纳税义务发生的时间
	（3）进项税额抵扣时间	取得增值税专用发票和机动车销售统一发票，在认证通过的次月申报期内，向主管税务机关申报抵扣税额。海关缴款书，向主管税务机关报送《海关完税凭证抵扣清单》（电子数据），申请稽核比对，比对通过的，在次月申报期内，向主管税务机关申报抵扣税额
	（4）一般纳税人应纳税额	应纳税额＝当期销项税额－当期进项税额－上期留抵税额
8. 增值税纳税申报	（1）手工报税	确定纳税时间和纳税地点； 确定纳税时间：增值税的纳税期限分别为1日、3日、5日、10日、15日、1个月或者1个季度。纳税人以1个月或者1个季度为一期纳税的，自期满之日起15日内申报纳税；1日、3日、5日、10日、15日为1个纳税期限的，自期满之日起5日内预缴税款，并于次月1日起15日内申报并结清上月应纳税款；纳税人进口货物，应当自海关填发海关进口增值税专用缴款书之日起15日内缴纳税款。 纳税地点：

续表

业务流程	业务内容	处理方法		
8. 增值税纳税申报	（1）手工报税	**情况** / **纳税地点**		
		固定业户 / 向其机构所在地主管税务机关申报纳税		
		异地总分支机构 / 分别向各自所在地主管税务机关申报纳税（经批准可汇总向总机构所在地主管税务机关申报纳税）		
		固定业户到外县（市）经营 / 向其机构所在地主管税务机关申请开具外出经营活动税收管理证明，向机构所在地的主管税务机关申报纳税		
		/ 未开具证明，向其销售地或劳务发生地的主管税务机关申报纳税（未纳税的，由机构所在地的主管税务机关补征税款）		
		非固定业户 / 向其销售地、劳务发生地或应税行为发生地的主管税务机关申报纳税（未纳税的，由机构所在地或居住地的主管税务机关补征税款）		
		进口货物 / 向报送地海关申报纳税		
		扣缴义务人 / 向其机构所在地或居住地的主管税务机关申报缴纳其扣缴的税款		
		填写纳税申报表；报送纳税申报材料		
	（2）网上报税	申报前需登录电子申报系统，注册登记；进行信息采集；填写申报表；生成申报盘，进行纳税申报		
9. 简易计税法增值税的纳税	（1）小规模纳税人应纳税额	应纳税额 = 销售额（不含税）× 征收率 不含税销售额 = 含税销售额 ÷（1+ 征收率）		
	（2）其他简易计税纳税人应纳税额	**纳税人** / **销售情况** / **税务处理** / **计税公式**		
		一般纳税人 / 销售旧货 / 按简易办法依3%征收率减按2%征收 / 应纳增值税额 = 含税销售额 ÷（1+3%）× 2%		
		/ 销售自己使用过的属于按规定不得抵扣且未抵扣进项税额的固定资产 / /		
		/ 销售自己使用过的已抵扣进项税额的固定资产 / 按正常销售货物处理 / 应纳增值税额 = 不含税销售额 × 适用税率		
		/ 销售自己使用过后除固定资产以外的物品 / /		
		小规模纳税人 / 销售旧货 / 减按2%征收 / 应纳增值税额 = 含税销售额 ÷（1+3%）× 2%		
		/ 销售自己使用过的固定资产 / /		
		/ 销售自己使用过的固定资产以外的物品 / 正常征收 / 应纳增值税额 = 不含税销售额 ×3%		

续表

业务流程	业务内容	处理方法
9. 简易计税法增值税的纳税	（2）其他简易计税纳税人应纳税额	一般纳税人销售自己使用过的未抵税的固定资产、物品和旧货，销售时开普通发票，不得开增值税专用发票；自 2016 年 2 月 1 日起，纳税人销售自己使用过的旧固定资产，适用简易办法依照 3% 征收率减按 2% 征收政策的，可以放弃减税，按照简易办法依照 3% 征收率缴纳增值税并可以开具增值税专用发票； 小规模纳税人销售自己使用过的固定资产和旧货，减按 2% 征收率征收增值税； 一般纳税人销售自产的部分货物，可选择按照简易办法依照 3% 征收率计算缴纳增值税，但一经选择，36 个月内不得变更
	（3）纳税申报	适用申报表为《增值税及附加税费》（小规模纳税人适用）及其附列资料
10. 税收优惠	（1）免税	生产销售自产农产品；避孕药品和用具；古旧图书；直接用于科学研究、科学试验和教学的进口仪器、设备；外国政府、国际组织无偿援助的进口物资和设备；由残疾人的组织直接进口供残疾人专用的物品；其他个人（自然人）销售自己使用过的物品等；另有托儿所、幼儿园提供的保育和教育服务等服务及行为免税（详见教材内容）
	（2）其他减免	即征即退、先征后退、先征后返和直接减征
	（3）起征点	起征点仅适用于个体工商户小规模纳税人和其他个人：按期纳税的，为月销售额 5 000~2 0000 元（含本数）；按次纳税的，为每次（日）销售额 300~500 元（含本数）
11. 出口退（免）税	（1）政策适用范围	出口企业出口货物、视同出口货物或对外提供加工修理修配劳务免税并退税； 在前一道生产、销售环节或进口环节是免税的货物出口，免税不退税； 重要或特殊物品出口不免税也不退税
	（2）退税率的确定	申报出口退税时查询国家税务总局发布的出口退税率文库，按当时的适用退税率执行
	（3）退税额的确定	生产企业实行"免、抵、退"方法； 外贸企业实行"先征后退"方法
	（4）出口退税的申报	网上申报

业务流程	业务内容	处理方法
1. 城市维护建设税的综合知识	（1）城市维护建设税的定义	城市维护建设税是对从事工商经营，缴纳增值税和消费税的单位和个人征收的一种税
	（2）城市维护建设税的特点	税款专款专用（用来保证城市的公共事业和公共设施的维护和建设），具有受益税性质；属于一种附加税；根据城市规模设计税率；征收范围比较广（涵盖了增值税、消费税"两税"的纳税人范围）

业务流程	业务内容	处理方法
2. 城市维护建设税的基本要素	（1）征税范围的确定	城市维护建设税征收的区域包括城市市区、县城、建制镇，以及税法规定征收"两税"的其他地区
	（2）纳税人的确定	在征税范围内从事工商经营，并缴纳增值税、消费税中的任何一种税的单位和个人。包括国有企业、集体企业、个体经营者和其他的单位个人，也包括外商投资企业、外国企业及外籍个人。 自 2010 年 12 月 1 日起，1985 年以来国务院及国务院财税主管部门发布的有关城市维护建设税和教育费附加的法规、规章、政策同时适用于外商投资企业、外国企业及外籍个人。 个体商贩及个人在集市上出售商品，对其征收临时经营的增值税，是否同时按其实缴税额征收城市维护建设税，由各省、自治区、直辖市人民政府根据实际情况确定
	（3）适用税率的确定	基本规定： <table><tr><th>所在区域</th><th>适用税率</th></tr><tr><td>市区</td><td>7%</td></tr><tr><td>县城、建制镇</td><td>5%</td></tr><tr><td>不在城市市区、县城、建制镇</td><td>1%</td></tr></table>特殊规定： <table><tr><td>代收、代扣城市维护建设税</td><td>按代收、代扣"两税"所在地适用税率</td></tr><tr><td>流动经营</td><td>按缴纳"两税"所在地规定税率</td></tr></table>
	（4）税收优惠	对进口货物或境外单位和个人向境内销售劳务、服务、无形资产缴纳的增值税、消费税，不征收城市维护建设税和教育费附加； 对出口产品退还增值税、消费税的，不退还已缴纳的城市维护建设税和教育费附加； 城市维护建设税、教育费附加在进口环节不征、出口环节不退；减免"两税"的同时随之减免城市维护建设税和教育费附加。 生产企业出口货物实行免抵退税办法后，经国家税务总局正式审批核准的当期免抵的增值税税额应纳入城市维护建设税和教育费附加的计征范围（因为此部分尽管没有实际缴纳，但其实质是减少了内销环节增值税的应纳税额，因此免抵的增值税税额也应纳入城市维护建设税和教育费附加的计征范围）。 建档立卡贫困人口、持"就业创业证"（注明"自主创业税收政策"或"毕业年度内自主创业税收政策"）或"就业失业登记证"（注明"自主创业税收政策"）的人员，从事个体经营的，自办理个体工商户登记当月起，在 3 年（36 个月）内按每户每年 12 000 元为限额依次扣减其当年实际应缴纳的增值税、城市维护建设税、教育费附加、地方教育附加和个人所得税。限额标准最高可上浮 20%，各省、自治区、直辖市人民政府可根据本地区实际情况在此幅度内确定具体限额标准。 纳税人年度应缴纳税款小于上述扣减限额的，减免税额以其实际缴纳的税款为限；大于上述扣减限额的，以上述扣减限额为限 城市维护建设税、教育费附加与增值税、消费税的退免关系：

续表

业务流程	业务内容	处理方法	
2. 城市维护建设税的基本要素	（4）税收优惠	**退免增值税、消费税的原因**	**城市维护建设税、教育费附加的征免处理**
		错征税款导致退还"两税"	退还附征的城市维护建设税和教育费附加
		法定免税的实施导致退还"两税"	退还附征的城市维护建设税和教育费附加
		对"两税"采用先征后返、先征后退、即征即退办法的	除另有规定外，对随"两税"附征的城市维护建设税和教育费附加一律不予退还
		出口退还增值税、消费税的	不退还附征的城市维护建设税和教育费附加
		出口企业经国家税务总局批准的当期免抵的增值税	应计征城市维护建设税和教育费附加
3. 应纳税额的计算	（1）确定计税依据	城市维护建设税和教育费附加的计税依据是纳税人实际缴纳的增值税、消费税税额，包括税务机关查补的以上税额，也包括纳税人出口货物经批准当期免抵的增值税税额，但不包括纳税人进口环节被海关代征的增值税、消费税税额，也不包括被加收的滞纳金和被处的罚款等	
	（2）应纳城市维护建设税的确定	应纳税额 = 实际缴纳的（增值税税额 + 消费税税额）× 适用税率	
4. 城市维护建设税纳税申报	（1）缴纳地点	纳税人直接缴纳"两税"的，在缴纳"两税"所在地缴纳城市维护建设税和教育费附加； 代征、代扣、代缴"两税"的单位，同时也要代征、代扣、代缴城市维护建设税； 各银行缴纳的增值税，均由取得业务收入的核算单位在当地缴纳城市维护建设税	
	（2）纳税期限	城市维护建设税的纳税期限分别与"两税"的纳税期限一致	
	（3）申报方法	直接报送； 网上申报； 由主管税务机关负责征收	
5. 教育费附加	（1）征收范围	教育费附加是以纳税人实际缴纳的增值税、消费税税额为计税依据征收的一种附加费。名义上是一种专项资金，实际上具有税的性质	
	（2）征收比率	教育费附加计征比率为3%； 地方教育费附加的计征比率为2%	
	（3）应纳教育费附加的确定	应纳教育费附加 = 实际缴纳的（增值税税额 + 消费税税额）× 适用征收比率	
	（4）减免规定	教育费附加的减免规定与城市维护建设税的减免规定相同或相似，故此处将之放在城市维护建设税的优惠规定处，不再赘述	

【典型例题分析】

一、单项选择题

1. 下列项目中，应征收增值税的是（   ）。

    A. 单位职工为本单位提供的取得工资的服务

    B. 由省人民政府批准设立收取的行政事业性收费

    C. 邮政部门的报刊发行费用

    D. 外国政府、国际组织无偿援助的进口物资和设备

    【答案】C

    【分析】增值税的征税范围包括生产、批发、零售和进口四个环节的货物，加工、修理修配劳务，交通运输服务、邮政服务、电信服务、建筑服务、金融服务、现代服务、生活服务，以及转让的无形资产或销售的不动产。但非经营活动的情形如 A、B 的情形除外，D 为免税项目。

2. 下列项目中，不征收增值税项目的是（   ）。

    A. 铁路运输部门提供的运输服务

    B. 外贸企业进口货物

    C. 公司投保物资毁损而取得的保险赔付金

    D. 公司通过 EMS 快递邀请函

    【答案】C

    【分析】以下项目不征收增值税：根据国家指令无偿提供的铁路运输服务、航空运输服务，主要用于公益事业的服务；存款利息；被保险人获得的保险赔付；房地产主管部门或者其指定机构、公积金管理中心、开发企业，以及物业管理单位代收的住宅专项维修资金；在资产重组过程中，通过合并、分立、出售、置换等方式，将全部或者部分实物资产以及与其相关联的债权、负债和劳动力一并转让给其他单位和个人，其中涉及的不动产、土地使用权转让行为。

3. 下列行为属于视同销售货物，应征收增值税的是（   ）。

    A. 某商店为服装厂代销女性服装

    B. 某批发商将外购的保健品用于集体福利

    C. 某企业将外购的材料用于免税产品的生产

    D. 某企业将外购的清洁剂用于个人消费

    【答案】A

    【分析】A 选项属于增值税视同销售货物行为，应征收增值税，其他选项均属于不得抵扣增值税进项税额的情形。

4. 依据增值税有关规定，下列属于增值税混合销售的是（   ）。

    A. 饭店提供现场消费的餐饮服务和非现场消费的外卖服务

    B. 企业转让专利权和土地使用权

    C. 企业销售货物和接受产品设计服务

    D. 销售自产货物并同时提供建筑业劳务的行为

【答案】D

【分析】选项 A、B、C 为兼营行为，选项 D 为混合销售行为。

5. 下列不得作为一般纳税人的企业是（　　）。

    A. 新办小型商贸零售企业

    B. 从事货物生产，年应征增值税销售额在 500 万元以上的制造业

    C. 从事货物批发，年应征增值税销售额在 500 万元以上的商贸企业

    D. 从事货物零售，年应征增值税销售额在 500 万元以上的商贸企业

【答案】A

【分析】增值税的纳税人分为"一般纳税人"和"小规模纳税人"，小规模纳税人是指年销售额在规定标准以下，并且会计核算制度不健全，不能按规定报送有关税务资料的增值税纳税人；小规模纳税人以外的增值税纳税人，为增值税一般纳税人。小规模纳税人的具体标准为：年应征增值税销售额在 500 万元以下（含 500 万元）；年应税销售额超过小规模纳税人标准的其他个人；不经常发生应税行为的企业。

6. 下列各项中，既是增值税法定税率，又是增值税进项税额扣除率的是（　　）。

    A. 13%　　　　　　B. 9%　　　　　　C. 0%　　　　　　D. 3%

【答案】B

【分析】增值税的适用税率有基本税率 13%、低税率 9%、6%，零税率、小规模纳税人适用的征收率 3%；一般纳税人购进免税农产品准予按照买价的 9% 的扣除率计算进项税额。

7. 某企业为增值税一般纳税人，某日销售产品 500 件，不含税销售价格为 800 元 / 件，由于对方购买量大，企业给予对方 8 折的优惠，并按原价开具了增值税专用发票，折扣额在同一张发票的"备注"栏注明。则该企业应确认的销项税额为（　　）元。

    A. 54 400　　　　　B. 58 119.66　　　　C. 52 000　　　　　D. 46 495.73

【答案】C

【分析】折扣销售的折扣额只能在金额栏体现才能得以承认，对于在备注栏注明或另开票的折扣额不得从销售额中扣除。

    该企业应确认的销项税额 $=800×500×13\%=52\ 000$（元）。

8. 某企业为一般纳税人，某日销售产品取得货款 56 000 元及包装费 4 000 元，均开具普通发票。该笔销售业务产生的增值税销项税额为（　　）元。

    A. 9 520　　　　　　B. 8 136.75　　　　C. 6 902.65　　　　D. 10 200

【答案】C

【分析】销项税额 = 不含税销售额 × 适用税率

              不含税销售额 = 含税销售额 ÷（1+ 税率）

              销售额包括向购买方收取的除销项税额外的全部价款和价外费用。

              该笔业务产生的销项税额 $=（56\ 000+4\ 000）/1.13×13\% ≈ 6\ 902.65$（元）。

9. 某酒厂生产销售白酒，当月销售白酒的不含税销售额为 500 万元，发出货物包装物押金为 10.17 万元。则该酒厂当月产生的增值税销项税额为（　　）万元。

    A. 83.21　　　　　　B. 86.79　　　　　C. 85　　　　　　D. 66.17

【答案】D

【分析】酒类产品收取的包装物押金，除销售啤酒、黄酒外，无论是否返还，以及会计上如何核算，都应并入当期销售额计税，其中包装物押金为含税收入。因此，该笔业务产生的增值税销项税额 = （500+10.17/1.13）×13%=66.17（万元）。

10. 某企业为一般纳税人，外购如下货物，按照增值税的有关规定，可以作为进项税额从销项税额中抵扣的是（   ）。

    A. 外购的货物用于免税项目的生产

    B. 外购的货物分给职工

    C. 从小规模纳税人处购进货物，未取得增值税专用发票

    D. 外购自用的汽车

    【答案】D

【分析】企业准予从销项税额中抵扣的进项税额，限于规定条件的增值税扣税凭证上注明的增值税额和按规定的扣除率计算的进项税额，而用于简易计税方法计税项目、非应税项目、免税项目、集体福利或个人消费的购进货物不能抵扣。另外，自2013年8月1日起，原增值税一般纳税人自用的应征消费税的摩托车、汽车、游艇，其进项税额准予从销项税额中抵扣。

11. 某企业为增值税一般纳税人，某日向农业生产者收购一批其自产的农产品用于销售，在农产品的收购发票上注明价款为100 000元，委托运输公司运送该批货物回厂，支付运费并取得增值税专用发票，运费金额为1 200元，适用税率为9%，该企业此项业务可以抵扣的增值税进项税额为（   ）元。

    A. 13 000   B. 13 140   C. 9 108   D. 13 204

    【答案】C

【分析】农业生产者销售自产农产品免征增值税，但收购者可以按农产品收购发票或销售发票上注明的价款和9%的扣除率计算抵扣进项税额，另外，因收购农产品而发生的运费，可按取得的增值税专用发票上注明的增值税额抵扣，可抵扣金额共计9 108元（100 000×9%+1 200×9%）。

12. 某企业为增值税一般纳税人，某月因管理不善，致使一批以前期间向农业生产者收购的大豆霉烂变质，账面成本10 940元（含运费500元，支付运费时取得增值税专用发票），则应转出的进项税额为（   ）元。

    A. 1 077.53   B. 1 422.2   C. 1 203.4   D. 1 719.8

    【答案】A

【分析】由于大豆是免税农产品，其账面成本的价款部分是按9%扣除率计算过进项税额后的余额，应还原成计算进项税额的基数来计算进项税额转出。故应转出的进项税额 = （10 940−500）÷（1−9%）×9%+500×9% ≈ 1 077.53（元）。

13. 某生产企业为增值税小规模纳税人，某月进口一辆小轿车自用，关税完税价格折合人民币120万元，企业按照规定缴纳进口关税24万元、进口消费税14.24万元。则该企业进口小轿车应缴纳进口增值税（   ）万元。

    A. 4.75   B. 24.48   C. 20.57   D. 26.90

    【答案】C

【分析】应缴纳进口增值税 =（120+24+14.24）×13% ≈ 20.57（万元）。注意，这里不能用 3% 征收率计算，而是要按照适用税率计算，小轿车适用的增值税税率为 13%，所以按照 13% 税率计算。

14. 某制药厂（增值税一般纳税人）3 月份销售抗生素药品取得含税收入 113 万元，销售免税药品 50 万元，当月购入生产用原材料一批，取得增值税专用发票上注明税款 5.2 万元，抗生素药品与免税药品无法划分耗料情况，则该制药厂当月应纳增值税为（　　）万元。

    A. 14.73　　　　　　B. 9.533　　　　　　C. 10.20　　　　　　D. 17.86

【答案】B

【分析】纳税人兼营免税项目或非增值税应税劳务而无法准确划分不得抵扣的进项税额部分，按下列公式计算不得抵扣的进项税额。不得抵扣的进项税额 =5.2×50÷（100+50）≈ 1.733（万元），应纳税额 =113÷1.13×13%−（5.2−1.733）=9.533（万元）。

15. 某公司为 C 级一般纳税人，某月月初有留抵税额 6.3 万元，当月销售产品取得产品销售收入（含增值税）2 468.7 万元，外购原材料取得的增值税专用发票上注明的增值税税款为 30 万元，外购机器设备取得的增值税专用发票上注明的增值税税款为 2.2 万元，进项税发票均已通过认证。则该公司当月应纳增值税税额（　　）万元。

    A. 387.48　　　　　　B. 325.8　　　　　　C. 326.5　　　　　　D. 245.51

【答案】D

【分析】增值税应纳税额 = 当期销项税额 − 当期进项税额 − 上期留抵税额

    当期销项税额 =2 468.7÷（1+13%）×13% ≈ 284.01（万元）

    当期进项税额 =30+2.2=32.2（万元）

    增值税应纳税额 =284.01−32.2−6.3=245.51（万元）

16. 某广告公司为小规模纳税人，某月发生销售额（不含税，下同）62 万元，另因发生服务中止而退还给服务接受方销售额 15 万元，则该广告公司该月应纳增值税税额（　　）万元。

    A. 1.41　　　　　　B. 1.46　　　　　　C. 1.54　　　　　　D. 1.86

【答案】A

【分析】该广告公司该月应纳增值税额 =（62−15）×3%=1.41（万元）。

17. 某汽修厂为增值税小规模纳税人，某月取得修理费收入 90 000 元，另外，当月处置使用过的固定资产，取得收入 6 000 元，则该汽修厂当月应缴纳增值税（　　）元。

    A. 2 621.35　　　　　　B. 116.5　　　　　　C. 2 796.12　　　　　　D. 2 737.86

【答案】D

【分析】该汽修厂当月应缴纳的增值税

    =90 000/（1+3%）×3%+6 000/（1+3%）×2%

    ≈ 2 737.86（元）

18. 下列关于增值税纳税期限说法中，不正确的有（　　）。

    A. 增值税纳税的期限为 1 日、3 日、5 日、10 日、15 日、1 个月或者 1 个季度

    B. 纳税人以 1 个月或者 1 个季度为纳税期的，自期满之日起 15 日内申报纳税

    C. 以 1 日、3 日、5 日、10 日或者 15 日为一期纳税的，自期满之日起 5 日内预缴税款，于次月 1 日起 15 日内申报纳税并结清上月应纳税款

D. 纳税人进口货物的，应自海关填发税款缴纳证的次日起 5 日内缴纳税款

【答案】D

【分析】纳税人进口货物，应当自海关填发税款缴纳证之日起 15 日内缴纳税款，另外，以 1 个季度为纳税期限的规定仅适用于小规模纳税人、银行、财务公司、信托投资公司、信用社，以及财政部和国家税务总局规定的其他纳税人。

19. 根据现行增值税的规定，下列说法正确的是（   ）。

    A. 增值税对单位和个人规定了起征点

    B. 增值税起征点适用于所有的个体工商户和其他个人

    C. 出售古旧图书免税

    D. 单位销售自己使用过的物品免税

【答案】C

【分析】增值税的起征点只涉及个体工商户小规模纳税人和其他个人，且不适用于认定为一般纳税人的个体工商户，销售自己使用过的物品免税只适用于其他个人（自然人）。

20. 依据增值税的有关规定，境外单位或个人在境内发生应税行为而在境内未设立经营机构的，增值税的扣缴义务人有（   ）。

    A. 境内代理人   B. 银行

    C. 应税行为的接受方   D. 境外单位

【答案】C

【分析】境外的单位或者个人在境内发生应税行为，在境内未设有经营机构的，以购买方为增值税扣缴义务人。财政部和国家税务总局另有规定的除外。

21. 下列企业属于城市维护建设税纳税人的是（   ）。

    A. 缴纳增值税的外商投资企业

    B. 缴纳资源税的国有企业

    C. 缴纳车辆购置税的私营企业

    D. 缴纳城镇土地使用税的集体所有制企业

【答案】A

【分析】城市维护建设税的纳税人是在征税范围内从事工商经营，并缴纳增值税、消费税中的任何一种税的单位和个人。

22. 下列说法正确的是（   ）。

    A. 只要缴纳增值税就会缴纳城市维护建设税

    B. 同时缴纳增值税、消费税的纳税人才能成为城市维护建设税的纳税人

    C. 只要退还"两税"就退还城市维护建设税

    D. 城市维护建设税的纳税人是缴纳增值税、消费税的单位和个人

【答案】D

【分析】进口货物需缴纳增值税，但不缴纳城市维护建设税和教育费附加；出口退还增值税、消费税但不退还城市维护建设税，对"两税"先征后返、先征后退、即征即退的，除另有规定外，对随"两税"附征的城市维护建设税和教育费附加一律不予退回。并不是同时缴纳"两税"的单位和个人才能成为城市维护建设税的纳税人。

23. 设在县城的 A 企业代收代缴市区内的 B 企业的消费税，对 B 企业城市维护建设税的处理办法是（　　）。

    A. 由 B 企业在市区按 7% 交城市维护建设税

    B. 由 B 企业将 7% 的城市维护建设税交 A 企业代征

    C. 由 B 企业按 7% 的税率自行选择纳税地点

    D. 由 A 企业按 5% 的税率代收 B 企业的城市维护建设税

    【答案】D

    【分析】由受托方代征代扣"两税"的，其代征代扣城市维护建设税按受托方所在地适用税率。

24. 下列项目中，不作为城市维护建设税计税依据的是（　　）。

    A. 纳税人被认定为偷税少缴的增值税款

    B. 纳税人被认定为抗税少缴的消费税款

    C. 纳税人欠缴的增值税

    D. 对欠缴增值税加收的滞纳金

    【答案】D

    【分析】城市维护建设税的计税依据是纳税人实际缴纳的"两税"税额，不包括非税款项。

25. 某地处市区的企业为增值税一般纳税人，某月按规定缴纳了增值税 30 万元，同时补缴上一年度增值税 8 万元及相应的滞纳金 1 万元，罚款 12 万元。则该企业应缴纳城市维护建设税（　　）元。

    A. 2 1000　　　　B. 26 600　　　　C. 3 5000　　　　D. 35 700

    【答案】B

    【分析】滞纳金和罚款不纳税，该企业当月应缴纳的城市维护建设税 =（30+8）× 10 000×7%=26 600（元）。

26. 某地处市区的企业为增值税一般纳税人，主要经营内销和出口业务，某月实际缴纳增值税 120 万元，出口货物免抵税额 10 万元。另外，进口货物缴纳增值税 35 万元，缴纳消费税 50 万元。则该企业应缴纳城市维护建设税（　　）万元。

    A. 8.4　　　　B. 9.1　　　　C. 14.35　　　　D. 15.05

    【答案】B

    【分析】城市维护建设税"进口不征，出口不退"；当期出口货物免抵的增值税税额应计缴城市维护建设税。该企业当月应纳城市维护建设税 =（120+10）×7%=9.1（万元）。

27. 某县城一家服装生产厂为小规模纳税人，经营范围为服装制作兼营个人形象设计咨询，某月该厂缝纫业务共得收入 30 000 元、咨询收入 5 000 元，该厂当月缴纳的城市维护建设税（　　）元。

    A. 53.69　　　　B. 52.5　　　　C. 50.97　　　　D. 60

    【答案】C

    【分析】小规模纳税人适用的征收率为 3%；小规模纳税人的营业收入是含税的，需要换算为不含税的收入再计算应缴纳的增值税。纳税人所在地为县城的，城市维护建设税税率为 5%。

    该厂当月缴纳的增值税 =（30 000+5 000）÷（1+3%）×3%=1 019.42（元）。

该厂当月应纳城市维护建设税 =1 019.42×5%=50.97（元）。

28. 流动经营等无固定纳税地点的单位和个人，在经营地缴纳"两税"的，其城市维护建设税税率按（　　）适用税率执行。

　　A. 经营地　　　　　B. 居住地　　　　　C. 7%　　　　　D. 1%

【答案】A

【分析】流动经营等无固定纳税地点的单位和个人。在经营地缴纳"两税"的，其城市维护建设税税率按经营地适用税率执行。

二、多项选择题

1. 根据增值税的有关规定，下列各项中，属于混合销售行为的有（　　）。

　　A. 商场销售家具的同时又为该客户提供安装服务

　　B. 汽车厂销售汽车的同时又为其他客户提供修理服务

　　C. 歌舞厅为某一客户提供娱乐服务的同时向其销售烟酒

　　D. 超市销售商品的同时开设快餐阁

【答案】AC

【分析】混合销售是指纳税人的一项销售行为既涉及服务又涉及货物。选项 B、D 属于兼营行为。

2. 根据增值税的有关规定，下列关于增值税小规模纳税人的表述中，正确的有（　　）。

　　A. 小规模纳税人销售货物，按照征收率计算增值税应纳税额，不得抵扣进项税

　　B. 小规模纳税人进口货物，按照适用税率计算缴纳增值税，不得使用征收率计算

　　C. 不得自行开具增值税专用发票，也不得申请税务机关代开增值税专用发票

　　D. 以 1 个季度为增值税纳税期限的规定仅适用于小规模纳税人

【答案】AB

【分析】小规模纳税人（其他个人除外）发生增值税应税行为，需要开具增值税专用发票的，可以自愿使用增值税发票管理系统自行开具，所以选项 C 错误。以 1 个季度为增值税纳税期限的规定仅适用于小规模纳税人、银行、财务公司、信托投资公司、信用社，以及财政部和国家税务总局规定的其他纳税人，所以 D 错误。

3. 下列哪些情形不属于在境内提供增值税应税服务（　　）。

　　A. 境外单位或者个人向境内单位或者个人提供完全在境外消费的应税服务

　　B. 境外单位或者个人向境内单位或者个人出租完全在境外使用的有形动产

　　C. 境外单位或者个人向境内单位或者个人提供完全在境内消费的应税服务

　　D. 境外单位或者个人向境内单位或者个人提供完全在境内使用的有形动产

【答案】AB

【分析】在境内销售服务、无形资产或者不动产是指服务（租赁不动产除外）或者无形资产（自然资源使用权除外）的销售方或者购买方在境内；所销售或者租赁的不动产在境内；所销售自然资源使用权的自然资源在境内。

4. 适用于增值税一般纳税人的税率形式有（　　）。

　　A. 13%　　　　　B. 9%　　　　　C. 6%　　　　　D. 零税率

【答案】ABCD

【分析】一般纳税人的适用税率有基本税率13%、低税率9%、6%和零税率。

5. 下列情形中，不能直接开具增值税专用发票的是（　　　　　）。

　　A. 向消费者个人销售货物或者应税劳务的

　　B. 销售货物或者应税劳务适用免税规定的

　　C. 小规模纳税人销售货物或者应税劳务的

　　D. 向小规模纳税人销售货物或者应税劳务的

【答案】AB

【分析】纳税人销售货物、应税劳务或发生应税行为，应当向索取增值税专用发票的购买方开具增值税专用发票，并在增值税专用发票上分别注明销售额和销项税额。但属于下列情形之一的，不得开具增值税专用发票：① 向消费者销售应税项目；② 销售免税项目；③ 销售报关出口的货物在境外销售的应税劳务；④ 将货物用于非应税项目；⑤ 将货物用于集体福利和个人消费；⑥ 将货物无偿赠送他人等。

6. 下列行为中，属于视同销售货物征收增值税的有（　　　　　）。

　　A. 销售代销货物

　　B. 将外购货物用于职工福利

　　C. 将自产货物用于不动产在建工程

　　D. 将委托加工收回的货物无偿赠送给其他单位

【答案】ACD

【分析】将外购货物用于职工福利，属于不得抵扣进项税的情形，增值税也不视同销售。

7. 增值税纳税人销售非酒类货物时另外收取的包装物押金，应计入货物销售额的具体时限有（　　　　　）。

　　A. 无合同约定的，超过一年时计入

　　B. 有合同约定的，在不超过合同约定的时间内计入

　　C. 有合同约定的，合同逾期的时候计入，但合同的期限必须在一年以内

　　D. 无合同约定的，无论是否返还及会计上如何核算，都和收取的货款一并计入

【答案】AC

【分析】应计入货物销售额的包装物押金，对有合同约定的，必须是实际超过合同约定的日期，但合同的期限必须在1年以内；无合同约定的，在超过1年时计入。

8. 根据增值税的有关规定，下列关于增值税纳税义务发生时间的表述中，正确的有（　　　　　）。

　　A. 委托其他纳税人代销货物，为代销货物移送的当天

　　B. 采取赊销和分期收款方式销售货物的，为收到销售款的当天

　　C. 采取托收承付和委托银行收款方式销售货物，为发出货物并办妥托收手续的当天

　　D. 进口货物的，为报关进口的当天

【答案】CD

【分析】选项A：委托其他纳税人代销货物，增值税纳税义务发生时间为收到代销单位的代销清单或者收到全部或者部分货款的当天；未收到代销清单及货款的，为发出代销货物满

180 天的当天。选项 B：采取赊销和分期收款方式销售货物的，增值税纳税义务发生时间为书面合同约定的收款日期的当天；无书面合同的或者书面合同没有约定收款日期的，为货物发出的当天。

9. 下列可以免征增值税的有（   ）。

    A. 农场销售的烟叶

    B. 个人销售自己使用过的手机

    C. 某工业企业销售生产时产生的边角料

    D. 小规模纳税人销售自产货物

【答案】AB

【分析】《中华人民共和国增值税暂行条例》及《中华人民共和国增值税暂行条例实施细则》规定的免税项目有：农业生产者销售的自产农产品；避孕药品和用具；古旧图书；直接用于科学研究、科学试验和教学的进口仪器、设备；外国政府、国际组织无偿援助的进口物资和设备；由残疾人的组织直接进口供残疾人专用的物品；销售自己使用过的物品，自己使用过的物品，是指其他个人自己使用过的物品。

10. 采取以物易物方式销售货物时，下列说法符合税法规定的是（   ）。

    A. 双方都应做购销处理

    B. 以各自发出的货物核算销售额并计算销项税额

    C. 以各自收到的货物核算购货额并计算进项税额

    D. 以发出货物扣减收到货物的差额计算销项税额

【答案】ABC

【分析】以物易物，交易双方均应作购销处理。

11. 下列行为中，需要缴纳城市维护建设税和教育费附加的有（   ）。

    A. 政府机关出租房屋行为   B. 油田开采天然原油并销售的行为

    C. 个人出租房屋行为   D. 企业在证券市场购买股票的行为

【答案】ABC

【分析】企业在证券市场购买股票的行为不涉及流转税，所以不缴纳城市维护建设税和教育费附加。

12. 下列关于城市维护建设税税率的说法，正确的有（   ）。

    A. 某市生产厂商受托为某县企业生产制造某产品，其代收代缴城市维护建设税的税率为 7%

    B. 某县生产厂商受托为某市企业生产制造某产品，其代收代缴城市维护建设税的税率为 5%

    C. 流动经营等无固定纳税地点的，按缴纳"两税"所在地的规定税率计算缴纳城市维护建设税

    D. 流动经营等无固定纳税地点的，其城市维护建设税的适用税率为 1%

【答案】BC

【分析】由受托方代收、代扣"两税"的单位和个人，按纳税人缴纳"两税"所在地的规定税率就地缴纳城市维护建设税，流动经营无固定纳税地点的，按纳税人缴纳"两税"所在地的规定税率就地缴纳城市维护建设税。

13. 下列项目中，应作为城市维护建设税计税依据的有（   ）。

A. 纳税人出口货物经批准当期免抵的增值税税款

B. 纳税人被税务机关查补的消费税税款

C. 纳税人因欠税补缴的增值税税款

D. 纳税人进口货物被海关代征的增值税税额

【答案】ABC

【分析】纳税人进口环节被海关代征的增值税、消费税税额不作为城市维护建设税的计税依据。

14. 下列情况中，不缴纳城市维护建设税的有（　　　　　）。

A. 外商缴纳的增值税

B. 外商缴纳的消费税滞纳金

C. 某内资企业本月进口货物海关代征的增值税

D. 某服务性内资企业本年直接免征的增值税

【答案】BCD

【分析】城市维护建设税的计算不涉及非税款项；进口环节代征增值税不附征城市维护建设税；城市维护建设税随"两税"减免而减免。

15. 某生产企业生产销售一次性木筷子，取得的销售收入应缴纳（　　　　　）。

A. 增值税　　　　B. 消费税　　　　C. 城市维护建设税　　　D. 教育费附加

【答案】ABCD

【分析】纳税人生产销售一次性木筷子属消费税的征收范围，也属增值税的征收范围，所以在征消费税、增值税的同时，也应征城市维护建设税和教育费附加。

三、判断题

1. 增值税是对有形动产有偿转让征收，无形资产的转让、不动产的销售、劳务的有偿提供都不属于增值税的征税范围。（　　　）

【答案】×

【分析】我国增值税的征税范围包括生产、批发、零售和进口四个环节的货物，加工、修理修配劳务，交通运输服务、邮政服务、电信服务、建筑服务、金融服务、现代服务、生活服务，以及转让的无形资产或销售的不动产。

2. 纳税人兼营销售货物、劳务、服务、无形资产或者不动产，适用不同税率或者征收率的，应当分别核算适用不同税率或者征收率的销售额；未分别核算的，由主管税务机关核定具体的销售额。（　　　）

【答案】√

【分析】纳税人兼营销售货物、劳务、服务、无形资产或者不动产，适用不同税率或者征收率的，应当分别核算适用不同税率或者征收率的销售额；未分别核算的，从高适用税率。

3. 销售自产货物并同时提供运输服务的行为，应分别按照销售货物和提供运输服务计算缴纳增值税。（　　　）

【答案】×

【分析】混合销售是指纳税人的一项销售行为既涉及服务又涉及货物。从事货物的生产、批发或者零售的单位和个体工商户的混合销售行为，按照销售货物缴纳增值税。因此，此处应按销售行为计缴增值税。

4. 一般纳税人销售货物、应税劳务或发生应税行为，应主动向购买方提供增值税专用发票，并在增值税专用发票上注明销售额和销项税额。　　　　　　　　　　　　　（　　）

【答案】×

【分析】纳税人销售货物、应税劳务或发生应税行为，应当向索取增值税专用发票的购买方开具增值税专用发票，并在增值税专用发票上分别注明销售额和销项税额。但向消费者销售应税项目等，不得开具增值税专用发票。

5. 一般纳税人购进农产品，取得增值税专用发票或者海关进口增值税专用缴款书，按相应发票注明的增值税抵扣进项税，取得农产品收购发票或销售发票，按发票上注明的买价和9%的扣除率计算进项税额，从当期销项税额中扣除。　　　　　　　　　　　（　　）

【答案】√

【分析】一般纳税人购买免税农业产品准予按买价和9%的扣除率计算进项税额进行抵扣。

6. 我国现行增值税是消费型的增值税，允许一般纳税人抵扣外购固定资产的进项税。
　　　　　　　　　　　　　　　　　　　　　　　　　　　　　　　　　　　　（　　）

【答案】√

【分析】我国现行增值税的基本规范包括2017年11月19日修订的《中华人民共和国增值税暂行条例》及《中华人民共和国增值税暂行条例实施细则》，条例允许一般纳税人抵扣外购固定资产的进项税。

7. 纳税人销售价格明显偏低或偏高且不具有合理商业目的或者视同销售货物行为而无销售额者，如果该纳税人未曾销售过同类货物，按其他纳税人最近时期销售同类货物、同类服务、无形资产或者不动产的平均价格确定其销售额。　　　　　　　　　　　（　　）

【答案】√

【分析】纳税人销售货物、应税劳务或发生应税行为价格明显偏低或者偏高且不具有合理商业目的的，或视同销售但无实际销售额发生的，主管税务机关有权按照下列顺序确定销售额：按照纳税人最近时期销售同类货物、同类服务、无形资产或者不动产的平均价格确定；按照其他纳税人最近时期销售同类货物、同类服务、无形资产或者不动产的平均价格确定；按照组成计税价格确定。组成计税价格的公式为：组成计税价格＝成本×（1+成本利润率），成本利润率由国家税务总局确定。

8. 固定业户到外县（市）销售货物的，应当向销售地主管税务机关申报纳税。　（　　）

【答案】×

【分析】固定业户到外县（市）销售货物的，应当向其机构所在地主管税务机关申请开具《外出经营活动税收管理证明》，向其机构所在地主管税务机关申报纳税。未持有其机构所在地主管税务机关核发的《外出经营活动税收管理证明》，到外县（市）销售货物或者应税劳务的，应当向销售地主管税务机关申报纳税；未向销售地主管税务机关申报纳税的，由其机构所在地主管税务机关补征税款。

9. 某商贸公司进口残疾人专用物品，可以按规定享受减免进口增值税。 （ ）

【答案】×

【分析】由残疾人组织直接进口的供残疾人专用物品，可以免征，其他单位进口的，不能享受减免进口增值税。

10. 增值税起征点的范围适用于个人。 （ ）

【答案】√

【分析】增值税起征点的适用范围限于个人，个人是指个体工商户和其他个人。

11. 只要缴纳增值税就必须同时缴纳城市维护建设税和教育费附加。 （ ）

【答案】×

【分析】并不是缴纳增值税就必须同时缴纳城市维护建设税和教育费附加，如进口货物需缴纳进口增值税，但不缴纳城市维护建设税和教育费附加。

12. 城市维护建设税的纳税人在城市市区的，其适用税率为17%。 （ ）

【答案】×

【分析】城市维护建设税的纳税人在城市市区的，其适用税率为7%。

13. 纳税人出口货物经批准当期免抵的增值税税款无须缴纳城市维护建设税和教育费附加。 （ ）

【答案】×

【分析】纳税人出口货物经批准当期免抵的增值税税款尽管没有实际缴纳，但其实质是减少了内销环节增值税的应纳税额，因此免抵的增值税税额也应纳入城市维护建设税和教育费附加的计征范围。

14. 外商投资企业暂免征城市维护建设税和教育费附加。 （ ）

【答案】×

【分析】自2010年12月1日起，外商投资企业、外国企业及外籍个人适用我国城市维护建设税和教育费附加征收的所有相关规定。

15. 税法规定对纳税人减免"两税"时，相应也减免了城市维护建设税和教育费附加。 （ ）

【答案】√

【分析】城市维护建设税、教育费附加在减免"两税"的同时随之减免。

【职业能力训练】

一、单项选择题

1. 我国现行的增值税采用（ ）。

  A. 价内税   B. 价外税   C. 定额税   D. 累进税

2. 依据增值税的有关规定，下列行为中不属于增值税征税范围的是（ ）。

  A. 供电局销售电力产品   B. 饭店提供现场餐饮服务

  C. 企业转让土地使用权   D. 工程项目在境外的建筑服务

3. 下列各项中，符合增值税一般纳税人登记及管理有关规定的是（ ）。

    A. 年应税销售额未超过小规模纳税人标准的企业，不得登记为一般纳税人

    B. 不经常发生应税行为的单位，全部按小规模纳税人纳税，不得办理一般纳税人资格登记

    C. 除国家税务总局另有规定外，纳税人一经登记为一般纳税人后，不得转为小规模纳税人

    D. 新登记为一般纳税人的小型商贸批发企业实行纳税辅导期管理的期限为 6 个月

4. 下列单位，可以登记成为一般纳税人的是（　　　）。

    A. 年销售额 200 万元的陆路运输公司

    B. 年销售额 85 万元的街头小贩

    C. 年销售额 450 万元，有健全的财务会计核算制度，能提供准确税务资料的快递公司

    D. 因出售不动产而销售额达 600 万元，但不经常发生应税行为的事业单位

5. 下列各项中，属于应纳增值税混合销售行为的是（　　　）。

    A. 建材商店在销售建材的同时又为其他客户提供装饰服务

    B. 汽车制造公司在生产销售汽车的同时又为其他客户提供修理服务

    C. 塑钢门窗销售商店在销售产品的同时又为该客户提供安装服务

    D. 电信局为客户提供电话安装服务的同时又销售电话机给其他客户

6. 下列适用 9% 税率的项目有（　　　）。

    A. 销售农机整机　　　　　　　　　　B. 销售农机零件

    C. 加工农机的加工费收入　　　　　　D. 加工农机零件的加工费收入

7. 旧货经营单位销售旧货，应纳增值税依据（　　　）计算。

    A. 13% 税率　　　　　　　　　　　　B. 不征税

    C. 4% 征收率　　　　　　　　　　　D. 3% 征收率减按 2% 征收

8. 以下按照 3% 的征收率计算增值税的项目有（　　　）。

    A. 死当销售　　　　　　　　　　　　B. 运输费收入

    C. 小规模纳税人销售旧物　　　　　　D. 一般纳税人销售自产货物

9. 增值税一般纳税人销售的下列货物中，按照 3% 征收率计算缴纳增值税的是（　　　）。

    A. 销售旧货　　　　　　　　　　　　B. 销售自己使用过的固定资产

    C. 典当业销售死当物品　　　　　　　D. 电力局生产销售电力

10. 提供有形动产租赁服务的税率为（　　　）。

    A. 9%　　　　　　B. 6%　　　　　　C. 零税率　　　　　　D. 13%

11. 下列关于增值税适用税率的表述，正确的是（　　　）。

    A. 单位和个人提供的国际运输服务，税率为零

    B. 提供的交通运输服务，税率为 7%

    C. 单位和个人向境外单位提供的研发服务，税率为 6%

    D. 提供有形动产租赁服务，税率为 7%

12. 某生产果酒企业为增值税一般纳税人，月销售收入为 135.6 万元（含税），当期发出包装物收取押金为 4.52 万元，当期逾期未归还包装物押金为 2.26 万元。该企业本期应申报的销项税额为（　　　）万元。

A. 20.4　　　　　　B. 20.74　　　　　　C. 16.12　　　　　　D. 20.8

13. 某增值税一般纳税人某月销售三批同样的货物，每批各 2 000 件，不含税销售单价分别为 100 元、80 元和 30 元，其中 30 元 / 件的销售价格被主管税务机关认定为明显偏低且无正当理由，则该纳税人当月计算销项税额的销售额为（　　　）元。

A. 180 000　　　　B. 420 000　　　　C. 540 000　　　　D. 210 000

14. 下列行为中，涉及的进项税额不得从销项税额中抵扣的是（　　　）。

A. 将外购的货物用于本单位集体福利

B. 将外购的货物分配给股东和投资者

C. 将外购的货物无偿赠送给其他个人

D. 将外购的货物作为投资提供给其他单位

15. 购进免税农产品进行进项税额抵扣时，其抵扣率为（　　　）。

A. 9%　　　　　　B. 13%　　　　　　C. 零税率　　　　　D. 3%

16. 某企业为增值税一般纳税人，某月因发生自然灾害损失库存产品一批，所耗用的材料成本为 20 000 元，已抵扣进项税额；另外购的一批材料因管理不善而发生变质不能再用，账面成本 50 000 元，已抵扣进项税额。该企业当月应转出进项税额（　　　）元。

A. 11 900　　　　B. 3 400　　　　　C. 6 500　　　　　D. 5 100

17. 某厂为增值税一般纳税人，某月外购一批材料用于应税和免税货物的生产，取得增值税专用发票注明价款 50 000 元，增值税 6 500 元；当月应税货物不含税销售额 150 000 元，免税货物销售额 70 000 元，则该厂当月不可抵扣的进项税额为（　　　）元。

A. 1 416.67　　　B. 8 500　　　　　C. 2 068.19　　　　D. 3 400

18. 下列情形可以开具增值税专用发票的是（　　　）。

A. 商业企业一般纳税人零售卷烟

B. 一般纳税人销售免税药品

C. 一般纳税人销售自己使用过的已抵扣过进项税额的固定资产

D. 一般纳税人销售自己使用过的不得抵扣且未抵扣进项税额的固定资产，选择依 3% 征收率减按 2% 征收增值税

19. 某计算机股份有限公司（一般纳税人）销售给某商场 100 台计算机，不含税单价为 4 300 元 / 台，已开具税控专用发票，计算机公司提供线路网关设计，另收商场 5 000 元，开具普通发票。当月该公司可以抵扣的进项税额为 2 600 元。该公司应纳增值税是（　　　）元。

A. 74 205　　　　　　　　　　B. 75 917.95

C. 53 875.22　　　　　　　　　D. 76 127.95

20. 甲企业为生产企业，且是增值税一般纳税人，本月发生下列业务：从国有农场购进免税农产品，收购凭证上注明支付货款 30 万元，支付运费 7.63 万元（含税），取得增值税专用发票。将收购农产品的 10% 作为职工福利消费，其余作为生产材料用于加工食品，所加工的食品在企业非独立门市部销售，并取得含税销售收入 35.75 万元。另外，本月取得的相关发票均在本月认证并抵扣。则甲企业应缴纳的增值税税额为（　　　）万元。

A. 1.89　　　　　　B. 1.08　　　　　　C. 1.24　　　　　　D. 0.846

21. 某商场（央行批准的金银首饰经营单位）为增值税一般纳税人，某月采取以旧换新方式销售金戒指 40 只，每只新戒指的零售价格为 12 500 元，每只旧戒指作价 9 650 元，每只戒指取得价差款 2 850 元；另外，该商场当月取得首饰修理费共计 16 570 元（含税）。初次购入税控系统专用设备一台，取得增值税专用发票，发票上列明货款金额 2 000 元，税额 260 元。该商场上述业务应纳税额（　　）元。

    A. 14 940.17
    B. 15 270
    C. 18 971.71
    D. 12 761.33

22. 一般纳税人选择简易办法计算缴纳增值税后，（　　）内不得变更。

    A. 3 个月　　　　B. 6 个月　　　　C. 12 个月　　　　D. 36 个月

23. 某公司是增值税小规模纳税人。销售自己 2022 年 3 月购入的固定资产，原购买专用发票注明价款 10 000 元，增值税 1 300 元，同年 10 月出售开具普通发票，票面额 10 530 元，则该企业转让设备行为应（　　）。

    A. 免税
    B. 计算缴纳增值税 1 530 元
    C. 计算缴纳增值税 306.70 元
    D. 计算缴纳增值税 204.47 元

24. 某企业为增值税一般纳税人，2022 年 5 月进行设备更新，出售一台旧设备，收取价款共计 20 万元，该设备系 2017 年购进，其时，该企业为小规模纳税人。则该企业销售旧设备应纳增值税（　　）万元。

    A. 0.39　　　　B. 2.91　　　　C. 3.4　　　　D. 0.4

25. 某进出口公司进口一批小汽车，到岸价格折合人民币为 1 000 万元，含境外负担的税金 13 500 美元，当月的外汇中间价为 1 美元 =6.2 元人民币，缴纳进口关税税额 900 万元，则该公司应纳进口增值税为（　　）万元（小汽车消费税税率 9%）。

    A. 351.09　　　　B. 170　　　　C. 352.78　　　　D. 271.43

26. 某生产厂家以"买二赠一"方式销售货物，本期销售 A 商品 50 台，每台售价（含税）22 600 元，同时赠送 B 商品 25 件（B 商品不含税单价为 1 200 元 / 件）。A、B 商品适用税率均为 13%。则该生产厂家此项业务应申报的销项税额是（　　）元。

    A. 133 900　　　　B. 155 100　　　　C. 183 200　　　　D. 167 600

27. 某食品厂为增值税一般纳税人，某月销售糕点一批，取得不含税销售额 40 万元，经主管税务机关核准初次购进税控系统专用设备一台，取得增值税专用发票注明价税合计 1 800 元。该食品厂当月应纳增值税（　　）元。

    A. 50 200　　　　B. 68 750　　　　C. 75 028　　　　D. 85 620

28. 某超市为增值税小规模纳税人。某月，该超市取得货物零售收入 120 000 元；向灾区捐赠部分外购商品，该批商品购进价为 4 200 元，捐赠时市场零售价为 5 000 元；向职工发放部分外购商品作为节日礼品，市场含税售价为 8 000 元；销售已使用 1 年的冰箱一台，取得含税收入 1 400 元，该冰箱原购进价 2 000 元。则该超市当月应纳增值税（　　）元。

    A. 3 667.7　　　　B. 3 667.96　　　　C. 3 748.54　　　　D. 3 775.46

29. 某配件厂为增值税一般纳税人，某月采用分期收款方式销售配件，合同约定不含税销售额为 240 万元，当月应收取 90 万元，由于购买方当月资金周转不灵，实际只支付了

60 万元货款，配件厂按实际收款金额开具了增值税专用发票。当月没有进项税额可抵扣，则该配件厂当月应纳增值税（　　）万元。

    A. 15.3   B. 11.7   C. 5.1   D. 13.6

30. 下列项目中，免征增值税的是（　　）。

    A. 中药饮片   B. 古旧图书   C. 教材   D. 烟叶

31. 纳税人销售（　　），免征增值税。

    A. 农用薄膜   B. 日用百货   C. 旧货   D. 自产农产品

32. 某境外公司为我国境内 B 公司提供技术咨询服务，含税价款为 150 000 元，该境外公司在我国境内未设立经营机构，则 B 公司应当扣缴的增值税税额为（　　）元。

    A. 8 490.57   B. 9 000   C. 9 540   D. 9 574.47

33. 某生产企业（增值税一般纳税人）从某农业生产者处收购一批初级农产品用于生产适用税率为 13% 的应税产品，在税务机关批准使用的农产品专用收购凭证上注明价款 50 000 元，该生产企业的材料采购成本为（　　）元。

    A. 50 000   B. 45 000   C. 56 500   D. 44 247.79

34. 增值税一般纳税人的下列行为中，涉及的进项税额不得从销项税额中抵扣的是（　　）。

    A. 将外购的货物用于抵偿债务   B. 将外购的货物用于交际应酬

    C. 将外购的货物无偿赠送给外单位   D. 将外购的货物用于对外投资

35. 增值税一般纳税人支付的运费中（可取得增值税专用发票），不允许抵扣进项税额的是（　　）。

    A. 销售生产设备支付的运输费用

    B. 外购生产材料支付的运输费用

    C. 外购装修职工浴室使用的建筑材料支付的运输费用

    D. 向小规模纳税人购买农业产品支付的运输费用

36. 下列各项中，应当计算缴纳增值税的是（　　）。

    A. 个人销售自己使用过的轿车

    B. 农业生产者销售自产农产品

    C. 电力公司向发电企业收取过网费

    D. 残疾人的组织直接进口供残疾人专用的物品

37. 根据城市维护建设税相关规定，下列说法正确的是（　　）。

    A. 自 2010 年 12 月 1 日起，外商投资企业应依法缴纳城市维护建设税

    B. 进口环节增值税纳税人同时也是城市维护建设税纳税人

    C. 城市维护建设税实行行业规划税率

    D. 城市维护建设税的计税依据是纳税人实际缴纳的"两税"及滞纳金和罚款

38. 由受托方代征代扣"两税"的单位和个人，其代征代扣的城市维护建设税按（　　）税率执行。

    A. 委托方所在地   B. 受托方所在地

    C. 双方协商   D. 从高

39. 位于市区的某公司某月应缴纳增值税 100 万元，应缴纳消费税 150 万元，实际缴纳增值税

85万元，实际缴纳消费税110万元，则该公司当月应缴纳城市维护建设税（   ）万元。

    A. 13.65   B. 17.5   C. 5.95   D. 9.75

40. 个体商贩及个人在集市上出售商品，对其征收临时经营的增值税时，下列关于其城市维护建设税的处理，正确的是（   ）。

    A. 同时征收城市维护建设税

    B. 减半征收城市维护建设税

    C. 免征城市维护建设税

    D. 由各省、自治区、直辖市人民政府根据实际情况确定是否征收城市维护建设税

41. 某税务师审核某县一企业的纳税情况，发现该企业去年的经营业务少缴增值税25万元，少缴消费税10万元，报税务机关查核后，已补缴以上税款，则该企业应补缴城市维护建设税（   ）万元。

    A. 1.75   B. 2.45   C. 0.35   D. 0.25

42. 某企业地处市区，某月被税务机关查补增值税83 000元、消费税56 000元、所得税230 000元；还被加收滞纳金21 000元、被处罚款50 000元。该企业应补缴城市维护建设税和教育费附加（   ）元。

    A. 21 000   B. 13 900   C. 44 000   D. 16 000

43. 某市一企业某月缴纳增值税32万元，其中含有因符合免税规定而被退库的2万元，缴纳消费税50万元，被查补增值税10万元，则该企业当月应缴纳的城市维护建设税为（   ）万元。

    A. 6.44   B. 4.5   C. 5.3   D. 6.3

44. 某县城生产化妆品的纳税人本月交纳增值税110万元，消费税300万元，补缴上月应纳消费税20万元，当月取得出口退还增值税5万元，获批准出口免抵增值税24万元，缴纳进口关税18万元、进口增值税24万元、进口消费税30万元。计算本月应缴的城市维护建设税和教育费附加合计为（   ）万元。

    A. 22.7   B. 20.5   C. 31.78   D. 25.4

45. 下列关于教育费附加减免的说法，正确的是（   ）。

    A. 对进口的产品征收增值税的同时征收教育费附加

    B. 对出口产品退还增值税的同时退还教育费附加

    C. 企业减免增值税1年后才能减免教育费附加

    D. 下岗职工从事个体餐饮，自领取税务登记证之日起3年内可扣减教育费附加

46. 下列各项中，符合城市维护建设税有关规定的是（   ）。

    A. 个体经营者不缴纳城市维护建设税

    B. 集贸市场经营暂不缴纳城市维护建设税

    C. 流动经营且无固定纳税地点的纳税人在居住地缴纳城市维护建设税

    D. 城市维护建设税的税款专用于保证城市公共事业和公共设施的维护与建设

二、多项选择题

1. 我国现行增值税的征收范围是（   ）。

    A. 在中国境内销售货物   B. 在中国境内发生应税行为

C. 进口货物　　　　　　　　　　　　　　D. 在中国境内提供应税劳务

2. 下列行为中，属于增值税征税范围的有（　　　　　　）。

    A. 销售钢材　　　　　　　　　　　　　B. 销售自来水

    C. 销售电力　　　　　　　　　　　　　D. 销售房屋

3. 下列行为需要缴纳增值税的有（　　　　　　）。

    A. 从国外进口设备　　　　　　　　　　B. 国内企业自产自销货物

    C. 某饭店出售快餐　　　　　　　　　　D. 单位职工修理车间设备

4. 增值税混合销售行为是指一项行为同时涉及（　　　　　　）。

    A. 服务　　　　　　　　　　　　　　　B. 非增值税应税劳务

    C. 货物　　　　　　　　　　　　　　　D. 销售无形资产

5. 下列行为属于视同销售的有（　　　　　　）。

    A. 将自产、委托加工或者购进的货物分配给股东或者投资者

    B. 将自产、委托加工或者购进的货物用于免税项目

    C. 将自产、委托加工或者购进的货物作为投资，提供给其他单位

    D. 将自产、委托加工或者购进的货物用于集体福利或者个人消费

    E. 将自产、委托加工或者购进的货物无偿赠送其他单位或者个人

6. 划分小规模纳税人和一般纳税人的标准主要有（　　　　　　）。

    A. 企业规模的大小　　　　　　　　　　B. 企业应税销售额

    C. 企业的所有制性质　　　　　　　　　D. 企业的会计核算水平

7. 以下单位或个人不能被认定为增值税一般纳税人的有（　　　　　　）。

    A. 年应税销售额未超过小规模纳税人标准且会计核算制度不健全的企业

    B. 个体工商户

    C. 个体工商户以外的其他个人

    D. 年应税销售额超过 500 万元的事业单位

8. 下列货物适用 9% 税率征收增值税的有（　　　　　　）。

    A. 食用蔬菜　　　B. 速冻饺子　　　C. 饲料　　　　D. 鱼虾等水产品

9. 应交增值税的行业有（　　　　　　）。

    A. 制造业　　　　B. 商品流通业　　　C. 建筑业　　　D. 交通运输业

10. 下列各项中，需要计算并缴纳增值税的有（　　　　　　）。

    A. 销售不动产的同时一并销售附着于不动产上的机器设备

    B. 提供矿产资源开采劳务

    C. 各燃油电厂从政府财政专户取得的发电补贴

    D. 销售软件产品并随同销售一并收取的软件培训费

11. 纳税人代有关部门收取的政府性基金或行政事业性收费，凡同时符合以下（　　　　　　）条件的，不属于价外费用，不征收增值税。

    A. 由国务院或省级人民政府及其财政、价格主管部门批准设立的行政事业性收费

    B. 由国务院或财政部批准设立的政府性基金

    C. 收取时开具省级以上财政部门印制的财政票据

D. 所收款项全额上缴财政

12. 下列有关增值税的计税销售额规定，说法正确的有（   ）
  A. 以物易物方式销售货物，由多交付货物的一方以价差计算缴纳增值税
  B. 以旧换新方式销售货物，以实际收取的不含增值税的价款计算缴纳增值税
  C. 以还本销售方式销售货物，以实际销售额计算缴纳增值税
  D. 以销售折扣方式销售货物，不得从计税销售额中扣减折扣额

13. 价外费用包括价外向购买方收取的（   ）。
  A. 手续费   B. 集资费   C. 奖励费   D. 滞纳金

14. 增值税扣税凭证是指（   ）等。
  A. 增值税专用发票
  B. 海关进口增值税专用缴款书
  C. 农产品收购发票和农产品销售发票
  D. 中华人民共和国税收缴款凭证

15. 一般纳税人的下列情形中，不得领购增值税专用发票的有（   ）。
  A. 会计核算制度不健全，不能向税务机关准确提供增值税销项税额、进项税额等有关
   增值税税务资料的
  B. 未按规定接受税务检查的，经税务机关责令限期改正而仍未改正的
  C. 有《中华人民共和国税收征收管理法》规定的税收违法行为，拒不接受税务机关处
   理的
  D. 未设专人保管专用发票和专用设备的

16. 下列增值税一般纳税人销项税额计税依据处理正确的有（   ）。
  A. 电器超市推出以旧冰箱加500元可换取同品牌不含税价为2 000元的新冰箱的业务，
   超市按每台500元除以1.13计算此项业务的应税销售额
  B. 企业销售设备一台，按协议约定，5年后返还不含税售价200万元的10%款项给购
   买方，企业按200万元作为增值税销项税额的计税依据计算了销项税额
  C. 商场当月销售货物500万元，其中300万元开具了增值税专用发票，150万元开具了
   普通发票，50万元未开具发票，商场当月按450万元计算了增值税销项税额
  D. 对化妆品销售收取的包装物押金500元，企业在收取时未计算增值税销项税额

17. 增值税一般纳税人发生的下列行为，不得开具增值税专用发票的有（   ）。
  A. 典当业销售死当物品
  B. 商业企业批发出售化妆品
  C. 纳税人销售旧货
  D. 纳税人出售自己用过的汽车

18. 关于纳税地点的表述，正确的有（   ）。
  A. 固定业户，应当向其机构所在地的主管税务机关申报纳税
  B. 进口货物，应当向报送地海关申报纳税
  C. 非固定业户销售货物或应税劳务，应当向销售地或劳务发生地的主管税务机关申报纳税
  D. 总机构和分支机构不在同一县（市）的，应当由总机构汇总向总机构所在地主管税

务机关申报纳税

19. 以下符合应税服务规定的有（　　　　　）。
   A. 境外某会展公司在境外举办我国某设计师时装发布会的服务不属于在我国境内提供应税服务
   B. 某市运输公司对其他公司无偿提供运输服务不视同提供应税服务
   C. 某市运输公司为抢险救灾提供的无偿运输服务不视同提供应税服务
   D. 某市运输公司对公司内部人员提供的通勤班车服务不视同提供应税服务

20. 单位和个人提供的下列哪些应税服务免征增值税（　　　　　）。
   A. 标的物在境外使用的有形动产租赁服务
   B. 工程、矿产资源在境外的工程勘察勘探服务
   C. 展览地点在境外的会议展览服务
   D. 存储地点在境外的仓储服务

21. 根据规定，下列适用增值税零税率的国际运输服务包括（　　　　　）。
   A. 我国某船运公司将货物自我国运往英国
   B. 我国某船运公司将货物自英国运往我国
   C. 我国某船运公司将货物自英国运往美国
   D. 英国某船运公司将货物自英国运往我国
   E. 英国某船运公司将货物自我国运往英国

22. 某单位出租设备取得租金收入，该单位应缴纳的税费有（　　　　　）。
   A. 增值税　　　　　　　　　　　　B. 消费税
   C. 城市维护建设税　　　　　　　　D. 教育费附加

23. 下列情况中，不缴纳城市维护建设税的有（　　　　　）。
   A. 外商缴纳的增值税
   B. 某内资企业本月进口货物海关代征的增值税
   C. 某服务性内资企业本年直接免征增值税
   D. 某内资企业出口货物经批准免抵的增值税

24. 关于城市维护建设税的适用税率，下列表述正确的有（　　　　　）。
   A. 按纳税人所在地区的不同，设置了三档地区差别比例税率
   B. 由受托方代收、代扣"两税"的，可按纳税人所在地的规定税率就地缴纳城市维护建设税
   C. 城市维护建设税的税率是指纳税人应缴纳的城市维护建设税税额与纳税人实际缴纳的"两税"税额之间的比例
   D. 对增值税实行先征后返办法的，一般情况下附征的城市维护建设税不予返还

25. 下列项目中，不属于城市维护建设税计税依据的有（　　　　　）。
   A. 纳税人实际缴纳的"两税"
   B. 纳税人减免退税的"两税"
   C. 纳税人计算出的应缴"两税"
   D. 受托方代扣代缴的"两税"

26. 下列各项中，符合城市维护建设税征收管理规定的有（　　　　　）。

    A. 对增值税实行先征后返的，应同时返还附征的城市维护建设税

    B. 对出口产品退还增值税的，不退还已缴纳的城市维护建设税

    C. 纳税人延迟缴纳增值税而被加收的滞纳金，不作为城市维护建设税的计税依据

    D. 海关对进口产品代征增值税时，应同时代征城市维护建设税

27. 下列有关城市维护建设税的说法，正确的有（　　　　　）。

    A. 某外商投资企业已缴纳增值税，但不需要缴纳城市维护建设税

    B. 某企业总机构在甲地，在乙地缴纳增值税，城市维护建设税也在乙地缴纳

    C. 某企业已缴纳了增值税，没有缴纳城市维护建设税，可以单独进行处罚

    D. 城市维护建设税的适用税率，一律按纳税人所在地的适用税率执行

28. 市区某制药厂为一般纳税人，202× 年 10 月经营缴纳增值税 130 万元，补缴上月漏缴的增值税 55.8 万元。则下列说法正确的是（　　　　　）。

    A. 本月经营应缴纳城市维护建设税 9.1 万元

    B. 本月应缴纳城市维护建设税 9.28 万元

    C. 本月应补缴城市维护建设税 3.91 万元

    D. 本月应补缴城市维护建设税 2.79 万元

29. 北京某公司在深圳转让某县城的一处房产，则关于城市维护建设税，下列说法正确的有（　　　　　）。

    A. 城市维护建设税在深圳某县缴纳

    B. 城市维护建设税在北京缴纳

    C. 城市维护建设税适用深圳县城的税率

    D. 纳税地点由纳税人自己选择

三、判断题

1. 我国目前实施的是生产型增值税。　　　　　　　　　　　　　　　　　　　　（　　）
2. 增值税征税对象中的货物不包括水力、电力、空气等。　　　　　　　　　　　（　　）
3. 为本单位的产品生产而提供的从仓库到车间的运输服务不属于增值税征税范围。

    （　　）

4. 居民存款利息属于增值税征税范围。　　　　　　　　　　　　　　　　　　　（　　）
5. 企业被某公司收购而与将企业的不动产及所有的债务和劳动力一起转让给收购公司中的不动产转让行为不属于征税范围。　　　　　　　　　　　　　　　　　　　（　　）
6. 混合销售是指纳税人兼有不同税率或征收率的销售货物、提供应税服务或应税劳务。　　　　　　　　　　　　　　　　　　　　　　　　　　　　　　　　　　　　（　　）
7. 农民出售初级农产品需交纳增值税。　　　　　　　　　　　　　　　　　　　（　　）
8. 单位员工为本单位车间设备提供修理修配劳务应交纳增值税。　　　　　　　　（　　）
9. 应税行为年销售额超过 100 万元的纳税人可登记为增值税一般纳税人。　　　（　　）
10. 符合一般纳税人条件的纳税人，应向税务机关申请认定为一般纳税人。　　　（　　）
11. 国外某公司派出技术人员到中国境内为某企业提供技术咨询服务，该公司未在中国

境内设立经营机构，其增值税的扣缴义务人为境内购买此服务的公司。　　　　（　　）

12. 某五星级酒店销售非现场消费的食品年销售额超过了小规模纳税人标准，应申请登记为一般纳税人资格。　　　　（　　）

13. 小规模纳税人的征收率是 4% 和 6%。　　　　（　　）

14. 居民用煤炭制品按 13% 的税率征收增值税。　　　　（　　）

15. 按现行增值税相关规定，我国一般纳税人销售自己使用过但属于不得抵扣且未抵扣进项税额的固定资产，按简易办法，依 4% 征收率减半征收增值税。　　　　（　　）

16. 一般纳税人销售自产的自来水，可选择按简易办法依照 6% 征收率计算缴纳增值税。　　　　（　　）

17. 增值税一般纳税人销售货物从购买方收取的价外费用，在征税时，应视为含税收入，计算税额时换算为不含税收入。　　　　（　　）

18. 已抵扣进项税额的购进货物，如果作为集体福利发放给职工个人的，发放时应视同销售计算增值税的销项税额。　　　　（　　）

19. 纳税人以代销方式销售货物，在收到代销单位的代销清单前已收到全部或者部分货款的，其纳税义务发生时间为收到代销单位代销清单的当天。　　　　（　　）

20. 以旧换新销售，按新货同期销售价格确定销售额，不得扣减旧货收购价格（金银首饰除外）。　　　　（　　）

21. 小规模纳税人购置税控收款机，取得的无论是增值税专用发票，还是增值税普通发票，均可以抵扣进项税额。　　　　（　　）

22. 非固定业户销售货物或者应税劳务，应当向销售地或者劳务发生地的主管税务机关申报纳税。　　　　（　　）

23. 小规模纳税人购进货物所承担的增值税应计入货物成本。　　　　（　　）

24. 某月某登记为一般纳税人的个体工商户的销售额不足当地起征点，该纳税人当月免征增值税。　　　　（　　）

25. 一般纳税人的购买行为只要负担了增值税，便可作为进项税抵减当期应纳税额。　　　　（　　）

26. 城市维护建设税具有征税范围广泛的特点。　　　　（　　）

27. 增值税、消费税两税的纳税人也就是城市维护建设税和教育费附加的纳税人。　　　　（　　）

28. 城市维护建设税和教育费附加随"两税"的减免而减免，因此，出口退税后应退还相应的城市维护建设税和教育费附加。　　　　（　　）

29. 企业应缴纳的城市维护建设税等于企业应缴纳的增值税税额和消费税税额之和乘以适用税率。　　　　（　　）

30. 城市维护建设税和教育费附加由国家税务总局负责征收。　　　　（　　）

四、计算题

（一）

1. 目的：练习增值税纳税业务应纳税额的计算。

2. 资料：曦曦自行车厂位于城市市区，主要生产和销售自行车，为一般纳税人，某月月初有留抵税额 8 000 元，本月该厂购销情况如下：

（1）向当地百货大楼销售 2 000 辆自行车，开具增值税专用发票，注明价款 1 000 000 元，百货大楼当月付清货款后，厂家给予了 10% 的现金折扣。

（2）向外地特约经销点销售 300 辆自行车，开具增值税普通发票，注明销售额为 169 500 元；支付运输单位运费，收到增值税专用发票上注明运费 1 000 元，税率 9%，增值税 90 元；取得增值税专用发票注明装卸费 1 000 元，税率 6%，增值税 60 元。

（3）销售本厂自用且未抵扣过税款的小轿车一辆，售价 120 000 元。

（4）当期发出一般包装物收取押金 3 000 元，逾期仍未收回的包装物押金 6 000 元将不再退还。

（5）购进自行车零部件、原材料，取得的专用发票上注明购进金额 140 000 元，注明税款 18 200 元。

（6）从小规模纳税人处购进自行车零件支付 5 000 元，取得对方开具的增值税专用发票。

3. 假定应该认证的发票均经过了认证，要求计算：

（1）该自行车厂当期可抵扣的进项税。

（2）该自行车厂销售自行车的销项税。

（3）该自行车厂包装物押金的销项税。

（4）该自行车厂销售使用过小轿车的应纳税额。

（5）当期该厂应纳增值税的合计数。

（6）当期该自行车厂应纳城建税和教育费附加金额。

（二）

1. 目的：练习增值税纳税业务应纳税额的计算。

2. 资料：某企业兼有货物生产和技术服务业务，是增值税一般纳税人。该企业 8 月销售货物金额（不含税，下同）200 万元；购入生产货物的原材料金额 150 万元，取得了增值税专用发票；购入送货用三轮摩托车 10 台，每台金额 2 万元，取得了增值税专用发票注明价款 20 万元；当月提供技术服务收取服务费金额 20 万元，为提供技术服务发生进项税额 0.8 万元。

3. 要求：计算该企业当期应纳的增值税税额。

（三）

1. 目的：练习增值税纳税业务应纳税额的计算。

2. 资料：某洗衣机生产企业（增值税一般纳税人），某月购销情况如下：

（1）外购电动机一批，取得的通过税务机关认证的防伪增值税专用发票上注明买价 4 000 万元。

（2）向本市某公司销售 A 型号洗衣机 50 000 台，出厂单价 0.2 万元（含税价）。因该公司一次付清货款，收款时企业给予 5% 的现金折扣。

（3）外购零配件一批，取得的防伪增值税专用发票上注明价款 2 000 万元，专用发票未通过认证。

（4）采取分期收款方式向外地一批发商按照出厂价格销售 A 型号洗衣机 1 000 台，合同约定本月收款一半，但款项至今未收到。

（5）进口大型检测设备一台，到岸价格 10 万美元，汇率为 1 美元 =6.23 元人民币，关税税率为 10%。

（6）向本市一新落成的乙商场销售 A 型号洗衣机 800 台。由企业车队运送取得运输费收入 10 000 元，装卸费 2 000 元，并向乙商场开具增值税专用发票，发票上注明运费 10 000元，税率 9%，增值税 900 元，开具增值税专用发票，注明装卸费 2 000 元，税率 6%，增值税 120 元。另外，为提供运输服务而购买了汽油，并取得防伪增值税专用发票，发票注明汽油价 1 000 元，并通过税务机关的认证。

（7）无偿提供给本企业招待所 A 型号洗衣机 10 台（洗衣机单位生产成本 1 200 元）。按出厂价的 60% 售给职工 A 型号洗衣机 140 台（税务机关核定售价偏低）。

（8）采取以物易物方式向丙厂提供 A 型号洗衣机 2 000 台，丙厂向该企业提供等价的 B配件 40 000 件。双方开出的均是增值税普通发票。（注：洗衣机的型号、品质、价格等均完全一致。）

（9）年初购进的材料，由于库存保管不善被盗，账面价值为 80 万元，该批材料进项税已抵扣。

3. 要求：

（1）计算当月该企业发生的销项税额。

（2）计算当月该企业进口业务应纳增值税。

（3）计算当月该企业可抵扣的进项税额。

（4）计算当月该企业内销业务应纳增值税税额。

按上列序号计算回答问题，金额单位：万元（保留两位小数）。

（四）

1. 目的：练习小规模纳税人应纳增值税税额的计算。

2. 资料：某商业零售企业为增值税小规模纳税人，某月发生如下业务：

（1）购进货物，取得增值税普通发票，注明价款共计 12 000 元。

（2）销售货物一批，开具普通发票，收取含税收入共计 5 150 元。

（3）销售货物一批给某增值税一般纳税人，自行开具增值税专用发票，不含税售价为 30 000 元，增值税为 900 元。

（4）销售旧的小汽车一辆，取得含税收入 45 000 元。

（5）初次缴纳当年税控系统的技术维护费 1 500 元，取得技术维护单位开具的技术维护费发票。

3. 要求：根据上述资料，计算当月该商业企业应缴纳的增值税税额。

（五）

1. 目的：练习企业出口货物应退税额的计算。

2. 资料：A 生产企业进口货物，海关审定的关税完税价格为 500 万元，关税税率为 10%，海关代征进口环节的增值税。从国内市场购进原材料支付的价款为 800 万元，取得的增值税专用发票上注明的税金为 104 万元。外销货物的离岸价为 1 000 万元人民币。内销货物的销售额为 1 200 万元（不含税）。该企业适用增值税"免、抵、退"税的管理办法。

3. 要求：计算当期应缴或应退的增值税税额。（假定上述货物内销时均适用 13% 的增值税税率，出口退税率为 9%。）

（六）

1. 目的：对其他企业税务会计的业务处理进行合法、合规性判断。

2. 资料：甲木业制造有限责任公司（简称"甲公司"）是增值税一般纳税人，从事实木地板的生产、销售，同时从事木质工艺品、筷子等的生产经营。某年 3 月，甲公司发生下列业务：

（1）购进油漆、修理零备件一批，取得的增值税专用发票上注明的价款为 50 万元，税额 6.5 万元；支付运费 1.09 万元（含税），取得运输部门开具的增值税专用发票。

（2）购入原木，取得的增值税专用发票上注明的价款为 200 万元，税额 18 万元。

（3）将橡木加工成 A 型实木地板，本月销售取得含税销售额 79.1 万元，将部分橡木做成工艺品进行销售，取得含税销售额 50.85 万元。

（4）销售自产 B 型实木地板 4.5 万平方米，不含税销售额为 280 元 / 平方米，开具增值税专用发票；另外收取包装费 11.3 万元，开具普通发票。

（5）将自产 C 型实木地板 0.1 万平方米用于本公司办公室装修，成本为 5.43 万元，C 型实木地板没有同类销售价格；将自产的 D 型实木地板 0.2 万平方米无偿提供给某房地产公司，用于装修该房地产公司的样板间供客户参观，D 型实木地板的成本为 18 万元，市场销售价为 160 元 / 平方米（不含增值税税额）。

已知：实木地板消费税税率和成本利润率均为 5%；相关发票已由主管税务机关认证。

甲公司财务人员计算申报缴纳增值税情况：

（1）当期进项税额 =6.5+18=24.5（万元）。

（2）当期销项税额

=79.1÷（1+13%）×13%+50.85÷（1+13%）×13%+4.5×280×13%+11.3÷（1+13%）×13%

=180.05（万元）。

3. 要求：根据上述内容，分别回答下列问题（涉及计算的，列出计算过程，计算结果保留到小数点后两位；金额单位：万元）。

（1）甲公司财务人员在申报纳税时存在哪些不合规定之处？并说明理由。

（2）计算甲公司当期应纳增值税额。

（七）

1. 目的：练习企业应纳城市维护建设税和教育费附加的计算。

2. 资料：某县城的甲卷烟厂 2022 年 8 月主要缴纳税金情况如下：

（1）向税务机关缴纳消费税 250 000 元，增值税 120 000 元；

（2）被查补消费税 52 000 元、增值税 6 000 元，被处以罚款 3 000 元，加收滞纳金 400 元；

（3）进口一批烟丝被海关征收关税 48 000 元、增值税 52 000 元、消费税 60 000 元。

3. 要求：计算甲卷烟厂 2019 年 8 月应缴纳的城建税和教育费附加合计数额。

（八）

1. 目的：练习企业应纳城市维护建设税和教育费附加的计算。

2. 资料：某市一公司本月应纳增值税 100 万元。在税务检查过程中，税务机关发现，该企业上月隐瞒收入 20 万元，被查补增值税，并处 3 倍罚金。

3. 要求：根据上述资料计算该公司应缴纳、查补和处罚（处罚方法同增值税）的城市维护建设税税额。

五、实训题

（一）

1. 目的：对一般纳税人的增值税纳税业务进行应纳税额的计算及纳税申报。

2. 资料：南方食品有限责任公司为增值税一般纳税人，主要从事农副食品的生产和销售，公司地址为：广州市番禺区市桥大北路 233 号，主管税务机关为：广州市番禺区税务局市桥分局，统一社会信用代码为 642199863323683865，开户银行及账号：工行广州番禺市桥支行 22132456874323，公司联系电话为：84712083，公司法定代表人为刘爱芳，财务负责人为张明明，税务会计为黄小珏。该公司 202× 年 5 月月初有留抵税额 5 500 元，本月发生以下经营业务：

（1）从某农业生产者处收购花生，开具的收购凭证上注明收购价格为 50 000 元，货物验收入库，支付某运输企业（一般纳税人）运费并取得增值税专用发票，注明运费 500 元，适用税率 9%，税款 45 元。收购的花生直接用于出售。

（2）销售副食品给某商场，开具增值税专用发票上注明价款 65 000 元，并以本公司自备车辆送货上门，另开具增值税专用发票，注明运费 800 元，适用税率 9%，税款 72 元。

（3）销售熟食制品给某连锁超市，开具增值税专用发票上注明不含税价款 25 000 元，委托某货运公司运送货物，代垫运费 500 元，取得该货运公司开具的增值税专用发票，并将其转交给该超市。

（4）销售副食品给乙公司，开具增值税专用发票上注明价款 500 000 元，另收取品牌使用费 2 000 元，并开具增值税普通发票。委托铁路运输部门将货物运送到乙公司，由本公司承担运费，取得铁路部门开具的增值税专用发票，注明运费 3 000 元，适用税率 9%，税款 270 元。

（5）从某设备厂购进检测设备一台，取得的增值税专用发票上注明价款 300 000 元，另支付运费并取得增值税专用发票，注明运费 2 000 元，适用税率 9%，税款 180 元。

（6）购进自用货运卡车一辆，支付不含税价 180 000 元，取得机动车销售统一发票。

（7）上月购进的某免税农产品（已抵扣进项税额）因保管不善发生霉烂变质，账面成本 3 000 元，其中含运费 100 元。

（8）将一辆总经理自用的轿车出售，该车为 2016 年 5 月购入，购进时按规定不得抵税也未抵扣过税款，现出售价款为 38 000 元，由车管所开具机动车销售统一发票。

（9）公司所拥有的农场玉米收成，全部出售给某超市，开具农产品销售发票，注明销售价格为 21 000 元。

（10）将一台暂不需用的设备出租，收取当月租金，开具增值税专用发票，注明租金 4 000 元，适用税率 13%，增值税款 520 元。

（11）为某厂商（小规模纳税人）提供设备维修服务，开具增值税普通发票，收取服务费 3 000 元。

（12）购置并更换用于防伪税控系统开具增值税专用发票的计算机一台，取得的增值税专用发票注明价款 8 000 元，税款 1 040 元。

（13）将公司自产的花生油发放给员工作为福利，成本为 5 000 元，同类产品市场售价为 8 000 元，未开具发票。

（注：当月所有应该认证的发票均经过了认证。税务会计黄小珏于 202× 年 6 月 10 日填写纳税申报表进行申报纳税。）

3. 要求：根据上述内容：

（1）计算当月南方食品有限责任公司发生的销项税额。

（2）计算当月南方食品有限责任公司可抵扣的进项税额。

（3）计算当月南方食品有限责任公司应纳增值税税额。

（4）计算当月南方食品有限责任公司应纳城市维护建设税及教育费附加金额。

（5）为南方食品有限责任公司填写纳税申报表（见表 2-1～表 2-7），进行申报纳税。

表2-1　增值税及附加税费申报表

（一般纳税人适用）

根据国家税收法律法规及增值税相关规定制定本表。纳税人不论有无销售额，均应按税务机关核定的纳税期限填写本表，并向当地税务机关申报。

金额单位：元（列至角分）

税款所属时间：自　年　月　日至　年　月　日　　填表日期：　年　月　日

纳税人识别号（统一社会信用代码）：

纳税人名称：		法定代表人姓名		注册地址		生产经营地址	
开户银行及账号：		登记注册类型		所属行业		电话号码	

	项目	栏次	一般项目		即征即退项目	
			本月数	本年累计	本月数	本年累计
销售额	（一）按适用税率计税销售额	1				
	其中：应税货物销售额	2				
	应税劳务销售额	3				
	纳税检查调整的销售额	4				
	（二）按简易办法计税销售额	5				
	其中：纳税检查调整的销售额	6				
	（三）免、抵、退办法出口销售额	7			—	—
	（四）免税销售额	8			—	—
	其中：免税货物销售额	9			—	—
	免税劳务销售额	10			—	—

续表

项目		栏次	一般项目		即征即退项目	
			本月数	本年累计	本月数	本年累计
税款计算	销项税额	11				
	进项税额	12				—
	上期留抵税额	13				—
	进项税额转出	14			—	—
	免、抵、退应退税额	15			—	—
	按适用税率计算的纳税检查应补缴税额	16				
	应抵扣税额合计	17=12+13-14-15+16		—		—
	实际抵扣税额	18（如17<11，则为17，否则为11）				
	应纳税额	19=11-18				
	期末留抵税额	20=17-18				
	简易计税办法计算的应纳税额	21				
	按简易计税办法计算的纳税检查应补缴税额	22			—	—
	应纳税额减征额	23				
	应纳税额合计	24=19+21-23				
税款缴纳	期初未缴税额（多缴为负数）	25		—		—
	实收出口开具专用缴款书退税额	26			—	—
	本期已缴税额	27=28+29+30+31				
	① 分次预缴税额	28				—

续表

项目		栏次	一般项目		即征即退项目	
			本月数	本年累计	本月数	本年累计
税款缴纳	②出口开具专用缴款书预缴税额	29			—	—
	③本期缴纳上期应纳税额	30				—
	④本期缴纳欠缴税额	31				—
	期末未缴税额（多缴为负数）	32=24+25+26-27		—	—	—
	其中：欠缴税额（≥0）	33=25+26-27		—	—	—
	本期应补（退）税额	34=24-28-29		—	—	—
	即征即退实际退税额	35	—		—	—
	期初未缴查补税额	36		—	—	—
	本期入库查补税额	37		—	—	—
	期末未缴查补税额	38=16+22+36-37		—	—	—
附加税费	城市维护建设税本期应补（退）税额	39			—	—
	教育费附加本期应补（退）费额	40			—	—
	地方教育附加本期应补（退）费额	41			—	—

声明：此表是根据国家税收法律法规及相关规定填写的，本人（单位）对填报内容（及附带资料）的真实性、可靠性、完整性负责。

纳税人（签章）：

年　月　日

受理人：

受理税务机关（章）：

受理日期：　　年　月　日

经办人：

经办人身份证号：

代理机构签章：

代理机构统一社会信用代码：

表2-2　增值税及附加税费申报表附列资料（一）

（本期销售情况明细）

纳税人名称：（公章）

税款所属时间：　年　月　日至　年　月　日

金额单位：元（列至角分）

项目及栏次		开具增值税专用发票		开具其他发票		未开具发票		纳税检查调整		合计			服务、不动产和无形资产扣除项目本期实际扣除金额	扣除后	
		销售额	销项（应纳）税额	销售额	销项（应纳）税额	销售额	销项（应纳）税额	销售额	销项（应纳）税额	销售额	销项（应纳）税额	价税合计		含税（免税）销售额	销项（应纳）税额
		1	2	3	4	5	6	7	8	$9=1+3+5+7$	$10=2+4+6+8$	$11=9+10$	12	$13=11-12$	$14=13\div(100\%+税率)\times税率或征收率$
一、一般计税方法计税　全部征税项目	13%税率的货物及加工修理修配劳务　1														
	13%税率的服务、不动产和无形资产　2														
	9%税率的货物及加工修理修配劳务　3														
	9%税率的服务、不动产和无形资产　4														
	6%税率　5														
其中：即征即退项目	即征即退货物及加工修理修配劳务　6			—	—	—	—	—	—						—
	即征即退服务、不动产和无形资产　7			—	—	—	—	—	—						—

续表

项目及栏次	栏次	开具增值税专用发票		开具其他发票		未开具发票		纳税检查调整		合计			服务、不动产和无形资产扣除项目本期实际扣除金额	扣除后	
		销售额	销项(应纳)税额	销售额	销项(应纳)税额	销售额	销项(应纳)税额	销售额	销项(应纳)税额	销售额	销项(应纳)税额	价税合计		含税(免税)销售额	销项(应纳)税额
		1	2	3	4	5	6	7	8	9=1+3+5+7	10=2+4+6+8	11=9+10	12	13=11−12	14=13÷(100%+税率或征收率)×税率或征收率
6%征收率	8												—	—	—
5%征收率的货物及加工修理修配劳务	9a												—	—	—
5%征收率的服务、不动产和无形资产	9b														
4%征收率	10												—	—	—
3%征收率的货物及加工修理修配劳务	11												—	—	—
3%征收率的服务、不动产和无形资产	12														
预征率 %	13a						—	—	—				—	—	—
预征率 %	13b						—	—	—				—	—	—
预征率 %	13c						—	—	—				—	—	—

二 简易计税方法计税 / 全部征税项目

续表

项目及栏次		开具增值税专用发票		开具其他发票		未开具发票		纳税检查调整		合计			服务、不动产和无形资产扣除项目本期实际扣除全额	扣除后	
		销售额	销项（应纳）税额	销售额	销项（应纳）税额	销售额	销项（应纳）税额	销售额	销项（应纳）税额	销售额	销项（应纳）税额	价税合计		含税（免税）销售额	销项（应纳）税额
		1	2	3	4	5	6	7	8	9=1+3+5+7	10=2+4+6+8	11=9+10	12	13=11−12	14=13÷(100%+税率或征收率)×税率或征收率
二、简易计税方法计税　其中：即征即退项目	即征即退货物及加工修理修配劳务 14	—	—	—	—	—	—	—	—	—	—	—	—	—	—
	即征即退服务、不动产和无形资产 15	—	—	—	—	—	—	—	—	—	—	—	—	—	—
三、免抵退税	货物及加工修理修配劳务 16	—	—	—	—	—	—	—	—	—	—	—	—	—	—
	服务、不动产和无形资产 17	—	—	—	—	—	—	—	—	—	—	—	—	—	—
四、免税	货物及加工修理修配劳务 18	—	—	—	—	—	—	—	—	—	—	—	—	—	—
	服务、不动产和无形资产 19	—	—	—	—	—	—	—	—	—	—	—	—	—	—

表 2-3　增值税及附加税费申报表附列资料（二）

（本期进项税额明细）

税款所属时间：　　　　　年　　月　　日至　　　　　年　　月　　日

纳税人名称：（公章）　　　　　　　　　　　　　　　　　　　　　　金额单位：元（列至角分）

一、申报抵扣的进项税额

项目	栏次	份数	金额	税额
（一）认证相符的增值税专用发票	1=2+3			
其中：本期认证相符且本期申报抵扣	2			
前期认证相符且本期申报抵扣	3			
（二）其他扣税凭证	4=5+6+7+8a+8b			
其中：海关进口增值税专用缴款书	5			
农产品收购发票或者销售发票	6			
代扣代缴税收缴款凭证	7		—	
加计扣除农产品进项税额	8a	—	—	
其他	8b			
（三）本期用于购建不动产的扣税凭证	9			
（四）本期用于抵扣的旅客运输服务扣税凭证	10			
（五）外贸企业进项税额抵扣证明	11	—	—	
当期申报抵扣进项税额合计	12=1+4+11			

二、进项税额转出额

项目	栏次	税额
本期进项税额转出额	13=14至23之和	
其中：免税项目用	14	
集体福利、个人消费	15	
非正常损失	16	
简易计税方法征税项目用	17	
免抵退税办法不得抵扣的进项税额	18	

续表

二、进项税额转出额

项目	栏次	税额
纳税检查调减进项税额	19	
红字专用发票信息表注明的进项税额	20	
上期留抵税额抵减欠税	21	
上期留抵税额退税	22	
异常凭证转出进项税额	23a	
其他应作进项税额转出的情形	23b	

三、待抵扣进项税额

项目	栏次	份数	金额	税额
（一）认证相符的增值税专用发票	24	—	—	—
期初已认证相符但未申报抵扣	25			
本期认证相符且本期未申报抵扣	26			
期末已认证相符但未申报抵扣	27			
其中：按照税法规定不允许抵扣	28			
（二）其他扣税凭证	29=30 至 33 之和			
其中：海关进口增值税专用缴款书	30			
农产品收购发票或者销售发票	31			
代扣代缴税收缴款凭证	32		—	
其他	33			
	34			

四、其他

项目	栏次	份数	金额	税额
本期认证相符的增值税专用发票	35			
代扣代缴税额	36		—	—

表2-4　增值税及附加税费申报表附列资料（三）

（服务、不动产和无形资产扣除项目明细）

纳税人名称：（公章）

税款所属时间：　　年　　月　　日至　　年　　月　　日

金额单位：元（列至角分）

项目及栏次		本期服务、不动产和无形资产价税合计额（免税销售额）	服务、不动产和无形资产扣除项目				
			期初余额	本期发生额	本期应扣除金额	本期实际扣除金额	期末余额
		1	2	3	4=2+3	5(5≤1且5≤4)	6=4-5
13%税率的项目	1						
9%税率的项目	2						
6%税率的项目（不含金融商品转让）	3						
6%税率的金融商品转让项目	4						
5%征收率的项目	5						
3%征收率的项目	6						
免税退税的项目	7						
免税的项目	8						

表2-5 增值税及附加税费申报表附列资料（四）

（税额抵减情况表）

纳税人名称：（公章）

税款所属时间：   年   月   日至   年   月   日

金额单位：元（列至角分）

一、税额抵减情况

序号	抵减项目	期初余额	本期发生额	本期应抵减税额	本期实际抵减税额	期末余额
		1	2	3=1+2	4≤3	5=3－4
1	增值税税控系统专用设备费及技术维护费					
2	分支机构预征缴纳税款					
3	建筑服务预征缴纳税款					
4	销售不动产预征缴纳税款					
5	出租不动产预征缴纳税款					

二、加计抵减情况

序号	加计抵减项目	期初余额	本期发生额	本期调减额	本期可抵减额	本期实际抵减额	期末余额
		1	2	3	4=1+2-3	5	6=4－5
6	一般项目加计抵减额计算						
7	即征即退项目加计抵减额计算						
8	合计						

表2-6 增值税及附加税费申报表附列资料（五）

（附加税费情况表）

纳税人名称:（公章）　　税（费）款所属时间:　年　月　日至　年　月　日　　金额单位:元（列至角分）

税（费）种		计税（费）依据			税（费）率（%）	本期应纳税（费）额	本期减免税（费）额		试点建设培育产教融合型企业		本期已缴税（费）额	本期应补（退）税（费）额
		增值税税额	增值税免抵税额	留抵退税本期扣除额			减免性质代码	减免税（费）额	减免性质代码	本期抵免金额		
		1	2	3	4	5=(1+2-3)×4	6	7	8	9	10	11=5-7-9-10
城市维护建设税	1											
教育费附加	2		—	—					—	—		
地方教育附加	3		—	—					—	—		
合计	4	—	—	—	—		—		—	—		

本期是否适用试点建设培育产教融合型企业抵免政策	□是 □否
可用于扣除的增值税留抵退税额使用情况	当期新增投资额 5
	上期留抵可抵免金额 6
	结转下期可抵免金额 7
	当期新增可用于扣除的留抵退税额 8
	上期结存可用于扣除的留抵退税额 9
	结转下期可用于扣除的留抵退税额 10

表 2-7　增值税减免税申报明细表

税款所属时间: 自　　年　　月　　日至　　年　　月　　日

纳税人名称（公章）:　　　　　　　　　　　　　　　　　　　　　　　　　金额单位: 元（列至角分）

一、减税项目

减税性质代码及名称	栏次	期初余额 1	本期发生额 2	本期应抵减税额 3=1+2	本期实际抵减税额 4≤3	期末余额 5=3-4
合计	1					
	2					
	3					
	4					
	5					
	6					

二、免税项目

免税性质代码及名称	栏次	免征增值税项目销售额 1	免税销售额扣除项目本期实际扣除金额 2	扣除后免税销售额 3=1-2	免税销售额对应的进项额 4	免税额 5
合计	7					
出口免税	8		—	—	—	—
其中: 跨境服务	9		—	—	—	—
	10					
	11					
	12					
	13					
	14					
	15					
	16					

（二）

1. 目的：对小规模纳税人的增值税纳税业务进行应纳税额的计算及纳税申报。

2. 资料：小太阳电器厂为增值税小规模纳税人，主要从事小家电的生产和销售，公司地址为：广州市番禺区市桥大北路 100 号，主管税务机关为：广州市番禺区税务局番禺市桥分局，统一社会信用代码：642199863332321643，开户银行及账号：工行广州番禺市桥支行 22132456875438，公司联系电话为：84712066，公司法定代表人为罗艳丽，财务负责人为李润东，税务会计为陈晓丽。该公司 202× 年 5 月发生以下经营业务：

（1）从一般纳税人处购入一批材料用于生产，取得增值税专用发票，注明价款 5 000 元，增值税款 650 元，另支付运费，取得增值税专用发票，注明运费 300 元，税款 27 元。

（2）委托外贸企业进口一批材料，关税完税价格 20 000 元，关税税率 6%，材料已验收入库。

（3）销售自产产品 100 件，开具增值税普通发票，含税售价为 20 600 元。

（4）销售自产产品 300 件给某一般纳税人，应对方要求，开具增值税专用发票，标明价款 60 000 元，增值税款 1 800 元。

（5）将 2 件自产产品赠送客户试用，近期同类产品市场售价为 206 元 / 件（含税）。

（6）将使用过的一批包装物出售，取得含税收入 2 472 元，开具增值税普通发票。

（7）将使用过的一台设备出售，原价 4 000 元，含税售价 1 545 元，开具增值税普通发票。

3. 要求：

（1）计算当月小太阳电器厂应纳的进口增值税额。

（2）计算当月小太阳电器厂应纳增值税税额。

（3）为小太阳电器厂填写纳税申报表（见表 2-8 ～ 表 2-10），进行申报纳税（税务会计于 202× 年 6 月 8 日填写纳税申报表进行申报纳税）。

表2-8　增值税及附加税费申报表

（小规模纳税人适用）

纳税人识别号（统一社会信用代码）：□□□□□□□□□□□□□□□□□□

税款所属期：　年　月　日　至　年　月　日

纳税人名称：

填表日期：　年　月　日

金额单位：元（列至角分）

项目	栏次	本期数		本年累计	
		货物及劳务	服务、不动产和无形资产	货物及劳务	服务、不动产和无形资产
一、计税依据 （一）应征增值税不含税销售额（3%征收率）	1				
增值税专用发票不含税销售额	2				
其他增值税发票不含税销售额	3				
（二）应征增值税不含税销售额（5%征收率）	4	—		—	
增值税专用发票不含税销售额	5	—		—	
其他增值税发票不含税销售额	6	—		—	
（三）销售使用过的固定资产不含税销售额	7(7≥8)		—		—
其中：其他增值税发票不含税销售额	8		—		—
（四）免税销售额	9=10+11+12				
其中：小微企业免税销售额	10				
未达起征点销售额	11				
其他免税销售额	12				

续表

项目		栏次	本期数			本年累计	
			货物及劳务	服务、不动产和无形资产		货物及劳务	服务、不动产和无形资产
一、计税依据	（五）出口免税销售额	13(13≥14)					
	其中：其他增值税发票不含税销售额	14					
二、税款计算	本期应纳税额	15					
	本期应纳税额减征额	16					
	本期免税额	17					
	其中：小微企业免税额	18					
	未达起征点免税额	19					
	应纳税额合计	20=15-16					
	本期预缴税额	21				—	—
	本期应补（退）税额	22=20-21				—	—
三、附加税费	城市维护建设本期应补（退）税额	23					
	教育费附加本期应补（退）费额	24					
	地方教育附加本期应补（退）费额	25					

声明：此表是根据国家税收法律法规及相关规定填写的，本人（单位）对填报内容（及附带资料）的真实性、可靠性、完整性负责。

纳税人（签章）：

年　　月　　日

经办人：
经办人身份证号：
代理机构签章：
代理机构统一社会信用代码：

受理人：
受理税务机关（章）：
受理日期：　　年　　月　　日

表2-9　增值税及附加税费申报表（小规模纳税人适用）附列资料（一）
（服务、不动产和无形资产扣除项目明细）

税款所属期：　年　月　日至　年　月　日

纳税人名称（公章）：

填表日期：　年　月　日

金额单位：元（列至角分）

应税行为（3%征收率）扣除额计算

期初余额	本期发生额	本期扣除额	期末余额
1	2	3（3≤1+2之和，且3≤5）	4=1+2-3

应税行为（3%征收率）计税销售额计算

全部含税收入（适用3%征收率）	本期扣除额	含税销售额	不含税销售额
5	6=3	7=5-6	8=7÷1.03

应税行为（5%征收率）扣除额计算

期初余额	本期发生额	本期扣除额	期末余额
9	10	11（11≤9+10之和，且11≤13）	12=9+10-11

应税行为（5%征收率）计税销售额计算

全部含税收入（适用5%征收率）	本期扣除额	含税销售额	不含税销售额
13	14=11	15=13-14	16=15÷1.05

表 2-10 增值税及附加税费申报表（小规模纳税人适用）附列资料（二）

（附加税费情况表）

纳税人名称：（公章）

税（费）款所属时间： 年 月 日至 年 月 日

金额单位：元（列至角分）

税（费）种	计税（费）依据	税（费）率（%）	本期应纳税（费）额	本期减免税（费）额		增值税小规模纳税人"六税两费"减征政策		本期已缴税（费）额	本期应补（退）税（费）额
	增值税税额			减免性质代码	减免税（费）额	减征比例（%）	减征额		
	1	2	3＝1×2	4	5	6	7＝（3-5）×6	8	9＝3-5-7-8
城市维护建设税									
教育费附加									
地方教育附加									
合计	—	—		—		—			

项目三
消费税办税业务

【学习目标】

通过本项目的学习，能判断消费税与增值税的区别与联系，界定消费税的征税范围，判断消费税应税业务的依据。能判断是否为消费税纳税人，界定消费税的征税环节，准确选择消费税应税货物的税率，能通过原始凭证判断纳税人及适用税率。掌握从价计征消费税时销售额的确定方法，从价计征消费税时含增值税销售额的转换方法，掌握从量计征消费税的方法，掌握复合计征消费税的方法，能通过原始凭证做出会计分录并计算消费税。掌握国产卷烟消费税的计征办法，了解进口卷烟消费税的计征办法，掌握卷烟消费税税率，能通过原始凭证做出会计分录并计算消费税。熟悉从企业日常经济业务中计提消费税的依据，掌握消费税纳税申报表的填写方法，掌握消费税网上申报的方法，熟悉消费税申报时间和地点的限定。熟悉消费税出口退税率，熟悉消费税出口退税的类型，掌握消费税出口退税的计算方法。

【标志性成果】

提交填写完整、准确的消费税及附加税费申报表。

【重点难点】

重点：用从价计征的方法计算消费税、视同销售时消费税的计算、委托加工时应纳消费税的计算、应纳税额的计算及纳税申报方法。

难点：通过原始凭证计算应纳税额；用已税产品生产应税产品时消费税的抵扣；消费税纳税申报表的填写方法。

【主要业务】

业务流程	业务内容	处理方法
1. 消费税的综合知识	（1）消费税的定义	消费税是为了弥补增值税的不足而选择某些特殊消费品（15 种）开征的一种流转税
	（2）消费税的特点	消费税与增值税的区别如下： | 项目	增值税	消费税
征税范围	全部商品及应税劳务	一部分消费品
税率	税率较单一	实行差别税率
征税环节	每一个生产销售环节	生产、批发环节
价税关系	价外税	价内税	
2. 消费税的基本要素	（1）征税范围的确定	消费税是以特定消费品为课税对象所征收的一种税。目前世界上大部分国家都开征了消费税或类似税种，我国现行消费税是 1994 年税制改革设置的一个税种，目的是调节产品结构、引导消费方向、保证财政收入。消费税的征税范围仅限 15 种特殊消费品，除此之外的消费品均不缴纳消费税。判别是否属于消费税征税范围不能按照日常生活中的概念来理解这些消费品，而应该按照税法的定义来判别。这 15 种应税消费品是：烟、酒、高档化妆品、贵重首饰及珠宝玉石、鞭炮及焰火、成品油、小汽车、摩托车、高尔夫球及球具、高档手表、游艇、木制一次性筷子、实木地板、电池、涂料
	（2）纳税人的确定	消费税的纳税人为在我国境内生产、委托加工和进口应税消费品的单位和个人。其中，单位是指企业、行政单位、事业单位、军事单位、社会团体及其他单位。个人是指个体工商户及其他个人。在中华人民共和国境内，是指生产、委托加工和进口属于应当缴纳消费税的消费品的起运地或者所在地在境内。具体包括： ① 生产销售除金银首饰、钻石及钻石饰品、铂金首饰以外的应税消费品的单位和个人； ② 零售金银首饰、钻石及钻石饰品、铂金首饰及超豪华小汽车的单位和个人； ③ 委托加工应税消费品的单位和个人； ④ 进口应税消费品的单位和个人； ⑤ 批发卷烟的单位和个人
	（3）适用税率、征收率的确定	我国现行消费税采用比例税率和定额税率两种形式。对于从价征收的消费品，实行产品差别比例税率；对于从量征收的消费品，对不同产品实行不同的定额税率；对少数消费品实行从价定率和从量定额的复合税率征收。其中，比例税率适用于除卷烟以外的烟，除白酒、黄酒和啤酒以外的应税酒，高档化妆品，鞭炮，焰火，贵重首饰及珠宝玉石，摩托车，小汽车，高尔夫球及球具，高档手表，游艇，木制一次性筷子，实木地板，电池，涂料。定额税率适用于啤酒、黄酒、成品油。复合税率适用于白酒和卷烟

续表

业务流程	业务内容	处理方法
3. 消费税应纳税额的计算	（1）从价计征	实行从价定率办法征税的应税消费品，计税依据为应税消费品的销售额。消费税从价征收的计税公式为： 应纳税额 = 销售额 × 税率 在从价计征的情况下，当税率一定时，应纳税额的计算取决于应税销售额的多少。因此，销售额的确定是应纳税额确定的关键。 由于消费税和增值税实行交叉征收，消费税实行价内税，增值税实行价外税。这种情况决定了实行从价定率征收的消费品，其消费税税基和增值税税基大部分情况下是一致的（委托加工业务除外），即都是以含消费税而不含增值税的销售额作为计税基数
	（2）从量计征	从量定额通常以每单位应税消费品的重量、容积或数量为计税依据，并按每单位应税消费品规定固定税额，这种固定税额即为定额税率。从量定额征收的计税公式为： 应纳税额 = 销售数量 × 单位税额 从量计征的依据是纳税人销售应税消费品的数量，应纳税额取决于应税消费品的销售数量和单位税额两个因素
	（3）从价定率和从量定额复合计征	现行消费税的征税范围中，卷烟、白酒采用从量定额和从价定率相结合的复合计算方法。计税依据既要按照销售收入确定，又要按照销售数量确定。以两者计税之和为应交消费税。计算公式为： 应纳税额 = 销售数量 × 单位税额 + 销售额 × 税率
4. 外购已税消费品与视同销售业务的处理	（1）用外购已税消费品生产应税消费品的计税	纳税人用外购已税消费品生产应税消费品，仍应以纳税人的销售额为依据计税。但为了避免重复征税，规定可从其应纳消费税税额中扣除当期生产领用的外购已税消费品的已纳税款
	（2）视同销售应税消费品的计税	纳税人用于换取生产资料和消费资料、投资入股和抵偿债务等方面的应税消费品，以纳税人同类应税消费品最高销售价格为计税依据。 纳税人自产应税消费品，自用于生产非应税产品、在建工程等其他方面视同销售的，其销售额按以下顺序确定： ① 按纳税人当月销售同类消费品的销售价格计算； ② 如果当月无销售或当月未完结的，按照同类消费品上月或最近月份的销售价格计算； ③ 如果没有同类消费品销售价格的，按组成计税价格计算。 实行从价定率办法计算纳税的组成计税价格计算公式为： 组成计税价格 =（成本 + 利润）÷（1 - 比例税率） 实行复合计税办法计算纳税的组成计税价格计算公式为： 组成计税价格 =（成本 + 利润 + 自产自用数量 × 定额税率）÷（1 - 比例税率）
5. 委托加工与进口货物的消费税业务处理	（1）委托加工应税消费品的计税	委托加工的应税消费品其销售额的确定与自产自用视同销售的应税消费品基本相同，但有两点区别：一是销售额按照代收代缴税款的受托方的同类消费品的销售价格计算；二是组成计税价格的计算原理相同，但公式中的分子不同，计算公式为： 实行从价定率办法计算纳税的组成计税价格计算公式为： 组成计税价格 =（材料成本 + 加工费）÷（1 - 比例税率） 实行复合计税办法计算纳税的组成计税价格计算公式为： 组成计税价格 =（材料成本 + 加工费 + 委托加工数量 × 定额税率）÷（1 - 比例税率）

续表

业务流程	业务内容	处理方法
5. 委托加工与进口货物的消费税业务处理	（2）进口应税消费品的计税	实行从价定率办法的应税消费品按组成计税价格计算进口环节的应纳税额，其计算公式如下： 　　组成计税价格 =（关税完税价格 + 关税）÷（1- 消费税比例税率） 　　应纳税额 = 组成计税价格 × 消费税比例税率 公式中所称"关税完税价格"，是指海关核定的关税计税价格。 实行从量定额办法的应税消费品按照进口数量计算应纳消费税税额，其计算公式如下： 　　应纳税额 = 应税消费品数量 × 消费税单位税额 实行从价定率和从量定额混合征收办法的应税消费品按组成计税价格和进口数量计算消费税应纳税额，其计算公式如下： 　　应纳税额 = 组成计税价格 × 消费税比例税率 + 应税消费品数量 × 　　　　　　消费税单位税额 　　组成计税价格 =（关税完税价格 + 关税 + 进口数量 × 消费税单位税额）÷ 　　　　　　（1- 消费税比例税率）
6. 消费税纳税申报	（1）手工报税	确定纳税时间： 消费税的纳税期限分别为 1 日、3 日、5 日、10 日、15 日、1 个月或者 1 个季度。纳税人的具体纳税期限，由主管税务机关根据纳税人应纳税额的大小分别核定；不能按照固定期限纳税的，可以按次纳税。 纳税人以 1 个月或者 1 个季度为 1 个纳税期的，自期满之日起 15 日内申报纳税；以 1 日、3 日、5 日、10 日或者 15 日为 1 个纳税期的，自期满之日起 5 日内预缴税款，于次月 1 日起 15 日内申报纳税并结清上月应纳税款。 纳税人进口应税消费品，应当自海关填发海关进口消费税专用缴款书之日起 15 日内缴纳税款。 纳税地点： 纳税人销售的应税消费品，以及自产自用的应税消费品，除国务院财政、税务主管部门另有规定外，应当向纳税人机构所在地或者居住地的主管税务机关申报纳税。 填写纳税申报表。 报送纳税申报材料
	（2）网上报税	参照增值税纳税申报
7. 消费税出口退税（选修）	（1）确定出口退税率	当出口的货物是应税消费品时，其退还增值税要按规定的退税率计算；其退还消费税则按该应税消费品所适用的消费税税率计算。企业应将不同消费税税率的出口应税消费品分开核算和申报，凡划分不清适用税率的，一律从低适用税率计算应退消费税税额
	（2）确定适用的退（免）税政策类型	出口免税并退税。 出口免税但不退税。 出口不免税也不退税
	（3）计算出口应税消费品退税额	按规定应予退税的出口应税消费品，其退税额的计算为： 从量定额征收部分，按货物报关出口的数量计算，公式为： 　　应退消费税税额 = 出口数量 × 单位税额 从价定率征收部分，按外贸企业从工厂购进货物时征收消费税的价格计算，公式为： 　　应退消费税税额 = 出口货物的工厂销售额 × 税率 公式中出口货物的工厂销售额为不含增值税的销售额；税率和单位税额即征收消费税时所适用的税率和单位税额

续表

业务流程	业务内容	处理方法
8. 卷烟应纳消费税的计算	（1）国产卷烟消费税的计算	卷烟的比例税率按照核定计税价格确定。计税价格由国家税务总局按照卷烟批发环节销售价格扣除卷烟批发环节批发毛利核定并发布。计税价格的核定公式为： 某牌号、规格卷烟计税价格 = 批发环节销售价格 ×（1- 适用批发毛利率） 每标准条计税价格大于或等于 70 元，按 56% 的税率计算；每标准条计税价格小于 70 元，按 36% 的税率计算；标准条是指按照 200 支 / 条的标准进行包装的卷烟
	（2）进口卷烟消费税的计算	进口卷烟消费税适用的计税依据和比例税率如下： 每标准条进口卷烟（200 支）确定消费税适用比例税率的价格 =（关税完税价格 + 关税 + 消费税定额税）÷（1- 消费税税率） 每标准条进口卷烟（200 支）确定消费税适用比例税率的价格大于或等于 70 元人民币的，适用比例税率为 56%；每标准条进口卷烟（200 支）确定消费税适用比例税率的价格小于 70 元人民币的，适用比例税率为 36%。消费税定额税率与国内相同，每支为 0.003 元

【典型例题分析】

一、单项选择题

1. 下列各项中，属于消费税征收范围的是（　　）。

A. 电动汽车　　　B. 火车　　　　C. 沙滩车　　　　D. 摩托车

【答案】D

【分析】电动汽车、沙滩车、火车、卡丁车等不属于消费税征收对象，不征收消费税。

2. 下列行为涉及的货物，属于消费税征税范围的是（　　）。

A. 批发商批发销售的木制一次性筷子

B. 汽车修理厂修车时更换的外购轮胎

C. 化妆品厂销售的护肤品

D. 商场销售的金银首饰

【答案】D

【分析】木制一次性筷子批发环节不缴纳消费税；轮胎不属于消费税征税范围；护肤品不属于消费税征税范围。

3. 企业生产的下列消费品，无须缴纳消费税的是（　　）。

A. 地板企业生产用于装修本企业办公室的实木地板

B. 汽车企业生产用于本企业管理部门使用的小轿车

C. 香水生产企业用于连续生产香水的香水精

D. 高档化妆品企业生产用于赠送客户的化妆品

【答案】C

【分析】选项 ABD 均应在消费品移送使用时缴纳消费税；选项 C 在移送环节不缴纳消费税。

4. 依据现行消费税政策，下列业务无须再缴纳消费税的有（　　）。

A. 酒厂以福利形式发放给职工的白酒

B. 化妆品厂无偿发放高档香水试用

C. 商店内销售的白金饰品

D. 国内代理商销售的进口游艇

【答案】D

【分析】进口游艇在进口环节已经缴纳了消费税，国内销售环节无须再缴纳，选项 ABC 均应缴纳消费税。

5. 某高尔夫球具厂将生产的一批成本 90 万元的高尔夫球具对外销售，取得含税销售收入 113 万元，该高尔夫球具厂此项业务应缴纳消费税税额为（   ）万元（高尔夫球具消费税税率 10%，成本利润率 10%）。

A. 11.7   B. 10   C. 9.9   D. 9

【答案】B

【分析】纳税人应按照不含增值税的销售额计算消费税税额，该高尔夫球具厂应缴纳消费税 =113÷（1+13%）×10%=10（万元）。

6. 某化妆品生产厂家将自产的高档化妆品和护肤品组成礼盒销售，当月直接销售化妆品取得收入 8.5 万元，直接销售护肤品收入 6.8 万元，销售化妆品和护肤品组合礼品盒收入 12 万元，上述收入均不含增值税。该厂应缴纳的消费税为（   ）万元（化妆品消费税税率为 15%）。

A. 2.55   B. 3.6   C. 8.19   D. 3.075

【答案】D

【分析】将化妆品与护肤品组成成套消费品销售的，应根据组合产品的销售金额按化妆品适用税率征税。应纳消费税 =（8.5+12）×15%=3.075（万元）。

7. 某外贸公司进口一批小轿车，关税完税价格折合人民币 1 000 万元，关税税率 25%，消费税税率 9%，该批小轿车进口环节应纳消费税为（   ）万元。

A. 98.9   B. 123.63   C. 130.46   D. 140.62

【答案】B

【分析】该批小轿车进口环节应纳消费税 =1 000×（1+25%）/（1−9%）×9% ≈ 123.63（万元）。

8. 甲企业委托乙企业生产木制一次性筷子，甲企业提供主要原材料 120 万元，支付不含税加工费 10 万元。乙企业代垫辅料不含税金额 8.7 万元，乙企业应代收代缴的消费税税额是（   ）万元（木制一次性筷子消费税税率 5%）。

A. 6.32   B. 7.3   C. 6.78   D. 6.84

【答案】B

【分析】乙企业代收代缴消费税的组成计税价格 =（120+10+8.7）÷（1−5%）=146（万元），代收代缴消费税税额 =146×5%=7.3（万元）。

9. 某酒厂为增值税一般纳税人，2022 年 3 月销售粮食白酒 4 吨，取得不含税收入 40 000 元，包装物押金 2 260 元，提供送货上门服务，收取运费 4 633 元。该酒厂此项业务应缴纳消费税为（   ）元。

A. 13 220   B. 9 220   C. 8 800   D. 8 400

【答案】A

【分析】该酒厂此项业务应纳消费税 =4×2 000×0.5+（40 000+2 260/1.13+4 633/1.13）×20%=13 220（元）。

10. 某化妆品厂将一批自产的高档化妆品用于集体福利，成品成本 35 000 元；将新研制的高档香水用于广告样品，生产成本 20 000 元。上述货物均无同类产品售价，该化妆品厂上述业务应缴纳消费税为（   ）元（成本利润率 5%，消费税税率 15%）。

A. 22 392.86   B. 10 191.18   C. 35 150   D. 50 214.86

【答案】B

【分析】纳税人自产自用的应税消费品，用于在建工程、广告、职工福利、奖励等，应视同销售。没有同类消费品销售价格的，应按组成计税价格计算纳税。上述业务应纳消费税 =［（35 000+20 000）×（1+5%）］÷（1-15%）×15%≈10 191.18（元）。

二、多项选择题

1. 下列各项中，应同时征收增值税和消费税的有（   ）。

A. 批发环节销售的实木地板

B. 零售环节销售的黄金首饰

C. 生产环节销售的护肤品

D. 进口的摩托车

【答案】BD

【分析】消费税的征税环节包括生产、委托加工、进口、零售。实木地板在批发环节不征收消费税，护肤品不属于消费税征税范围。

2. 下列关于消费税纳税人的说法，正确的有（   ）。

A. 零售金银首饰的纳税人是消费者

B. 委托加工化妆品的纳税人是受托加工企业

C. 携带卷烟入境的纳税人是消费者

D. 邮寄入境的应税消费品纳税人是收件人

【答案】CD

【分析】选项 A 零售金银首饰的纳税人是零售单位，选项 B 委托加工的纳税人是委托方，受托方代收代缴消费税。

3. 下列自产应税消费品，以纳税人同类应税消费品的最高销售价格作为计税依据计算消费税的有（   ）。

A. 用于抵债的应税消费品

B. 用于馈赠的应税消费品

C. 用于换取生产资料的应税消费品

D. 对外投资入股的应税消费品

【答案】ACD

【分析】纳税人用于换取生产资料和消费资料、投资入股和抵偿债务等方面的自产应税消费品，应当以纳税人同类应税消费品的最高售价作为计税依据。

4. 下列委托加工行为中，委托方应代收代缴消费税的有（　　　　）。

  A. 卷烟制造厂委托加工一批烟丝收回后全部用于卷烟生产

  B. 某企业将外购汽车底盘及配件委托加工成小货车自用

  C. 某企业委托加工一批化妆品收回后作为福利发给职工

  D. 某商场委托加工护发品用于直接销售

【答案】AC

【分析】选项 BD 不属于消费税征税范围，选项 AC 属于代收代缴消费税行为。

5. 企业生产下列消费品，需要缴纳消费税的是（　　　　）。

  A. 地板企业生产用于装修企业办公室的实木地板

  B. 汽车企业生产用于本企业管理部门使用的小轿车

  C. 化妆品企业生产用于赠送客户的高档化妆品

  D. 卷烟厂生产用于连续生产卷烟的烟丝

【答案】ABC

【分析】选项 ABC 均应在消费品移送使用时缴纳消费税；选项 D 在移送使用环节不缴纳消费税。

三、判断题

1. 消费税是指在我国境内从事生产、委托加工以及进口应税消费品的单位和个人就其应税消费品征收的一种流转税。（　　　）

【答案】√

【分析】消费税是为了弥补增值税的不足而选择某些特殊消费品（15 种）开征的一种流转税。消费税的纳税人为在我国境内生产、委托加工和进口应税消费品的单位和个人。

2. 消费税与增值税的计税依据均为含消费税但不含增值税的销售额，因而两税的税额计算方法也是一致的。（　　　）

【答案】×

【分析】在委托加工业务中，增值税税额＝加工费 × 税率，消费税税额＝（材料成本＋加工费）÷（1－ 比例税率）。

3. 用于换取生产资料的卷烟，应按同类商品的平均售价作为计税依据，计算征收增值税和消费税。（　　　）

【答案】×

【分析】纳税人用于换取生产资料和消费资料、投资入股和抵偿债务等方面的应税消费品，以纳税人同类应税消费品最高销售价格为计税依据。

4. 饮食业、商业、娱乐业举办的啤酒屋利用啤酒生产设备生产的啤酒不应当征收消费税。（　　　）

【答案】×

【分析】利用啤酒生产设备生产的啤酒属于消费税征税范围，应按照销售数量计征消费税。

5. 纳税人进口应税消费品，按照组成计税价格和规定的消费税税率计算应纳消费税税

额。其组成计税价格的计算公式是：组成计税价格＝关税完税价格＋关税。　　（　　）

【答案】×

【分析】进口货物消费税组成计税价格＝关税完税价格＋关税＋进口消费税＝关税完税价格×（1+关税税率）÷（1−消费税税率）。

【职业能力训练】

一、单项选择题

1. 根据现行消费税政策，下列各项中不属于应税消费品的是（　　）。

　A. 高尔夫球及球具　　　B. 实木地板　　　C. 护肤护发品　　D. 一次性木筷

2. 纳税人进口金银首饰，其消费税的纳税环节是（　　）。

　A. 进口环节　　　　　B. 批发环节　　　　C. 零售环节　　　D. 进口和零售环节

3. 消费税的计算方法不包括（　　）。

　A. 从价定率　　　　　　　　　　　　B. 从量定额

　C. 从价定率和从量定额复合征收　　　D. 从量定率

4. 下列选项中，关于消费税应纳税额销售数量确认方法错误的是（　　）。

　A. 销售应税消费品的，为应税消费品的销售数量

　B. 自产自用应税消费品的，为应税消费品的转移使用数量

　C. 出口应税消费品的，为海关核定的应税消费品出口征税数量

　D. 委托加工应税消费品的，为纳税人收回的应税消费品数量

5. 下列消费税项目中，属于从量计征和从价计征复合征税范围的是（　　）。

　A. 卷烟　　　　　　　B. 雪茄烟　　　　　C. 啤酒　　　　　D. 汽油

6. 关于消费税，下列说法不正确的是（　　）。

　A. 销售额为纳税人销售应税消费品向购买方收取的全部价款和价外费用，也包括向购买方收取的增值税税款

　B. 对于销售额中包含的增值税应该进行价税分离

　C. 现行消费税的征税范围中，只有卷烟、白酒采用复合计征方法

　D. 消费税的计税方式可以分为从价计征与从量计征

7. 根据《中华人民共和国消费税暂行条例》规定，纳税人将自产自用应税消费品用于连续生产应税消费品时（　　）。

　A. 按产品成本计算缴纳消费税

　B. 按同类产品销售价格计算缴纳消费税

　C. 按组成计税价格计算缴纳消费税

　D. 不用缴纳消费税

8. 下列项目中应视同销售，需要缴纳消费税的是（　　）。

　A. 用外购已税烟丝继续加工成卷烟

　B. 用自制的烟丝继续加工成卷烟

　C. 某汽车厂将自制的小汽车用于对外投资

D. 委托加工收回的烟丝继续加工成卷烟

9. 某外贸进出口公司 2022 年 3 月进口 100 辆小轿车，每辆车关税完税价格为人民币 14.3 万元，缴纳关税 4.1 万元。该批进口小轿车应缴纳的消费税税额为（　　）万元（小轿车适用的消费税税率为 8%）。

　　A. 76　　　　　　B. 87　　　　　　C. 123　　　　　　D. 160

10. 根据《中华人民共和国消费税暂行条例》规定，纳税人销售应纳税消费品向购买方收取的下列税金、价外费用中，不应并入应税消费品销售额的是（　　）。

　　A. 向购买方收取的消费税税额

　　B. 向购买方收取的价外基金

　　C. 向购买方收取的符合条件的代垫运费款项

　　D. 向购买方收取的手续费

11. 下列关于消费税的说法中，正确的有（　　）。

　　A. 自产自用应税消费品无须申报纳税

　　B. 委托其他企业加工的应税消费品，由受托方向机构所在地或者居住地主管税务机关申报纳税

　　C. 进口的应税消费品，由进口人或其代理人向其所在地主管税务机关申报纳税

　　D. 只要是纳税人用于连续生产的应税消费品，都可以免征消费税

12. 某企业将自产的一批应税消费品（非金银首饰）用于职工集体福利、在建工程，该批消费品成本 750 万元，计税价格为 1 250 万元，适用的增值税税率为 13%，计入在建工程成本的金额为（　　）万元（消费税税率为 10%）。

　　A. 1 587.5　　　B. 1 037.5　　　C. 962.5　　　　D. 875

13. 某汽车厂（增值税一般纳税人）下设有非独立核算门市部，该厂将一批排量为 1.2 升的小轿车交门市部，计价 60 万元。门市部零售取得含增值税的销售收入 77.22 万元。该企业应缴纳消费税（　　）万元（排量 1.2 升的小轿车的消费税税率为 3%）。

　　A. 1.8　　　　　B. 2.05　　　　　C. 7.72　　　　　D. 2.32

14. 对于从价征收消费税的应税消费品，计税销售额需要按照组成计税价格确定时，下列公式错误的有（　　）。

　　A. 生产销售环节组成计税价格 = ［成本 × （1 + 成本利润率）］ ÷ （1 − 消费税税率）

　　B. 进口环节组成计税价格 = （关税完税价格 + 关税）÷ （1 + 消费税税率）

　　C. 进口环节组成计税价格 = 关税完税价格 + 关税 + 消费税

　　D. 委托加工环节组成计税价格 = （材料成本 + 加工费）÷ （1 − 消费税税率）

15. 纳税人用于抵偿债务的应税消费品，其消费税的处理是（　　）。

　　A. 不征收消费税

　　B. 按同类商品平均售价计征消费税

　　C. 按市场价格计征消费税

　　D. 按同类商品最高售价计征消费税

16. 某酒厂 2022 年 8 月份生产一种新型白酒，用于奖励员工 0.8 吨，该种白酒尚无产品出厂价，生产成本每吨 40 000 元，成本利润率 10%，该酒厂当月应缴纳的消费税为

（　　　）元（白酒消费税比例税率 20%，定额税率 0.5 元 /500 克）。

A. 8 600　　　　　　B. 8 800　　　　　　C. 9 600　　　　　　D. 9 800

17. 甲厂将一批原材料委托乙厂加工成应税消费品，该批原材料不含税价格 10 万元，乙厂代垫辅料收费 1 万元（含税），另收取加工费 3 万元（含税），则该项委托加工业务消费税组成计税价格为（　　　）万元（消费税税率 5%）。

A. 13.68　　　　　　B. 14.25　　　　　　C. 14.74　　　　　　D. 15

18. 某筷子生产企业为增值税一般纳税人。2022 年 6 月取得不含税销售额如下：销售雕花木制筷子 15 万元；销售竹制筷子 18 万元；销售木制一次性筷子 12 万元。另外没收逾期未还木制一次性筷子包装物押金 0.23 万元（不含税），该押金于 2021 年 12 月收取，该企业当月应缴纳消费税（　　　）元（消费税税率 5%）。

A. 6 115　　　　　　B. 5 900　　　　　　C. 13 600　　　　　　D. 22 600

19. 纳税人进口应税消费品，应于（　　　）缴纳消费税税款。

A. 海关填发海关进口消费税专用缴款书次日起 15 日内

B. 海关填发海关进口消费税专用缴款书之日起 15 日内

C. 次月起 7 日内

D. 次月起 10 日内

二、多项选择题

1. 消费税同其他商品劳务税相比，有（　　　　　　）的特点。

A. 征收范围广泛

B. 征收环节单一

C. 采用从价定率征收、从量定额征收和复合征收

D. 实行差别较大的比例税率、定额税率

2. 消费税对不同应税消费品采取的税率有（　　　　　）。

A. 比例税率　　　　　　　　　　　B. 定额税率

C. 超额累进税率　　　　　　　　　D. 比例税率与定额税率相结合

3. 消费税税率采用的形式有（　　　　　）。

A. 累进税率　　　　B. 定额税率　　　　C. 固定税率　　　　D. 比例税率

4. 根据消费税法律制度的规定，对部分应税消费品实行从量定额和从价定率相结合的复合计税办法。下列各项中，属于实行复合计税办法的消费品有（　　　　　）。

A. 卷烟　　　　　　B. 烟丝　　　　　　C. 粮食白酒　　　　D. 薯类白酒

5. 下列选项中，应当征收消费税的有（　　　　　）。

A. 酒精　　　　　　B. 高档化妆品　　　C. 小汽车　　　　　D. 护肤护发品

6. 下列各项中，实行从量定额征收消费税的应税消费品有（　　　　　）。

A. 啤酒　　　　　　B. 实木地板　　　　C. 卷烟　　　　　　D. 黄酒

7. 根据《中华人民共和国消费税暂行条例》的有关规定，下列各项中，应当征收消费税的有（　　　　　）。

A. 用于本企业生产型基建的应税消费品

B. 用于捐助国家指定的慈善机构的应税消费品

C. 用于奖励代理商销售业务的应税消费品

D. 用于本企业连续生产的应税消费品

8. 纳税人自产自用的下列应税消费品中，需要缴纳消费税的有（　　　　）。

　　A. 生产企业将石脑油用于本企业连续生产汽油

　　B. 日化厂自产化妆品用于促销赠品

　　C. 木筷厂将自产高档木筷用于本企业职工食堂

　　D. 汽车制造厂自产小汽车用于后勤服务

9. 实行从价定率征收进口消费税的，其组成计税价格为（　　　　）。

　　A.（关税完税价格＋关税＋消费税）/（1＋增值税税率）

　　B.（关税完税价格＋关税）/（1－消费税税率）

　　C. 关税完税价格＋关税＋消费税＋增值税

　　D. 关税完税价格＋关税＋消费税

10. 从价定率计征消费税时，销售额中应包括（　　　　）。

　　A. 消费税税金　　　B. 价外费用　　　　　C. 增值税税金　　　　D. 价款

11. 下列各项中，关于消费税的说法正确的是（　　　　）。

　　A. 在中国境内从事生产、委托加工及进口应税消费品的单位和个人，为消费税纳税人

　　B. 目前我国消费税税目共有 13 个

　　C. 纳税人销售的应税消费品，应当向纳税人机构所在地或者居住地的主管税务机关申报纳税

　　D. 消费税计税方法主要有从价定率征收、从量定额征收、从价定率和从量定额复合计税三种方式

12. 以下企业出口应税消费品不得退税的有（　　　　）。

　　A. 外贸企业收购后出口

　　B. 外商投资生产企业自营出口

　　C. 生产单位自营出口

　　D. 生产单位委托代理出口

13. 某公司将自产消费品用作职工福利，其成本为 8 万元，则其（　　　　）（消费税税率为 8%，成本利润率为 5%）。

　　A. 消费税组成计税价格为 9.13 万元

　　B. 消费税组成计税价格为 7.78 万元

　　C. 增值税组成计税价格为 9.13 万元

　　D. 增值税组成计税价格为 8.8 万元

14. 纳税人用于（　　　　）的应税消费品，应以其同类应税消费品的最高销售额为依据计算消费税。

　　A. 投资入股　　　B. 抵偿债务　　　　　C. 换取生产资料　　　D. 换取生活资料

三、判断题

1. 缴纳消费税的纳税人不需要缴纳增值税。　　　　　　　　　　　（　　）
2. 商店在销售烟、酒等应税消费品时，不征收消费税，但要征收增值税。　（　　）
3. 我国现行消费税共有 15 个税目。　　　　　　　　　　　　　（　　）
4. 消费税的税率包括比例税率和定额税率两类。　　　　　　　　　（　　）
5. 适用定额税率的消费品，其应纳税额应从价定额计征，此时的计税依据为销售额。
　　　　　　　　　　　　　　　　　　　　　　　　　　　　（　　）
6. 对于外购的用于连续生产的应税消费品，在计税时按当期生产领用数量计算准予扣除外购的应税消费品已纳消费税税款。　　　　　　　　　　（　　）
7. 消费税的纳税人是指在中华人民共和国境内生产、委托加工和进口应税消费品的单位和个人。　　　　　　　　　　　　　　　　　　　　　（　　）
8. 消费税对不同的征税项目税负差异较大，对需要限制消费的消费品规定较高的税率，体现了特殊的调节目的。　　　　　　　　　　　　　　　（　　）
9. 在零售环节征收消费税的金银首饰、钻石饰品允许抵扣在外购珠宝玉石时已纳消费税税款。　　　　　　　　　　　　　　　　　　　　　（　　）
10. 实行从价定率办法计算应纳税额的应税消费品连同包装物销售的，无论包装物是否单独计价，均不作为应税消费品的销售额征收消费税。　　　　（　　）
11. 纳税人自产自用从价定率征税的应税消费品，没有同类消费品销售价格的，按照组成计税价格计算纳税。组成计税价格的计算公式是：（成本＋利润）÷（1＋消费税税率）。
　　　　　　　　　　　　　　　　　　　　　　　　　　　　（　　）
12. 销售额为纳税人销售应税消费品向购买方收取的全部价款和价外费用，在全部价款中包含消费税税额和增值税税额。　　　　　　　　　　　（　　）
13. 对应税消费品征收消费税与征收增值税的征税环节是一样的，都是在应税消费品的批发、零售环节征收。　　　　　　　　　　　　　　　　（　　）
14. 应征增值税的货物均应征收消费税。　　　　　　　　　　　　（　　）
15. 纳税人用于投资入股的应税消费品，应以其同类应税消费品的平均售价为依据计算消费税。　　　　　　　　　　　　　　　　　　　　　（　　）

四、计算题

（一）

1. 目的：练习直接销售应税产品的消费税应纳税额计算。
2. 资料：某白酒厂某月以直接收款方式销售白酒 10 吨，价款 50 000 元；销售白酒 200 吨，价款 830 000 元，随同产品销售单独计价的包装物 18 080 元。
3. 要求：计算该厂应纳消费税税额。

（二）

1. 目的：练习进口货物消费税应纳税额的计算。

2. 资料：某外贸公司从国外进口一批摩托车（汽缸容量大于 250 毫升），关税完税价和关税合计 45 万元，当月全部售出，取得含增值税的销售收入 103.96 万元。已知：汽缸容量大于 250 毫升的摩托车适用消费税税率 10%。

3. 要求：分别计算该公司进口和销售环节的增值税、消费税。

（三）

1. 目的：练习委托加工业务消费税应纳税额的计算。

2. 资料：甲企业委托乙企业（均为增值税一般纳税人）加工一批化妆品，甲企业提供成本为 30 万元的材料，支付给乙企业加工费 5 万元。已知化妆品适用消费税税率 10%。

3. 要求：分别计算甲、乙企业各自应纳的消费税和增值税。

（四）

1. 目的：练习用已税产品连续生产应税产品以及委托加工业务的应纳消费税税额的计算。

2. 资料：A 厂委托 B 厂加工一批应税消费品，A 厂提供的原材料成本为 54 000 元，B 厂收取加工费 9 000 元，该应税消费品适用税率为 30%，受托的 B 厂没有同类消费品的销售价格，A 厂将委托加工的已税消费品一半用于直接销售，一半用于继续生产最终应税消费品后销售，取得销售收入额 89 000 元，适用消费税税率为 40%。

3. 要求：计算 A 厂实际负担的消费税税额。

（五）

1. 目的：练习酒类应税消费品的消费税应纳税额的计算。

2. 资料：某酒厂（增值税一般纳税人）主要生产粮食白酒和薯类白酒，同时也生产啤酒。2022 年 8 月该厂的生产销售情况如下：

（1）外购薯类酒精 10 吨，增值税专用发票上注明的单价为每吨 1 500 元；外购粮食酒精 20 吨，增值税专用发票上注明的单价为每吨 2 100 元。

（2）外购自产白酒的各种辅料，增值税专用发票上注明的价款共计 12 000 元。

（3）外购生产啤酒的各种原料，增值税专用发票上注明的价款共计 250 000 元。

（4）当月用 8 吨薯类酒精及辅料生产薯类白酒 22 吨，销售了 20 吨，每吨不含增值税售价 12 000 元；用 15 吨粮食酒精及辅料生产粮食白酒 32 吨，销售了 30 吨，每吨不含增值税售价 18 000 元。

（5）当月用剩余的酒精和辅料生产粮食白酒 10 吨，每吨的实际生产成本为 8 500 元，将这 10 吨白酒用于抵偿债务，已知该粮食白酒每吨不含增值税的平均售价为 10 000 元，每吨不含增值税的最高售价为 11 000 元。

（6）当月销售 A 啤酒 140 吨，增值税专用发票上注明的出厂单价为每吨 2 900 元，另按照惯例开具收据收取每吨 200 元的包装物押金，限期 3 个月。

（7）当月销售 B 啤酒 100 吨，增值税专用发票上注明的出厂单价为每吨 2 800 元，另按照惯例开具收据收取每吨 200 元的包装物押金，限期 3 个月。

（8）当月没收以往发出本月到期未退包装物押金 5 000 元（A 啤酒）和 3 000 元（B 啤酒）。（所有相关增值税专用发票都经过了认证并在当月抵扣。）

3．要求：

（1）计算用于抵偿债务的粮食白酒应纳的消费税。

（2）计算用于抵偿债务的粮食白酒的增值税销项税额。

（3）计算当月应纳的消费税合计数。

（4）计算当月应纳的增值税合计数。

五、实训题

1．目的：对一般纳税人的消费税纳税业务进行应纳税额的计算及纳税申报。

2．资料：南方化妆品有限责任公司为增值税一般纳税人，主要从事化妆品生产业务，兼营化妆品批发零售业务，适用消费税税率为 15%，公司地址为：广州市番禺区市桥大北路 236 号，主管税务机关为广州市番禺区税务局市桥分局，统一社会信用代码为642199863322008123，开户银行和账号分别为工行广州番禺市桥支行 22132456871268，公司联系电话为 84712020，公司法定代表人为陈浩，财务负责人为李玉，税务会计为程晓明。2022 年 6 月份该公司发生下列业务：

（1）从国外进口一批 A 类高档化妆品，关税完税价格为 820 000 元，已缴纳关税230 000 元；

（2）委托某工厂加工 B 类高档化妆品，提供原材料价值 68 000 元，支付加工费 2 000元，该批加工产品已收回（委托方没有 B 类高档化妆品同类货物价格）；

（3）销售本企业生产的 C 类高档化妆品，取得销售额 580 000 元（不含税）；

（4）"三八"妇女节，向全体女职工发放本企业生产的一批 C 类高档化妆品，该批化妆品市场零售价格为 8 000 元（不含税）。

3．要求：

（1）计算该公司进口 A 类高档化妆品应缴纳的增值税税额。

（2）确定该公司进口高档化妆品应缴纳进口消费税的期限。

（3）计算该公司 A 类高档化妆品应缴纳的消费税税额。

（4）计算该公司 B 类高档化妆品应缴纳的消费税税额。

（5）计算该公司 C 类高档化妆品应缴纳的消费税税额。

（6）为该公司填写消费税及附加税费申报表（见表 3-1），进行纳税申报。

表 3-1 消费税及附加税费申报表

税款所属期：自　　年　　月　　日至　　　年　　月　　日

纳税人识别号（统一社会信用代码）：

纳税人名称：　　　　　　　　　　　　　　　　　　　　　金额单位：人民币元（列至角分）

应税 消费品名称　　　　　　项目	适用税率		计量单位	本期销售数量	本期销售额	本期应纳税额
	定额税率	比例税率				
	1	2	3	4	5	6=1×4+2×5
合计	—	—	—	—	—	

	栏次	本期税费额
本期减（免）税额	7	
期初留抵税额	8	
本期准予扣除税额	9	
本期应扣除税额	10=8+9	
本期实际扣除税额	11[10<(6-7)，则 为 10, 否则为 6-7]	
期末留抵税额	12=10-11	
本期预缴税额	13	
本期应补（退）税额	14=6-7-11-13	
城市维护建设税本期应补（退）税额	15	
教育费附加本期应补（退）费额	16	
地方教育附加本期应补（退）费额	17	

声明：此表是根据国家税收法律法规及相关规定填写的，本人（单位）对填报内容（及附带资料）的真实性、可靠性、完整性负责。

纳税人（签章）：　　　　年　　月　　日

经办人： 经办人身份证号： 代理机构签章： 代理机构统一社会信用代码：	受理人： 受理税务机关（章）： 受理日期：　　年　　月　　日

项目四
关税办税业务

【学习目标】

通过本项目的学习，能理解关税的概念、性质和特点；能准确判断关税的征税范围；能判别关税纳税人；能熟练利用关税税则查找不同货物的进出口关税税率；准确查找并确定关税的计税依据，并能正确计算应纳关税税额；能正确填写"海关进（出）口关税专用缴款书"，完成进出口关税的纳税申报。

【标志性成果】

提交填写完整、准确的海关进（出）口关税专用缴款书及相关附表。

【重点难点】

重点：一般进口货物和出口货物完税价格的确定、应纳关税税额的计算及纳税申报方法。
难点：特殊进口货物完税价格的确定和应纳关税税额的计算。

【主要业务】

业务流程	业务内容	处理方法
1. 关税的综合知识	（1）关税的定义	关税是海关依法对进出关境的货物和物品征收的一种流转税，包括进口关税和出口关税

业务流程	业务内容	处理方法
1. 关税的综合知识	（2）关税的类型	按照不同的分类标准，关税可以划分为： 	分类标准	具体分类
---	---
按征税对象分	进口税、出口税和过境税
按征税标准分	从量税、从价税、复合税、选择税、差价税、滑准税
按征税性质分（主要适用于进口关税）	普通关税、优惠关税和差别关税	
	（3）关税的特点	价外税；单一环节征收；有较强的涉外性
2. 关税的基本要素	（1）征税对象	关税的征税对象是准许进出境的货物和物品。货物是指贸易性商品；物品是指入境旅客随身携带的行李物品、个人邮递物品、各种运输工具上的服务人员携带进口的自用物品、馈赠物品，以及以其他方式进境的个人物品
	（2）纳税人		具体情况	纳税义务人
---	---
进口货物	收货人
出口货物	发货人
进出境物品	所有人和推定所有人（携带人、收件人等）	
	（3）适用税率、征收率	进口关税税率：进口关税设置最惠国税率、协定税率、特惠税率、普通税率、关税配额税率等税率，对进口货物在一定期限内实行暂定税率。 出口关税税率：中国目前仅对少数商品出口征收出口关税，采用从价定率征税办法，在一定期限内可实行暂定税率
3. 进口关税的计算	（1）一般进口货物的完税价格	进口货物的完税价格由海关以货物的成交价格为基础审查确定，并应当包括该货物运抵中华人民共和国境内输入地点起卸前的运输及其相关费用、保险费。 完税价格的构成及调整如下所示：

续表

业务流程	业务内容	处理方法	
3. 进口关税的计算	（1）一般进口货物的完税价格	应计入完税价格的因素	不应计入完税价格的因素
		① 由买方负担的购货佣金以外的佣金和经纪费； ② 由买方负担的在审查确定完税价格时与该货物视为一体的容器的费用； ③ 由买方负担的包装材料费用和包装劳务费用； ④ 与该货物的生产和向中国境内销售有关的，由买方以免费或低于成本的方式提供并可以按适当比例分摊的料件、工具、模具、消耗材料及类似货物的价款，以及在境外开发、设计的相关费用； ⑤ 作为该货物向中国境内销售条件，买方必须支付的、与该货物有关的特许权使用费； ⑥ 卖方直接或者间接从买方获得的该货物进口后转售、处置或者使用的收益	① 厂房、机械、设备等货物进口后进行建设、安装、装配、维修和技术服务的费用； ② 进口货物运抵境内输入地点起卸后的运输及其相关费用、保险费； ③ 进口关税及国内税收
		进口货物的价格不符合成交价格条件或者成交价格不能确定的，海关应当依次以下列方法估定该货物的完税价格，其中第②项和第③项的次序经纳税人申请可以颠倒。 ① 相同或类似货物成交价格法； ② 倒扣价格法； ③ 计算价格法； ④ 其他合理方法	
	（2）计算关税应纳税额	从价税应纳税额的计算	进口货物应纳关税税额＝完税价格 × 税率 我国进口货物的完税价格是以到岸价格（CIF）来计算的
		从量税应纳税额的计算	进口货物应纳关税税额＝进口货物数量 × 适用的单位税额
		复合税应纳税额的计算	进口货物应纳关税税额＝应税货物数量 × 适用的单位税额＋完税价格 × 税率
4. 出口关税的计算	（1）出口货物完税价格	出口货物的完税价格，由海关以该货物向境外销售的成交价格为基础审查确定，并应包括货物运至我国境内输出地点装卸前的运输和相关费用、保险费，但其中包括的出口关税税额，应当扣除。其计算公式为： 出口货物完税价格 ＝FOB 价格 ÷（1 ＋出口关税税率）	
	（2）应纳税额	出口货物应纳关税税额＝出口货物完税价格 × 出口关税税率	

续表

业务流程	业务内容	处理方法	
		要点	**主要规定**
5. 关税的申报缴纳		（1）关税的申报	① 进口货物应自运输工具申报进境之日起14日内，由纳税人向货物进境地海关申报。 ② 出口货物自货物运抵海关监管区后装货的24小时以前，由纳税人向货物出境地海关申报
		（2）关税的缴纳	① 纳税义务人应当自海关填发税款缴款书之日起15日内，向指定银行缴纳税款。 ② 关税纳税人因不可抗力或在国家政策调整的情形下，不能按期缴纳税款的，经海关总署批准，可以延期缴纳税款，但最长不得超过6个月
		（3）关税强制执行	① 征收关税滞纳金。纳税人未按期缴纳税款并没有申请延期缴税的，从滞纳税款之日起，按日加收万分之五的滞纳金。 ② 强制征收。如纳税义务人自海关填发缴款书之日起3个月仍未缴纳税款，经海关关长批准，海关可以采取强制扣缴、变价抵缴等强制措施
		（4）关税的退还	海关发现多征税款的，应当立即通知纳税义务人办理退税手续。纳税义务人应当自收到海关通知之日起3个月内办理有关退税手续。 纳税人发现的属于下列情形之一的，自纳税之日起1年内书面申请退税，并加算银行同期活期存款利息： ① 因海关误征，多纳税款的；② 海关核准免验进口的货物，在完税后，发现有短卸情形，经海关审查认可的；③ 已征出口关税的货物，因故未将其出口，申报退关，经海关查验属实的；④ 对已征出口关税的出口货物和已征进口关税的进口货物，因货物品种或规格原因（非其他原因）原状复运进境或出境的，经海关查验属实的，也应退还已征关税
		（5）关税的补征和追征	非因纳税人违反海关规定造成短征关税的，称为补征。海关发现的，自缴纳税款或货物、物品放行之日起1年内补征。 由于纳税人违反海关规定造成短征关税的，称为追征。海关发现的，在纳税人应缴纳税款之日起3年内追征，并从缴纳税款之日起按日加收万分之五的滞纳金
6. 特殊进口货物完税价格的确定		**具体情况**	**完税价格的审定和固定**
		（1）加工贸易进口料件或其制成品	① 进口时应当征税的进料加工进口料件，以该料件申报进口时的成交价格为基础审定完税价格。 ② 进料加工进口料件或者其制成品（包括残次品）内销时，海关以料件原进口成交价格为基础审查确定完税价格。 ③ 来料加工进口料件或者其制成品（包括残次品）内销时，海关以接受内销申报的同时或者大约同时进口的与料件相同或者类似的货物的进口成交价格为基础审查确定完税价格。 ④ 加工企业内销加工过程中产生的边角料或者副产品，以海关审查确定的内销价格作为完税价格

续表

业务流程	业务内容	处理方法

续表

具体情况	完税价格的审定和固定
（2）内销的其他保税进口货物	① 出口加工区内的加工企业内销的制成品（包括残次品），海关以接受内销申报的同时或大约同时进口的相同或者类似货物的进口成交价格为基础审查确定完税价格。 ② 保税区内的加工企业内销的进口料件或者制成品（包括残次品），海关以接受内销申报的同时或者大约同时进口的相同或者类似货物的进口成交价格为基础审查确定完税价格
（3）出料加工复进境货物的完税价格	完税价格 = 境外加工费 + 境外采购的料件费 + 复运进境的运输及相关费用、保险费
（4）出境修理复进口货物的完税价格	完税价格 = 境外修理费 + 境外采购的料件费
（5）租赁方式进口货物的完税价格	① 租赁方式进口的货物中，以租金方式对外支付的租赁货物，在租赁期间内以海关审定的租金作为完税价格。 ② 留购的租赁货物，以海关审定的留购价格作为完税价格。 ③ 承租人申请一次性缴纳税款的，经海关同意，按照一般进口货物估价办法的规定估定完税价格
（6）减免税进口货物需补税时的完税价格	完税价格 = 海关审定的该货物原进口时的价格 ×[1- 申请补税时实际已使用的时间（月）÷（监管年限 ×12）]
（7）留购的进口货样的完税价格	以海关审定的留购价格作为完税价格

业务流程：6. 特殊进口货物完税价格的确定

业务流程	业务内容	处理方法
7. 行李和邮递物品进口税	（1）定义	行李和邮递物品进口税（简称行邮税）是海关对入境旅客物品和个人邮递物品征收的进口税。行李和邮递物品进口税包括了进口环节关税、增值税和消费税
	（2）税率	13%、20%、50%
	（3）税额计算	行李和邮递物品进口税采取从价计征，完税价格由海关参照该项物品的境外正常零售平均价格确定
8. 船舶吨税	（1）征税范围	在中华人民共和国港口行驶的外国籍船舶和外商租用（程租除外）的中国籍以及中外合营企业使用的（包括租用或自有，程租除外）中国籍船舶
	（2）税率	单位定额税率
	（3）税额核算	吨税 = 净吨位 × 单位定额税率

【典型例题分析】

一、单项选择题

1. 关于关税特点的说法，正确的是（   ）。

    A. 关税的高低对进口国的生产影响较大，对国际贸易的影响不大

    B. 关税是多环节价内税

    C. 关税是单一环节的价外税

    D. 关税不仅对进出境的货物征税，还对进出境的劳务征税

    【答案】C

    【分析】关税的高低既影响进口国的生产、经济的发展，也影响国际贸易，所以 A 选项错误；关税是单一环节的价外税，所以选项 B 错误；选项 C 正确；关税征收的对象是进出境的货物和物品，选项 D 错误。

2. 下列各项中，不符合关税税率有关规定的是（   ）。

    A. 进口货物在进口时需要征税的，按照纳税义务人申报进口之日实施的税率征收关税

    B. 暂时进口货物转为正式进口需补税时，按照该进口货物暂时进口之日实施的税率征收关税

    C. 溢卸进口货物事后确定需要征税的，按照其原运输工具申报进口日期所实施的税率征收关税

    D. 进口货物到达前，经海关核准先行申报的，按照装载此货物的运输工具申报进境之日实施的税率征收关税

    【答案】B

    【分析】暂时进口货物转为正式进口需补税时，应按其申报正式进口之日实施的税率征收关税。

3. 下列项目中，属于进口关税完税价格组成部分的有（   ）。

    A. 进口人向自己的境外采购代理人支付的购货佣金

    B. 进口人向中介机构支付的经纪费

    C. 进口设备报关后的安装调试费用

    D. 货物运抵境内输入地点起卸之后的运输费用

    【答案】B

    【分析】计入关税完税价格的佣金不包括进口人向自己的境内采购代理人支付的购货佣金，但是包括进口人向中介机构支付的经纪费。进口设备报关后的安装调试费用和货物运抵境内输入地点起卸之后的运输费用都属于进口后发生的费用，不应计入进口环节关税的完税价格。

4. 下列关于完税价格的说法，正确的是（   ）。

    A. 进口货物应当以成本价格为完税价格

    B. 完税价格不包括进口货物缴纳的各项税金

    C. 如果买卖双方有特殊关系，只能以成本价格确定完税价格

    D. 完税价格包括进口货物在境内运输途中发生的运费和保险费

    【答案】B

【分析】进口货物的完税价格由海关以货物的成交价格为基础审查确定；如果买卖双方有特殊关系，由海关采取相应的估价办法对完税价格进行估定；境内运输途中发生的运费和保险费属于进口后发生的费用，不应计入完税价格。

5. 下列各项中，应计入出口货物完税价格的是（　　　）。

　　A. 出口关税税额

　　B. 单独列明的支付给境外的佣金

　　C. 货物在我国境内输出地点装卸后的运输费用

　　D. 货物运至我国境内输出地点装卸前的运输费用

【答案】D

【分析】出口货物的完税价格包括货物的货价、货物运至中华人民共和国境内输出地点装卸前的运输及其相关费用、保险费，但是其中包含的出口关税税额，应当予以扣除。

6. 依据关税的有关规定，以租金方式对外支付的进口租赁货物，在租赁期间作为完税价格的是（　　　）。

　　A. 海关审定的租金　　　　　　　　B. 海关审定的采购价格

　　C. 按照一般进口货物估定完税价格　　D. 货物成交价格

【答案】A

【分析】租赁方式进口的货物中，以租金方式对外支付的租赁货物，在租赁期间内，以海关审定的租金作为完税价格。

7. 根据现行关税政策的规定，下列进口货物中享受法定减免税的是（　　　）。

　　A. 从保税区运往境外的货物

　　B. 国际组织无偿赠送的物资

　　C. 外国企业通过境内社会团体无偿赠送的用于慈善事业的物资

　　D. 边境小额贸易进口的货物

【答案】B

【分析】选项ACD均属于特定减免税的情形，只有选项B属于法定减免税情形。

8. 某进出口公司从美国进口一批化工原料共500吨，货物以境外口岸离岸价格成交，单价折合人民币为20 000元（不包括另向卖方支付的佣金1 000元人民币/吨），已知该货物运抵中国海关境内输入地点起卸前的包装、运输、保险和其他劳务费用为每吨2 000元人民币，关税税率为10%，则该批化工原料应缴纳的关税为（　　　）万元。

　　A. 100　　　　　　　B. 105　　　　　　　C. 110　　　　　　　D. 115

【答案】D

【分析】计入进口货物关税完税价格的金额，包括货价、支付的佣金（不包括买方向自己的采购代理人支付的购货佣金）、买方负担的包装费和容器费、进口途中的运费、保险费等相关费用（不包括进口后发生的运费和装卸费）。应纳关税税额=（20 000+1 000+2 000）×500×10%=115（万元）。

二、多项选择题

1. 以下关于关税分类的相关说法中，正确的有（　　　　）。

A. 按征税标准分类，关税可分为普通关税、优惠关税和差别关税

B. 按征税对象分类，可将关税分为进口税、出口税和过境税

C. 反倾销税、反补贴税、报复关税、紧急进口税等都属于进口关税的附加税

D. 普惠制的三条基本原则是普遍原则、非歧视原则和互惠原则

E. 最惠国待遇往往不是最优惠的关税待遇，它只是一种非歧视性的关税待遇

【答案】BCE

【分析】① 按征税标准分类，可将关税分为从量税、从价税。此外，各国常用的征税标准还有复合税、选择税、差价税、滑准税。普通关税、优惠关税和差别关税，属于按照征税性质的分类。② 普惠制有三条基本原则：普遍原则；非歧视原则；非互惠原则。③ 最惠国待遇往往不是最优惠的关税待遇，它只是一种非歧视性的关税待遇，并不需给予特别的关税照顾或优待，在最惠国待遇的优惠税率之外还有更低的优惠税率。

2. 如果进口货物的成交价格不符合规定条件，由海关估定完税价格。下列关于进口货物完税价格估定的说法，正确的有（   ）。

A. 纳税人可以与海关进行价格磋商

B. 完税价格估定方法的适用次序不可以颠倒

C. 海关估定完税价格时，应根据纳税人的意愿选择估价方法

D. 按照相同货物成交价格估价时，如果相同货物有若干批，应采用其中最低的价格

E. 采用倒扣价格法时，按照进口货物、相同或类似进口货物在境内的销售价格为基础

【答案】ADE

【分析】完税价格的估定方法应依次使用，但是应进口商的要求，倒扣价格估价方法和计算价格估价方法的使用次序可以颠倒；完税价格的估定需要按照规定的程序和顺序进行，一般情况下，不能由纳税人随意愿选择。

3. 下列关于关税完税价格的说法，正确的有（   ）。

A. 出口货物关税的完税价格不包含出口关税

B. 进口货物的保险费无法确定时，海关应按照货价的 5% 计算保险费

C. 进口货物的关税完税价格不包括进口关税

D. 经海关批准的暂时进境货物，应当按照一般进口货物估价办法的规定，估定进口货物完税价格

E. 出口货物的完税价格，由海关以该货物的成交价格为基础审查确定，并应包括货物运至我国境内输出地点装卸前的运输及其相关费用、保险费

【答案】ACDE

【分析】进口货物的保险费无法确定时，海关应按照"货价加运费"两者总额的 3‰ 计算保险费。

4. 关于出口货物关税完税价格的说法，正确的有（   ）。

A. 出口关税不计入完税价格

B. 在输出地点装卸前发生的运费，应包含在完税价格中

C. 在货物价款中单独列明由卖方承担的佣金不计入完税价格

D. 出口货物完税价格包含增值税销项税额

E. 出口货物成交价格无法确定的，一律采用估定价格

【答案】ABC

【分析】选项 D：出口货物完税价格不包括增值税的销项税额；选项 E：出口货物的成交价格不能确定的，海关经了解有关情况，并与纳税义务人进行价格磋商后，依次以下列价格审查确定该货物的完税价格：① 同时或者大约同时向同一国家或者地区出口的相同货物的成交价格；② 同时或者大约同时向同一国家或者地区出口的类似货物的成交价格；③ 根据境内生产相同或者类似货物的成本、利润和一般费用（包括直接费用和间接费用）、境内发生的运输及其相关费用、保险费计算所得的价格；④ 按照合理方法估定的价格。

5. 关于关税的减免税，下列表述正确的有（   ）。

    A. 无商业价值的广告品视同货物进口征收关税

    B. 在海关放行前损失的货物免征关税

    C. 盛装货物的容器单独计价的不征收关税

    D. 关税税额在人民币 50 元以下的货物免征关税

【答案】BD

【分析】无商业价值的广告品和货样是关税法定减免税的项目，选项 A 错误；在海关放行前损失的货物免征关税，选项 B 正确；由购买方负担的盛装货物的容器单独计价也要缴纳关税，选项 C 错误；关税税额在人民币 50 元以下的货物是关税法定减免的项目，选项 D 正确。

三、判断题

1. 中华人民共和国准许进出口的货物、进境物品，除法律、行政法规另有规定外，由海关依照规定征收进出口关税。（   ）

【答案】√

【分析】《中华人民共和国进出口关税条例》第二条规定：中华人民共和国准许进出口的货物、进境物品，除法律、行政法规另有规定外，海关依照本条例规定征收进出口关税。

2. 适用出口税率的出口货物有暂定税率的，应当适用暂定税率。（   ）

【答案】√

【分析】根据《中华人民共和国进出口关税条例》第十一条，适用出口税率的出口货物有暂定税率的，应当适用暂定税率。

3. 进出口货物，应当适用进口货物进境之日和出口货物运抵海关监管仓库之日实施的税率。（   ）

【答案】×

【分析】进出口货物，应当适用海关接受该货物申报进口或者出口之日实施的税率。

4. 进口货物时，与该货物的生产和向中华人民共和国境内销售有关的，由买方以免费或者以低于成本的方式提供并可以按适当比例分摊的料件、工具、模具、消耗材料及类似货物的价款，以及在境外开发、设计等相关服务的费用不计入完税价格。（   ）

【答案】×

【分析】《中华人民共和国海关审定进出口货物完税价格办法》第十一条规定，与进口货

物的生产和向中华人民共和国境内销售有关的，由买方以免费或者以低于成本的方式提供，并可以按适当比例分摊的货物或者服务的价值，以及买方需向卖方或者有关方直接或者间接支付的特许权使用费如果没有包含在成交价格中，均应计入完税价格。

5. 以租赁方式进口的货物，以海关审查确定的该货物的租金作为完税价格。　（　　）

【答案】√

【分析】税法规定。

6. 进口货物的纳税义务人应当自运输工具申报进境之日起 14 日内，出口货物的纳税义务人除海关特准的以外，应当在货物运抵海关监管区后、装货的 24 小时以前，向货物的进出境地海关申报。　　　　　　　　　　　　　　　　　　　　　　　（　　）

【答案】√

【分析】税法规定。

7. 纳税义务人因不可抗力或者在国家税收政策调整的情形下，不能按期缴纳税款的，经海关总署批准，可以延期缴纳税款，但是最长不得超过 12 个月。　　　（　　）

【答案】×

【分析】纳税义务人因不可抗力或者在国家税收政策调整的情形下，不能按期缴纳税款的，经海关总署批准，可以延期缴纳税款，但是最长不得超过 6 个月。

8. 外国政府、国际组织无偿赠送的物资免征关税。　　　　　　　　　　（　　）

【答案】√

【分析】《中华人民共和国海关法》第五十六条规定，外国政府、国际组织无偿赠送的物资免征关税。

9. 海关发现海关监管货物因纳税义务人违反规定少征或者漏征税款的，应当自纳税义务人应缴纳税款之日起 3 年内追征税款，并从应缴纳税款之日起按日加收少征或者漏征税款万分之三的滞纳金。　　　　　　　　　　　　　　　　　　　　　　（　　）

【答案】×

【分析】海关发现海关监管货物因纳税义务人违反规定少征或者漏征税款的，应当自纳税义务人应缴纳税款之日起 3 年内追征税款，并从应缴纳税款之日起按日加收少征或者漏征税款万分之五的滞纳金。

10. 出口货物的成交价格，是指该货物出口时卖方为出口该货物应当向买方直接收取和间接收取的价款总额。出口关税应计入完税价格。　　　　　　　　　（　　）

【答案】×

【分析】出口货物的成交价格，是指该货物出口时卖方为出口该货物应当向买方直接收取和间接收取的价款总额。完税价格不包括出口关税。

【职业能力训练】

一、单项选择题

1. 下列各项中，（　　）不属于关税的纳税义务人。

　　A. 进口货物的收货人　　　　　　　　　B. 出口货物的发货人

　　C. 进境物品的所有人　　　　　　　D. 进口货物的发货人

2. 当一个国家存在自由港、自由区时，该国国境（　　）关境。

　　A. 大于　　　　　B. 等于　　　　　C. 小于　　　　　D. 无法比较

3. （　　）是指对同一种进口货物，由于输出国或生产国不同，或输入情况不同而使用不同税率征收的关税。

　　A. 反倾销税　　　B. 歧视关税　　　C. 报复关税　　　D. 优惠关税

4. （　　）是指对某种货物在税则中预先按照该货物的价格规定几档税率，价格高的该货物适用较低税率，价格低的该货物适用较高税率。目的是使该物品的价格在国内市场上保持稳定。

　　A. 反倾销税　　　B. 复合关税　　　C. 滑动关税　　　D. 歧视关税

5. （　　）是指缔约国一方承诺现在或将来给予第三方的一切优惠、特权或豁免等待遇，缔约国另一方可以享受同样待遇。

　　A. 互惠关税　　　　　　　　　　　B. 特惠关税

　　C. 最惠国待遇关税　　　　　　　　D. 普遍优惠制关税

6. 根据我国税法规定，进口货物以海关审定的成交价格为基础的（　　）为完税价格。

　　A. 公允价格　　　B. 到岸价格　　　C. 离岸价格　　　D. 货价

7. 依据关税的有关规定，下列费用中不得计入进口货物关税完税价格的是（　　）。

　　A. 买价　　　　　　　　　　　　　B. 境外运费

　　C. 由买方负担的包装费　　　　　　D. 由买方负担的购货佣金

8. 根据税法规定，一张票据上应税货物的关税税额在人民币（　　）元以下的，可以免征关税。

　　A. 10　　　　　　B. 30　　　　　　C. 50　　　　　　D. 100

9. 进出口货物完税后，如果发生少征或漏征税款，并不是纳税人违反《中华人民共和国海关法》造成的，海关应当自缴纳税款或放行之日起（　　）内，向发货人补征。

　　A. 半年　　　　　B. 1 年　　　　　C. 2 年　　　　　D. 3 年

10. 某位于市区的外贸公司（增值税一般纳税人）202× 年进口一批应征消费税的货物，到岸价格为 120 000 欧元，另支付包装费 4 050 欧元、港口到厂区公路运费 5 000 元人民币，取得国际货物运输发票。已知当期汇率 1 欧元 =8 元人民币，关税税率 28%，消费税税率 30%，则该公司进口环节应纳各项税额合计为（　　）元。

　　A. 949 301.49　　　　　　　　　　B. 1 017 139.28

　　C. 876 714.52　　　　　　　　　　D. 1 136 466.06

11. 某高新技术企业免税进口一台设备，海关审定的进口价格为人民币 60 万元，海关监管期 5 年，该企业使用 20 个月后转售。该企业上述业务应补缴关税（　　）万元（关税税率为 20%）。

　　A. 0　　　　　　B. 4　　　　　　C. 8　　　　　　D. 12

12. 2020 年 9 月 1 日，某公司由于承担国家重要工程项目，经批准免税进口了一套电子设备。使用 2 年后项目完工，2022 年 8 月 31 日，公司将该设备出售给了国内另一家企业。该电子设备的到岸价格为 300 万元，关税税率为 10%，海关规定的监管年限为 5 年，按规定公司应补缴关税（　　）万元。

    A. 12   B. 15   C. 18   D. 30

13. 下列各项中，符合关税法定免税规定的是（　　）。

    A. 保税区进出口的基建物资和生产用车辆

    B. 边境贸易进出口的基建物资和生产用车辆

    C. 关税税款在人民币 500 元以下的一票货物

    D. 经海关核准进口的无商业价值的广告品和货样

14. 某企业 202× 年 3 月将一台账面余值 55 万元的进口设备运往境外修理，当月在海关规定的期限内复运进境。经海关审定的境外修理费 4 万元、料件费 6 万元。假定该设备的进口关税税率为 30%，则该企业应缴纳的关税为（　　）万元。

    A. 1.8   B. 3   C. 16.5   D. 19.5

15. 出口货物应在货物运抵海关监管区后装货的（　　）前向出境地海关申报，海关根据税则归类和完税价格计算应缴纳的关税。

    A. 15 日   B. 14 日   C. 24 小时   D. 14 小时

二、多项选择题

1. 关于关税，下列说法正确的有（　　）。

    A. 关税是对有形的货品征税，对无形的货品不征税

    B. 关税是单一环节的价外税，海关代征增值税的税基也不包括关税

    C. 关税是对进出境的货品征税，在境内流通的货物不征关税

    D. 关税具有较强的涉外性

2. 根据关税的现行规定，有下列（　　）情形之一的，应当视为对买方处置或者使用进口货物进行了限制。

    A. 进口货物只能用于展示或者免费赠送的

    B. 进口货物只能销售给指定第三方的

    C. 进口货物只能在进口后手续齐全，才可以销售的

    D. 进口货物加工为成品后只能销售给卖方或者指定第三方的

    E. 其他经海关审查，认定买方对进口货物的处置或者使用受到限制的

3. 下列费用中，应并入进口货物完税价格的是（　　）。

    A. 进口人向境外采购代理人支付的佣金

    B. 卖方支付给买方的正常价格回扣

    C. 设施设备等货物进口后发生的基建、安装、调试、技术指导等费用

    D. 货物成交过程中，进口人向卖方支付的佣金

4. 下列说法中，正确的是（　　）。

    A. 运往境外加工的货物，以其在国外支付的加工费加上运费、包装费、保险费为完税价格

    B. 运往境外修理的机器、工具，以海关审定的修理费和料件费为完税价格

    C. 租借、租赁方式进境的货物，以海关审定的该货物的成交价格为完税价格

    D. 对于经海关批准的暂时进境货物，应当按照一般进口货物的进口成交价格审定完税价格

5. 关于关税政策的说法，正确的有（   ）。

    A. 进口货物完税价格的确定首先应按相同货物成交价格估算

    B. 进口货物关税的完税价格不包含关税

    C. 无商业价值的货样免征关税

    D. "CFR"的含义是到岸价格的价格术语简称

    E. "CIF"的含义是"成本加运费、保险费"的价格术语简称，又称"到岸价格"

6. 货物的完税价格中的到岸价格包括（   ）。

    A. 货价   B. 进口关税   C. 海关估定的利润

    D. 货物运抵境内起卸前的包装费、运输费、保险费和其他合理费用

7. 关税的减免包括（   ）三种类型。

    A. 特定减免   B. 起征点   C. 临时减免   D. 法定减免

8. 依据关税的有关规定，下列进口货物中可享受法定免税的有（   ）。

    A. 有商业价值的进口货样

    B. 外国政府无偿赠送的物资

    C. 贸易公司进口的残疾人专用品

    D. 关税税额在人民币 50 元以下的货物

    E. 科贸公司进口的科教用品

9. 下列关于关税税率的表述中，正确的有（   ）。

    A. 查获的走私进口货物需补税的，应按查获日期实施的税率征税

    B. 对由于税则归类的改变而需要补税的，应按原征税日期实施的税率征税

    C. 对经批准缓税进口的货物缴税时，应按货物原进口之日实施的税率征税

    D. 暂时进口货物转为正式进口需要补税时，应按其暂时进口之日实施的税率征税

10. 下列进口货物，海关可以酌情减免关税的有（   ）。

    A. 在境外运输途中或者起卸时，遭受损坏或者损失的货物

    B. 起卸后海关放行前，因不可抗力遭受损坏或者损失的货物

    C. 海关查验时已经破漏、损坏或者腐烂，经查为保管不慎的货物

    D. 因不可抗力，缴税确有困难的纳税人进口的货物

三、判断题

  1. 接受纳税人的委托办理货物报关手续的代理人，不能代办纳税手续。   （   ）

  2. 复合关税是指对一种进口货物同时按照从价、从量两种形式，分别计算出税额，以两个税额之和作为该货物的应征税额的一种征收关税标准。   （   ）

  3. 货物是非贸易性商品，物品是贸易性商品。   （   ）

  4. 关税纳税义务人或其代理人应当自海关填发税款缴款书之日起 15 个工作日内向指定银行缴纳税款。   （   ）

  5. 为鼓励出口，我国对出口关税采用差别税率，分为普通税率和优惠税率。   （   ）

  6. 从我国境外采购进口的原产于我国境内的物品，可不再缴纳进口关税。   （   ）

  7. 进口货物的买卖双方存在特殊关系时，进口货物的成交价格不能作为海关审定完税

价格的基础。　　　　　　　　　　　　　　　　　　　　　　　　（　　）

8. 我国对一切出口货物都征收出口关税。　　　　　　　　　　　（　　）

9. 关境是一个国家海关法自主实施的领域。　　　　　　　　　　（　　）

10. 关税滞纳金的比例是千分之一。　　　　　　　　　　　　　　（　　）

四、计算题

（一）

1. 目的：练习进口关税应纳税额的计算。

2. 资料：某企业为增值税一般纳税人，202×年3月从国外进口一批材料，货价80万元，买方支付购货佣金2万元，运抵我国输入地点起卸前运费及保险费5万元；从国外进口一台设备，货价10万元，境外运费和保险费2万元，与设备有关的软件特许权使用费3万元；企业缴纳进口环节相关税金后海关放行。材料关税税率20%，设备关税税率10%。

3. 要求：计算该企业应缴纳的进口环节税金。

（二）

1. 目的：练习进口环节纳税业务应纳税额的计算。

2. 资料：坐落在市区的某日化厂为增值税一般纳税人，202×年3月进口一批香水精，出口地离岸价格85万元，境外运费及保险费共计5万元，海关于3月15日开具了完税凭证，关税税率为50%，日化厂缴纳进口环节税金后海关放行；日化厂将进口的香水精的80%用于生产高级化妆品。本月从国内购进材料取得增值税专用发票，注明价款120万元、增值税15.6万元，销售高级化妆品取得不含税销售额500万元。

3. 要求：

（1）计算进口关税应纳税额。

（2）计算进口环节消费税应纳税额。

（3）计算进口环节增值税应纳税额。

（4）计算国内销售环节应缴纳的增值税、消费税、城市维护建设税和教育费附加。

（三）

1. 目的：练习出口关税应纳税额的计算。

2. 资料：云南五金矿产进出口公司向荷兰出口黑钨矿砂5吨，以到岸价格31 736.23美元成交，其中运费为468.36美元，保险费为298.32美元，黑钨矿出口关税税率为20%，100美元＝668元人民币。

3. 要求：计算该批货物的出口关税税额。

五、实训题

1. 目的：对进出口纳税业务进行应纳关税税额的计算及纳税申报。

2. 资料：广州宏兴钢材贸易有限公司（开户银行及账号：中国工商银行广州市分行，9558020202031877878）202×年3月1日从德国进口一批小轿车（税号为8703.2130，最惠国税率为25%），以采购地离岸价格成交，成交总价为1 500万元人民币，运抵我国输入地点前的运费、保险费、手续费等共计80万元人民币。经海关审定，其成交价格正常。202×年3月3日出口一批合金生铁（税号为7201.5000，出口关税税率为20%）到日本，国内港口FOB价格折合人民币为845万元。

3. 要求：

（1）计算该公司3月份的进口关税应纳税额。

（2）计算该公司3月份的出口关税应纳税额。

（3）填制《海关进（出）口关税专用缴款书》（见表4-1）。

表4-1　海关进（出）口关税专用缴款书

收入系统：　　　　　　　　　　　　　　　　　　　　　　　　填发日期：　　年　月　日

收款单位	收入机关			缴款单位（人）	名称	
	科目		预算级次		账号	
	收款国库				开户银行	

税号	货物名称	数量	单位	完税价格（¥）	税率%	税款金额（¥）

金额人民币（大写）		合计（¥）	
申请单位编号	报关单编号	填制单位	收款国库（银行）
合同（批文）号	运输工具（号）		
缴款期限	提/装货号	制单人	
注　一般征税、照章征税			
		复核人	业务公章
国际代码：		单证专用章	

企业所得税办税业务

【学习目标】

通过本项目的学习，能够准确界定企业所得税的征税范围，能够根据征税范围确定纳税人，能够区分居民企业和非居民企业，能够根据不同纳税人确定适用税率，了解基本的税收优惠规定，能够根据纳税人的会计报表及相关凭证确定企业所得税的计税依据，能够确认应税收入额并能区分不征税收入及免税收入，熟悉准予扣除的项目及标准，熟悉不准扣除的项目，能够根据账证资料和规定的标准计算扣除额，熟悉资产的税务处理，熟悉亏损的跨年度抵补，能够调整税法规定与会计制度的差异，理解应纳税额的直接计算法和间接计算法，能够准确按照税法规定计算应纳企业所得税，了解核定征收方法，能够填写企业所得税预缴纳税申报表和年度纳税申报表，能够按照法定的流程和要求办理企业所得税纳税申报并缴纳税款。

【标志性成果】

提交填写完整、准确的企业所得税预缴纳税申报表和年度纳税申报表及相关附表。

【重点难点】

重点：收入的确定，扣除项目标准的应用，资产的税务处理，应纳税额的计算，税收优惠及亏损抵补，预缴税金的申报，年度纳税申报，网上纳税申报。

难点：准予扣除项目的计算，税法与会计差异的调整，年度纳税申报表及附表的填制，境外所得抵扣额的计算。

【主要业务】

业务流程	业务内容	处理方法
1. 企业所得税综合知识	（1）所得税的定义	所得税是以纳税人的法定所得为征税对象的一类税收，其计税依据通常是纳税人的收入扣除法定的开支后的余额，类似于会计上的本年利润
	（2）所得税的类型	所得税按照纳税人的不同一般分为两类：公司所得税和个人所得税。我国对公司所得税按照习惯叫法称为企业所得税
2. 企业所得税的基本要素	（1）纳税人的确定	在中华人民共和国境内，企业和其他取得收入的组织（统称企业，不包括个人独资企业、合伙企业）为企业所得税的纳税人，分为居民企业和非居民企业： ① 居民企业，是指依法在中国境内成立，或者依照外国（地区）法律成立但实际管理机构在中国境内的企业。 ② 非居民企业，是指依照外国（地区）法律成立且实际管理机构不在中国境内，但在中国境内设立机构、场所的，或者在中国境内未设立机构、场所，但有来源于中国境内所得的企业 企业所得税纳税人 居民企业：在中国境内注册的／在外国注册的企业，但实际管理机构在中国境内的 → 境内、境外所得 非居民企业：依照外国法律成立且实际管理机构不在中国境内，但在中国境内设立机构、场所的／依照外国法律成立且实际管理机构不在中国境内，在中国境内未设立机构、场所，但有来源于中国境内所得的企业 → 境内所得
	（2）征税对象的确定	企业所得税的征税对象，是指企业的生产经营所得、其他所得和清算所得。 居民企业应当就其来源于中国境内、境外的所得，缴纳企业所得税。 非居民企业在中国境内设立机构、场所的，应当就其所设机构、场所取得的来源于中国境内的所得，以及发生在中国境外但与其所设机构、场所有实际联系的所得，缴纳企业所得税。 非居民企业在中国境内未设立机构、场所的，或者虽设立机构、场所但取得的所得与其所设机构、场所没有实际联系的，应当就其来源于中国境内的所得缴纳企业所得税
	（3）适用税率的确定	企业所得税税率如下所示：

企业所得税税率如下所示：

税率类别	税率	适用范围
基本税率	25%	适用于居民企业和在中国境内设有机构、场所且所得与机构、场所有关联的非居民企业
低税率	20%减按10%	适用于在中国境内未设立机构、场所的，或者虽设立机构、场所但取得的所得与其所设机构、场所没有实际联系的非居民企业
优惠税率	20%	符合条件的小型微利企业
	15%	国家需要重点扶持的高新技术企业

续表

业务流程	业务内容	处理方法
3. 确定企业所得税的征税收入	（1）确认应税收入总额	企业所得税应税收入类别如下所示： <table><tr><th>定义</th><th>类别</th></tr><tr><td rowspan="9">企业收入总额是指以货币形式和非货币形式从各种来源取得的收入</td><td>销售货物收入</td></tr><tr><td>提供劳务收入</td></tr><tr><td>转让财产收入</td></tr><tr><td>股息、红利等权益性投资收益</td></tr><tr><td>利息收入</td></tr><tr><td>租金收入</td></tr><tr><td>特许权使用费收入</td></tr><tr><td>接受捐赠收入</td></tr><tr><td>其他收入</td></tr></table>
	（2）确认不征税收入及免税收入	企业所得税不征税收入和免税收入类别如下所示： <table><tr><th>类别</th><th>内涵</th></tr><tr><td rowspan="3">不征税收入</td><td>财政拨款</td></tr><tr><td>依法收取并纳入财政管理的行政事业性收费、政府性基金</td></tr><tr><td>国务院规定的其他不征税收入</td></tr><tr><td rowspan="4">免税收入</td><td>国债利息收入</td></tr><tr><td>符合条件的居民企业之间的股息、红利等权益性投资收益</td></tr><tr><td>在中国境内设立机构、场所的非居民企业从居民企业取得与该机构、场所有实际联系的股息、红利等权益性投资收益</td></tr><tr><td>符合条件的非营利组织的收入</td></tr></table>
	（3）收入确认的标准	企业销售收入的确认，必须遵循权责发生制原则和实质重于形式原则。收入确认的基本条件和不同结算方式下收入的实现时间

续表

业务流程	业务内容	处理方法
4. 确定企业所得税的扣除项目	（1）准予扣除项目及标准	企业实际发生的与取得收入有关的、合理的支出，包括成本、费用、税金、损失和其他支出，准予在计算应纳税所得额时扣除。 企业所得税准予扣除项目标准如下所示： **项目 / 扣除标准** 工资、薪金：合理的工资、薪金支出，准予扣除 工会经费：不超过工资、薪金总额 2% 的部分，准予扣除 职工福利费：不超过工资、薪金总额 14% 的部分，准予扣除 职工教育经费：不超过工资、薪金总额 8% 的部分，准予扣除；超过部分，准予在以后纳税年度结转扣除。软件生产企业的职工培训费用，可以全额扣除 保险费用："五险一金"准予税前扣除；补充养老保险费、补充医疗保险费，分别在不超过职工工资总额 5% 标准内的部分，准予扣除；财产保险费，准予扣除 借款费用：企业在生产经营活动中发生的合理的、不需要资本化的借款费用，准予扣除 借款利息：非金融企业向非金融企业借款的利息支出，不超过按照金融企业同期同类贷款利率计算的数额的部分，准予扣除 汇兑损失：准予扣除 业务招待费：业务招待费支出，按照发生额的 60% 扣除，但最高不得超过当年销售（营业）收入的 5‰ 广告费和业务宣传费：不超过当年销售（营业）收入 15% 的部分，准予扣除；超过部分准予在以后年度结转扣除 捐赠：企业发生的公益性捐赠支出，不超过年度利润总额 12% 的部分，准予据实扣除 固定资产租赁费：经营租赁按照租赁年限均匀扣除。融资租赁只提取折旧费用并分期扣除 劳动保护支出：准予扣除 总机构分摊费用：居民企业之间支付的管理费、企业内营业机构之间支付的租金和特许权使用费，以及非银行企业内营业机构之间支付的利息，不得扣除。非居民企业符合条件的准予扣除 其他项目：准予扣除
	（2）不准予扣除的项目	① 向投资者支付的股息、红利等权益性投资收益款项。 ② 企业所得税税款。 ③ 税收滞纳金。 ④ 因违反法律、行政法规而交付的罚金、罚款和被没收财物的损失。 ⑤ 超过国家允许扣除的公益性捐赠以及非公益性的捐赠支出。 ⑥ 赞助支出，是指企业发生的与生产经营活动无关的各种非广告性质支出。 ⑦ 未经核定的准备金支出，是指不符合国务院财政部门、税务主管部门规定的各项资产减值准备、风险准备等准备金支出。 ⑧ 企业对外投资期间，投资资产的成本在计算应纳税所得额时不得扣除。 ⑨ 企业之间支付的管理费、企业内营业机构之间支付的租金和特许权使用费，以及非银行企业内营业机构之间支付的利息，不得扣除

续表

业务流程	业务内容	处理方法
5. 资产的税务处理	（1）固定资产的税务处理	固定资产按照直线法计算的折旧，准予扣除。采取缩短折旧年限方法的，最短不得低于税法规定最低折旧年限的 60%；采取加速折旧方法的，为双倍余额递减法或年数总和法 固定资产计算折旧的最短年限如下所示： <table><tr><th>固定资产类别</th><th>年限</th></tr><tr><td>房屋、建筑物</td><td>20 年</td></tr><tr><td>飞机、火车、轮船、机器、机械和其他生产设备</td><td>10 年</td></tr><tr><td>与生产经营活动有关的器具、工具、家具</td><td>5 年</td></tr><tr><td>飞机、火车、轮船以外的运输工具</td><td>4 年</td></tr><tr><td>电子设备</td><td>3 年</td></tr></table>
	（2）无形资产的税务处理	无形资产按照直线法计算的摊销费用，准予扣除。无形资产的摊销年限不得少于 10 年。 作为投资或者受让的无形资产，在有关法律规定或合同约定了使用年限的，可以按照规定或者约定的使用年限分期摊销
	（3）长期待摊费用的税务处理	固定资产的大修理支出，按照固定资产尚可使用年限分期摊销。 其他应当作为长期待摊费用的支出，自支出发生月份的次月起，分期摊销，摊销年限不得低于 3 年
	（4）存货的税务处理	企业使用或者销售存货的成本计算方法，可以在先进先出法、加权平均法、个别计价法中选用一种
	（5）投资资产的税务处理	企业对外投资期间投资资产的成本在计算应纳税所得额时不得扣除，企业在转让或者处置投资资产时，投资资产的成本准予扣除
6. 亏损弥补与税收优惠	（1）亏损的结转弥补	企业纳税年度发生的亏损，准予用以后年度的税前所得弥补，但结转弥补年限最长不得超过 5 年，高新技术企业和科技型中小企业，最长结转年限由 5 年延长至 10 年，受疫情影响较大的困难行业企业、电影行业企业 2020 年度发生的亏损，最长结转年限由 5 年延长至 8 年
	（2）税收优惠	① 促进技术创新和科技进步的优惠。 ② 扶持农、林、牧、渔业发展，鼓励基础设施建设的税收优惠。 ③ 对劳服企业、福利企业的优惠。 ④ 鼓励环境保护与节能优惠。 ⑤ 非居民企业预提所得税的优惠
7. 企业所得税应纳税额的计算	（1）居民企业应纳税额的计算	应纳税额 = 应纳税所得额 × 适用税率 − 减免税额 − 抵免税额 ① 直接计算法： 应纳税所得额 = 收入总额 − 不征税收入 − 免税收入 − 准予扣除项目金额 − 弥补以前年度亏损 ② 间接计算法： 应纳税所得额 = 会计利润总额 ± 纳税调整项目金额
	（2）境外所得抵扣税额的计算	企业已在境外缴纳的所得税税额，可以从其当期应纳税额中抵免，抵免限额为该项所得依照企业所得税法规定计算的应纳税额；超过抵免限额的部分，可以在以后 5 个年度内进行抵补

续表

业务流程	业务内容	处理方法
8. 预缴企业所得税纳税申报表的填制	（1）申报依据	纳税人预缴所得税时，应当按照月度或者季度的实际利润额预缴；按照月度或者季度的实际利润额预缴有困难的，可以按照上一纳税年度应纳税所得额的月度或者季度平均额预缴，或者按照经税务机关认可的其他方法预缴
	（2）预缴所得税申报表的填制	中华人民共和国企业所得税月（季）度预缴纳税申报表（A类）分三种情况分别填报：一是据实预缴；二是按照上一纳税年度应纳税所得额的平均额预缴；三是按照税务机关确定的其他方法预缴
9. 汇算清缴企业所得税纳税申报表的填制	（1）年度汇算清缴纳税申报表的种类	实行查账征收的纳税人年度汇算清缴申报时，必须填报《中华人民共和国企业所得税年度纳税申报表（A类）》及相关的附表
	（2）年度汇算清缴纳税申报表的填制	企业所得税纳税申报表与相关附表是相互联系的整体，附表是主表的基础，主表的数据大部分来源于附表。因此，在实际工作中通常是先填写附表，然后根据附表计算的结果填写主表
10. 企业所得税的申报缴纳	（1）纳税地点	除税收法律、行政法规另有规定外，居民企业以企业登记注册地为纳税地点；但登记注册地在境外的，以实际管理机构所在地为纳税地点
	（2）纳税期限	企业所得税分月或者分季预缴。企业应当自月份或者季度终了之日起15日内，向税务机关报送预缴企业所得税纳税申报表，预缴税款。企业应当自年度终了之日起五个月内，向税务机关报送年度企业所得税纳税申报表，并汇算清缴，结清应缴应退税款

【典型例题分析】

一、单项选择题

1. 根据税法的有关规定，符合条件的小型微利企业，可以减按较低的税率征收企业所得税，该税率是（   ）。

　　A. 20%　　　　　　B. 15%　　　　　　C. 3%　　　　　　D. 25%

　　【答案】A

　　【分析】优惠税率的规定。

2. 根据税法的有关规定，下列企业或组织中，属于我国非居民纳税人的是（   ）。

　　A. 在境外某国注册但实际管理机构在哈尔滨的外商独资企业

　　B. 在河北省工商行政管理部门登记注册但在中东开展工程承包的企业

　　C. 在境外某国注册的企业设在北京的办事处

　　D. 在湖北省工商行政管理部门登记注册的企业

　　【答案】C

　　【分析】非居民企业，是指依照外国（地区）法律成立且实际管理机构不在中国境内，但在中国境内设立机构、场所的，或者在中国境内未设立机构、场所，但有来源于中国境内所得的企业。

3. 企业所得税的基本税率是（   ）。

    A. 15%　　　　　　B. 20%　　　　　　C. 25%　　　　　　D. 10%

【答案】C

【分析】税法的基本规定。

4. 下列收入中，属于企业所得税不征税收入的是（　　）。

    A. 利息收入　　　　B. 租金收入　　　　C. 政府性基金　　　　D. 股息

【答案】C

【分析】依法收取并纳入财政管理的行政事业性收费、政府性基金属于企业所得税不征税收入。

5. 根据税法的有关规定，国家需重点扶持的高新技术企业，可以按较低的税率征收企业所得税，该税率是（　　）。

    A. 25%　　　　　　B. 10%　　　　　　C. 20%　　　　　　D. 15%

【答案】D

【分析】税法规定的优惠税率。

6. 根据企业所得税法的有关规定，下面应该征收企业所得税的收入是（　　）。

    A. 股息、红利等权益性投资收益

    B. 依法收取并纳入财政管理的政府性基金

    C. 依法收取并纳入财政管理的行政事业收费

    D. 财政拨款

【答案】A

【分析】选项 B、C、D 均属于税法规定的"不征税收入"范围。

7. 某制造企业某一纳税年度发生的亏损可以用下一年度的所得弥补，下一年度的所得不足以弥补的，可以逐年延续弥补，但最长不超过（　　）年。

    A. 2　　　　　　　B. 3　　　　　　　C. 4　　　　　　　D. 5

【答案】D

【分析】5 年为税法统一规定的亏损弥补年限，超出年限不再抵补。

8. 下列说法不正确的是（　　）。

    A. 在计算应纳税所得时，企业所得税税款不得扣除

    B. 企业某一年度发生的亏损可用下一年度的所得弥补

    C. 企业所得税的纳税年度一律自 1 月 1 日起至 12 月 31 日止

    D. 除国务院另有规定外，企业之间不能合并缴纳企业所得税

【答案】C

【分析】企业所得税纳税年度自公历 1 月 1 日起至 12 月 31 日止。企业在一个纳税年度中间开业，或者终止经营活动，使该纳税年度的实际经营期不足 12 个月的，应当以其实际经营期为一个纳税年度。企业依法清算时，应当以清算期间作为一个纳税年度。

9. 企业所得税按月或季预缴的，应当自月份或季度终了之日起（　　）日内，向税务机关报送预缴企业所得税纳税申报表，预缴税款。

    A. 10　　　　　　　B. 15　　　　　　　C. 20　　　　　　　D. 25

【答案】B

【分析】税法规定企业应当自月份或者季度终了之日起 15 日内，向税务机关报送预缴企业所得税纳税申报表，预缴税款。

10. 某软件生产企业为居民企业，2022 年实际发生合理的工资支出 100 万元，职工福利费支出 15 万元，职工培训费用支出 4 万元，2022 年该企业计算应纳税所得额时，应调增应纳税所得额（   ）万元。

  A. 1   B. 1.5   C. 2   D. 2.5

【答案】A

【分析】职工福利费列支限额 =100×14%=14(万元)，实际列支 15 万元，多列支 1 万元。软件生产企业发生的职工教育经费中的职工培训费用，可以全额在企业所得税前扣除。

11. 纳税人的下列支出中，在计算所得税应纳税额时可以扣除的项目是（   ）。

  A. 罚金   B. 税收滞纳金
  C. 银行罚息   D. 违法经营的罚款

【答案】C

【分析】按照企业所得税法的有关规定，在计算应纳税所得额时，不得扣除项目包括：税收滞纳金；因违反法律、行政法规而交付的罚金、罚款和被没收财物的损失。

12. 纳税人的下列支出中，在计算所得税应纳税额时不得扣除的项目是（   ）。

  A. 广告性质的赞助支出   B. 违反合同发生的诉讼费用
  C. 公益性捐赠   D. 资产减值准备金支出

【答案】D

【分析】按照企业所得税法的有关规定，在计算应纳税所得额时，不得扣除项目包括：未经核定的准备金支出，是指不符合国务院财政部门、税务主管部门规定的各项资产减值准备、风险准备等准备金支出。

13. 2022 年度，某企业财务资料显示，2022 年开具增值税专用发票取得收入 2 000 万元，另外从事运输服务，收入 220 万元。收入对应的销售成本和运输成本合计为 1 550 万元，期间费用、税金及附加为 200 万元，营业外支出 100 万元（其中 90 万元为公益性捐赠支出），上年度企业经税务机关核定的亏损为 30 万元。企业在所得税前可以扣除的捐赠支出为（   ）万元。

  A. 90   B. 40.8   C. 44.4   D. 23.4

【答案】C

【分析】会计利润 =2 000+220-1 550-200-100=370（万元）。

捐赠扣除限额 =370×12%=44.4（万元）。

实际发生的公益性捐赠支出 90 万元，根据限额扣除。

14. 某企业 2022 年度境内所得应纳税所得额为 400 万元，全年已预缴税款 25 万元，来源于境外某国税前所得 100 万元，境外实纳税款 20 万元，该企业当年汇算清缴应补（退）的税款为（   ）万元。

  A. 50   B. 60   C. 70   D. 80

【答案】D

【分析】该企业汇总纳税应纳税额 =（400+100）×25%=125（万元）。

境外已纳税款扣除限额 =125×100÷（400+100）=25（万元）。

境外实纳税额 20 万元，可全额扣除。

境内已预缴 25 万元，则汇总纳税应纳所得税额 =125-20-25=80（万元）。

15. 某公司 2022 年度实现会计利润总额 30 万元。经某税务师审核，"财务费用"账户中列支有两笔利息费用：向银行借入生产用资金 100 万元，借用期限 6 个月，支付借款利息 3 万元；经过批准向本企业职工借入生产用资金 80 万元，借用期限 9 个月，支付借款利息 4 万元。该公司 2022 年度的应纳税所得额为（　　）万元。

A. 20　　　　　　B. 30　　　　　　C. 31　　　　　　D. 30.4

【答案】D

【分析】可以参照的银行利率 =（3×2）÷100=6%；可以税前扣除的职工借款利息 =80×6%÷12×9=3.6(万元）；超标准 =4-3.6=0.4(万元）；应纳税所得额 =30+0.4=30.4（万元）。

16. 某企业 2022 年销售收入 1 000 万元，当年实际发生业务招待费 10 万元，该企业当年可在所得税前列支的业务招待费金额是（　　）万元。

A. 5　　　　　　B. 6　　　　　　C. 8　　　　　　D. 10

【答案】A

【分析】当年发生额 60%：10×60%=6（万元）；限额：1 000×5‰=5（万元）。其当年可在所得税前列支的业务招待费金额是 5 万元。

17. 2022 年某企业当年实现自产货物销售收入 500 万元，当年发生计入销售费用中的广告费 60 万元，企业上年还有 35 万元的广告费没有在税前扣除，企业当年可以税前扣除的广告费是（　　）万元。

A. 15　　　　　　B. 60　　　　　　C. 75　　　　　　D. 95

【答案】C

【分析】企业当年的广告费扣除标准为不超过当年销售（营业）收入的15%，超过部分可以结转以后年度扣除。当年准予扣除的广告费 =500×15%=75（万元），因此当年发生的 60 万元可以全部扣除，同时，还可以扣除上年结转的 35 万元中的 15 万元，即企业当年可以扣除的广告费是 75 万元。上年剩余的 20 万元留待以后年度结转扣除。

18. 某企业 2022 年境内所得 1 200 万元，境外所得（均为税后所得）有三笔，其中来自甲国有两笔所得，分别为 120 万元和 51 万元，税率分别为 40% 和 15%，来自乙国所得 42.5 万元，已纳税 7.5 万元（甲国、乙国均与我国签订了避免重复征税的税收协定）。则 2022 年该企业应纳所得税（　　）万元。

A. 300　　　　　　B. 305　　　　　　C. 308　　　　　　D. 316

【答案】B

【分析】应该将来自一个国家的所得合并一起抵免。

甲国所得按我国税法规定应纳税额 =[120÷（1-40%）+51÷（1-15%）]×25%=65(万元）；在甲国已纳税额 =120÷（1-40%）×40%+51÷（1-15%）×15%=89（万元），不用补税。

乙国所得按我国税法规定应纳税额 =（42.5+7.5）×25%=12.5（万元），应补税额 =12.5-7.5=5（万元）。

该企业应纳所得税 =1 200×25%+5=305（万元）。

19. 根据企业所得税法的规定，下列关于无形资产的税务处理不正确的是（   ）。

    A. 外购的无形资产，以购买价款和支付的相关税费以及直接归属于使该资产达到预定用途发生的其他支出为计税基础

    B. 通过债务重组方式取得的无形资产，以该资产的公允价值和支付的相关税费为计税基础

    C. 自创商誉的摊销年限不得低于 10 年

    D. 自行开发的无形资产，以开发过程中该资产符合资本化条件后至达到预定用途前发生的支出为计税基础

    【答案】C

    【分析】按规定企业自创商誉不得计算摊销费用。

20. 企业所得税法所指的大修理支出，是指延长固定资产使用年限超过 2 年，费用支出达到取得时固定资产计税基础一定比例，这个比例是指（   ）。

    A. 20%   B. 30%   C. 50%   D. 60%

    【答案】C

    【分析】企业所得税法所指的大修理支出，是指延长固定资产使用年限超过 2 年，修理费用支出达到取得固定资产时的计税基础一定比例，这个比例是 50%。

21. 实际征税时非居民企业适用（   ）企业所得税税率。

    A. 5%   B. 10%   C. 15%   D. 25%

    【答案】B

    【分析】税法规定的优惠。

22. 某机器制造企业为居民纳税人，2022 年计入成本、费用的实发工资总额为 420 万元，支出职工福利费 75 万元、职工教育经费 10 万元，拨缴职工工会经费 8.4 万元，该企业 2022 年计算应纳税所得额时准予在税前扣除的工资和三项经费合计为（   ）万元。

    A. 513.4   B. 503.4   C. 497.7   D. 497.2

    【答案】D

    【分析】企业发生的合理的工资、薪金支出准予据实扣除。

    职工福利费扣除限额 =420×14%=58.8（万元），实际发生 75 万元，准予扣除 58.8 万元。

    职工教育经费扣除限额 =420×8%=33.6（万元），实际发生 10 万元，可以据实扣除。

    职工工会经费扣除限额 =420×2%=8.4（万元），实际发生 8.4 万元，可以据实扣除。

    税前准予扣除的工资和三项经费合计 =420+58.8+10+8.4=497.2（万元）。

23. 某企业 2022 年度境内经营应纳税所得额为 3 000 万元，该企业在 A、B 两国分别设有分支机构，A 国分支机构当年应纳税所得额 600 万元，其中生产经营所得 500 万元，A 国规定的税率为 20%，特许权使用费所得 100 万元，A 国规定的税率为 30%；B 国分支机构当年应纳税所得额 400 万元，其中生产经营所得 300 万元，B 国规定的税率为 30%，租金所得 100 万元，B 国规定的税率为 20%。则下列说法正确的有（   ）。

    A. 来源于 A、B 两国的所得应当汇总计算抵免限额

    B. A 国所得的抵免限额是 130 万元

    C. B 国所得的抵免限额是 100 万元

D. 境内外所得汇总缴纳的企业所得税是 790 万元

【答案】C

【分析】企业所得税实行分国不分项计算，因此来源于 A、B 两国的所得应当分别计算抵免限额。

该企业当年境内外应纳税所得额 =3 000+600+400=4 000（万元）。

境内外所得按照我国税法应纳税额 =4 000×25%=1 000（万元）。

A 国分支机构在境外实际缴纳的税额 =500×20%+100×30%=130（万元），在 A 国的分支机构境外所得的抵免限额 =1 000×600÷4 000=150（万元），按照实际缴纳的 130 万元抵扣。

B 国分支机构在境外实际缴纳的税额 =300×30%+100×20%=110（万元），在 B 国的分支机构境外所得的抵免限额 =1 000×400÷4 000=100（万元），按照限额扣除。

A、B 两国分支机构境外所得可从应纳税额中扣除的税额分别为 130 万元和 100 万元。

全年应纳税额 =1 000-130-100=770（万元）。

24. 根据税法规定，企业的下列各项支出，在计算应纳税所得额时，准予从收入总额中直接扣除的是（　　　）。

   A. 公益性捐赠支出

   B. 软件生产企业的职工培训费用

   C. 固定资产的减值准备

   D. 向投资者支付的股息、红利等权益性投资收益款项

【答案】B

【分析】选项 A，企业发生的公益性捐赠支出，在年度利润总额 12% 以内的部分，准予在计算应纳税所得额时扣除，超过部分，不得扣除；选项 CD 不得从收入总额中扣除。

25. 企业所得税的年终汇算清缴时间是（　　　）。

   A. 年度终了后 2 个月内进行　　　　　　B. 年度终了后 3 个月内进行

   C. 年度终了后 4 个月内进行　　　　　　D. 年度终了后 5 个月内进行

【答案】D

【分析】现行税法规定。

26. 下列税种在计算企业所得税应纳税所得额时，不准从收入额中扣除的是（　　　）。

   A. 消费税　　　　　　　　　　　　　　B. 允许抵扣的增值税

   C. 城镇土地使用税　　　　　　　　　　D. 土地增值税

【答案】B

【分析】允许抵扣的增值税应当在随销售收入收回的销项税额中抵扣。

27. 下列项目中，需计入应税所得额缴纳企业所得税的项目有（　　　　）。

   A. 依法收取并纳入财政管理的行政事业性收费、政府性基金

   B. 远洋捕捞所得

   C. 企业获得的保险公司保险赔偿款收入

   D. 将自产货物用于职工福利

【答案】D

【分析】自产货物用于职工福利视同销售。

二、多项选择题

1. 下列关于居民企业和非居民企业的说法符合企业所得税法的规定的是（   ）。

   A. 企业所得税的纳税人分为居民企业和非居民企业

   B. 居民企业应当就其来源于中国境内、境外所得缴纳企业所得税

   C. 在中国境内设立机构场所的非居民企业，其取得的来源于中国境内、境外所得都要缴纳企业所得税

   D. 非居民企业在中国境内设立机构、场所的，只就其机构、场所取得的来源于中国境内所得缴纳企业所得税

   E. 非居民企业在中国境内未设立机构、场所的，只就其中国境内所得缴纳企业所得税

   【答案】ABE

   【分析】非居民企业在中国境内设立机构、场所的，应当就其所设机构、场所取得的来源于中国境内的所得，以及发生在中国境外但与其所设机构、场所有实际联系的所得，缴纳企业所得税。非居民企业在中国境内未设立机构、场所的，或者虽设立机构、场所但取得的所得与其所设机构、场所没有实际联系的，应当就其来源于中国境内的所得缴纳企业所得税。

2. 企业所得税的征收对象有（   ）。

   A. 企业的生产经营所得   B. 其他所得

   C. 清算所得   D. 企业负责人的收入

   【答案】ABC

   【分析】企业负责人的收入属于个人收入，不属于企业收入。

3. 下列各项中，属于企业所得税征收范围的有（   ）。

   A. 居民企业来源于境外的所得

   B. 设立机构、场所的非居民企业，其机构、场所来源于中国境内的所得

   C. 未设立机构、场所的非居民企业来源于中国境外的所得

   D. 居民企业来源于中国境内的所得

   【答案】ABD

   【分析】未设立机构、场所的非居民企业来源于中国境外的所得不属于企业所得税征税范围。

4. 根据企业所得税的规定，以下适用 25% 税率的是（   ）。

   A. 在中国境内的居民企业

   B. 在中国境内设有机构、场所，且所得与其机构、场所有关联的非居民企业

   C. 在中国境内设有机构、场所，但所得与其机构、场所没有实际联系的非居民企业

   D. 在中国境内未设立机构、场所的非居民企业

   【答案】AB

   【分析】在中国境内设有机构、场所，但所得与其机构、场所没有实际联系的非居民企业和在中国境内未设立机构场所的非居民企业按照 10% 征收。

5. 属于企业所得税免税收入的有（   ）。

   A. 国债利息收入   B. 符合条件的非营利性组织的收入

   C. 企业销售商品所得   D. 企业提供劳务所得

【答案】AB

【分析】企业销售商品和提供劳务所得是企业所得税的主要征税对象。

6. 纳税人下列行为应视同销售确认所得税收入的有（　　　　）。

A. 将货物用于投资　　　　　　B. 将商品用于捐赠

C. 将产品用于集体福利　　　　D. 将产品用于在建工程

【答案】ABC

【分析】将产品用于在建工程不属于对外销售。

7. 企业缴纳的下列保险金可以在税前直接扣除的有（　　　　）。

A. 为特殊工种的职工支付的人身安全保险费

B. 为非本企业聘用人员缴纳的社会保险费用

C. 为投资者或者职工支付的商业保险费

D. 企业为投资者支付的补充养老保险

【答案】AD

【分析】非本企业聘用人员不是企业的职工，为其缴纳的社会保险费是与本企业的收入没有关系的支出，所以不得在税前扣除，选项 B 不正确；企业为投资者支付的商业保险费，不得扣除，选项 C 不正确。

8. 根据企业所得税法的规定，在计算企业所得税应纳税所得额时，下列项目不得在企业所得税税前扣除的有（　　　　）。

A. 外购货物管理不善发生的损失　　B. 因违反法律而被司法部门处以的罚金

C. 非广告性质的赞助支出　　　　　D. 银行按规定加收的罚息

【答案】BC

【分析】纳税人因违反法律、行政法规而交付的罚款、罚金、滞纳金，不得扣除；纳税人逾期归还银行贷款，银行按规定加收的罚息，不属于行政性罚款，允许在税前扣除。

9. 在计算企业所得税应纳税额时，不得扣除的有（　　　　）。

A. 企业所得税税款　　　　　　B. 向投资者支付的股息

C. 超出规定标准的捐赠支出　　D. 违反法规被要求支付的罚金

【答案】ABCD

【分析】选项 ABCD 都是税法明确规定不得列支的。

10. 按照企业所得税征收管理的有关规定，应该以扣缴义务人所在地为纳税地点的情况有（　　　　）。

A. 非居民企业在中国境内未设立机构

B. 非居民企业在中国境内设立机构，但其所得与其机构无关

C. 非居民企业在中国境内设立机构，且其所得与其机构有关

D. 居民企业

【答案】AB

【分析】选项 CD 应当在纳税人所在地缴纳。

11. 企业缴纳的下列保险费可以在税前直接扣除的有（　　　　）。

A. 为没有工作的董事长夫人缴纳的社会保险费用

B. 为投资者或者职工支付的商业保险费

C. 按照国家规定，为董事长缴纳的不超过其工资总额 5% 的补充养老保险金

D. 按照国家规定，企业为投资者支付的补充养老保险

【答案】CD

【分析】选项 A，董事长的夫人不属于企业的职工，为其缴纳的社会保险费是与本企业的收入没有关系的支出，所以不得在税前扣除；选项 B，企业为投资者或者职工支付的商业保险费，不得扣除。

12. 企业的固定资产由于技术进步等原因，确需加速折旧的，可采用（   ）。

A. 缩短折旧年限法

B. 双倍余额递减法

C. 年数总和法

D. 工作量法

【答案】ABC

【分析】工作量法不属于加速折旧法。

13. 企业所得税法所称固定资产的大修理支出，是指同时符合下列条件的支出（   ）。

A. 修理支出达到取得固定资产时的计税基础 30% 以上

B. 修理支出达到取得固定资产时的计税基础 50% 以上

C. 修理后固定资产的使用年限延长 2 年以上

D. 被修理的固定资产必须属于房屋、建筑物

【答案】BC

【分析】修理支出达到取得固定资产时的计税基础 50% 以下的不属于大修理范围，除房屋、建筑物以外的设备等大修也属于大修范围。

14. 企业的下列生产经营业务中，可以分期确认收入的实现的是（   ）。

A. 分期收款方式销售商品

B. 代销方式销售商品

C. 建筑、安装工程持续时间超过 12 个月

D. 为其他企业制造大型设备持续时间超过 12 个月

【答案】ACD

【分析】销售商品采用支付手续费方式委托代销的，在收到代销清单时确认收入。

15. 按照《中华人民共和国企业所得税法》和《中华人民共和国企业所得税法实施条例》的规定，企业所得税应纳税所得额为企业每一纳税年度的收入总额，减除（   ）后的余额。

A. 不征税收入

B. 免税收入

C. 各项扣除

D. 允许弥补的以前年度亏损

【答案】ABCD

【分析】上述四项都属于税法规定的减除的范围。

16. 按照企业所得税法和实施条例规定，下列关于企业所得税预缴的表述正确的有（   ）。

A. 企业所得税分月或者分季预缴，由企业自行选择，报税务机关备案

B. 可以按月度或者季度的实际利润额预缴

C. 按照实际利润额预缴有困难的，可以按照上一纳税年度应纳税所得额的月度或者季

度平均额预缴

D. 预缴方法一经确定，该纳税年度内不得随意变更

【答案】BCD

【分析】税法规定不能由企业自行选择。

三、判断题

1. 企业所得税的征税对象是指企业的生产经营所得、其他所得和清算所得。 （　）

【答案】√

【分析】税法规定。

2. 按照税法规定，应纳税所得额为企业每一个纳税年度的收入总额减除不征税收入、免税收入、各项扣除以及允许弥补的以前年度亏损后的余额。 （　）

【答案】√

【分析】税法规定。

3. 企业的收入总额只是以货币形式取得的收入。 （　）

【答案】×

【分析】企业收入总额是指以货币形式和非货币形式从各种来源取得的收入。

4. 为鼓励企业积极购买国债，支持国家建设，税法规定，企业因购买国债所得的利息收入免征企业所得税。 （　）

【答案】√

【分析】企业购买国务院财政部门发行的国家公债所取得的利息收入为免税收入。

5. 居民企业在中国境内设立不具有法人资格的营业机构的，不用汇总计算并缴纳企业所得税。 （　）

【答案】×

【分析】居民企业在中国境内设立不具有法人资格的营业机构的，应当汇总计算并缴纳企业所得税。

6. 非居民企业在中国境内设立机构、场所的，应当就其所设机构、场所取得的来源于中国境内的所得，以及发生在中国境外但与其所设机构、场所有实际联系的所得，以机构场所所在地为纳税地点。 （　）

【答案】√

【分析】税法规定。

7. 依照企业所得税法缴纳的企业所得税，以人民币计算。所得以人民币以外的货币计算的，应当折合成人民币计算并缴纳税款。 （　）

【答案】√

【分析】企业所得税以人民币计算，所得以人民币以外的货币计算的，应当折合成人民币计算并缴纳税款。

8. 企业为职工参加财产保险，按照规定缴纳的保险费，准予扣除。 （　）

【答案】×

【分析】除企业依照国家有关规定为特殊工种职工（如空中作业、爆破作业、井下作业

等）支付的法定人身安全保险费和国务院财政、税务主管部门规定可以扣除的其他商业保险费外，企业为投资者或职工个人向商业保险机构投保的人寿保险、财产保险等商业保险，不得扣除。

9. 企业发生的职工福利费支出，不超过工资薪金总额 14% 的部分，准予在计算应纳税所得额时扣除。超过部分，准予在以后纳税年度结转扣除。　　　　　　　　　（　　）

【答案】×

【分析】企业实际发生的职工福利费支出，不超过工资薪金总额 14% 的部分，准予扣除。超过部分，不得扣除。

10. 根据企业所得税法及其实施条例的规定，财政补贴为免税收入。　　　　（　　）

【答案】×

【分析】财政拨款为不征税收入。

11. 企业发生的与生产经营活动有关的业务招待费支出，在计算所得额时，按照发生额的 50% 扣除，但最高不得超过当年销售（营业）收入的 5‰。　　　　　　　（　　）

【答案】×

【分析】企业发生的与生产经营活动有关的业务招待费支出，在计算所得额时，按照发生额的 60% 扣除，但最高不得超过当年销售（营业）收入的 5‰。

12. 外购商誉的支出，在企业整体转让或者清算时，准予在计算所得额时扣除。（　　）

【答案】√

【分析】外购商誉的支出，除在企业整体转让或者清算时之外，在其他时候不得扣除。

13. 企业发生的合理的工资薪金支出，在计税工资标准限额内准予扣除。　　（　　）

【答案】×

【分析】企业实际发生的合理的工资薪金支出，准予扣除，无计税工资标准的限制。

14. 企业的不征税收入用于支出所形成的费用或财产，不得扣除或者计算对应的折旧、摊销扣除。　　　　　　　　　　　　　　　　　　　　　　　　　　　　　（　　）

【答案】√

【分析】企业的不征税收入用于支出所形成的费用或财产，不得扣除或计算对应的折旧、摊销扣除。除企业所得税法及其实施条例另有规定外，企业实际发生的成本、费用、税金、损失和其他支出，不得重复扣除。

15. 企业综合利用资源，生产符合国家产业政策规定的产品所取得的收入，可以在计算应纳税所得额时减按 70% 计入收入总额。　　　　　　　　　　　　　　　（　　）

【答案】×

【分析】企业综合利用资源，生产国家非限制和禁止并符合国家和行业相关标准的产品取得的收入，减按 90% 计入收入总额。

16. 居民企业承担无限纳税义务，非居民企业承担有限纳税义务。　　　（　　）

【答案】√

【分析】居民企业应当就其来源于中国境内、境外的所得缴纳企业所得税。非居民企业在中国境内设立机构、场所的，应当就其所设机构、场所取得的来源于中国境内的所得，以及发生在中国境外但与其所设机构、场所有实际联系的所得，缴纳企业所得税。非居民企业在中国境内未设立机构、场所的,或者虽设立机构、场所但取得的所得与其所设机构、场所没有实际联系的,应当就其来源于中国境内的所得缴纳企业所得税。

17. 企业所得税法中的转让财产收入是指企业转让固定资产、无形资产、流动资产、股权、股票、债券、债权等所取得的收入。　　　　　　　　　　　　　　　　（　　　）

【答案】×

【分析】税法规定企业转让财产收入,是指企业转让固定资产、生物资产、无形资产、股权、债权等财产取得的收入。

18. 财政性资金,是指企业取得的来源于政府及其有关部门的财政补助、补贴、贷款贴息,以及其他各类财政专项资金,包括直接减免的增值税和即征即退、先征后退、先征后返的各种税收及出口退税款。　　　　　　　　　　　　　　　　　　　　　　　　（　　　）

【答案】×

【分析】财政性资金不包括出口退税款。

19. 企业受托加工制造大型机械设备、船舶、飞机等,以及从事建筑、安装、装配工程业务或者提供劳务等,持续时间超过12个月的,按照全部完工进度或者完成的工作量确认收入的实现。　　　　　　　　　　　　　　　　　　　　　　　　　　　（　　　）

【答案】×

【分析】企业的下列生产经营业务可以分期确认收入的实现:企业受托加工制造大型机械设备、船舶、飞机,以及从事建筑、安装、装配工程业务或者提供其他劳务等,持续时间超过12个月的,按照纳税年度内完工进度或者完成的工作量确认收入的实现。

20. 企业发生的支出应当区分收益性支出和资本性支出。收益性支出在发生当期直接扣除;资本性支出则不得扣除。　　　　　　　　　　　　　　　　　　　　　　　（　　　）

【答案】×

【分析】税法规定企业发生的支出应当区分收益性支出和资本性支出。收益性支出在发生当期直接扣除;资本性支出应当分期扣除或者计入有关资本成本,不得在发生当期直接扣除。

21. 在计算应纳税所得额时,自创商誉不得计算摊销费用扣除,外购商誉的支出,也不存在扣除的问题。　　　　　　　　　　　　　　　　　　　　　　　　　　　　（　　　）

【答案】×

【分析】外购商誉的支出,在企业整体转让或者清算时,准予扣除。自创商誉不得扣除。

【职业能力训练】

一、单项选择题

1. 纳税人下列支出中,在计算所得税应纳税额时可扣除的项目是（　　　）。

　　A. 罚金　　　　　　　B. 税收滞纳金

　　C. 银行罚息　　　　　D. 违法经营的罚款

2. 下列不属于企业所得税纳税人的是（　　　）。

　　A. 私营企业　　　　B. 个人独资企业　　　C. 国有企业

D. 股份制企业   E. 外国企业

3. 在国务院批准的高新技术产业开发区内设立的被认定为高新技术企业的，可享受的税率是（   ）。

A. 15%   B. 25%   C. 20%   D. 10%

4. 纳税人采用分期收款方式销售商品，以（   ）作为销售实现的标志。

A. 收到销售额当天   B. 货物发出当天

C. 取得索取销售款凭据的当天   D. 合同约定当天

5. 下列不得税前列支的税金是（   ）。

A. 增值税   B. 消费税   C. 资源税   D. 教育费附加

6. 在计算企业所得税时准予所得税前扣除的项目是（   ）。

A. 计入"营业外支出"中的税收滞纳金

B. 固定资产毁损净损失

C. 本月购置并投入使用的固定资产当期计提的折旧额

D. 超过国家规定标准列支的公益救济性捐赠

7. 在计算企业所得税时不允许加计扣除费用的项目有（   ）。

A. 企业为开发新技术、新产品、新工艺发生的研究开发费

B. 安置残疾人员所支付的工资

C. 安置其他国家鼓励安置的就业人员所支付的工资

D. 企业综合利用资源发生的费用

8. 在计算应纳税所得额时，不允许直接扣除的项目是（   ）。

A. 广告支出   B. 不超过规定的公益性捐赠

C. 企业财产保险   D. 固定资产购建过程发生的利息支出

9. 企业所得税应在年度终了后（   ）内汇算清缴。

A. 3 个月   B. 1 个月   C. 5 个月   D. 15 日

10. 按照企业所得税法和实施条例规定，下列表述中不正确的是（   ）。

A. 发生的与生产经营活动有关的业务招待费，不超过销售（营业）收入 5‰ 的部分准予扣除

B. 发生的职工福利费支出，不超过工资薪金总额 14% 的部分准予税前扣除

C. 为投资者或者职工支付的补充养老保险费、补充医疗保险费在规定标准内准予扣除

D. 为投资者或者职工支付的商业保险费，不得扣除

11. 根据企业所得税法的规定，下列选项属于企业所得税纳税人的是（   ）。

A. 个体工商户   B. 个人独资企业

C. 合伙企业   D. 非居民企业

12. 下列项目中，应计入应纳税所得额征收企业所得税的是（   ）。

A. 债务重组时债务人取得的重组收益

B. 依法纳入财政管理的行政事业性收费

C. 企业购买国债取得的利息收入

D. 居民企业直接投资于其他居民企业取得的投资收益

13. 根据企业所得税法的规定，下列对生物资产的税务处理正确的是（　　　）。
    A. 企业应当自生产生物性资产投入使用月份的当月起计算折旧
    B. 停止使用的生物性生物资产，应当自停止使用月份的当月停止计算折旧
    C. 畜类生产性生物资产，折旧年限不得超过 3 年
    D. 通过投资方式取得的生产性生物资产，以该资产的公允价值和支付的相关税费为计税基础

14. 下列各项中，关于企业所得税所得来源地确定表述正确的是（　　　）。
    A. 权益性投资资产转让所得按照投资企业所在地确定
    B. 销售货物所得，按照交易活动发生地确定
    C. 提供劳务所得，按照所得支付地确定
    D. 转让不动产，按照转让不动产的企业或机构、场所所在地确定

15. 企业下列处置资产行为，应当缴纳企业所得税的是（　　　）。
    A. 将资产用于加工另一产品
    B. 将资产移送他人
    C. 改变资产形状、结构或性能
    D. 将资产在总机构及其分支机构之间转移

16. 按照企业所得税法和实施条例规定，下列有关企业所得税税率说法不正确的是（　　　）。
    A. 居民企业基本税率为 25%
    B. 国家重点扶持的高新技术企业减按 15% 的税率征税
    C. 符合条件的小型微利企业适用税率为 20%
    D. 未在中国境内设立机构、场所的非居民企业，取得中国境内的所得适用税率为 15%

17. 企业与其关联方之间的业务往来，不符合独立交易原则而减少企业或者其关联方应纳税收入或者所得额的，税务机关有权按照合理方法调整。下列不属于税法规定的合理方法的是（　　　）。
    A. 可比受控价格法　　　　　　　B. 再销售价格法
    C. 成本加成法　　　　　　　　　D. 利润分割法

18. 根据企业所得税法律制度的规定，下列关于收入确认时间的表述中不正确的是（　　　）。
    A. 以分期收款方式销售货物的，按照实际取得收入的日期确认收入的实现
    B. 采取产品分成方式取得收入的，按照企业分得产品的日期确认收入的实现
    C. 股息、红利等权益性投资收益，按照被投资方作出利润分配决定的日期确认收入的实现
    D. 企业受托加工制造大型机械设备持续时间超过 12 个月的，按照纳税年度内完工进度或者完成的工作量确认收入的实现

19. 按照企业所得税法和实施条例规定，下列关于收入确认时点正确的是（　　　）。
    A. 利息收入，按照合同约定的债务人实际支付利息的日期确认收入的实现
    B. 租金收入，按照承租人实际支付租金的日期确认收入的实现
    C. 接受捐赠收入，按照实际收到捐赠资产的日期确认收入的实现
    D. 权益性投资收益，按照被投资方作利润分配账务处理的日期确认收入的实现

20. 企业发生的公益性捐赠支出，准予在计算应纳税所得额时扣除的比例为（   ）。
   A. 应纳税所得额 3% 以内的部分
   B. 应纳税所得额 10% 以内的部分
   C. 在年度利润总额 12% 以内的部分
   D. 在年度利润总额 10% 以内的部分

21. 以下各项中，最低折旧年限为 5 年的固定资产是（   ）。
   A. 与生产经营有关的工具   B. 小汽车
   C. 火车   D. 电子设备

22. 下列收入属于企业所得税不征税收入的是（   ）。
   A. 转让财产收入   B. 财政拨款收入
   C. 国债利息收入   D. 居民企业之间的股息收入

23. 居民企业在中国境内设立不具有法人资格的营业机构的，应当（   ）计算并缴纳企业所得税。
   A. 分别   B. 汇总   C. 独立   D. 就地预缴

24. 企业所得税扣缴义务人每次代扣的税款，应当自代扣之日起（   ）日内缴入国库，并向所在地的税务机关报送扣缴企业所得税报告表。
   A. 3   B. 5   C. 7   D. 10

25. 某生产企业某年度销售自产产品取得收入 1 500 万元，销售边角余料收入 500 万元，接受捐赠收入 50 万元，实际发生广告费 350 万元，业务宣传费 150 万元，则该企业该年度计算所得税时，广告费和业务宣传费准予扣除（   ）万元。
   A. 450   B. 500   C. 50   D. 300

26. 某工业企业某年度全年销售收入为 1 000 万元，转让无形资产收入 100 万元，提供加工劳务收入 150 万元，变卖固定资产收入 30 万元，视同销售收入 100 万元，当年发生业务招待费 10 万元。则该企业该年度所得税前可以扣除的业务招待费用为（   ）万元。
   A. 6   B. 6.25   C. 4.75   D. 3.75

二、多项选择题

1. 下列税金中，在计算应纳税所得额时不得扣除的是（   ）。
   A. 企业所得税   B. 允许抵扣的增值税
   C. 消费税   D. 资源税

2. 依据企业所得税相关规定，在计算应纳税所得额时不得扣除的有（   ）。
   A. 向投资者支付的股息   B. 固定资产转让费用
   C. 企业支付的财产保险费   D. 对外投资期间的投资资产成本
   E. 子公司支付给母公司的管理费

3. 下列说法中符合企业所得税法规定的有（   ）。
   A. 企业计提的工资薪金支出可以税前扣除
   B. 企业发生的职工教育经费支出，不超过工资薪金总额 8% 的部分准予扣除，超过部分不可以结转以后纳税年度扣除

C. 企业按规定的范围和标准为职工支付的补充养老保险费、补充医疗保险费可以扣除

D. 企业发生的职工福利费支出，不超过工资薪金总额 14% 的部分准予扣除

4. 企业发生下列情形的处置资产，按规定视同销售确认收入的有（　　　　　）。

　　A. 用于非货币性资产交换　　　　　　　B. 用于职工奖励或福利

　　C. 用于股息分配　　　　　　　　　　　D. 用于对外捐赠

5. 在计算应纳税所得额时，下列支出中，不得扣除的是（　　　　　）。

　　A. 向投资者支付的股息、红利等权益性投资收益款项

　　B. 税收滞纳金

　　C. 企业所得税税款

　　D. 经核定的准备金支出

6. 根据企业所得税法律制度的规定，企业使用或者销售的存货，可以选择的成本计算方法有（　　　　　）。

　　A. 先进先出法　　　　　　　　　　　　B. 加权平均法

　　C. 后进先出法　　　　　　　　　　　　D. 个别计价法

7. 可以采取加速折旧方式的固定资产主要是指（　　　　　）类固定资产。

　　A. 技术进步较快　　　　　　　　　　　B. 产品更新换代较快

　　C. 常年处于强震动　　　　　　　　　　D. 常年处于高腐蚀状态

　　E. 价值特别巨大的风险投资类固定资产

8. 下列关于固定资产确定计税基础的表述正确的有（　　　　　）。

　　A. 通过捐赠、投资、非货币性资产交换等方式取得的，应以重置完全价值为计税基础

　　B. 改建的自有固定资产，以改建过程中发生的改建支出增加计税基础

　　C. 盘盈的固定资产，以同类固定资产的重置完全价值为计税基础

　　D. 融资租入的固定资产，以租赁合同约定的付款总额和承租人在签订租赁合同过程中发生的相关费用为计税基础，租赁合同未约定付款总额的，以该资产的公允价值和承租人在签订租赁合同过程中发生的相关费用为计税基础

9. 除国务院财政、税务主管部门另有规定外，下列关于企业固定资产计算折旧的最低年限，说法正确的是（　　　　　）。

　　A. 房屋、建筑物，为 20 年

　　B. 机器、机械，为 15 年

　　C. 与生产经营活动有关的器具、工具等，为 5 年

　　D. 电子设备，为 3 年

10. 根据企业所得税法相关规定，下列固定资产不得计提折旧在税前扣除的有（　　　　　）。

　　A. 未投入使用的机器设备

　　B. 以经营租赁方式租入的生产线

　　C. 以融资租赁方式租入的机床

　　D. 与经营活动无关的小汽车

　　E. 已足额提取折旧但仍在使用的旧设备

11. 根据企业所得税法的规定，下列关于无形资产的税务处理正确的是（　　　　　）。

A. 外购的无形资产，以购买价款和支付的相关税费以及直接归属于使该资产达到预定用途发生的其他支出为计税基础

B. 通过债务重组方式取得的无形资产，以该资产的公允价值和支付的相关税费为计税基础

C. 自创商誉的摊销年限不得低于 10 年

D. 在计算应纳税所得额时，企业按照规定计算的无形资产摊销费用，准予扣除

E. 自行开发的无形资产，以开发过程中该资产符合资本化条件后至达到预定用途前发生的支出为计税基础

12. 根据企业所得税相关规定，下列企业取得的境外所得中，已在境外缴纳的企业所得税税款，可以从其当期应纳税额中抵免的有（   ）。

A. 居民企业来源于中国境外的生产经营的应税所得

B. 非居民企业取得的与其在境内所设机构、场所有实际联系的境外应税所得

C. 非居民企业取得的与其在境内所设机构、场所无实际联系的境外应税所得

D. 居民企业从其直接控制的外国企业分得的股息等权益性投资所得

E. 非居民企业转让境外房产取得的所得

13. 居民企业纳税人具有下列（   ）情形之一的，核定征收企业所得税。

A. 依照法律、行政法规的规定可以不设置账簿的

B. 擅自销毁账簿或者拒不提供纳税资料的

C. 设置账簿，但账目混乱或者成本资料、收入凭证、费用凭证残缺不全，难以查账的

D. 发生纳税义务，未按照规定的期限办理纳税申报

E. 申报的计税依据明显偏低，又无正当理由的

14. 根据企业所得税法的规定，下列说法中不正确的有（   ）。

A. 企业自年度终了之日起 4 个月内，向税务机关报送年度企业所得税纳税申报表，并汇算清缴，结清应缴应退税款

B. 企业在年度中间终止经营活动的，应当自实际经营终止之日起 30 日内，向税务机关办理当期企业所得税汇算清缴

C. 企业应当自清算结束之日起 15 日内，向主管税务机关报送企业所得税纳税申报表，并结清税款

D. 企业所得税按年计征，分月或者分季预缴，年终汇算清缴，多退少补

15. 下列可在企业所得税前列支的税费有（   ）。

A. 增值税   B. 资源税   C. 土地增值税

D. 消费税   E. 教育费附加   F. 企业所得税

16. 在计算企业所得税应纳税所得额时，不得允许税前列支的税金有（   ）。

A. 房产税   B. 印花税   C. 耕地占用税

D. 增值税   E. 车辆购置税   F. 企业所得税

三、判断题

1. 由于个人独资企业不适用企业所得税法，所以一人有限公司也不适用企业所得税法。

（　　　）

2. 企业的不征税收入用于支出所形成的费用，不得在计算应纳税所得额时扣除；企业的不征税收入用于支出所形成的资产，其计算的折旧、摊销可以在计算应纳税所得额时扣除。　　　　　　　　　　　　　　　　　　　　　　　　　　　　　　　（　　　）

3. 企业林木类生产性生物资产计算折旧的最低年限为 10 年。　　　　　（　　　）

4. 无形资产按照直线法计算摊销费用，摊销年限一律不得低于 10 年。　（　　　）

5. 企业接受实物形式的捐赠应当按照完全重置价值计入收入。　　　　　（　　　）

6. 纳税人对外投资的成本不得折旧或摊销，但可以作为投资当期的费用直接在税前扣除。　　　　　　　　　　　　　　　　　　　　　　　　　　　　　　　　　（　　　）

7. 纳税人按财务制度规定提取的存货减值准备金在计算应纳税所得额时准予扣除。
（　　　）

8. 税法规定固定资产应当从投入使用月份的当月起计提折旧。停止使用的固定资产应当从停止使用的当月起停止计提折旧。　　　　　　　　　　　　　　　　　　　（　　　）

9. 纳税人将产品用于在建工程不得视同销售确认所得税收入。　　　　　（　　　）

10. 企业购置并实际使用用于环境保护、节能节水、安全生产等专用设备的，该专用设备投资额的 10% 可以从企业当年的应纳税所得额中抵免；当年不足抵免的，可以在以后 5 个纳税年度结转抵免。　　　　　　　　　　　　　　　　　　　　　　　（　　　）

11. 企业应当自年度终了之日起 5 个月内，向税务机关报送年度企业所得税纳税申报表，并汇算清缴，结清应缴应退税款。　　　　　　　　　　　　　　　　　　　（　　　）

12. 企业销售低值易耗品不属于企业所得税法所称销售货物收入。　　　（　　　）

13. 企业发生的符合条件的广告费和业务宣传费支出，除国务院财政、税务主管部门另有规定外，不超过当年销售（营业）收入 15% 的部分，准予扣除；超过部分，不得扣除。
（　　　）

14. 企业已经作为损失处理的资产，在以后纳税年度又全部收回或部分收回时，应当计入实际发生损失的年度进行纳税调整。　　　　　　　　　　　　　　　　　　　（　　　）

15. 企业发生的职工福利费，应该单独设置账册，进行准确核算。没有单独设置账册准确核算的，企业发生的职工福利费不得在税前扣除。　　　　　　　　　　　　　（　　　）

16. 不征税收入是新企业所得税法中新创设的一个概念，与"免税收入"的概念不同，属于税收优惠的范畴。　　　　　　　　　　　　　　　　　　　　　　　　　　（　　　）

17. 企业向保险公司缴纳的与取得应税收入有关的各类财产和交通工具的保险费用，可在税前扣除。　　　　　　　　　　　　　　　　　　　　　　　　　　　　　　（　　　）

18. 企业销售货物涉及现金折扣的，应按照扣除现金折扣后的金额确定销售货物收入金额。　　　　　　　　　　　　　　　　　　　　　　　　　　　　　　　　　（　　　）

19. 企业已足额提取折旧的固定资产的改建支出，作为长期待摊费用，按照规定摊销的，准予扣除。　　　　　　　　　　　　　　　　　　　　　　　　　　　　　　（　　　）

20. 企业为开发新技术、新产品、新工艺发生的研究开发费用，未形成无形资产的，按照实际发生额计入当期损益据实扣除。　　　　　　　　　　　　　　　　　　　（　　　）

四、计算题

（一）

1. 目的：练习业务招待费扣除的计算。
2. 资料：某公司 202× 年销售收入为 2 300 万元，实际发生的业务招待费 20 万元。
3. 要求：计算应纳税所得额时业务招待费的扣除标准。

（二）

1. 目的：练习广告费扣除的计算。
2. 资料：某制药厂 202× 年销售收入为 2 300 万元，财产租赁收入 200 万元，广告费支出 525 万元。
3. 要求：计算 202× 年计算应纳税所得额时广告费的扣除标准。

（三）

1. 目的：练习资产评估增值的所得税处理。
2. 资料：某企业在股份制改造过程中发生固定资产评估增值 90 万元，会计上对该评估增值从当年开始按 10 年计提折旧。
3. 要求：判断该增值及折旧费对当年应纳税所得额的影响并计算影响额。

（四）

1. 目的：练习经营租赁费的扣除。
2. 资料：纳税人 202× 年 7 月以经营租赁方式租入设备一台，租期一年，租赁费 7.2 万元，已全部支付。
3. 要求：计算租赁费可在 202× 年应纳税所得额中的扣除额。

（五）

1. 目的：练习企业所得税的计算。
2. 资料：某企业为居民企业，某年发生经营业务如下：
（1）取得产品销售收入 4 000 万元。
（2）发生产品销售成本 2 600 万元。
（3）发生销售费用 770 万元（其中广告费 650 万元）；管理费用 480 万元（其中业务招待费 25 万元）；财务费用 60 万元。

（4）销售税金 160 万元（含增值税 120 万元）。

（5）营业外收入 80 万元，营业外支出 50 万元（含通过公益性社会团体向贫困山区捐款 30 万元，支付税收滞纳金 6 万元）。

（6）计入成本、费用中的实发工资总额 200 万元、拨缴职工工会经费 5 万元、发生职工福利费 31 万元、发生职工教育经费 7 万元。

3. 要求：计算该企业 202× 年度实际应纳的企业所得税。

（六）

1. 目的：练习企业所得税的计算。

2. 资料：某工业企业为居民企业，202× 年度发生经营业务如下：

全年取得产品销售收入 5 600 万元，发生产品销售成本 4 000 万元；其他业务收入 800 万元，其他业务成本 694 万元；取得购买国债的利息收入 40 万元；缴纳非增值税销售税金及附加 300 万元；发生管理费用 760 万元，其中新技术的研究开发费用 60 万元、业务招待费用 70 万元；发生财务费用 200 万元；取得直接投资其他居民企业的权益性收益 34 万元（已在投资方所在地按 15% 的税率缴纳了所得税）；取得营业外收入 100 万元，发生营业外支出 250 万元（其中含公益捐赠 38 万元）。

3. 要求：计算该企业 202× 年应纳的企业所得税。

（七）

1. 目的：练习企业所得税的计算。

2. 资料：某境内居民企业 202× 年发生下列业务：

（1）销售产品收入 2 000 万元。

（2）接受捐赠材料一批，取得赠予方开具的增值税专用发票，注明价款 10 万元，增值税 1.3 万元；企业找一运输公司将该批材料运回企业，支付运杂费 0.3 万元。

（3）转让一项商标权，取得营业外收入 60 万元。

（4）收取当年让渡资产使用权的专利实施许可费，取得其他业务收入 10 万元。

（5）取得国债利息收入 2 万元；直接投资境内另一居民企业，分得红利 50 万元。

（6）全年销售成本 1 000 万元；税金及附加 100 万元。

（7）全年销售费用 500 万元，含广告费 400 万元；全年管理费用 205 万元，含业务招待费 80 万元；全年财务费用 45 万元。

（8）全年营业外支出 40 万元，含通过政府部门对灾区捐款 20 万元；直接对私立小学捐款 10 万元；违反政府规定被工商局罚款 2 万元。

（9）其他资料：① 企业当年发生新技术研究开发费，单独归集记账发生额 80 万元，尚未计入期间费用和损益；② 企业当年购置并实际使用节能节水设备一台，取得并认证了增值税专用发票，注明价款 90 万元，增值税 11.7 万元，已按照规定入账并计提了折旧。

3. 要求：

（1）计算该企业的会计利润总额。

（2）计算该企业对收入的纳税调整额。

（3）计算该企业对广告费用的纳税调整额。

（4）计算该企业对业务招待费的纳税调整额。

（5）计算该企业对营业外支出的纳税调整额。

（6）计算该企业当年的应纳税所得额。

（7）计算该企业应纳的所得税额。

（八）

1. 目的：练习境外所得已纳所得税的抵扣。

2. 资料：某企业 202× 年境内应纳税所得额为 100 万元，适用 25% 的企业所得税税率。另外，该企业分别在 A、B 两国设有分支机构（我国与 A、B 两国已经缔结避免双重征税协定），在 A 国分支机构的应纳税所得额为 50 万元，A 国税率为 20%；在 B 国分支机构的应纳税所得额为 30 万元，B 国税率为 30%。假设该企业在 A、B 两国所得按我国税法计算的应纳税所得额和按 A、B 两国税法计算的应纳税所得额一致，两个分支机构在 A、B 两国分别缴纳了 10 万元和 9 万元的企业所得税。

3. 要求：计算该企业汇总时在我国应缴纳的企业所得税税额。

五、实训题

（一）

1. 目的：练习《中华人民共和国企业所得税月（季）度预缴纳税申报表（A 类）》的填报。

2. 资料：学生自行上网收集大族激光科技产业集团股份有限公司即"大族激光（002008）"最近一期（上年度或上月）的财务报表资料（也可由老师根据实际分小组指定不同的公司）。

3. 要求：

（1）将收集到的该企业申报期的会计报表资料填入表 5-1。

表 5-1　利　润　表

编制单位：　　　　　　　　　　　　　___年__月　　　　　　　　　　　　　会企 02 表
单位：元

项目	本期金额	上期金额
一、营业收入		
减：营业成本		
税金及附加		

续表

项目	本期金额	上期金额
销售费用		
管理费用		
研发费用		
财务费用		
其中：利息费用		
利息收入		
资产减值损失		
信用减值损失		
加：其他收益		
投资收益（损失以"-"号填列）		
其中：对联营企业和合营企业的投资收益		
净敞口套期收益（损失以"-"号填列）		
公允价值变动收益（损失以"-"号填列）		
资产处置收益（损失以"-"号填列）		
二、营业利润（亏损以"-"号填列）		
加：营业外收入		
减：营业外支出		
三、利润总额（亏损总额以"-"号填列）		
减：所得税费用		
四、净利润（净亏损以"-"号填列）		
（一）持续经营净利润（净亏损以"-"号填列）		
（二）终止经营净利润（净亏损以"-"号填列）		
五、其他综合收益的税后净额		
（一）不能重分类进损益的其他综合收益		
1. 重新计量设定受益计划变动额		
2. 权益法下不能转损益的其他综合收益		
3. 其他权益工具投资公允价值变动		
4. 企业自身信用风险公允价值变动		
……		
（二）将重分类进损益的其他综合收益		
1. 权益法下可转损益的其他综合收益		
2. 其他债权投资公允价值变动		
3. 金融资产重分类计入其他综合收益的金额		
4. 其他债权投资信用减值准备		
5. 现金流量套期储备		
6. 外币财务报表折算差额		

续表

项目	本期金额	上期金额
……		
六、综合收益总额		
七、每股收益:		
（一）基本每股收益		
（二）稀释每股收益		

（2）根据表5-1和收集到的其他相关资料，采用适当的预缴方法计算应预缴企业所得税税额，并填写表5-2，进行预缴纳税申报。

表5-2　中华人民共和国企业所得税月（季）度预缴纳税申报表（A类）

A200000

税款所属期间：　　年　月　日至　　年　月　日

纳税人识别号（统一社会信用代码）：□□□□□□□□□□□□□□□□□□

纳税人名称：　　　　　　　　　　　　　金额单位：人民币元（列至角分）

优惠及附报事项有关信息									
项目	一季度		二季度		三季度		四季度		季度平均值
	季初	季末	季初	季末	季初	季末	季初	季末	
从业人数									
资产总额（万元）									
国家限制或禁止行业	□是□否				小型微利企业				□是□否
附报事项名称									金额或选项
事项1	（填写特定事项名称）								
事项2	（填写特定事项名称）								

	预缴税款计算	本年累计
1	营业收入	
2	营业成本	
3	利润总额	
4	加：特定业务计算的应纳税所得额	
5	减：不征税收入	
6	减：资产加速折旧、摊销（扣除）调减额（填写A201020）	
7	减：免税收入、减计收入、加计扣除（7.1+7.2+…）	
7.1	（填写优惠事项名称）	
7.2	（填写优惠事项名称）	
8	减：所得减免（8.1+8.2+…）	
8.1	（填写优惠事项名称）	
8.2	（填写优惠事项名称）	

续表

	预缴税款计算	本年累计
9	减：弥补以前年度亏损	
10	实际利润额（3+4-5-6-7-8-9）\按照上一纳税年度应纳税所得额平均额确定的应纳税所得额	
11	税率（25%）	
12	应纳所得税额（10×11）	
13	减：减免所得税额（13.1+13.2+…）	
13.1	（填写优惠事项名称）	
13.2	（填写优惠事项名称）	
14	减：本年实际已缴纳所得税额	
15	减：特定业务预缴（征）所得税额	
16	本期应补（退）所得税额（12-13-14-15）\税务机关确定的本期应纳所得税额	

汇总纳税企业总分机构税款计算

17	总机构	总机构本期分摊应补（退）所得税额（18+19+20）	
18		其中：总机构分摊应补（退）所得税额（16×总机构分摊比例____%）	
19		财政集中分配应补（退）所得税额（16×财政集中分配比例____%）	
20		总机构具有主体生产经营职能的部门分摊所得税额（16×全部分支机构分摊比例____%×总机构具有主体生产经营职能部门分摊比例____%）	
21	分支机构	分支机构本期分摊比例	
22		分支机构本期分摊应补（退）所得税额	

实际缴纳企业所得税计算

23	减：民族自治地区企业所得税地方分享部分：□ 免征 □ 减征：减征幅度____%）	本年累计应减免金额〔（12-13-15）×40%×减征幅度〕	
24	实际应补（退）所得税额		

谨声明：本纳税申报表是根据国家税收法律法规及相关规定填报的，是真实的、可靠的、完整的。

纳税人（签章）：　　　　年　月　日

经办人： 经办人身份证号： 代理机构签章： 代理机构统一社会信用代码：	受理人： 受理税务机关（章）： 受理日期：　　年　　月　　日

（二）

1. 目的：练习企业所得税弥补亏损明细表的填报。

2. 资料：A 企业 2017 年度至 2022 年度经营情况如下：2017 年度亏损 500 万元，2018 年度亏损 100 万元，2019 年度盈利 200 万元，2020 年度亏损 100 万元，2021 年度盈利 100 万元，2022 年度盈利 400 万元。其中 2018 年度被税务机关查增应纳税所得额 50 万元，2020 年度从被合并企业转入亏损 80 万元（已经税务机关确认，剩余弥补期 3 年），2021 年度被税务机关查增应纳税所得额 60 万元。

3. 要求：填写该企业 2022 年度企业所得税弥补亏损明细表（见表 5-3）。

表 5-3　企业所得税弥补亏损明细表

行次	项目	年度	当年境内所得额	分立转出的亏损额	合并、分立转入的亏损额		弥补亏损企业类型	当年亏损额	当年待弥补的亏损额	用本年度所得额弥补的以前年度亏损额		当年可结转以后年度弥补的亏损额
					可弥补年限5年	可弥补年限10年				使用境内所得弥补	使用境外所得弥补	
		1	2	3	4	5	6	7	8	9	10	11
1	前十年度											
2	前九年度											
3	前八年度											
4	前七年度											
5	前六年度											
6	前五年度											
7	前四年度											
8	前三年度											
9	前二年度											
10	前一年度											
11	本年度											
12	可结转以后年度弥补的亏损额合计											

（三）

1. 目的：练习《中华人民共和国企业所得税年度纳税申报表（A类）》的填报。

2. 资料：粤海服装有限公司为增值税一般纳税人，于 2021 年 2 月成立，主要从事服装的生产和销售，统一社会信用代码：440105733092222133。企业所得税税率为 25%，属查账征收企业，每季预缴，年终汇算清缴。2021 年年末未分配利润为 –150 万元，2022 年 1—11月部分明细账数据如表 5-4 所示。

表 5-4　2022 年 1—11 月部分明细账　　　　　　　单位：元

总分类账户	明细分类账户	1—11 月发生额	
		借方	贷方
主营业务收入	服装		10 194 251.26
其他业务收入			110 000.00
	仓库出租		110 000.00
主营业务成本	服装	6 701 702.70	
其他业务成本	仓库出租	18 050.00	
税金及附加		173 302.27	
财务费用		12 229.10	
	手续费	12 229.10	
管理费用		1 412 190.55	
	工资	483 200.00	
	社会保险	62 816.00	
	福利	356 636.40	
	业务招待费	30 000.00	
	折旧	78 704.56	
	办公用品	105 230.69	
	车辆费用	196 146.40	
	工会经费	29 700.00	
	职工教育经费	69 756.50	
销售费用		663 230.91	
	广告费	33 000.00	
	业务招待费	83 533.91	
	车辆租赁费	5 952.00	
	工资	386 500.00	
	社会保险	154 245.00	
生产成本		7 977 145.34	
	原材料	6 222 822.14	

续表

总分类账户	明细分类账户	1—11 月发生额	
		借方	贷方
	工资	1 319 040.00	
	住房公积金	263 808.00	
	社会保险	171 475.20	
制造费用		712 703.90	
	水费	63 121.74	
	电费	122 854.84	
	劳保费	5 538.85	
	工资	201 520.00	
	社会保险	26 197.60	
	折旧	293 470.87	

2022 年 1—11 月的净利润为 1 323 545.73 元。2022 年 12 月发生的各项业务如下：

（1）12 月 2 日，向广州南粤有限公司销售一批自产服装，货款 100 万元，增值税 13 万元，货款未收。其原始凭证如表 5-5 所示。企业做如下会计分录：

借：应收账款　　　　　　　　　　　　　　　　　　　　1 130 000.00

　　贷：主营业务收入　　　　　　　　　　　　　　　　　1 000 000.00

　　　　应交税费——应交增值税（销项税额）　　　　　　　130 000.00

表 5-5　产品销售收入的原始凭证

（2）12月3日，为广州南粤有限公司设计厂服，收取服装设计费5 000元（假设不考虑其他税费）。企业做如下会计分录：

借：银行存款　　　　　　　　　　　　　　　　　　　　　5 000.00

　　贷：其他业务收入——设计费　　　　　　　　　　　　　　　　　5 000.00

（3）向固丰电子有限公司出售一套旧设备，原值30 000元，已提折旧10 000元，售价25 000元（假设不考虑其他税费），企业做如下会计分录：

① 出售设备。

借：固定资产清理　　　　　　　　　　　　　　　　　　　20 000.00

　　累计折旧　　　　　　　　　　　　　　　　　　　　　10 000.00

　　贷：固定资产　　　　　　　　　　　　　　　　　　　　　　　30 000.00

② 收到设备款。

借：银行存款　　　　　　　　　　　　　　　　　　　　　25 000.00

　　贷：固定资产清理　　　　　　　　　　　　　　　　　　　　　25 000.00

③ 结转清理。

借：固定资产清理　　　　　　　　　　　　　　　　　　　5 000.00

　　贷：营业外收入　　　　　　　　　　　　　　　　　　　　　　5 000.00

（4）上月购入上市A公司股票10 000股，12月15日A公司宣告发放红利0.3元/股（税后），企业做如下会计分录：

借：应收股利　　　　　　　　　　　　　　　　　　　　　3 000.00

　　贷：投资收益　　　　　　　　　　　　　　　　　　　　　　　3 000.00

（5）21日收到银行存款利息入账回单，本季存款利息1 500元，企业做如下会计分录：

借：银行存款　　　　　　　　　　　　　　　　　　　　　1 500.00

　　贷：财务费用——利息收入　　　　　　　　　　　　　　　　　1 500.00

（6）向广元装饰有限公司出租一栋仓库，租期3年，每月租金10 000元，12月10日收取本月租金（假设不考虑其他税费）。企业做如下会计分录：

借：银行存款　　　　　　　　　　　　　　　　　　　　　10 000.00

　　贷：其他业务收入——出租仓库　　　　　　　　　　　　　　　10 000.00

（7）参加时装展览会，获得奖项，收到举办方奖励10 000元（假设不考虑其他税费）。企业做如下会计分录：

借：银行存款　　　　　　　　　　　　　　　　　　　　　10 000.00

　　贷：营业外收入——奖金　　　　　　　　　　　　　　　　　　10 000.00

（8）员工甲违反安全生产制度，按规定从工资中扣罚200元，企业做如下会计分录：

借：应付职工薪酬　　　　　　　　　　　　　　　　　　　200.00

　　贷：营业外收入——罚款　　　　　　　　　　　　　　　　　　200.00

（9）企业持有A股票1 000股，成本为每股10元，不准备长期持有。12月31日，每股市价11元。企业做如下会计分录：

借：交易性金融资产——公允价值变动　　　　　　　　　　1 000.00

　　贷：公允价值变动损益　　　　　　　　　　　　　　　　　　　1 000.00

（10）12月25日，因承办该市政府举办的专项活动，收到财政部门拨付财政性资金30 000元，并有规定资金专项用途的资金拨付文件和管理要求。企业做如下会计分录：

借：银行存款　　　　　　　　　　　　　　　　　　　30 000.00

　　贷：营业外收入　　　　　　　　　　　　　　　　　　30 000.00

这项收入虽然在计算企业所得税时不计入应税收入中，但从企业财务会计的角度，根据会计准则应该记入收入项目，纳税申报时再进行调整。

（11）12月15日，收到国债到期利息收入50 000元。企业做如下会计分录：

借：银行存款　　　　　　　　　　　　　　　　　　　50 000.00

　　贷：投资收益　　　　　　　　　　　　　　　　　　　50 000.00

同理，这项收入虽然在计算企业所得税时是免税的，但从企业财务会计的角度，根据会计准则应该记入收入项目，纳税申报时再进行调整。

（12）承接业务（1），向广州南粤有限公司销售自产服装一批，该批服装成本66万元。产品出库单如表5-6所示。

表5-6　产品出库单

2022年12月2日　　　　　　　　第__1__号

编号	名称	规格	单位	数量	单位成本	金额	备注	
1	工作服	女装	套	1 000	330	330 000	南粤	记账联
2	工作服	男装	套	1 000	330	330 000	南粤	
合 计				2 000		660 000		

记账　[李玉兰]　　　　　发货　　　　　制单　[方伟]

月末结转已销产品成本时，企业应做如下会计分录：

借：主营业务成本　　　　　　　　　　　　　　　　　660 000.00

　　贷：库存商品　　　　　　　　　　　　　　　　　　660 000.00

（13）本月计提应缴城市维护建设税7 000元，教育费附加3 000元。企业应做如下会计分录：

借：税金及附加　　　　　　　　　　　　　　　　　　10 000.00

　　贷：应交税费——城市维护建设税　　　　　　　　　7 000.00

　　　　　　——教育费附加　　　　　　　　　　　　 3 000.00

（14）承接业务（6），向广元装饰有限公司出租一栋仓库，租期3年，该仓库本月应计提折旧5 000元（假设不考虑其他税费）。企业应做如会计分录：

借：其他业务成本　　　　　　　　　　　　　　　　　5 000.00

　　贷：累计折旧　　　　　　　　　　　　　　　　　　5 000.00

（15）12月25日，计提本月工资，其中生产工人100 000元，车间管理人员10 000元，厂部管理人员30 000元，销售部人员10 000元。企业做如下会计分录：

借：生产成本——直接人工　　　　　　　　　　　　100 000.00

　　销售费用——工资　　　　　　　　　　　　　　 10 000.00

　　管理费用——工资　　　　　　　　　　　　　　 30 000.00

　　制造费用——工资　　　　　　　　　　　　　　 10 000.00

贷：应付职工薪酬——应付工资　　　　　　　　　　　　150 000.00

（16）12月26日，开出转账支票一张，支付员工餐费9 000元。企业做如下会计分录：

借：管理费用——福利费　　　　　　　　　　　　　　9 000.00

贷：银行存款　　　　　　　　　　　　　　　　　9 000.00

（17）12月26日，分别按工资总额的2%和2.5%计提本月工会费用3 000元和职工教育经费3 750元。企业做如下会计分录：

借：管理费用——工会经费　　　　　　　　　　　　　3 000.00

贷：应付职工薪酬——工会经费　　　　　　　　　3 000.00

借：管理费用——职工教育经费　　　　　　　　　　　3 750.00

贷：应付职工薪酬——职工教育经费　　　　　　　3 750.00

（18）12月26日，计提本月单位按规定标准应承担的社会保险费，其中生产工人20 000元，销售部人员2 000元，管理人员6 000元，车间管理人员2 000元。企业做如下会计分录：

借：生产成本——社会保险　　　　　　　　　　　　　20 000.00

　　销售费用——社会保险　　　　　　　　　　　　　2 000.00

　　管理费用——社会保险　　　　　　　　　　　　　6 000.00

　　制造费用——社会保险　　　　　　　　　　　　　2 000.00

贷：应付职工薪酬——社会保险　　　　　　　　　30 000.00

（19）12月26日，收到建设银行扣划本月贷款利息70 000元回单。企业做如下会计分录：

借：财务费用——利息支出　　　　　　　　　　　　　70 000.00

贷：银行存款　　　　　　　　　　　　　　　　　70 000.00

（20）12月27日，管理人员乙报销业务招待费3 000元，以现金支付。企业做如下会计分录：

借：管理费用——业务招待费　　　　　　　　　　　　3 000.00

贷：库存现金　　　　　　　　　　　　　　　　　3 000.00

（21）12月27日，向红日广告有限公司支付广告费用6 000元，开出转账支票支付。企业做如下会计分录：

借：销售费用——广告费　　　　　　　　　　　　　　6 000.00

贷：银行存款　　　　　　　　　　　　　　　　　6 000.00

（22）12月27日，向东方运输有限公司租入一辆货车，租期一年，本月应付租金2 000元，未支付。企业做如下会计分录：

借：销售费用——运输费　　　　　　　　　　　　　　2 000.00

贷：应付账款——东方运输有限公司　　　　　　　2 000.00

（23）12月27日，向华润百货有限公司购入一批车间使用的劳动保护用品，金额1 500元，以现金支付。企业做如下会计分录：

借：制造费用——劳保费　　　　　　　　　　　　　　1 500.00

贷：库存现金　　　　　　　　　　　　　　　　　1 500.00

（24）12月27日，通过红十字会向贫困地区小学捐赠20 000元助学费，收到财政部门统一印制的捐赠票据（见表5-7），从银行转账支付。

表5-7　广东省公益事业捐赠票据

2022 年 12 月 27 日　　　　　NO　0003211

捐赠者	粤海服装有限公司	货币种类		人民币	
捐赠项目	助学捐款				
项目（捐赠现金或实物）	单位	规格	数量	单价	金额
现金					20 000.00
合计		¥ 20 000.00			
金额合计		零佰零拾贰万零仟零佰零拾零元零角零分			

接收单位：　　　　　主管：　　　　　收款人： 张小娴

企业做如下会计分录：

借：营业外支出　　　　　　　　　　　　20 000.00
　　贷：银行存款　　　　　　　　　　　　　　20 000.00

（25）12月30日，全部固定资产均已投入使用，按直线法计提本月固定资产折旧，房屋建筑物按25年，机器设备按10年，办公设备按5年，计提本月生产用设备折旧20 000元，管理用固定资产折旧40 000元。本例不含业务（14）的折旧。企业做如下会计分录：

借：制造费用——折旧　　　　　　　　　20 000.00
　　管理费用——折旧　　　　　　　　　40 000.00
　　贷：累计折旧　　　　　　　　　　　　　　60 000.00

（26）12月3日，经股东大会决议，对上年未分配利润进行分配，股利为2元/股，共分配100万元。企业做如下会计分录：

借：利润分配——未分配利润　　　　　1 000 000.00
　　贷：应付股利　　　　　　　　　　　　　1 000 000.00

（27）12月13日，因遗失发票，被税务局罚款100元。企业做如下会计分录：

借：营业外支出——罚款　　　　　　　　100.00
　　贷：银行存款　　　　　　　　　　　　　　100.00

（28）12月13日，因过期支付银行贷款利息，银行扣除逾期利息1 000元。企业做如下会计分录：

借：营业外支出——罚款　　　　　　　　1 000.00
　　贷：银行存款　　　　　　　　　　　　　　1 000.00

（29）12月25日，支付服饰行业商会赞助费23 000元，从银行转账支付。企业做如下会计分录：

借：营业外支出——赞助支出 23 000.00
　　贷：银行存款 23 000.00

（30）12月30日，库存商品中的一批服装已过时，账面成本为10 000元，市场价5 000元，企业对其计提存货跌价准备5 000元。企业做如下会计分录：

借：资产减值损失 5 000.00
　　贷：存货跌价准备——服装 5 000.00

（31）承接业务（10），在承办该市政专项活动中，用现金支付场地布置费用8 000元。企业做如下会计分录：

借：营业外支出——市政活动支出 8 000.00
　　贷：库存现金 8 000.00

（32）12月26日，向保险公司购入员工商业保险费3 000元，开出转账支票支付。企业做如下会计分录：

借：管理费用——其他 3 000.00
　　贷：银行存款 3 000.00

（33）12月30日，根据上述业务结转本年利润。

借：主营业务收入 1 000 000.00
　　其他业务收入 15 000.00
　　营业外收入 45 200.00
　　投资收益 53 000.00
　　公允价值变动损益 1 000.00
　　贷：主营业务成本 660 000.00
　　　　其他业务成本 5 000.00
　　　　营业外支出 52 100.00
　　　　税金及附加 10 000.00
　　　　资产减值损失 5 000.00
　　　　财务费用 68 500.00
　　　　管理费用 97 750.00
　　　　销售费用 20 000.00
　　　　本年利润 195 850.00

（34）12月30日，登记明细账，将业务（1）~业务（32）记入明细账，并计算全年发生额，具体如表5-8所示。

表5-8 明细账表　　单位：元

总分类账户	明细分类账户	12月发生额		全年发生额合计	
		借方	贷方	借方	贷方
主营业务收入	服装		1 000 000		11 194 251.26
其他业务收入			15 000		125 000
	设计费		5 000		5 000

续表

总分类账户	明细分类账户	12 月发生额		全年发生额合计	
		借方	贷方	借方	贷方
	租金		10 000		120 000
营业外收入			45 200		45 200
	固定资产清理		5 000		5 000
	奖金		10 000		10 000
	罚款		200		200
	政府补助		30 000		30 000
投资收益			53 000		53 000
	股利		3 000		3 000
	国债利息		50 000		50 000
公允价值变动损益	交易性金融资产		1 000		1 000
主营业务成本		660 000		7 361 702.70	
其他业务成本		5 000		23 050	
营业外支出		52 100		52 100	
	捐赠	20 000		20 000	
	税务局罚款	100		100	
	银行罚款	1 000		1 000	
	赞助	23 000		23 000	
	市政活动支出	8 000		8 000	
税金及附加		10 000		183 302.27	
资产减值损失	存货跌价准备	5 000		5 000	
财务费用		70 000	1 500	82 229.10	1 500
	手续费			12 229.10	
	利息收入		1 500	0	1 500
	利息支出	70 000		70 000	
管理费用		97 750		1 509 940.55	
	工资	30 000		513 200	
	社会保险	6 000		68 816	

续表

总分类账户	明细分类账户	12月发生额		全年发生额合计	
		借方	贷方	借方	贷方
	福利	9 000		365 636.40	
	业务招待费	3 000		33 000	
	折旧	40 000		118 704.56	
	办公用品			105 230.69	
	车辆费用			196 146.40	
	工会经费	3 000		32 700	
	职工教育经费	3 750		73 506.50	
	其他	3 000		3 000	
销售费用		20 000		683 230.91	
	广告费	6 000		39 000	
	业务招待			83 533.91	
	车辆租赁费	2 000		7 952	
	工资	10 000		396 500	
	社会保险	2 000		156 245	
生产成本		120 000		8 097 145.34	
	原材料			6 222 822.14	
	工资	100 000		1 419 040	
	公积金			263 808	
	社会保险	20 000		191 475.20	
制造费用		33 500		746 203.90	
	水费			63 121.74	
	电费			122 854.84	
	劳保费	1 500		7 038.85	
	工资	10 000		211 520	
	社会保险	2 000		28 197.60	
	折旧	20 000		313 470.87	

（35）企业按月度实际利润预缴所得税，12月31日计提本月承担的企业所得税费用，12月利润为195 850元，所得税税率25%。计算本月应预缴所得税。

应预缴企业所得税＝［195 850－（1 500 000－1 323 545.73）］×25%=4 848.93（元）。

企业做如下会计分录：

借：所得税费用　　　　　　　　　　　　　　　　　　　4 848.93

　　贷：应交税费——应交所得税　　　　　　　　　　　　　　4 848.93

3. 要求：根据资料填写企业所得税年度纳税申报表及附表（见表5-9～表5-15）。

表5-9　中华人民共和国企业所得税年度纳税申报表（A类）

A100000　　　　　　　　　　　　　　　　　　　　　　　　　　　　　　　单位：元

行次	类别	项目	金额
1	利润总额计算	一、营业收入（填写A101010\101020\103000）	
2		减：营业成本（填写A102010\102020\103000）	
3		税金及附加	
4		销售费用（填写A104000）	
5		管理费用（填写A104000）	
6		财务费用（填写A104000）	
7		资产减值损失	
8		加：公允价值变动收益	
9		投资收益	
10		二、营业利润（1-2-3-4-5-6-7+8+9）	
11		加：营业外收入（填写A101010\101020\103000）	
12		减：营业外支出（填写A102010\102020\103000）	
13		三、利润总额（10+11-12）	
14	应纳税所得额计算	减：境外所得（填写A108010）	
15		加：纳税调整增加额（填写A105000）	
16		减：纳税调整减少额（填写A105000）	
17		减：免税、减计收入及加计扣除（填写A107010）	
18		加：境外应税所得抵减境内亏损（填写A108000）	
19		四、纳税调整后所得（13-14+15-16-17+18）	
20		减：所得减免（填写A107020）	
21		减：抵扣应纳税所得额（填写A107030）	
22		减：弥补以前年度亏损（填写A106000）	
23		五、应纳税所得额（19-20-21-22）	

续表

行次	类别	项目	金额
24	应纳税额计算	税率（25%）	
25		六、应纳所得税额（23×24）	
26		减：减免所得税额（填写 A107040）	
27		减：抵免所得税额（填写 A107050）	
28		七、应纳税额（25−26−27）	
29		加：境外所得应纳所得税额（填写 A108000）	
30		减：境外所得抵免所得税额（填写 A108000）	
31		八、实际应纳所得税额（28+29−30）	
32		减：本年累计实际已预缴的所得税额	
33		九、本年应补（退）所得税额（31−32）	
34		其中：总机构分摊本年应补（退）所得税额（填写 A109000）	
35		财政集中分配本年应补（退）所得税额（填写 A109000）	
36		总机构主体生产经营部门分摊本年应补（退）所得税额（填写 A109000）	
37	附列资料	以前年度多缴的所得税额在本年抵减额	
38		以前年度应缴未缴在本年入库所得税额	

表5-10 一般企业收入明细表

A101010

行次	项目	金额
1	一、营业收入（2+9）	
2	（一）主营业务收入（3+5+6+7+8）	
3	1. 销售商品收入	
4	其中：非货币性资产交换收入	
5	2. 提供劳务收入	
6	3. 建造合同收入	
7	4. 让渡资产使用权收入	
8	5. 其他	
9	（二）其他业务收入（10+12+13+14+15）	
10	1. 销售材料收入	
11	其中：非货币性资产交换收入	
12	2. 出租固定资产收入	
13	3. 出租无形资产收入	
14	4. 出租包装物和商品收入	

行次	项目	金额
15	5. 其他	
16	二、营业外收入（17+18+19+20+21+22+23+24+25+26）	
17	（一）非流动资产处置利得	
18	（二）非货币性资产交换利得	
19	（三）债务重组利得	
20	（四）政府补助利得	
21	（五）盘盈利得	
22	（六）捐赠利得	
23	（七）罚没利得	
24	（八）确实无法偿付的应付款项	
25	（九）汇兑收益	
26	（十）其他	

表 5-11　一般企业成本支出明细表

A102010

行次	项目	金额
1	一、营业成本（2+9）	
2	（一）主营业务成本（3+5+6+7+8）	
3	1. 销售商品成本	
4	其中：非货币性资产交换成本	
5	2. 提供劳务成本	
6	3. 建造合同成本	
7	4. 让渡资产使用权成本	
8	5. 其他	
9	（二）其他业务成本（10+12+13+14+15）	
10	1. 销售材料成本	
11	其中：非货币性资产交换成本	
12	2. 出租固定资产成本	
13	3. 出租无形资产成本	
14	4. 包装物出租成本	
15	5. 其他	
16	二、营业外支出（17+18+19+20+21+22+23+24+25+26）	
17	（一）非流动资产处置损失	
18	（二）非货币性资产交换损失	

续表

行次	项目	金额
19	（三）债务重组损失	
20	（四）非常损失	
21	（五）捐赠支出	
22	（六）赞助支出	
23	（七）罚没支出	
24	（八）坏账损失	
25	（九）无法收回的债券股权投资损失	
26	（十）其他	

表5-12　纳税调整项目明细表

A105000　　　　　　　　　　　　　　　　　　　　　　　　　　单位：元（列至角分）

行次	项目	账载金额	税收金额	调增金额	调减金额
		1	2	3	4
1	一、收入类调整项目（2+3+…+8+10+11）	*	*		
2	（一）视同销售收入（填写A105010）	*			*
3	（二）未按权责发生制原则确认的收入（填写A105020）				
4	（三）投资收益（填写A105030）				
5	（四）按权益法核算长期股权投资对初始投资成本调整确认收益	*	*	*	
6	（五）交易性金融资产初始投资调整	*	*		*
7	（六）公允价值变动净损益		*		
8	（七）不征税收入	*	*		
9	其中：专项用途财政性资金（填写A105040）	*	*		
10	（八）销售折扣、折让和退回				
11	（九）其他				
12	二、扣除类调整项目（13+14+…+24+26+27+28+29+30）	*	*		
13	（一）视同销售成本（填写A105010）	*		*	
14	（二）职工薪酬（填写A105050）				
15	（三）业务招待费支出				*
16	（四）广告费和业务宣传费支出（填写A105060）	*	*		
17	（五）捐赠支出（填写A105070）				
18	（六）利息支出				
19	（七）罚金、罚款和被没收财物的损失		*		*
20	（八）税收滞纳金、加收利息		*		*
21	（九）赞助支出		*		

续表

行次	项目	账载金额 1	税收金额 2	调增金额 3	调减金额 4
22	（十）与未实现融资收益相关在当期确认的财务费用				
23	（十一）佣金和手续费支出（保险企业填写 A105060）				*
24	（十二）不征税收入用于支出所形成的费用	*	*		*
25	其中：专项用途财政性资金用于支出所形成的费用（填写 A105040）	*	*		*
26	（十三）跨期扣除项目				
27	（十四）与取得收入无关的支出		*		*
28	（十五）境外所得分摊的共同支出	*	*		*
29	（十六）党组织工作经费				
30	（十七）其他				
31	三、资产类调整项目（32+33+34+35）	*	*		
32	（一）资产折旧、摊销（填写 A105080）				
33	（二）资产减值准备金		*		
34	（三）资产损失（填写 A105090）				
35	（四）其他				
36	四、特殊事项调整项目（37+38+…+43）	*	*		
37	（一）企业重组及递延纳税事项（填写 A105100）				
38	（二）政策性搬迁（填写 A105110）	*	*		
39	（三）特殊行业准备金（39.1+39.2+39.4+39.5+39.6+39.7）				
39.1	1. 保险公司保险保障基金				
39.2	2. 保险公司准备金				
39.3	其中：已发生未报案未决赔款准备金				
39.4	3. 证券行业准备金				
39.5	4. 期货行业准备金				
39.6	5. 中小企业融资（信用）担保机构准备金				
39.7	6. 金融企业、小额贷款公司准备金（填写 A105120）	*	*		
40	（四）房地产开发企业特定业务计算的纳税调整额（填写 A105010）	*			
41	（五）合伙企业法人合伙人应分得的应纳税所得额				
42	（六）发行永续债利息支出				
43	（七）其他	*	*		
44	五、特别纳税调整应税所得	*	*		
45	六、其他	*	*		
46	合计（1+12+31+36+44+45）	*	*		

表 5-13　企业所得税弥补亏损明细表

行次	项目	年度	当年境内所得额	合并、分立转入的亏损额：分立转出的亏损额	可弥补年限 5年	可弥补年限 10年	弥补亏损企业类型	当年亏损额	当年待弥补的亏损额	用本年度所得额弥补的以前年度亏损：使用境内所得弥补	用本年度所得额弥补的以前年度亏损：使用境外所得弥补	当年可结转以后年度弥补的亏损额
		1	2	3	4	5	6	7	8	9	10	11
1	前十年度											
2	前九年度											
3	前八年度											
4	前七年度											
5	前六年度											
6	前五年度											
7	前四年度											
8	前三年度											
9	前二年度											
10	前一年度											
11	本年度											
12	可结转以后年度弥补的亏损额合计											

表5-14 免税、减计收入及加计扣除优惠明细表

A107010

行次	项目	金额
1	一、免税收入（2+3+6+7+8+9+10+11+12+13+14+15+16）	
2	（一）国债利息收入免征企业所得税	
3	（二）符合条件的居民企业之间的股息、红利等权益性投资收益免征企业所得税（填写A107011）	
4	其中：内地居民企业通过沪港通投资且连续持有H股满12个月取得的股息红利所得免征企业所得税（填写A107011）	
5	内地居民企业通过深港通投资且连续持有H股满12个月取得的股息红利所得免征企业所得税（填写A107011）	
6	（三）符合条件的非营利组织的收入免征企业所得税	
7	（四）符合条件的非营利组织（科技企业孵化器）的收入免征企业所得税	
8	（五）符合条件的非营利组织（国家大学科技园）的收入免征企业所得税	
9	（六）中国清洁发展机制基金取得的收入免征企业所得税	
10	（七）投资者从证券投资基金分配中取得的收入免征企业所得税	
11	（八）取得的地方政府债券利息收入免征企业所得税	
12	（九）中国保险保障基金有限责任公司取得的保险保障基金等收入免征企业所得税	
13	（十）中国奥委会取得北京冬奥组委支付的收入免征企业所得税	
14	（十一）中国残奥委会取得北京冬奥组委分期支付的收入免征企业所得税	
15	（十二）其他1	
16	（十三）其他2	
17	二、减计收入（18+19+23+24）	
18	（一）综合利用资源生产产品取得的收入在计算应纳税所得额时减计收入	
19	（二）金融、保险等机构取得的涉农利息、保费减计收入（20+21+22）	
20	1. 金融机构取得的涉农贷款利息收入在计算应纳税所得额时减计收入	
21	2. 保险机构取得的涉农保费收入在计算应纳税所得额时减计收入	
22	3. 小额贷款公司取得的农户小额贷款利息收入在计算应纳税所得额时减计收入	
23	（三）取得铁路债券利息收入减半征收企业所得税	
24	（四）其他	
25	三、加计扣除（26+27+28+29+30）	
26	（一）开发新技术、新产品、新工艺发生的研究开发费用加计扣除（填写A107012）	
27	（二）科技型中小企业开发新技术、新产品、新工艺发生的研究开发费用加计扣除（填写A107012）	
28	（三）企业为获得创新性、创意性、突破性的产品进行创意设计活动而发生的相关费用加计扣除	
29	（四）安置残疾人员所支付的工资加计扣除	
30	（五）其他	
31	合计（1+17+25）	

表 5-15 广告费和业务宣传费跨年度纳税调整明细表

A105060

行次	项目	金额
1	一、本年广告费和业务宣传费支出	
2	减：不允许扣除的广告费和业务宣传费支出	
3	二、本年符合条件的广告费和业务宣传费支出（1-2）	
4	三、本年计算广告费和业务宣传费扣除限额的销售（营业）收入	
5	乘：税收规定扣除率	
6	四、本企业计算的广告费和业务宣传费扣除限额（4×5）	
7	五、本年结转以后年度扣除额（3>6，本行=3-6；3≤6，本行=0）	
8	加：以前年度累计结转扣除额	
9	减：本年扣除的以前年度结转额［3>6，本行=0；3≤6，本行=8与（6-3）孰小值］	
10	六、按照分摊协议归集至其他关联方的广告费和业务宣传费（10≤3与6孰小值）	
11	按照分摊协议从其他关联方归集至本企业的广告费和业务宣传费	
12	七、本年广告费和业务宣传费支出纳税调整金额（3>6，本行=2+3-6+10-11；3≤6，本行=2+10-11-9）	
13	八、累计结转以后年度扣除额（7+8-9）	

项目六
个人所得税办税业务

【学习目标】

通过本项目的学习，能界定纳入个人所得税征税范围的不同性质的收入，判别综合所得的征税范围，掌握个人所得税捐赠扣除的标准。能判别个人所得税扣缴义务人，判别居民个人与非居民个人的区别。能判别工资薪金的计税依据，计算工资薪金的应纳税额，能通过原始凭证计算工资薪金的个人所得税。掌握劳务报酬、稿酬计算中关于"次"的规定，掌握劳务报酬、稿酬的个人所得税计算方法。掌握特许权使用费税额计算。掌握居民个人综合所得、非居民个人工资薪金、劳务报酬、稿酬及特许权使用费收入代扣代缴个人所得税的规定，熟悉代扣代缴个人所得税的时间和地点，能完成个人所得税代扣代缴的手工及网上申报。掌握经营所得如何计算个人所得税。掌握利息、股息、红利所得税额计算，掌握财产租赁所得税额计算，掌握财产转让所得税额计算，掌握偶然所得税额计算，掌握境外个人所得税额计算。掌握个人所得税自行申报的规定，熟悉自行申报个人所得税的时间和地点，能完成个人所得税自行申报的手工及网上申报。

【标志性成果】

提交填写完整、准确的个人所得税代扣代缴申报表及相关附表。

【重点难点】

重点：综合所得应扣个人所得税的计算，经营所得、财产租赁所得、财产转让所得，以及偶然所得的个人所得税计算，计算并申报代扣代缴的个人所得税。

　　难点：居民个人与非居民个人的区别；居民个人综合所得的个人所得税；经营所得的个人所得税；扣缴个人所得税报告表的填写方法。

【主要业务】

业务流程	业务内容	处理方法
1. 个人所得税的综合知识	（1）定义	个人所得税是对个人取得的各项应税所得征收的一种税，是和广大居民联系最为紧密的一个税种
	（2）个人所得税的特点	我国现行个人所得税采用的是分类所得税制，即将个人取得的各种所得划分为 9 类，分别适用不同的费用减除规定、不同的税率和不同的计税方法。实行分类课征制度，可以广泛采用源泉扣缴办法，加强源泉管控，简化纳税手续，方便征纳双方。同时，还可以对不同所得实行不同的征税方法，便于体现国家的政策
2. 个人所得税的基本要素	（1）征税范围的确定	要缴纳个人所得税的所得，不是个人所有的收入，只限于按照税法规定的应税项目范围。现行个人所得税的应税所得共 9 项：工资薪金所得、劳务报酬所得、稿酬所得、特许权使用费所得、经营所得、利息及股息红利所得、财产租赁所得、财产转让所得、偶然所得
	（2）纳税人的确定	个人所得税的纳税义务人，为取得上述所得项目的中国公民、个体工商户以及在中国有所得的外籍个人（包括无国籍人员，下同）和中国香港、澳门、台湾同胞。依据住所和居住时间两个标准，个人所得税的纳税人可以区分为居民个人和非居民个人，分别承担不同的纳税义务。 居民个人：居民个人负有无限纳税义务，其取得的应税所得，无论是来源于中国境内还是中国境外，都要在中国缴纳个人所得税。 非居民个人：非居民个人承担有限纳税义务，仅就其来源于中国境内的所得，向中国缴纳个人所得税
	（3）适用税率的确定	个人所得税的税率按所得项目不同分别确定，如下所示： 下表 	税率	应税项目
---	---
七级超额累进税率	居民个人综合所得
五级超额累进税率	经营所得
比例税率20%	利息、股息、红利所得，财产租赁所得，财产转让所得，偶然所得	
	（4）扣缴税率的确定		税率	应税项目
---	---
七级超额累进预扣率	居民个人工资、薪金；非居民个人工资、薪金，劳务报酬，稿酬，特许权使用费所得
三级超额累进预扣率	居民个人劳务报酬所得
比例预扣率20%	居民个人稿酬、特许权使用费所得	
3. 居民个人综合所得的计算	（1）确定居民个人综合所得的计税依据	居民个人综合所得，包括工资薪金、劳务报酬、稿酬、特许权使用费所得，以每年收入额减除费用 60 000 元、专项扣除、专项附加扣除、依法确定的其他扣除项目后的余额，为应纳税所得额，其中劳务报酬、特许权使用费所得按 80% 计入收入，稿酬按 56% 计入收入

续表

业务流程	业务内容	处理方法
3. 居民个人综合所得的计算	（2）计算综合所得税的应纳税额	综合所得应纳税额的计算公式为： 应纳税额 = 应纳税所得额 × 适用税率 − 速算扣除数 = （每年收入 − 60 000 元 − 专项扣除 − 专项附加扣除 − 其他扣除）× 适用税率 − 速算扣除数
	（3）扣除项目的内容	专项扣除包括：居民个人按照国家规定的范围和标准缴纳的基本养老保险、基本医疗保险、失业保险等社会保险费和住房公积金等支出。 专项附加扣除包括：3 岁以下婴幼儿照护、子女教育、继续教育、大病医疗、住房贷款利息或者住房租金、赡养老人等支出。 其他扣除包括：个人缴付符合国家规定的企业年金、职业年金，个人购买符合国家规定的商业健康保险、税收递延型商业养老保险的支出，以及国务院规定可以扣除的其他项目
	（4）专项附加扣除标准	① 3 岁以下婴幼儿照护：每月 1 000 元。 ② 子女教育：每个子女每月 1 000 元。 ③ 继续教育：学历教育每月 400 元；技能人员职业资格教育、专业技术人员职业资格继续教育当年 3 600 元。 ④ 住房贷款利息：每月 1 000 元。 ⑤ 住房租金：直辖市、省会（首府）城市、计划单列市以及国务院确定的其他城市每月 1 500 元；除上述城市以外的市辖区户籍人口超过 100 万人的城市每月 1 100 元；除上述城市以外的，市辖区户籍人口不超过 100 万人（含）的城市每月 800 元。 ⑥ 赡养老人：独生子女每月 2 000 元；非独生子女每人分摊的额度不能超过每月 1 000 元 ⑦ 大病医疗：80 000 元限额内据实扣除
4. 非居民个人应纳税额的计算	（1）确定工资薪金的计税依据和应纳税额	工资、薪金所得应纳税额的计算公式为： 应纳税额 = 应纳税所得额 × 适用税率 − 速算扣除数 = （每月收入 − 5 000 元）× 适用税率 − 速算扣除数
	（2）确定劳务报酬、特许权使用费的计税依据和应纳税额	劳务报酬所得、特许权使用费所得以每次收入额的 80% 作为应税所得额，计算公式为： 应纳税额 = 应纳税所得额 × 适用税率 − 速算扣除数 = 每次收入 ×80%× 适用税率 − 速算扣除数 劳务报酬、稿酬、特许权使用费所得，属于一次性收入的，以取得该项收入为一次；属于同一项目连续性收入的，以一个月内取得的收入为一次
	（3）确定稿酬的计税依据和应纳税额	稿酬所得以每次收入额的 56% 作为应税收入，计算公式为： 应纳税额 = 应纳税所得额 × 适用税率 − 速算扣除数 = 每次收入 ×56%× 适用税率 − 速算扣除数 稿酬是按"次"计算缴纳税款的。《中华人民共和国个人所得税法实施条例》中对此做出了明确规定：稿酬所得，以每次出版、发表取得的收入为一次。个人每次以图书、报刊方式出版、发表同一作品，不论出版单位是预付还是分笔支付稿酬，或者加印该作品后再付稿酬，均应合并其稿酬所得按一次计征个人所得税；在两处或两处以上出版、发表或再版同一作品而取得稿酬所得，则可分别计算各处取得的所得或再版所得按分次所得计算缴纳个人所得税；个人的同一作品在报刊上连载，以连载完成后取得的所有收入合并为一次计算缴纳个人所得税；连载之后又出书取得稿酬所得，或先出书后又连载取得稿酬所得，应视同再版稿酬分次计算缴纳个人所得税

业务流程	业务内容	处理方法
5. 办理代扣代缴个人所得税业务	（1）手工报税	代扣代缴，是指按照税法规定负有扣缴义务的单位或者个人，在向个人支付应税所得时，应计算应纳税额，从其所得中扣除并于次月7日内缴入国库，同时向税务机关报送扣缴个人所得税报告表。 居民个人取得综合所得，按年计算个人所得税；有扣缴义务人的，由扣缴义务人按月或者按次预扣预缴税款。 非居民个人取得工资、薪金所得，劳务报酬所得，稿酬所得和特许权使用费所得，有扣缴义务人的，由扣缴义务人按月或者按次代扣代缴税款，不办理汇算清缴
	（2）网上报税	个人所得税人员信息及专项附加扣除信息登记。 个人所得税的申报
6. 其他收入个人所得税应纳税额的计算	（1）利息、股息、红利所得应纳个人所得税的计算	利息、股息、红利所得，以每次收入额为应纳税所得额。 利息、股息、红利所得应纳税额的计算公式为： 应纳税额＝应纳税所得额×适用税率＝每次收入额×20%
	（2）财产租赁所得应纳个人所得税的计算	财产租赁所得一般以个人每次取得的收入定额定率减除规定费用后的余额为应纳税所得额，可以扣除的费用如下： 财产租赁过程中缴纳的税费。 由纳税人负担的该出租财产实际开支的修缮费用。允许扣除的修缮费用，以每次800元为限，一次扣除不完的，准予在下一次继续扣除，直到扣完为止。 税法规定的费用扣除标准。每次收入不超过4 000元的，定额减除费用800元；每次收入在4 000元以上的，定率减除20%的费用
	（3）财产转让所得应纳个人所得税的计算	财产转让所得，以转让财产的收入额减除财产原值和合理费用后的余额，为应纳税所得额，计算公式为： 应纳税所得额＝每次转让财产收入额－财产原值－合理费用 应纳税额＝应纳税所得额×20%
	（4）偶然所得应纳个人所得税的计算	以每次收入额为应纳税所得额，不能扣减为获得奖金而支出的费用
	（5）其他所得应纳个人所得税的计算	其他所得的应纳税所得额为每次的收入总额，应纳税额的计算公式为： 应纳税额＝应纳税所得额×适用税率＝每次收入额×20%
	（6）境外所得的税额扣除	单独计算境外收入总额（税前所得）。 境外所得不同项目分开计算。 如果实纳税额大于抵免限额，境外所得不需纳税；如果实纳税额小于抵免限额，缴纳二者的差额

续表

业务流程	业务内容	处理方法
7. 办理个人所得税自行申报业务	（1）确定报税内容	目前，我国规定自行申报纳税的有八类纳税人： ① 取得综合所得收入全年超过 12 万元且需要补税金额超过 400 元的纳税人； ② 取得经营所得的纳税人； ③ 取得应税所得，扣缴义务人未扣缴税款的纳税人； ④ 取得境外所得的纳税人； ⑤ 因移居境外注销中国户籍的纳税人； ⑥ 非居民个人在中国境内从两处以上取得工资、薪金所得； ⑦ 已预缴税额大于年度应纳税额且申请退税的； ⑧ 国务院规定的其他情形
	（2）确定报税时间	居民个人取得综合所得，按年计算个人所得税；需要办理汇算清缴的，应当在取得所得的次年 3 月 1 日至 6 月 30 日内办理汇算清缴。不能按照规定期限报送本表时，应当在规定的报送期限内提出申请，经当地税务机关批准，可以适当延期。 　　纳税人取得经营所得，按年计算个人所得税，由纳税人在月度或者季度终了后 15 日内向税务机关报送纳税申报表，并预缴税款；在取得所得的次年 3 月 31 日前办理汇算清缴。 　　居民个人从中国境外取得所得的，应当在取得所得的次年 3 月 1 日至 6 月 30 日内申报纳税。 　　非居民个人在中国境内从两处以上取得工资、薪金所得的，应当在取得所得的次月 15 日内申报纳税。 　　纳税人因移居境外注销中国户籍的，应当在注销中国户籍前办理税款清算。 　　纳税人办理汇算清缴退税或者扣缴义务人为纳税人办理汇算清缴退税的，税务机关审核后，按照国库管理的有关规定办理退税
8. 经营所得应纳税额的计算（选修）	经营所得应纳税额的计算	实行查账征收，其个人所得税的计算公式为： 应纳税额 = 应纳税所得额 × 适用税率 − 速算扣除数 　　　　= （全年收入总额 − 成本、费用以及损失）× 适用税率 − 速算扣除数 实行核定应税所得率征收方式的计算公式： 应纳税所得额 = 应纳税所得额 × 适用税率 − 速算扣除数 应纳税所得额 = 收入总额 × 应税所得率 = 成本费用支出额 ÷（1− 应税所得率）× 应税所得率

【典型例题分析】

一、单项选择题

1. 依据个人所得税相关规定，计算财产转让所得时，下列各项准予扣除的是（　　　）。

　　A. 定额 800 元　　　　　　　　　　B. 定额 800 元或定率 20%

　　C. 财产原值　　　　　　　　　　　D. 财产原值和合理费用

　　【答案】D

　　【分析】根据个人所得税相关规定，计算财产转让所得时准予按财产原值和合理费用进行扣除。

2. 王先生 2022 年 2 月达到法定退休年龄,每月领取退休工资 2 700 元,3 月份被一家公司聘用,月工资 4 500 元。2022 年 3 月王先生应预扣缴个人所得税(   )元。

    A. 0   B. 30   C. 125   D. 265

【答案】A

【分析】法定退休工资免纳个人所得税,再任职收入按照工资、薪金纳税。2022 年 3 月王先生累计应税收入 4 500 元,低于当月居民个人累计免征额 5 000×3=15 000(元),当月预扣税额为 0 元。

3. 作家李先生从 2022 年 3 月 1 日起在某报刊连载一小说,每期取得报社收入 300 元,共连载 110 期(其中 3 月份 30 期)。9 月份连载完毕结集出版,取得稿酬 48 600 元。下列表述正确的是(   )。

    A. 销售连载每期取得的收入应由报社按劳务报酬预扣缴个人所得税 60 元

    B. 小说连载取得收入应合并为一次,由报社按稿酬所得预扣缴个人所得税 3 696 元

    C. 3 月份小说连载收入应由报社按稿酬所得预扣缴个人所得税 1 800 元

    D. 出版小说取得的稿酬缴纳个人所得税时允许抵扣其在报刊连载时已缴纳的个人所得税

【答案】B

【分析】小说连载取得收入应合并为一次。由报社按稿酬所得预扣缴个人所得税 = 300×110×(1-20%)×70%×20%=3 696(元);先连载再出版的应视为两次稿酬所得征税。

4. 徐某 2022 年经营某加工厂,2022 年取得收入总额 71.8 万元,准予扣除的成本、费用及相关支出合计 63 万元,其中含徐某每月从加工厂领取的工资 2 700 元。徐某 2022 年个人所得税应纳税所得额(   )万元。

    A. 6.04   B. 6.64   C. 7.24   D. 7.84

【答案】A

【分析】徐某自身的工资不能在计算生产经营所得额时扣除,但是可以扣除每年 6 万元的免征额。

    应纳税所得额 =71.8-(63-0.27×12)-6=6.04(万元)。

5. 某画家 8 月份将其精选的书画作品交由某出版社出版,从出版社取得报酬 10 万元。该笔报酬在预扣缴个人所得税时适用的税目是(   )。

    A. 工资薪金所得   B. 劳务报酬所得

    C. 特许使用费所得   D. 稿酬所得

【答案】D

【分析】该笔报酬在缴纳个人所得税时适用的税目是稿酬所得。

二、多项选择题

1. 下列所得,属于个人所得税"工资、薪金所得"应税项目的有(   )。

    A. 甲公司会计张三利用每周末到一事务所做业余审计助理的兼职所得

    B. 李四退休后再任职取得的所得

    C. 任职于杂志社的记者王五在本单位杂志上发表作品取得的所得

    D. 某公司总经理赵六兼任本公司董事取得的董事费所得

【答案】BCD

【分析】选项 BCD 都属于工资、薪金所得；选项 A 张三兼职所得应按劳务报酬所得税目计算个人所得税。

2. 下列各项中，按"劳务报酬所得"项目缴纳个人所得税的有（　　　　　　）。

　　A. 外部董事的董事费收入

　　B. 个人业余兼职收入

　　C. 某教师为企业做演讲取得的收入

　　D. 在校学生参加勤工俭学活动取得的收入

【答案】ABCD

【分析】外部董事的董事费收入、个人兼职收入、教师自办培训班取得的收入、在校学生参加勤工俭学活动取得的收入都属于劳务报酬所得。

3. 下列各项中，应按照"特许权使用费所得"项目计征个人所得税的有（　　　　　　）。

　　A. 作家转让著作权取得的收入

　　B. 作家拍卖自己的文字作品手稿复印件取得的收入

　　C. 作家拍卖写作用过的金笔取得的收入

　　D. 作家发表文章取得的报酬

【答案】AB

【分析】作家转让著作权（版权）、作家拍卖自己的文字作品手稿复印件取得的收入都属于特许权使用费所得；选项 C 属于财产转让所得；选项 D 属于稿酬所得。

4. 以下按照"利息、股息、红利所得"项目征收个人所得税的有（　　　　　　）。

　　A. 个人取得的企业债券利息

　　B. 合伙企业的个人投资者以企业资金为本人购买住房

　　C. 股份有限公司的个人投资者以企业资金为本人购买汽车

　　D. 公司职工取得的用于购买企业国有股权的劳动分红

【答案】AC

【分析】选项 B 应按照"经营所得"项目征税；选项 D 应按照"工资、薪金所得"项目征收个人所得税。

5. 下列个人收入，应按照"劳务报酬所得"项目缴纳个人所得税的有（　　　　　　）。

　　A. 个人兼职取得的收入

　　B. 作家公开拍卖自己的文字作品手稿复印件取得的收入

　　C. 学生勤工俭学取得的收入

　　D. 出版社专业作者翻译作品后，由本社以图书形式出版而取得的收入

【答案】AC

【分析】选项 B 按照"特许权使用费所得"缴纳个人所得税；选项 D 出版社专业作者翻译作品后，由本社以图书形式出版而取得的收入，按"稿酬所得"项目缴纳个人所得税。

三、判断题

1. 对于个人所得税的居民个人，就来源于中国境内所得部分征税；对于非居民个人，

就来源于中国境内和境外的全部所得征税。　　　　　　　　　　　　　（　　）

【答案】×

【分析】对于个人所得税的居民个人，就来源于中国境内和境外的全部所得征税；对于非居民个人，就来源于中国境内所得部分征税。

2. 利息、股息、红利所得，偶然所得和其他所得，以每次收入额为应纳税所得额。

　　　　　　　　　　　　　　　　　　　　　　　　　　　　　　　（　　）

【答案】√

【分析】利息、股息、红利所得，以每次收入额为应纳税所得额；偶然所得以每次收入额为应纳税所得额，不能扣减为获得奖金而支出的费用；其他所得的应纳税所得额为每次的收入总额。

3. 居民个人取得稿酬收入，按其实际收入的70%计算个人所得税。　　　（　　）

【答案】×

【分析】稿酬所得按应税收入额（实际收入的80%）的70%计算应税所得额，即实际收入的56%。

4. 居民个人张某5月取得稿酬收入10万元，对于该稿费收入张某应预扣缴的个人所得税为1.12万元。　　　　　　　　　　　　　　　　　　　　　　　　　（　　）

【答案】√

【分析】张某5月稿酬收入应缴纳个人所得税税额=10×（1-20%）×（1-30%）×20%=1.12（万元）。

5. 某居民个人演员取得一次性的演出收入22 000元，应按30%的预扣税率预扣其个人所得税。　　　　　　　　　　　　　　　　　　　　　　　　　　　　　（　　）

【答案】×

【分析】居民个人应纳税所得额超过20 000元不到50 000元，适用预扣税率30%，实际收入22 000元，应税所得额为22 000×（1-20%）=17 600（元），未达到20 000元标准，适用预扣税率为20%。

【职业能力训练】

一、单项选择题

1. 个人所得税的纳税人不包括（　　）。
   A. 中国公民
   B. 个体工商户
   C. 在中国境外取得所得的非居民个人
   D. 中国境内有所得的外籍人员和香港、澳门、台湾同胞
2. 下列不属于个人所得税应税项目的是（　　）。
   A. 工资、薪金所得　　　　　　　　B. 财产转让所得
   C. 利息、股利所得　　　　　　　　D. 自产自用的应税消费品
3. 我国个人所得税中的工资、薪金所得采取的税率形式属于（　　）。

　　　A. 比例税率　　　　　　　　　　　　　B. 全额累进税率

　　　C. 超率累进税率　　　　　　　　　　D. 超额累进税率

4. 工资、薪金所得，使用超额累进税率，税率为（　　　）。

　　　A. 3%~45%　　　　B. 3%~35%　　　　C. 3%~40%　　　　D. 20%

5. 不适用个人所得税 20% 比例税率的项目是（　　　）。

　　　A. 利息　　　　　　B. 股息　　　　　C. 劳务报酬所得　　　D. 财产转让所得

6. 下列选项中，不属于自行申报纳税纳税人的是（　　　）。

　　　A. 从中国境内一处取得工资、薪金所得的非居民

　　　B. 从中国境外取得所得的

　　　C. 因移居境外取消中国户籍的

　　　D. 取得应税所得，没有扣缴义务人的

7. 个体工商户的生产经营所得按照（　　　）征收税款。

　　　A. 月所得 5 级超额累进税率

　　　B. 月所得 9 级超额累进税率

　　　C. 年所得 5 级超额累进税率

　　　D. 年所得 9 级超额累进税率

8. 某外国人在中国境内取得月工薪所得 10 000 元，其应纳税所得额为（　　　）元。

　　　A. 5 000　　　　　B. 5 200　　　　　C. 6 500　　　　　D. 10 000

9. 根据《中华人民共和国个人所得税法》规定，下列各项所得中，免征个人所得税的是（　　　）。

　　　A. 保险赔款所得

　　　B. 在杂志发表文章取得的稿费收入

　　　C. 参加商场组织的抽奖所得

　　　D. 所在单位发放的年终奖

10. 下列应税项目中，不按次计算征收个人所得税的是（　　　）。

　　　A. 财产转让所得　　　　　　　　　　B. 股息、红利所得

　　　C. 工资、薪金所得　　　　　　　　　D. 偶然所得

11. 根据《中华人民共和国个人所得税法》的规定，下列各项所得中，应缴纳个人所得税的是（　　　）。

　　　A. 个人取得的股息、红利所得

　　　B. 按国家统一规定领取的退休工资

　　　C. 按照国家统一规定发给的补贴、津贴

　　　D. 国债和国家发行的金融债券利息

12. 个人转让有价证券取得的收入，属于（　　　）。

　　　A. 财产转让所得　　　　　　　　　　B. 股息、红利所得

　　　C. 偶然所得　　　　　　　　　　　　D. 特许权使用费所得

13. 某彩民购买体育彩票第一次中奖 1 万元，第二次中奖 500 万元，购买彩票支出 2 万元，请客支出 0.1 万元，该彩民应纳个人所得税税额为（　　　）万元。

A. 100.2　　　　　B. 100　　　　　C. 99.78　　　　　D. 99.58

14. 2022 年 2 月，居民李某出版一本小说取得稿酬所得 40 000 元，出版社 2 月份应扣缴其个人所得税是（　　　）元。

A. 8 000　　　　　B. 6 400　　　　　C. 4 480　　　　　D. 3 480

15. 某外籍非居民个人 2022 年 3 月在 A 公司取得劳务报酬所得 2 000 元，A 公司 3 月份应扣缴其个人所得税是（　　　）元。

A. 400　　　　　B. 320　　　　　C. 240　　　　　D. 0

16. 刘某于 2022 年 1 月将自有的 4 间面积为 150 平方米的房屋出租给张某作经营场所，租期 1 年。刘某每月取得租金收入 2 500 元，全年租金收入 30 000 元。刘某全年租金收入应缴纳的个人所得税为（　　　）元。

A. 4 800　　　　　B. 4 080　　　　　C. 6 000　　　　　D. 4 420

17. 张先生的女儿在 2021 年 11 月已年满三周岁，在 2022 年 1 月未及时将子女教育扣除信息报送扣缴单位，3 月 1 日才报送，3 月份扣缴单位应在税前扣除的子女教育扣除金额是（　　　）元。

A. 5 000　　　　　B. 3 000　　　　　C. 2 000　　　　　D. 0

18. 张先生出租商铺，2022 年 1 月租金收入 6 000 元，应纳个人所得税税额是（　　　）元。

A. 480　　　　　B. 1 040　　　　　C. 960　　　　　D. 1 200

19. 个人参加笔会现场作画取得的作画所得属于（　　　）。

A. 工资、薪金所得　　　　　　　　　B. 稿酬所得

C. 劳务报酬所得　　　　　　　　　　D. 经营所得

20. 个人取得下列所得应缴纳个人所得税的是（　　　）。

A. 职工达到法定退休年龄每月取得的退休工资 4 000 元

B. 职工领取的原提存的住房公积金 30 000 元

C. 学生参加勤工俭学活动取得报酬 1 500 元

D. 个人单张有奖发票中奖 800 元

二、多项选择题

1. 个人所得税的纳税义务人根据住所和居住时间，可以分为（　　　　　）。

A. 居民纳税人　　　　　　　　　　　B. 非居民纳税人

C. 居民个人　　　　　　　　　　　　D. 非居民个人

2. 应纳个人所得税的个体工商户的生产所得指（　　　　　）。

A. 个体工商户从事手工业所得　　　　B. 个体工商户从事建筑业所得

C. 个体工商户从事商业所得　　　　　D. 个体工商户从事交通运输业所得

3. 下列属于个人所得税应税项目的有（　　　　　）。

A. 工资薪金所得　　　　　　　　　　B. 利息所得

C. 财产转让所得　　　　　　　　　　D. 继承所得

4. 个人所得税税率采用的形式有（　　　　　）。

A. 比例税率　　　　　　　　　　　　B. 超额累进税率

C. 固定税率　　　　　　　　　　　　D. 全额累进税率

5. 下列选项中，有关个人所得税税率的具体规定正确的有（　　　　　）。

    A. 工资所得 3%~45%　　　　　　　　B. 经营所得 5%~35%

    C. 劳务报酬所得 20%　　　　　　　　D. 偶然所得 20%

6. 退休职工李某本月取得的下列收入中，不需要缴纳个人所得税的有（　　　　　）。

    A. 为某公司提供咨询获得的劳务费 1 200 元

    B. 退休工资 1 000 元

    C. 获得的保险赔款 900 元

    D. 杂志上发表文章取得的稿酬 1 500 元

7. 下列属于免征个人所得税项目的是（　　　　　）。

    A. 偶然所得　　　　　　　B. 退休工资　　　　　C. 保险赔款

    D. 储蓄存款利息　　　　　E. 投资入股取得的红利所得

8. 个人所得税的扣缴义务人，向个人支付（　　　　　）时，应代扣代缴个人所得税。

    A. 工资薪金所得　　　　　　　　　　B. 稿酬所得

    C. 偶然所得　　　　　　　　　　　　D. 非法所得

9. 下列选项中自行申报纳税的纳税义务人主要有（　　　　　）。

    A. 取得综合所得需要办理汇算清缴的纳税义务人

    B. 从中国境外取得所得的纳税义务人

    C. 取得经营所得的纳税义务人

    D. 因移居境外注销中国户籍的纳税义务人

10. 下列各项中，以取得的收入全额为应纳税所得额直接计征个人所得税的有（　　　　　）。

    A. 稿酬所得　　　　　　　　　　　　B. 偶然所得

    C. 股息所得　　　　　　　　　　　　D. 特许权使用费所得

11. 根据《中华人民共和国个人所得税法》规定，下列项目中，应缴纳个人所得税的有（　　　　　）。

    A. 某中国公民在境外取得的外币存款利息

    B. 某外国作家将其作品在中国出版取得的所得

    C. 某内地居民被派往香港地区工作 3 个月取得的工资、薪金所得

    D. 外籍个人从中国境内的外商投资企业取得的股息、红利所得

三、判断题

1. 利息、股息、红利所得，偶然所得和其他所得，以每次收入额为应纳税所得额。

                （　　　）

2. 对国家发行的金融债券利息所得免征个人所得税。　　　　　　　（　　　）

3. 居民个人承担有限纳税义务，即仅就其来源于中国境内的所得，向中国缴纳个人所得税。　　　　　　　　　　　　　　　　　　　　　　　　　　　　（　　　）

4. 同一作品在报刊上连载取得收入的，以连载完成后取得的所有收入合并为一次计征个人所得税。　　　　　　　　　　　　　　　　　　　　　　　　　（　　　）

5. 个人独资企业和合伙企业生产经营所得，适用 5%~35% 的 5 级超额累进税率。
（　　）

6. 某老员工 2022 年 3 月份首次向单位报送其正在上幼儿园的 4 岁女儿的相关信息。当 3 月份单位发工资时，该员工可扣除子女教育支出 1000 元　　　　　（　　）

7. 我国个人所得税法规定，工资、薪金所得适用 7 级全额累进税率。　　（　　）

8. 某员工女儿在 2022 年 3 月份刚满 3 周岁，则可以扣除的子女教育支出为 3 000 元。
（　　）

9. 华侨和港澳台同胞的工资、薪金所得，采取加计扣除费用的办法。　　（　　）

10. 居民个人取得综合所得，需要办理汇算清缴的，应当在取得所得的次年 3 月 1 日至 6 月 30 日内办理汇算清缴。　　　　　　　　　　　　　　　　　　　（　　）

11. 个人将其应税所得全部用于公益救济性捐赠，将不承担缴纳个人所得税义务。
（　　）

12. 个体工商户与企业联营分的利润，免征个人所得税。　　　　　　　（　　）

13. 企业和个人从工资中缴付的各类保险基金、住房公积金，可不计入当期工薪所得征税。　　　　　　　　　　　　　　　　　　　　　　　　　　　　　　（　　）

14. 王先生有两处住房，2022 年他将其中一处居住 15 年的房屋出售，收入 20 万元（购入价格 8 万元，购房款 4 万元），按规定需缴纳个人所得税 1.6 万元。　　（　　）

四、计算题

（一）

1. 目的：练习工资薪金预扣预缴个人所得税的计算。

2. 资料：某职员 2017 年入职，2022 年每月应发工资为 10 000 元，每月减除费用 5 000 元，"三险一金"等专项扣除为 1 500 元，从 1 月起享受子女教育专项附加扣除 1 000 元，没有减免收入及减免税额等情况。

3. 要求：分析计算该公民 2022 年前三个月应当预扣预缴的税额。

（二）

1. 目的：练习工资薪金预扣预缴个人所得税的计算。

2. 资料：某职员 2017 年入职，2022 年每月应发工资为 30 000 元，每月减除费用 5 000 元，"三险一金"等专项扣除为 4 500 元，享受子女教育、赡养老人两项专项附加扣除共计 2 000 元，没有减免收入及减免税额等情况。

3. 要求：分析计算该公民 2022 年前三个月应当预扣预缴的税额。

（三）

1. 目的：练习工资薪金、稿酬及劳务报酬所得的应纳税额的计算。

2. 资料：某作家 2022 年取得收入与纳税情况如下：

（1）在某出版社任职，每月工资为 6 400 元，扣缴社保及公积金 1 400 元，没有专项附加扣除，应税所得未达到 5 000 元，每月扣缴个人所得税为 0；

（2）2022 年出版一部小说，出版社两次分别等额支付其稿费 6 000 元，共代扣代缴其个人所得税 51.60 元；

（3）到某大学做学术报告，取得收入 5 000 元，该校预扣预缴个人所得税 800 元。

3. 要求：该作家年终汇算清缴应补缴多少个人所得税？

（四）

1. 目的：练习财产转让及偶然所得的应纳税额的计算。

2. 资料：某企业职工李华 2015 年起任高级工程师。2022 年取得的部分收入如下：

（1）2 月李华将自己拥有的一套住房以 350 万元的价格出售。该住房是王某于 2017 年 10 月以按揭方式购买的，购买时价格 150 万元，支付契税 6 万元，住房维修基金 3 万元，办理房产证手续费 800 元，物业管理费 500 元，公证费 1 200 元，2022 年 9 月贷款已提前还清，累计支付利息 15 万元。本次出售过程中已经缴纳的除个人所得税以外的其他税费合计 12 万元。

（2）6 月份购买福利彩票中奖获得奖金 500 元。

3. 要求：

（1）计算李华转让房产取得所得应缴纳的个人所得税。

（2）计算 6 月份购买福利彩票中奖所得应缴纳的个人所得税。

五、实训题

（一）

1. 目的：对个人所得税代扣代缴业务进行应纳税额的计算及纳税申报。

2. 资料：某单位 2022 年 2 月 10 日扣缴其在职员工 1 月份的个人所得税。

（1）在职员工基本信息见表 6-1；

（2）2022 年 1 月该单位应向职工支付的薪酬明细见表 6-2；

（3）该月应为职工代缴的社保及公积金明细见表 6-3。

3. 要求：

（1）计算该单位 2022 年 2 月 10 日应扣缴的个人所得税税额。

（2）填列社会保险费申报个人明细表（见表 6-4）。

（3）分别填列扣缴个人所得税报告表（见表 6-5）（见书末插页），进行纳税申报。

金额单位：元

表6-1 某单位2022年1月在职员工基本信息表

姓名	身份证件号码	身份证件类型	员工身份	职务	境内固定住所	居住时间	2月工作天数	上年平均月工资	缴纳社保	缴纳公积金
JEREMY××	4××××××	护照	长期聘用	普通员工	无	3年	29		是	否
王××	H05××××××××	香港身份证	长期聘用	普通员工	无	2年	29		否	否
罗××	4201061980×××××××××	居民身份证	财政编制	中层领导				16 270.13	否	是
杨××	4221211964×××××××××	居民身份证	财政编制	中层领导				18 329.25	否	是
刘××	4401811979×××××××××	居民身份证	长期聘用	普通员工				6 708.33	是	是
黄××	441421197××××××××××	居民身份证	长期聘用	普通员工				11 300.00	是	是
邓××	4402041971×××××××××	居民身份证	长期聘用	普通员工					是	是
郭××	3404041988×××××××××	居民身份证	长期聘用	普通员工				8 125.00	是	是
蔡××	1301051971×××××××××	居民身份证	长期聘用	普通员工				7 316.67	是	是
王××	3502031952×××××××××	居民身份证	短期聘用	普通员工				7 500.00	否	否
徐××	5129271970×××××××××	居民身份证	短期聘用	普通员工					否	否
余××	4452021993×××××××××	居民身份证	短期聘用	普通员工					否	否
陈××	4414221991×××××××××	居民身份证	短期聘用	普通员工					否	否
欧××	4600021995×××××××××	居民身份证	短期聘用	普通员工					否	否
朱××	4405821993×××××××××	居民身份证	短期聘用	普通员工					否	否
冯××	4416221991×××××××××	居民身份证	短期聘用	普通员工					否	否
李××	4108021959×××××××××	居民身份证	短期聘用	普通员工					否	否
张××	2201021966×××××××××	居民身份证	短期聘用	普通员工					否	否
陆××	4409211967×××××××××	居民身份证	短期聘用	普通员工					否	否

表6-2 某单位2022年1月在职员工薪酬收入明细 单位：元

纳税人姓名	收入额	所得项目
JEREMY××	9 000	正常工资薪金
王××	33 050	劳务报酬所得
罗××	10 654.75	正常工资薪金
杨××	12 679	正常工资薪金
刘××	6 743	正常工资薪金
黄××	8 055	正常工资薪金
邓××	7 915	正常工资薪金
郭××	7 027	正常工资薪金
蔡××	8 875	正常工资薪金
王××	3 000	劳务报酬所得
徐××	9 900	劳务报酬所得
余××	5 040	劳务报酬所得
陈××	5 040	劳务报酬所得
欧××	4 320	劳务报酬所得
朱××	7 200	劳务报酬所得
冯××	570	劳务报酬所得
李××	1 050	劳务报酬所得
张××	1 675	劳务报酬所得
陆××	5 357.14	劳务报酬所得

表6-3 某单位2022年社保及公积金标准（按当年社会平均工资缴纳）

险种（公积金）	缴费基数	单位缴纳比例	个人缴纳比例
基本养老保险	2 408	0.14	0.08
基本养老保险（非本市城镇户籍）	2 408	0.14	0.08
工伤保险	1 895	0.004	0
失业保险	1 895	0.004 8	0.002
基本医疗保险	3 712	0.08	0.02
重大疾病保险	6 187	0.002 6	0
生育保险	3 712	0.008 5	0
住房公积金	上年平均月工资	0.12	0.12

注：2021年当地社会平均工资5 313.89元，当地规定公积金最高扣除基数不得高于社会平均工资的3倍。

表 6-4　社会保险费申报个人明细表

纳税人编码：*810K××××　　纳税人名称：广州番禺××××

社保管理机构：广州市社会保险基金管理中心　　税务管理机关：国家税务总局广州市番禺区沙湾税务分局

单位社保号：4132×××　　税费所属时期：

姓名	身份证号码	证件名称	个人社保号	基本养老保险		基本养老保险（非本市城镇户籍）		工伤保险		失业保险		职工社会医疗保险		职工重大疾病医疗补助		生育保险		合计		应缴金额
				单位计费工资	个人计费工资	单位计费工资	个人计费工资	单位计费工资	个人计费工资	单位计费工资	个人计费工资	单位计费工资	个人计费工资	单位计费工资	个人计费工资	单位计费工资	个人计费工资	单位合计	个人合计	

（二）

1. 目的：对普通居民纳税人的各类收入进行应纳税额的计算。

2. 资料：中国公民赵明（身份证号码：440104198111022522），现在广州和平广告创意公司（统一社会信用代码：120005789463215751）担任创意总监，常住地址为广州市天河区黄埔大道566号，邮编511400，联系电话13580609572，2022年取得各类收入如下：

（1）每月工资5500元，按照所在省规定的办法和比例扣除住房公积金和各项基本社会保险费720元，专项附加扣除每月1500元，12月份取得除当月工资外的年度绩效奖金30000元。

（2）6月份将旅游见闻向晚报和某杂志社投稿，分别取得稿酬收入600元和900元。

（3）11月份购入甲公司债券20000份，每份买入价5元，支付相关税费共计1000元。12月份卖出债券10000份，每份卖出价7元，支付相关税费共计700元。

（4）利用业余时间兼职，12月份从兼职单位取得报酬3750元，并从中拿出500元通过国家机关捐给希望工程。

（5）8月份通过拍卖行将一副收藏的字画拍卖，取得收入500000元，主管税务机关核定收藏费用100000元，拍卖时支付相关税费50000元。

3. 要求：

（1）计算赵明2022年综合所得应缴纳的个人所得税；

（2）计算赵明转让债券所得应缴纳的个人所得税；

（3）计算赵明拍卖字画所得应缴纳的个人所得税。

项目七
土地增值税办税业务

【学习目标】

通过本项目的学习，能准确界定土地增值税的征税范围、判别土地增值税的纳税人；能正确计算土地增值税的扣除项目金额和增值额；能够熟练运用土地增值税的税率；能正确计算土地增值税应纳税额；能填写准确、完整的土地增值税纳税申报相关表格。

【标志性成果】

提交填写完整、准确的财产和行为税纳税申报表、财产和行为税减免税明细申报附表及土地增值税税源明细表。

【重点难点】

重点：土地增值税的扣除项目、增值额、应纳税额的计算及纳税申报表的填写方法。

难点：扣除项目及扣除金额；增值额、增值率及适用税率的确定方法；土地增值税的清算方法。

【主要业务】

业务流程	业务内容	处理方法
1. 土地增值税的综合知识	（1）土地增值税的定义	土地增值税是对转让国有土地使用权、地上建筑物及其附着物并取得增值性收入的单位和个人所征收的一种税
	（2）土地增值税的特点	有增值才需纳税；采用扣除法和评估法计算增值额；超率累进税率；按次征收

业务流程	业务内容	处理方法
2. 土地增值税的基本要素	（1）征税范围的确定	有偿 + 增值（继承、赠与方式转让的房地产，不在征税范围内）； 转让征税：国有土地使用权或国有土地使用权 + 地上建筑物及其附着物； 转让不征税：非国有土地； 出让不征税：政府出让国有土地的行为及取得的收入不征税； 自行转让集体土地是一种违法行为

经济行为	征税或免税
房地产出租	产权权属不变更，不征税
房地产抵押	抵押期间不征税
房地产交换	个人之间互换自有居住用房地产，经当地税务机关核实，可免税
以房地产进行投资、联营	如果投资、联营的一方以土地（房地产）作价入股进行投资或作为联营条件，暂免征税；但如果所投资、联营的企业是从事房地产开发的，或房地产开发企业以其建造的商品房进行投资和联营的，或是投资、联营企业将上述房地产再转让的，则要征税
合作建房	建成后按比例分房自用，暂免征税；建成后转让的，应征税
房地产评估增值	没有发生产权转移，不征税
国家收回国有土地使用权、征用地上建筑物及附着物	国家收回或征用，权属虽变，但免征
企业兼并转让房地产	被兼并企业将房地产转让到兼并企业中，暂免征
代建房	房地产开发商代建，取得劳务收入，权属未发生转移，不征税

业务流程	业务内容	处理方法
	（2）纳税人的确定	转让国有土地使用权、地上建筑物及其附着物并取得收入的单位和个人。不论法人与自然人，不论内资与外资企业，不论经济性质，也不论是什么部门，只要转让房地产，都是土地增值税的纳税人
	（3）适用税率的确定	土地增值税是目前为止我国唯一采用超率累进税率的税种。

级数	增值额与扣除项目金额的比率	税率	速算扣除系数
1	不超过 50% 的部分	30%	0
2	超过 50% 未超过 100% 的部分	40%	5%
3	超过 100% 未超过 200% 的部分	50%	15%
4	超过 200% 的部分	60%	35%

业务流程	业务内容	处理方法
	（4）减免税优惠	纳税人建造普通标准住宅出售，增值额未超过扣除项目金额的 20% 的，免征土地增值税，超过 20% 的，应就其全部增值额按规定计税；因国家建设需要依法征用、收回的房地产，免征土地增值税；因城市规划、国家建设需要而搬迁，由纳税人自行转让房地产的，免征土地增值税；从 2008 年 11 月 1 日起，个人销售住房暂免征土地增值税

续表

业务流程	业务内容	处理方法
3. 增值额的确定	（1）应税收入的确定	应税收入 = 全部价款 + 有关经济利益 包括：货币收入、实物收入和其他收入。 应税收入包括视同销售的收入；如纳税人隐瞒虚报房产成交价格，税务机关应根据评估机构评估确定的价格确认应税收入。 注意：如果出售房产的过程中，有按照规定计入房价向购买者收取的代收费用，在计算土地增值税扣除项目时，代收费用可以从收入中扣除，但不得作为加计 20% 扣除的基数
	（2）扣除项目的确定	转让新建房产扣除项目的确定： {table1} 转让旧房及建筑物扣除项目的确定： {table2}

转让新建房产扣除项目的确定：

准予扣除的项目	具体内容
取得土地使用权所支付的金额	支付的地价款； 按国家统一规定缴纳的登记、过户手续费和契税等
房地产开发成本	土地征用及拆迁补偿费，前期工程费，建筑安装工程费，基础设施费，公共配套设施费，开发间接费用
房地产开发费用	能够按转让房地产项目计算分摊利息支出并提供金融机构证明的，允许据实扣除，但最高不能超过按商业银行同类同期贷款利率计算的金额。 可扣除的开发费用 = 利息 +（取得土地使用权所支付的金额 + 房地产开发成本）×5% 以内
	不能够按转让房地产项目计算分摊利息支出、没有利息支出或不能提供金融机构证明的： 可扣除的开发费用 =（取得土地使用权所支付的金额 + 房地产开发成本）×10% 以内
与房地产转让有关的税金	城市维护建设税、教育费附加、印花税
其他扣除项目（房地产企业独享）	房地产企业允许按"取得土地使用权所支付的金额"和"房地产开发成本"之和的 20% 加计扣除

转让旧房及建筑物扣除项目的确定：

具体情况	扣除项目
能提供评估价格等	按旧房及建筑物的评估价格、取得土地使用权所支付的地价款或出让金、按国家统一规定缴纳的有关费用及在转让环节缴纳的税金作为扣除项目金额（评估价格中含有购入环节缴纳的契税，因此，计征土地增值税时，不再作为与转让房地产有关的税金予以扣除）
提供扣除项目金额不实	税务机关根据评估机构按照房屋重置成本价乘以成新度折扣率计算的房屋成本价和取得土地使用权时的基准地价进行评估所确定的评估价格作为扣除项目金额
不能提供评估价格但能提供购房发票	经当地税务部门确认，可按下列金额扣除：购房发票所载金额；加计扣除金额（购房发票所载金额 ×5%× 购买年度起至转让年度止的年数，每满 12 个月算 1 年，未满 12 个月但超过 6 个月的，可视为 1 年）；与转让房地产有关的税金（包括转让旧房时缴纳的城市维护建设税、印花税、契税以及教育费附加。均必须提供相应的完税凭证）

续表

业务流程	业务内容	处理方法	
		续表	
		具体情况	**扣除项目**
3. 增值额的确定	（2）扣除项目的确定	既没有评估价格，又不能提供购房发票	地方税务机关根据有关规定，实行核定征收
		注意：能提供评估价格与不能提供评估价格中的契税的扣除方法	
4. 应纳税额的计算	应纳土地增值税额的确定	第一步：计算增值额 增值额 = 房地产转让收入 − 扣除项目金额 第二步：计算增值额占扣除项目金额的比率 增值额占扣除项目金额的比率 = 增值税 ÷ 扣除项目金额 ×100% 第三步：计算应纳税额 计算土地增值税应纳税额，一般采取速算扣除法计算。即按增值额乘以适用的税率减去扣除项目金额乘以速算扣除系数计算。具体公式如下： ① 增值额占扣除项目金额的比率≤ 50%，则： 土地增值税税额 = 增值额 ×30% ② 50% <增值额占扣除项目金额的比率≤ 100%，则： 土地增值税税额 = 增值额 ×40%− 扣除项目金额 ×5% ③ 100% <增值额占扣除项目金额的比率≤ 200%，则： 土地增值税税额 = 增值额 ×50%− 扣除项目金额 ×15% ④ 增值额占扣除项目金额的比率> 200%，则： 土地增值税税额 = 增值额 ×60%− 扣除项目金额 ×35%	
5. 土地增值税纳税申报	（1）申报时间	纳税人应自转让房地产合同签订之日起 7 日内，向房地产所在地的主管税务机关办理纳税申报	
	（2）纳税时间	一次交割，付清价款方式转让房地产的，主管税务机关可在纳税人办理纳税申报后，规定其在办理过户、登记手续前一次性缴纳全部税款； 分期收款方式转让房地产的，主管税务机关可根据合同规定的收款日期来确定具体的纳税期限； 项目全部竣工结算前转让房地产的，转让前取得的收入，可预征（除保障性住房外，东部地区省份预征率不得低于 2%，中部和东北地区省份不得低于 1.5%，西部地区省份不得低于 1%），项目全部竣工、办理结算后进行清算	
	（3）纳税地点	由房地产所在地的税务机关负责征收	
	（4）房地产开发项目土地增值税的清算	分期项目，分期清算。 普通住宅与非普通住宅分别清算。 符合下列情形之一的，纳税人在满足清算条件之日起 90 日内到主管税务机关办理清算手续：房地产开发项目全部竣工、完成销售的；整体转让未竣工决算房地产开发项目的；直接转让土地使用权的。 符合下列情形之一的，税务机关可要求纳税人进行土地增值税清算的项目，由主管税务机关确定是否进行清算；对于确定需要进行清算的项目，由主管税务机关下达清算通知，纳税人应当在收到清算通知之日起 90 日内办理清算手续：已竣工验收的房地产开发项目，已转让的房地产建筑面积占整个项目可售建筑面积的比例在 85% 以上，或该比例虽未超过 85%，但剩余的可售建筑面积已经出租或自用的；取得销售（预售）许可证满三年仍未销售完毕的；纳税人申请注销税务登记但未办理土地增值税清算手续的；省（自治区、直辖市、计划单列市）税务机关规定的其他情况	

【典型例题分析】

一、单项选择题

1. 土地增值税是就其转让房地产所取得的（　　　）征收的一种税。

　　A. 收入额　　　　　　B. 所得额　　　　　　C. 增值额　　　　　　D. 利润额

　　【答案】C

　　【分析】土地增值税的课税对象是有偿转让国有土地使用权及地上建筑物和其他附着物产权所取得的增值额。

2. 下列各项中，应当征收土地增值税的是（　　　）。

　　A. 公司与公司之间互换房产

　　B. 房地产公司为客户代建房产

　　C. 兼并企业从被兼并企业取得房产

　　D. 双方企业合作建房后按比例分配自用房产

　　【答案】A

　　【分析】选项 B 中的房地产公司提供的是劳务，虽然取得收入，但不交纳土地增值税；选项 C、D 暂免征土地增值税。

3. 土地增值税采用四级超率累进税率，其中最高的税率为（　　　）。

　　A. 30%　　　　　　B. 50%　　　　　　C. 60%　　　　　　D. 100%

　　【答案】C

　　【分析】土地增值税的适用税率有 30%、40%、50% 和 60% 四个档次，最高税率为 60%。

4. 下列不属于土地增值税特点的是（　　　）。

　　A. 采用扣除法计算增值额　　　　　　B. 采用评估法计算增值额

　　C. 实行超额累进税率　　　　　　　　D. 征收管理上实行按次征收

　　【答案】C

　　【分析】土地增值税的特点：以转让房地产取得的增值额为征税对象、征税面比较广、采用扣除法和评估法计算增值额、实行超率累进税率、实行按次征收。

5. 下列项目中，属于土地增值税中房地产开发成本的是（　　　）。

　　A. 土地出让金　　B. 管理费用　　C. 前期工程费　　D. 借款利息费用

　　【答案】C

　　【分析】土地出让金属于取得土地使用权支付的金额；管理费用和借款利息费用属于房地产开发费用。

6. 企业开发房地产取得土地使用权所支付的金额为 900 万元，房地产开发成本为 8 000 万元，发生房地产开发费用 950 万元，其中向金融机构借入资金利息支出 300 万元，不能提供金融机构的贷款证明。该企业允许扣除的房地产开发费用限额为（　　　）万元。

　　A. 300　　　　　　B. 890　　　　　　C. 800　　　　　　D. 1 012

　　【答案】B

　　【分析】该企业允许扣除的房地产开发费用 =（900+8 000）×10%=890（万元）。

7. 某公司销售一幢已经使用过的办公楼，取得收入 500 万元，办公楼原价 480 万元，已提折旧 300 万元。经房地产评估机构评估，该楼重置成本价为 800 万元，成新度折扣率为五成，销售时缴纳相关税费 30 万元。该公司销售该办公楼应缴纳土地增值税（   ）万元。

A. 21   B. 30   C. 51   D. 60

【答案】A

【分析】增值额 =500-800×50%-30=70（万元）

扣除项目金额 =800×50%+30=430（万元）

增值率 =70/430=16%

应纳土地增值税 =70×30%=21（万元）

8. 某房地产开发公司转让 5 年前购入的一块土地，取得转让收入 2 800 万元，该土地购进价 1 200 万元，取得土地使用权时缴纳相关费用 40 万元，转让该土地时缴纳相关税费 35 万元。该房地产开发公司转让土地应缴纳土地增值税（   ）万元。

A. 73.5   B. 150   C. 157.5   D. 571.25

【答案】D

【分析】未开发的土地直接转让不享受加计扣除的优惠。

可扣除项目 =1 200+40+35=1 275（万元），增值额 =2 800-1 275=1 525（万元）

增值率 =1 525÷1 275=119.61%，增值额 =1 525×50%-1 275×15%=571.25（万元）

9. 某房地产开发企业建造一住宅出售，取得销售收入 2 000 万元。建此住宅支付地价款和相关过户手续费 200 万元，开发成本 400 万元，销售时缴纳相关可扣除税费 110 万元，发生开发费用共 70 万元，该企业利息支出无法准确计算分摊。其应纳的土地增值税为（   ）万元。

A. 412.3   B. 421.5   C. 422.1   D. 422.35

【答案】B

【分析】收入总额为 2 000 万元

（200+400）×10%=60 万元 < 实际发生额 70 万元，按 60 万元扣除

扣除项目金额 =200+400+（200+400）×10%+110+（200+400）×20%

=200+400+60+110+120=890（万元）

增值额 =2 000-890=1 110（万元）

增值率 =1 110÷890=124.72%，适用于第三档税率 50%，速算扣除系数 15%

应纳税额：1 110×50%-890×15%=555-133.5=421.5（万元）

10. 下列情形中，不属于主管税务机关可要求房地产开发企业进行土地增值税清算的是（   ）。

A. 取得销售（预售）许可证满 3 年仍未销售完毕的

B. 整体转让未竣工决算房地产开发项目的

C. 纳税人审批注销税务登记但未办理土地增值税清算手续的

D. 已竣工验收的房地产开发项目 70% 销售，其余可销售部分自用或出租的

【答案】B

【分析】符合下列情形之一的，主管税务机关可要求纳税人进行土地增值税清算：

① 已竣工验收的房地产开发项目，已转让的房地产建筑面积占整个项目可售建筑面积的比例在 85% 以上，或该比例虽未超过 85%，但剩余的可售建筑面积已经出租或自用；

② 取得销售（预售）许可证满 3 年仍未销售完毕的；③ 纳税人申请注销税务登记但未办理土地增值税清算手续的；④ 省税务机关规定的其他情况。

11. 下列各项中，不需要由税务机关按照房地产评估价格计算征收土地增值税的是（　　）。

　　A. 隐瞒、虚报房地产成交价格的

　　B. 提供扣除项目金额不实的

　　C. 取得土地使用权未支付地价款或不能提供已支付地价款凭据的

　　D. 转让房地产的成交价格低于房地产评估价格又无正当理由的

【答案】C

【分析】取得土地使用权未支付地价款或不能提供已支付地价款凭据的，在计征土地增值税时不允许从计税收入中扣除。

12. 位于市区的某商业企业某月将其一栋办公楼出售，该办公楼购买时支付价款 8 000 万元（不包括相关税费），支付契税 240 万元。出售时取得转让收入 10 000 万元，签订了产权转移书据，转让时该办公楼已提折旧 400 万元，经房地产评估机构评估，该办公楼重置成本为 11 200 万元，成新度折扣率为 74.9%，销售时缴纳相关可扣除税费 110 万元，支付评估费 11.2 万元。该企业能提供相应的税费及评估费的支出凭证，则该企业转让该办公楼应缴纳土地增值税（　　）万元。

　　A. 440.5　　　　　B. 445.5　　　　　C. 450.5　　　　　D. 455.5

【答案】B

【分析】转让人能提供评估机构提供的评估价格，则其购进时的契税不再进行抵扣。扣除项目金额 =11 200×74.9%+110+10 000×0.5‰ +11.2=8 515（万元）

　　增值额 =10 000−8 515=1 485（万元）

　　增值率 =1 485÷8 515×100%=17.44%，适用税率 30%

　　应缴纳土地增值税 =1 485×30%=445.5（万元）

13. 法人纳税人转让房地产需要缴纳土地增值税时，如果房屋坐落地与其经营所在地不一致，纳税地点应选择在（　　）。

　　A. 总机构所在地　　　　　　　　　B. 房地产坐落地

　　C. 生产经营所在地　　　　　　　　D. 办理房地产过户手续所在地

【答案】B

【分析】法人纳税人转让房地产，如果转让的房地产坐落地与其机构所在地或经营所在地不在一地，则应在房地产坐落地的主管税务机关申报纳税。

14. 依照土地增值税的规定，建造普通标准住宅出售的可享受税收优惠，下列各项符合普通标准住宅标准的是（　　）。

　　A. 住宅小区建筑容积率在 1.0 以上

　　B. 单套建筑面积在 150 平方米以下，最高不超过 180 平方米

　　C. 成本利润率不得超过 30%

　　D. 一次性付款不得低于实际交易价格的 50%

【答案】A

【分析】普通标准住宅标准必须同时满足：住宅小区建筑容积率在 1.0 以上，单套建筑

面积在 120 平方米以下，实际成交价格低于同级别土地上住房平均交易价格 1.2 倍以下。允许单套建筑面积和价格标准适当浮动，但向上浮动的比例不得超过上述标准的 20%。

15. 房地产开发公司办理土地增值税纳税申报时，应向主管税务机关提供的证件是（　　）。

    A. 工商营业执照原件　　　　　　　B. 税务登记证原件
    C. 税务登记证复印件　　　　　　　D. 土地转让、房产买卖合同

【答案】D

【分析】房地产公司应当在签订房地产转让合同、发生纳税义务后 7 日内或在税务机关核定的期限内，按照税法规定，向主管税务机关办理纳税申报，并同时提供下列证件和资料：① 房屋产权证、土地使用权证书；② 土地转让、房产买卖合同；③ 与转让房地产有关的资料，主要包括取得土地使用权所支付的金额，房地产开发成本方面的财务会计资料、房地产开发费用方面的资料、与房地产转让有关的税金的完税凭证，以及其他与房地产有关的资料；④ 根据税务机关的要求提供房地产评估报告。

二、多项选择题

1. 根据土地增值税法律制度的规定，下列各项中，不属于土地增值税征税范围的是（　　）。

    A. 某市房产所有人将房屋产权无偿赠送给其子女
    B. 某市房产所有人将房屋产权有偿转让给他人
    C. 某市土地使用权人通过希望工程基金会将土地使用权赠与学校
    D. 某市土地使用权人将土地使用权出租给某养老院

【答案】ACD

【分析】选项 ACD 不属于土地增值税征税范围，B 选项将国有土地使用权有偿转让给他人应征收土地增值税。

2. 下列关于我国土地增值税特点的表述中，正确的有（　　）。

    A. 以转让房地产取得的收入为计税依据
    B. 以在我国境内转让房地产并取得收入的单位和个人为纳税人，但不包括外国企业或个人
    C. 土地增值税的税率是以转让房地产增值率的高低为依据来确认的
    D. 土地增值税在房地产发生转让的环节，实行按次征收，每发生一次转让行为，就应根据每次取得的增值额征一次税

【答案】ACD

【分析】在我国境内转让房地产并取得收入的单位和个人均可作为纳税人，不论法人与自然人，不论内资与外资企业，不论经济性质，也不论是什么部门，只要转让房地产，都是土地增值税的纳税人。

3. 土地增值税的纳税义务人可以是（　　）。

    A. 外商独资企业　　B. 国家机关　　　　C. 事业单位　　　　D. 医院

【答案】ABCD

【分析】土地增值税的纳税人为转让国有土地使用权、地上建筑物及其附着物并取得收

入的单位和个人，包括各类企业、事业单位、国家机关和社会团体及其他组织、个人、个体户。

4. 下列选项中，属于房地产开发成本的项目有（　　　　）。

    A. 取得土地使用权支付的金额   B. 土地征用及拆迁补偿费

    C. 建筑安装工程费   D. 公共配套设施费

【答案】BCD

【分析】开发成本是指纳税人房地产开发项目实际发生的成本，包括土地征用及拆迁补偿费、前期工程费、建筑安装工程费、基础设施费、公共配套设施费、开发间接费用。

5. 计算土地增值税时，下列各项费用准予从收入总额中扣除的有（　　　　）。

    A. 建房贷款超期支付的利息

    B. 土地征用及拆迁补偿费

    C. 出售旧房过程中支付的评估费用

    D. 按有关规定计入房价向购房者收取的代收费用

【答案】BCD

【分析】财政部、国家税务总局规定，对于超过贷款期限的利息部分和加罚的利息不允许在计算土地增值税时在收入总额中扣除。

6. 在计算土地增值税应纳税额时，纳税人为取得土地使用权支付的地价款准予扣除。这里的地价款是指（　　　　）。

    A. 以协议方式取得土地使用权的，为支付的土地出让金

    B. 以转让方式取得土地使用权的，为实际支付的地价款

    C. 以拍卖方式取得土地使用权的，为支付的土地出让金

    D. 以行政划拨方式取得土地使用权变更为有偿使用的，为补交的土地出让金

【答案】ABCD

【分析】不同情况下地价款的含义不同。

7. 房地产开发企业在计算土地增值税时，允许从收入中直接扣减的"与转让房地产有关的税金"有（　　　　）。

    A. 教育费附加   B. 印花税   C. 契税   D. 城市维护建设税

【答案】AD

【分析】房地产开发企业在转让房地产时缴纳的税金包括印花税、城市维护建设税及教育费附加（视同税金）。其中印花税通过管理费用进行扣除，城市维护建设税直接从收入中扣除。契税由购买、承受方缴纳，房地产开发企业作为销售方不涉及。

8. 根据土地增值税的有关规定，下列说法中，正确的有（　　　　）。

    A. 房地产开发企业在工程竣工验收后，根据合同规定扣留的质量保证金，一律不得扣除

    B. 房地产开发企业为取得土地使用权所支付的契税，应从"取得土地使用权所支付的金额"中扣除

    C. 纳税人按规定预缴土地增值税后，清算补缴的土地增值税，在主管税务机关规定的期限内补缴的，不加收滞纳金

    D. 纳税人既建造普通标准住宅，又从事其他房地产开发的，应分别核算增值额，未分别

核算的，由主管税务机关核定普通标准住宅免税的增值额

【答案】BC

【分析】选项 A，房地产开发企业在工程竣工验收后，根据合同约定，扣留建筑安装施工企业一定比例的工程款，作为开发项目的质量保证金，在计算土地增值税时，建筑安装施工企业就质量保证金对房地产开发企业开具发票的，按发票所载金额予以扣除；未开具发票的，扣留的质量保证金不得计算扣除。选项 D，对于纳税人既建造普通标准住宅，又从事其他房地产开发的，应分别核算增值额；未分别核算增值额或不能准确核算增值额的，其建造的普通标准住宅不能适用免税规定。

三、判断题

1. 只要转让房产，就一定要交纳土地增值税。   （   ）

【答案】×

【分析】土地增值税是对转让国有土地使用权、地上建筑物及其附着物并取得增值性收入的单位和个人所征收的一种税，即土地增值税是对有偿转让房地产，并且有一定比例的增值额才征税。

2. 政府征地，取得土地出让金收入，应缴纳土地增值税。   （   ）

【答案】×

【分析】政府征地是国家以土地所有者的身份将土地使用权在一定年限让与土地使用者，由土地使用者向国家支付土地出让金的行为，土地使用权的出让方是国家，出让的目的是实行国有土地使用权的有偿让渡，因此土地使用权的出让不属于土地增值税的征税范围。

3. 房地产开发商将自己建造的房屋安置拆迁户不需要缴纳土地增值税。   （   ）

【答案】×

【分析】房地产开发商安置拆迁户，应视同销售了房地产，属于土地增值税征税范围。

4. 个人继承房产，免征土地增值税。   （   ）

【答案】×

【分析】个人继承房产，虽然发生了房地产的权属变更，但作为房产产权、土地使用权的原所有人（即被继承人）并没有因为权属变更而取得任何收入，因此，这种房地产的继承不属于土地增值税的征税范围，而非免征。

5. 土地增值税税率实行四级超率累进税率，每级增值额未超过扣除项目金额的比例均不包括本比例数。   （   ）

【答案】×

【分析】土地增值税税率实行四级超率累进税率，每级增值额未超过扣除项目金额的比例均包括本比例数。

6. 土地增值税按月征收。   （   ）

【答案】×

【分析】土地增值税按次征收。

7. 房地产开发企业开发产品全部使用自有资金，没有利息支出的，可按规定的比例计算扣除开发费用。   （   ）

【答案】√

【分析】房地产开发企业开发产品全部使用自有资金，没有利息支出的，可按（取得土地使用权所支付的金额＋房地产开发成本）×规定的比例计算扣除开发费用。

8. 自然人转让的房地产的坐落地与其居住地不在同一地的，土地增值税的纳税地点应为房地产坐落地。　　　　　　　　　　　　　　　　　　　　　　　　　　　（　　）

【答案】√

【分析】土地增值税由房地产所在地的税务机关负责征收。

9. 某纳税人转让旧房，但既不能提供评估价格，也不能提供购房发票，则应由税务机关核定征收。　　　　　　　　　　　　　　　　　　　　　　　　　　　　　　（　　）

【答案】√

【分析】纳税人转让旧房，如果不能提供评估价格，也不能提供购房发票，税务机关有权进行核定征收土地增值税。

10. 房地产开发企业出售房产时，所缴纳的印花税在"与房地产转让有关的税金"中扣除。　　　　　　　　　　　　　　　　　　　　　　　　　　　　　　　　　　（　　）

【答案】×

【分析】房地产开发企业出售房产时所缴纳的印花税已列入管理费用在开发费用中扣除，不允许再单独扣除。

【职业能力训练】

一、单项选择题

1. 下列各项中，属于土地增值税征收范围的是（　　　　）。
   - A. 出让国有土地使用权
   - B. 转让国有土地使用权
   - C. 出租国有土地使用权
   - D. 继承国有土地使用权

2. 下列各项中，应征收土地增值税的是（　　　）
   - A. 赠与社会公益事业的房地产
   - B. 个人之间互换自有居住用房地产
   - C. 抵押期满权属转让给债权人的房地产
   - D. 兼并企业从被兼并企业得到的房地产

3. 下列不属于我国土地增值税特点的是（　　　　）。
   - A. 以转让房地产的增值额为计税依据
   - B. 征税面比较广
   - C. 实行超率累进税率
   - D. 实行按年计征，按次预缴

4. 下列各项中，应缴纳土地增值税的是（　　　　）。
   - A. 房屋所有人将房屋产权赠与直系亲属
   - B. 土地管理部门出让国有土地使用权
   - C. 房地产开发商将自己开发的房地产无偿赠送给关联企业
   - D. 某企业将一栋楼房的产权通过国家机关赠与一所希望小学

5. 根据土地增值税的相关规定，下列行为中，需要缴纳土地增值税的是（　　　　）。

A. 某房地产企业以开发的商品房抵偿债务

B. 企业兼并中，被兼并企业将房地产转让到兼并企业中

C. 某工业企业将自建厂房作价投入某生产企业进行联营

D. 某人将自己一套闲置的住房出售

6. 下列各项中，不属于土地增值税纳税人的是（   ）。

A. 销售自建商品房的某外资房地产开发公司

B. 转让国有土地使用权的某高等学校

C. 出租厂房的某工业企业

D. 转让办公楼的某国家机关

7. 企业开发房地产取得土地使用权所支付的金额为 300 万元，房地产开发成本为 1 000 万元，向金融机构借入资金利息支出 50 万元，可提供金融机构的贷款证明，发生其他开发费用 90 万元。该企业允许扣除的房地产开发费用限额为（   ）万元。

A. 50   B. 65   C. 115   D. 1 350

8. 位于县城的某商贸公司于 2022 年 12 月销售一栋旧办公楼，取得收入 1 000 万元，缴纳印花税 0.5 万元，因无法取得评估价格，公司提供了购房发票，该办公楼购于 2017 年 1 月，购价为 600 万元，销售时缴纳相关税费 21.6 万元，缴纳契税 18 万元。该公司销售办公楼计算土地增值税时，可扣除项目金额的合计数为（   ）万元。

A. 820.1   B. 760.1   C. 639.6   D. 640.1

9. 转让旧房，计征土地增值税时不可以作为扣除项目的是（   ）。

A. 房屋及建筑物的评估价格   B. 取得土地使用权所支付的地价款

C. 房屋的重置成本价   D. 转让环节缴纳的税金

10. 某房地产公司开发 A、B 两栋商业用房，各支付地价款及有关费用 800 万元，开发成本均为 1 200 万元，假设 A 商业用房发生利息支出 130 万元，能按房地产开发项目分摊且能提供金融机构证明，发生其他开发费用 110 万元，B 商业用房发生利息支出 60 万元，不能提供金融机构证明，发生其他开发费用 150 万元。则该房地产公司开发这两栋商业用房的开发费用限额总计为（   ）万元。

A. 230   B. 200   C. 190   D. 430

11. 某国有企业在市区购置一栋办公楼，支付 8 000 万元。现该企业将办公楼转让，取得收入 10 000 万元，签订产权转移书据。办公楼经税务机关认定的重置成本价为 12 000 万元，成新率 70%，销售时缴纳相关税费 115 万元。该企业在缴纳土地增值税时计算的增值额为（   ）万元。

A. 400   B. 1 485   C. 1 490   D. 200

12. 某工业企业转让一幢新建办公楼取得收入 5 000 万元，计算土地增值税时可以扣除的取得土地使用权金额、房地产开发成本和房地产开发费用为 3 700 万元，缴纳与转让办公楼相关的可扣除税金 275 万元。该企业应缴纳土地增值税（   ）万元。

A. 96.75   B. 97.50   C. 306.75   D. 307.50

13. 某房地产开发公司转让一栋写字楼取得收入 2 100 万元，已知该公司为取得土地使用权所支付的金额为 80 万元，房地产开发成本为 350 万元，房地产开发费用为 60 万元，该

公司全部用自有资金开发该项目，没发生利息支出，转让房地产的可扣除税金为 50 万元。该公司应缴纳的土地增值税为（　　）万元。

 A. 894.6   B. 681.45   C. 529.2   D. 1 107.75

14. 纳税人建造普通标准住宅出售，增值额超过扣除项目金额 20% 的，应就其（　　）按规定计算缴纳土地增值税。

 A. 超过部分的金额   B. 全部增值额

 C. 扣除项目金额   D. 出售金额

15. 下列项目中，属于土地增值税免税范围的有（　　）。

 A. 建造普通标准住宅出售，增值额超过扣除项目金额之和 20% 的房产

 B. 个人转让住房

 C. 非房地产开发企业对外投资（投资于房地产开发企业）的房产

 D. 企事业单位转让旧房

16. 出售旧房及建筑物计算土地增值税的增值额时，其扣除项目金额中的旧房及建筑物的评估价格应按（　　）计算。

 A. 账载余额   B. 账载原值乘以成新度折扣率

 C. 重置成本   D. 重置成本价乘以成新度折扣率

17. 土地增值税纳税人应在签订房地产转让合同（　　）日内，到房地产所在地税务机关办理纳税申报。

 A. 3   B. 7   C. 15   D. 30

18. 下列情形中，不属于主管税务机关可要求房地产开发企业进行土地增值税清算的是（　　）。

 A. 取得销售（预售）许可证满 3 年仍未销售完毕的

 B. 整体转让未竣工决算房地产开发项目的

 C. 纳税人审批注销税务登记但未办理土地增值税清算手续的

 D. 已竣工验收的房地产开发项目 70% 用于销售，其余可销售部分自用或出租的

19. 清算土地增值税时，房地产开发企业建造的与清算项目配套的会所等公共设施，其成本费用可以扣除的情形是（　　）。

 A. 建成后开发企业转为自用的 B. 建成后开发企业用于出租的

 C. 建成后直接赠与其他企业的 D. 建成后产权属于全体业主的

20. 对于应进行土地增值税清算的项目，须在满足清算条件之日起（　　）日内到主管税务机关办理清算手续。

 A. 15   B. 30   C. 60   D. 90

二、多项选择题

1. 下列各项中，属于土地增值税征税范围的有（　　　）。

 A. 转让地上建筑物   B. 转让地上附着物产权

 C. 转让地下建筑物产权   D. 出让国有土地使用权

2. 下列行为中，应当征收土地增值税的有（　　　）。

A. 双方合作建房后按比例分配房产，各自出售房产的

B. 以房地产作价入股投资于房地产开发公司的

C. 以房地产抵押贷款，未发生房地产产权转让的

D. 被兼并企业将房地产转让到兼并企业的

3. 以下应征土地增值税的项目有（　　　　）。

　　A. 取得奥运会占地的拆迁补偿金

　　B. 将一项房产直接赠与某私立学校以支援教育事业

　　C. 被兼并企业将房产转让到兼并企业中

　　D. 房地产开发商销售楼房

4. 下列属于土地增值税纳税义务人的有（　　　　）。

　　A. 社会团体　　　　B. 外商投资企业　　　C. 个人　　　　　　　D. 事业单位

5. 下列单位中，属于土地增值税纳税人的有（　　　　）。

　　A. 建造房屋的施工单位　　　　　　B. 中外合资房地产公司

　　C. 出售国有土地使用权的事业单位　　D. 房地产管理的物业公司

6. 下列各项中，属于土地增值税纳税义务人的有（　　　　）。

　　A. 转让闲置房产的某事业单位

　　B. 转让办公楼的某外商投资企业

　　C. 转让我国国有土地使用权的外资企业

　　D. 与某公司互换房产的集体企业

7. 下列情形中，应按评估价格计征土地增值税的有（　　　　）。

　　A. 提供扣除项目金额不实的

　　B. 隐瞒、虚报房地产成交价格的

　　C. 房地产开发项目全部竣工完成销售需要进行清算的

　　D. 转让房地产的成交价格低于房地产评估价格，又无正当理由的

8. 计算土地增值税扣除项目金额中不得扣除的利息支出有（　　　　）。

　　A. 10 年以上的借款利息

　　B. 境外借款利息

　　C. 超过国家有关规定的上浮幅度的部分

　　D. 超过贷款期限的利息部分和加罚的利息

9. 房地产开发公司支付的下列相关税费，可以列入加计 20% 扣除范围的有（　　　　）。

　　A. 取得土地使用权缴纳的契税　　　　B. 占用耕地缴纳的耕地占用税

　　C. 销售过程中发生的销售费用　　　　D. 支付建筑工人的工资福利费

10. 下列各项中，房地产开发公司应进行土地增值税清算的有（　　　　）。

　　A. 直接转让土地使用权的

　　B. 房地产开发项目全部竣工完成销售的

　　C. 整体转让未竣工决算房地产开发项目的

　　D. 取得销售（预售）许可证满 2 年仍未销售完毕的

三、判断题

1. 转让集体土地应缴纳土地增值税。　　　　　　　　　　　　　　（　　）
2. 某单位以低于取得成本的价格转让其房产，不交土地增值税。　（　　）
3. 评估增值的房地产应征收土地增值税。　　　　　　　　　　　　（　　）
4. 某房地产开发商将所开发的部分商品出租，取得了收入，应征收土地增值税。（　　）
5. 出让土地使用权，出让方取得了收入，应征收土地增值税。　　（　　）
6. 某房地产开发企业以开发的商品房抵偿债务应缴纳土地增值税。（　　）
7. 房地产开发商支付的土地征用及拆迁补偿费属于开发费用，不能加计扣除。（　　）
8. 以自产的房屋安置拆迁户，应视同销售计算缴纳土地增值税。　（　　）
9. 房地产开发商以自有资金进行商品房的开发，不能扣除利息支出。（　　）
10. 非房地产开发企业销售开发产品不得加计扣除"取得土地使用权所支付的金额＋开发成本"。（　　）
11. 纳税人转让旧房，不能提供评估价格，但能提供购买发票的，可按发票所载金额从购买年度至转让年度止每年加计 20% 计算扣除。（　　）
12. 土地增值税的纳税人应在转让房地产合同签订后的 7 日内，到房地产所在地主管税务机关办理纳税申报。（　　）
13. 纳税人按规定预缴土地增值税后，清算补缴的土地增值税，在主管税务机关规定的期限内补缴的，不加收滞纳金。（　　）
14. 房地产公司分期开发同一个项目的，应在项目全部完工后，统一汇算清缴土地增值税。（　　）
15. 某纳税人提前知道其房产所在地因城市规划需要而要拆迁，自行转让了房产，其行为需要交纳土地增值税。（　　）

四、计算题

（一）

1. 目的：练习房地产开发公司出售房产应纳土地增值税税额的计算。
2. 资料：某房地产开发公司出售一栋新建商品房，获得销售收入 3 600 万元，其中包括当地市政府要求，在售房时计入房价向购买方一并收取的代收费用 100 万元，房地产开发企业开发该商品房的支出如下：支付土地出让金及有关费用 300 万元，房地产开发成本 800 万元，房地产开发其他费用合计 72 万元，利息支出 60 万元，但不能提供金融机构证明，与转让房地产有关的可扣除税金共计 38 万元。
3. 要求：计算该公司应缴纳的土地增值税税额。

（二）

1. 目的：练习建造、出售普通住宅应纳土地增值税税额的计算。

2. 资料：某房地产公司建造一批普通标准住宅，建成后全部出售取得收入共计2 000 万元，建造该楼盘时为取得土地使用权支付的金额和房地产开发成本为1 200 万元，利息费用支出为300 万元，能提供金融机构的证明，其他开发费用为55 万元，与转让该批普通标准住宅相关的可扣除税费为100 万元。

3. 要求：根据上述资料计算该公司应缴纳的土地增值税税额。

（三）

1. 目的：练习转让旧房应纳土地增值税税额的计算。

2. 资料：A 公司位于市区，2022 年7 月转让一处2019 年8 月1 日购买的房产，其购置和转让的情况如下：

（1）2019 年8 月1 日购置该房产时取得的发票上注明价款为800 万元，另支付契税30 万元并取得契税完税凭证。

（2）转让该房产的产权转移书据上记载的金额为1 200 万元，并按规定缴纳了转让环节的各项可扣除税金28 万元（转让房产时未取得评估价格）。

3. 要求：根据上述资料计算该公司应缴纳的土地增值税税额。

（四）

1. 目的：练习房地产开发公司开发项目土地增值税清算的处理。

2. 资料：地处县城的某房地产开发公司，2022 年8 月对一处已竣工的房地产开发项目进行验收，可售建筑面积共计30 000 平方米，该项目的开发和销售情况如下：

（1）该公司取得土地使用权应支付的土地出让金为8 500 万元，政府减征了10%，该公司按规定缴纳了契税（当地适用的契税税率为5%）。

（2）该公司为该项目发生的开发成本为13 000 万元。

（3）该项目发生开发费用700 万元，其中利息支出180 万元，但不能按转让房产项目计算分摊。

（4）9 月销售25 000 平方米的房屋，共计收入48 000 万元。

（5）销售时缴纳可扣除的相关税费2 592 万元。

（6）10 月将剩余的5 000 平方米的房屋出租给他人使用，月租金为48 万元，租期为9 个月。

（7）2022 年11 月税务机关要求该房地产公司对该项目进行土地增值税清算。

3. 要求：

（1）判断该公司该项目是否已达到土地增值税清算的条件。

（2）计算该公司清算土地增值税时允许扣除的土地使用权支付金额。

（3）计算该公司清算土地增值税时允许扣除的开发成本。

（4）计算该公司清算土地增值税时允许扣除的开发费用。

（5）计算该公司应缴纳的土地增值税税额。

五、实训题

（一）

1. 目的：对房地产开发企业应纳土地增值税的税额进行计算及纳税申报。

2. 资料：广州西桥房地产开发有限责任公司，地处广州番禺市桥大北路 126 号，其统一社会信用代码为：320554618616643663，开户银行为工商银行番禺市桥支行，账号：5684323211265876，联系电话：84716888，其法人代表为刘玉銮，会计主管为张大明，税务会计为李丹丹。该公司于 2021 年 2 月至 2021 年 4 月在市桥大北路开发销售"东府公寓"项目（非普通住宅），发生相关业务如下：

（1）2020 年 2 月 1 日通过竞拍获得一宗国有土地使用权，合同记载土地总价款为 12 000 万元，并规定 2020 年 4 月 1 日开始动工，由于公司资金短缺，于 2021 年 4 月才开始动工。由于超过期限 1 年未进行开发建设，被政府相关部门按照规定征收土地受让总价款 20% 的土地闲置费。

（2）支付拆迁补偿费 1 000 万元、前期工程费 200 万元、基础设施费 200 万元、公共配套设施费 200 万元和间接开发费用 100 万元，合计 1 700 万元。

（3）2022 年 6 月该项目竣工验收，应支付建筑工程总价款 2 850 万元，根据合同约定当期实际支付价款为总价的 95%，剩余 5% 作为质量保证金留存两年，建筑企业按工程总价款开具了发票。

（4）发生销售费用、管理费用 900 万元，向商业银行借款支付的利息共计 300 万元，其中含超过贷款期限的利息和罚息 40 万元，已取得相关凭证。

（5）2021 年 11 月，该项目已开始预售，2022 年 6 月，收到预售款 300 万元。当地政府规定，对房地产开发企业的土地增值税实行"先预征，后清算"政策，预征税款以纳税人每月取得的转让收入额（含预收款、定金）乘以预征率计算征收。普通住宅的预征率为 1%，其他商品房为 2%。

（6）2022 年 7 月，公司开始正式销售，可售总面积为 40 000 平方米，截至 2022 年 6 月底，公司已全部销售完毕，当地政府要求该公司进行土地增值税的清算，公司于 7 月清算完毕并于 8 月 6 日完成了土地增值税的清算申报工作。

相关资料：公司正式销售前，已通过预售收取款项 5 800 万元，正式销售后，共收取款项 37 800 万元。另，当地适用的契税税率为 5%，销售时缴纳相关可扣除税费 2 398 万元。

3. 要求：

（1）计算该公司清算土地增值税时允许扣除的土地使用权支付金额。

（2）计算该公司清算土地增值税时允许扣除的开发成本。

（3）计算该公司清算土地增值税时允许扣除的开发费用。

（4）计算该公司 2022 年 6 月应预缴的土地增值税。

（5）计算该公司应缴纳的土地增值税及需清缴的金额。

（6）为该公司填写纳税申报表（见表 7-1 至表 7-3），进行纳税申报。

表 7-1　财产和行为税纳税申报表

纳税人识别号（统一社会信用代码）：

纳税人名称：

金额单位：人民币元（列至角分）

序号	税种	税目	税款所属期起	税款所属期止	计税依据	税率	应纳税额	减免税额	已缴税额	应补（退）税额
1										
2										
3										
4										
5										
6										
7										
8										
9										
10										
11	合计		—	—	—	—				

声明：此表是根据国家税收法律法规及相关规定填写的，本人（单位）对填报内容（及附带资料）的真实性、可靠性、完整性负责。

纳税人（签章）：

经办人：

经办人身份证号：

代理机构签章：

代理机构统一社会信用代码：

年　　月　　日

受理人：

受理税务机关（章）：

受理日期：　　年　　月　　日

表7-2　财产和行为税减免税明细申报附表

纳税人识别号（统一社会信用代码）：

纳税人名称：

金额单位：人民币元（列至角分）

| 本期是否适用增值税小规模纳税人减征政策 | □是　□否 | 本期适用增值税小规模纳税人减征政策起始时间 | 年　月 |
| | | 本期适用增值税小规模纳税人减征政策终止时间 | 年　月 |

合计减免税额

土地增值税

序号	项目编号	税款所属期起	税款所属期止	减免性质代码和项目名称	减免税额
1					
2					
小计	—			—	

声明：此表是根据国家税收法律法规及相关规定填写的，本人（单位）对填报内容（及附带资料）的真实性、可靠性、完整性负责。

纳税人（签章）：

年　月　日

经办人：

经办人身份证号：

代理机构签章：

代理机构统一社会信用代码：

受理人：

受理税务机关（章）：

受理日期：　年　月　日

表 7-3　土地增值税税源明细表

税款所属期限：自　年　月　日 至　年　月　日

纳税人识别号（统一社会信用代码）：

纳税人名称：

金额单位：人民币元（列至角分）；面积单位：平方米

土地增值税项目登记表（从事房地产开发的纳税人适用）

项目名称		项目地址	
土地使用权受让（行政划拨）合同号		受让（行政划拨）时间	
总预算成本		单位预算成本	
建设项目起讫时间			
项目详细坐落地点			
开发土地总面积		开发建筑总面积	

转让次序	转让土地面积（按次填写）	转让建筑面积（按次填写）	房地产转让合同名称	转让合同签订日期（按次填写）
第1次				
第2次				
……				
备注				

土地增值税申报计算减免信息

申报类型：

1. 从事房地产开发的纳税人预缴适用□

2. 从事房地产开发的纳税人清算适用□

3. 从事房地产开发的纳税人按核定征收方式清算适用□

续表

土地增值税申报计算及减免信息

4. 纳税人整体转让在建工程适用□

5. 从事房地产开发的纳税人清算后尾盘销售适用□

6. 转让旧房及建筑物的纳税人适用□

7. 转让旧房及建筑物的纳税人核定征收适用□

项目名称		项目编码	
项目地址			
项目总可售面积			
已售面积	其中：普通住宅已售面积	其中：非普通住宅已售面积	自用和出租面积	其中：其他类型房地产已售面积
清算时已售面积			
清算后剩余可售面积			

申报类型	项目	序号	金额			
			普通住宅	非普通住宅	其他类型房地产	总额
1. 从事房地产开发的纳税人预缴适用	一、房产类型子目	1				—
	二、应税收入	2=3+4+5				
	1. 货币收入	3				
	2. 实物收入及其他收入	4				
	3. 视同销售收入	5				
	三、预征率（%）	6				—

申报类型	项目	序号	金额			
			普通住宅	非普通住宅	其他类型房地产	总额
2. 从事房地产开发的纳税人清算适用　3. 从事房地产开发的纳税人按核定征收方式清算适用　4. 纳税人整体转让在建工程适用	一、转让房地产收入总额	1=2+3+4				
	1. 货币收入	2				
	2. 实物收入及其他收入	3				
	3. 视同销售收入	4				
	二、扣除项目金额合计	5=6+7+14+17+21+22				
	1. 取得土地使用权所支付的金额	6				
	2. 房地产开发成本	7=8+9+10+11+12+13				
	其中：土地征用及拆迁补偿费	8				
	前期工程费	9				
	建筑安装工程费	10				
	基础设施费	11				
	公共配套设施费	12				
	开发间接费用	13				
	3. 房地产开发费用	14=15+16				
	其中：利息支出	15				
	其他房地产开发费用	16				
	4. 与转让房地产有关的税金等	17=18+19+20				
	其中：营业税	18				
	城市维护建设税	19				
	教育费附加	20				

续表

申报类型	项目		序号	金额			总额
				普通住宅	非普通住宅	其他类型房地产	
2. 从事房地产开发的纳税人清算适用	5. 财政部规定的其他扣除项目		21				
	6. 代收费用（纳税人整体转让在建工程不填此项）		22				
	三、增值额		23=1-5				
	四、增值额与扣除项目金额之比（%）		24=23÷5				
3. 从事房地产开发的纳税人按核定征收方式清算适用	五、适用税率（核定征收率）（%）		25				
	六、速算扣除系数（%）		26				
4. 纳税人整体转让在建工程适用	七、减免税额		27=29+31+33				
	其中：减免税（1）	减免性质代码和项目名称（1）	28				
		减免税额（1）	29				
	减免税（2）	减免性质代码和项目名称（2）	30				
		减免税额（2）	31				
	减免税（3）	减免性质代码和项目名称（3）	32				
		减免税额（3）	33				
5. 从事房地产开发的纳税人清算后尾盘销售适用	一、转让房地产收入总额		1=2+3+4				
	1. 货币收入		2				
	2. 实物收入及其他收入		3				

续表

申报类型	项目		序号	金额			
				普通住宅	非普通住宅	其他类型房地产	总额
	3. 视同销售收入		4				
	二、扣除项目金额合计		5=6×7+8				
	1. 本次清算后尾盘销售的销售面积		6				
	2. 单位成本费用		7				
	3. 本次与转让房地产有关的税金		8=9+10+11				
	其中：营业税		9				
	城市维护建设税		10				
	教育费附加		11				
	三、增值额		12=1-5				
	四、增值额与扣除项目金额之比（%）		13=12÷5				
	五、适用税率（核定征收率）（%）		14				
5. 从事房地产开发的纳税人清算后尾盘销售适用	六、速算扣除系数（%）		15				
	七、减免税额		16=18+20+22				
	其中：减免税（1）	减免性质代码和项目名称（1）	17				
		减免税额（1）	18				
	减免税（2）	减免性质代码和项目名称（2）	19				
		减免税额（2）	20				
	减免税（3）	减免性质代码和项目名称（3）	21				
		减免税额（3）	22				

（二）

1. 目的：对非房地产开发企业应纳土地增值税的税额进行计算及纳税申报。

2. 资料：广州玉龙有限责任公司是一家商业企业，该公司坐落于广州番禺市桥大北路328号，会计主管为张晓媚，税务会计为刘大伟，该公司在中国建设银行广州番禺支行开设基本户，银行账户为：5601323521263213，其主管税务机关为广州市税务局番禺分局，其统一社会信用代码：440104618612222322，2022年5月12日，该公司将其位于广州番禺市桥大北路128号的一栋房产转让，收取价款890万元，交纳印花税0.445万元。有关该栋房产的其他相关资料如下：

（1）该公司于2018年3月购置了该房产，在购置时支付了购房价款500万元，缴纳契税15万元（取得契税完税凭证）。

（2）出售该房产时因某种原因无法取得评估价格，公司在出售房产时按相关规定缴纳了允许扣除的城市维护建设税1.716万元，允许扣除的教育费附加0.735万元。

3. 要求：

（1）确定该公司计算土地增值税时可扣除的项目及金额。

（2）计算该公司所售房产的增值额。

（3）计算该公司所售房产的增值率。

（4）计算该公司所售房产应纳的土地增值税。

（5）为该公司填写纳税申报表（见表7-4至表7-6），进行纳税申报。

表 7-4　财产和行为税纳税申报表

纳税人识别号（统一社会信用代码）：

纳税人名称：

金额单位：人民币元（列至角分）

序号	税种	税目	税款所属期起	税款所属期止	计税依据	税率	应纳税额	减免税额	已缴税额	应补（退）税额
1										
2										
3										
4										
5										
6										
7										
8										
9										
10										
11	合计	—	—	—	—	—				

声明：此表是根据国家税收法律法规及相关规定填写的，本人（单位）对填报内容（及附带资料）的真实性、可靠性、完整性负责。

纳税人（签章）：　　　　　　　　　　　年　　月　　日

经办人：

经办人身份证号：

代理机构签章：

代理机构统一社会信用代码：

受理人：

受理税务机关（章）：

受理日期：　　　年　　月　　日

表 7-5　财产和行为税减免税明细申报附表

纳税人识别号（统一社会信用代码）：
纳税人名称：

金额单位：人民币元（列至角分）

| | | 本期是否适用增值税小规模纳税人减征政策 | □是　□否 | 本期适用增值税小规模纳税人减征政策起始时间 | 年　　月 |
| | | | | 本期适用增值税小规模纳税人减征政策终止时间 | 年　　月 |

合计减免税额

土地增值税

序号	项目编号	税款所属期起	税款所属期止	减免性质代码和项目名称	减免税额
1					
2					
小计	—			—	

声明：此表是根据国家税收法律法规及相关规定填写的，本人（单位）对填报内容（及附带资料）的真实性、可靠性、完整性负责。

纳税人（签章）：　　　　　　　年　　月　　日

经办人：
经办人身份证号：
代理机构签章：
代理机构统一社会信用代码：

受理人：
受理税务机关（章）：
受理日期：　　年　　月　　日

表 7-6 土地增值税税源明细表

税款所属期限：自 年 月 日至 年 月 日

纳税人识别号（统一社会信用代码）：

纳税人名称：

金额单位：人民币元（列至角分）；面积单位：平方米

土地增值税项目登记表（从事房地产开发的纳税人适用）			
项目名称		项目地址	
土地使用权受让（行政划拨）合同号		受让（行政划拨）时间	
总预算成本		单位预算成本	
建设项目起讫时间			
项目详细坐落地点			
开发建筑总面积			
开发土地总面积		房地产转让合同名称	
转让次序	转让土地面积（按次填写）	转让建筑面积（按次填写）	转让合同签订日期（按次填写）
第 1 次			
第 2 次			
……			
备注			
土地增值税申报计算及减免信息			

申报类型：

1. 从事房地产开发的纳税人预缴适用□

2. 从事房地产开发的纳税人清算适用□

3. 从事房地产开发的纳税人按核定征收方式清算适用□

续表

土地增值税申报计算及减免信息

4. 纳税人整体转让在建工程适用□

5. 从事房地产开发的纳税人清算后尾盘销售适用□

6. 转让旧房及建筑物的纳税人适用□

7. 转让旧房及建筑物的纳税人核定征收适用□

项目名称		项目编码	
项目地址			

项目总可售面积	其中：普通住宅已售面积	自用和出租面积	其中：非普通住宅已售面积	其中：其他类型房地产已售面积 0
已售面积				
清算时已售面积		清算后剩余可售面积		

一、转让房地产收入总额		1=2+3+4
1. 货币收入		2
2. 实物收入		3
3. 其他收入		4
二、扣除项目金额合计		（1）5=6+7+10+15 （2）5=11+12+14+15
6. 转让旧房及建筑物的纳税人适用 7. 转让旧房及建筑物的纳税人核定征收适用	（1）提供评估价格	
	1. 取得土地使用权所支付的金额	6
	2. 旧房及建筑物的评估价格	7=8×9

续表

	其中：旧房及建筑物的重置成本价		8
	3. 成新度折扣率		9
	评估费用		10
	（2）提供购房发票		
	1. 购房发票金额		11
	2. 发票加计扣除金额		12=11×5%×13
	其中：房产实际持有年数		13
	3. 购房契税		14
	4. 与转让房地产有关的税金等		15=16+17+18+19
	其中：营业税		16
	城市维护建设税		17
	印花税		18
6. 转让旧房及建筑物的纳税人适用	教育费附加		19
	三、增值额		20=1-5
	四、增值额与扣除项目金额之比（%）		21=20÷5
	五、适用税率（核定征收率）（%）		22
7. 转让旧房及建筑物的纳税人核定征收适用	六、速算扣除系数（%）		23
	七、减免税额		24=26+28+30
	其中：减免税（1）	减免性质代码和项目名称（1）	25
		减免税额（2）	26
	减免税（2）	减免性质代码和项目名称（2）	27
		减免税额（2）	28
	减免税（3）	减免性质代码和项目名称（3）	29
		减免税额（3）	30

项目八
资源税办税业务

【学习目标】

通过本项目的学习，能准确界定资源税的征税范围、判别资源税的纳税人；能确定资源税的计税依据，选择适用的税率，正确计算各纳税人应纳的资源税额；能填写准确、完整的资源税纳税申报相关表格。

【标志性成果】

提交填写完整、准确的资源税纳税申报相关表格。

【重点难点】

重点：征税范围、计税依据和适用税率，资源税的计算。
难点：计税依据的确定。

【主要业务】

业务流程	业务内容	处理方法
1. 资源税的综合知识	（1）资源税的定义	资源税主要是对在中华人民共和国领域和中华人民共和国管辖的其他海域开发应税资源的单位和个人征收的一种税
	（2）资源税的特点	征税范围较窄；实行差别税额征收；实行源泉课征

续表

业务流程	业务内容	处理方法
2. 资源税的基本要素	（1）征税范围的确定	我国资源税有五个税目，同时还设有若干个子目。 能源矿产、金属矿产、非金属矿产、水气矿产、盐
	（2）纳税人的确定	资源税的纳税人是中华人民共和国领域和中华人民共和国管辖的其他海域开发应税资源的单位和个人。这里的单位和个人包括外商投资企业、外国企业和外籍人员
	（3）适用税率的确定	我国资源税采用幅度比例税率和定额税率两种形式。其中，地热、石灰岩、砂石、矿泉水、天然卤水等可采用定额税率。 资源税税目税率如下所示：

税目			征税对象	税率幅度
能源矿产	原油		原矿	6%
	天然气、页岩气、天然气水合物		原矿	6%
	煤		原矿或者选矿	2%～10%
	煤成（层）气		原矿	1%～2%
	铀、钍		原矿	4%
	油页岩、油沙、天然沥青、石煤		原矿或选矿	1%～4%
	地热		原矿	1%～20% 或者每立方米 1～30 元
金属矿产	黑色金属	铁、锰、铬、钒、钛	原矿或选矿	1%～9%
	有色金属	铜、铅、锌、锡、锑、镁、钴、铋、汞	原矿或选矿	2%～10%
		铝土矿	原矿或选矿	2%～9%
		钨	选矿	6.5%
		钼	选矿	8%
		金、银	原矿或选矿	2%～6%
		铂、钯、钌、锇、铱、铑	原矿或选矿	5%～10%
		轻稀土	选矿	7%～12%
		中重稀土	选矿	20%
		铍、锂、锆、锶、铷、铯、铌、钽、锗、镓、铟、铊、铪、铼、镉、硒、碲	原矿或选矿	2%～10%

续表

业务流程	业务内容	处理方法			

续表

			税目	征税对象	税率幅度
2. 资源税的基本要素	（3）适用税率的确定	非金属矿产	矿物类	高岭土	原矿或选矿	1% ~ 6%
				石灰岩	原矿或选矿	1% ~ 6% 或者每吨（或者每立方米）1 ~ 10 元
				磷	原矿或选矿	3% ~ 8%
				石墨	原矿或选矿	3% ~ 12%
				萤石、硫铁矿、自然硫	原矿或选矿	1% ~ 8%
				天然石英砂、脉石英、粉石英、水晶、工业用金刚石、冰洲石、蓝晶石、硅线石、（矽线石）、长石、滑石、刚玉、菱镁矿、颜料矿物、天然碱、芒硝、钠销石、明矾石、砷、硼、碘、溴、膨润土、硅藻土、陶瓷土、耐火粘土、铁钒土、凹凸棒石粘土、海泡石粘土、伊利石粘土、累托石粘土	原矿或选矿	1% ~ 12%
				叶蜡石、硅灰石、透辉石、珍珠岩、云母、沸石、重晶石、毒重石、方解石、蛭石、透闪石、工业用电器石、白垩、石棉、蓝石棉、红柱石、石榴子石、石膏	原矿或选矿	2% ~ 5% 或者每吨（或者每立方米）0.1 ~ 5 元
				其他粘土（铸型类粘土、砖瓦类粘土、陶粒用粘土、水泥配料用红土、水泥配料用黄土、水泥配料用泥岩、保温材料用粘土）	原矿或选矿	1% ~ 5% 或者每吨（或者每立方米）0.1 ~ 5 元
			岩石类	大理石、花岗岩、白云岩、石英岩、砂岩、辉绿岩、安山岩、闪长岩、板岩、玄武岩、片麻岩、角闪岩、页岩、浮石、凝灰岩、黑曜岩、霞石正长岩、蛇纹岩、麦饭石、泥灰石、含钾岩石、含钾砂页岩、天然油石、橄榄岩、松脂岩、粗面岩、辉长岩、辉石岩、正长岩、火山灰、火山渣、泥炭	原矿或选矿	1% ~ 10%
				砂石	原矿或选矿	1% ~ 5% 或者每吨（或者每立方米）0.1 ~ 5 元
			宝玉石类	宝石、玉石、宝石级金刚石、玛瑙、黄玉、碧玺	原矿或选矿	4 ~ 20%

续表

业务流程	业务内容	处理方法

续表

		税目	征税对象	税率幅度
2. 资源税的基本要素	（3）适用税率的确定	水气矿产：二氧化碳、硫化氢气、氦气、氡气	原矿	2%～5%
		矿泉水	原矿	1%～20%或者每立方米1～30元
		盐：钠盐、钾盐、镁盐、锂盐	选矿	3%～15%
		天然卤水	原矿	3%～15%或者每吨（或者每立方米）1～10元
		海盐		2%～5%
	（4）税收优惠	对实际开采年限在15年以上的衰竭期煤矿开采的煤炭，资源税减征30%。衰竭期煤矿，是指剩余可采储量下降到原设计可采储量的20%（含）以下，或者剩余服务年限不超过5年的煤矿； 对充填开采置换出来的煤炭，资源税减征50%（注：纳税人开采的煤炭，同时符合上述减税情形的，纳税人只能选择其中一项执行，不能叠加适用）； 纳税人开采或者生产应税产品过程中，因意外事故或者自然灾害等原因遭受重大损失的，由省、自治区、直辖市人民政府酌情决定减税或者免税； 对油田范围内运输稠油过程中用于加热的原油、天然气免征资源税； 对稠油、高凝油和高含硫天然气资源税减征40%； 对三次采油资源税减征30%； 对依法在建筑物下、铁路下、水体下通过充填开采方式采出的矿产资源，资源税减征50%
3. 应纳税额的计算	（1）确定计税依据	资源税实行从价定率或者从量定额的计税办法，计税依据为应税产品的销售额或销售量。 应税产品销售额的确定：销售额为纳税人销售应税产品向购买方收取的全部价款和价外费用，但不包括收取的增值税销项税额和运杂费用。 应税产品课税数量的确定： 基本方法：纳税人开采或者生产应税产品销售的，以销售数量为课税数量；纳税人开采或者生产应税产品自用的，以自用（非生产用）数量为课税数量 特殊情形下销售额的确定： ① 纳税人既对外销售应税产品，又将应税产品自用于除连续生产应税产品以外的其他方面的，则自用的这部分应税产品，应按纳税人对外销售应税产品的平均价格计算销售额征收资源税。 ② 纳税人将其开采的应税产品直接出口的，应按其不含增值税的离岸价格计算销售额征收资源税。

续表

业务流程	业务内容	处理方法
3. 应纳税额的计算	（1）确定计税依据	③ 视同销售情形。纳税人有视同销售应税产品行为而无销售价格的，或申报的应税产品销售额明显偏低且无正当理由的，除另有规定外，按下列顺序确定销售额： a. 按纳税人最近时期同类产品的平均销售价格确定； b. 按其他纳税人最近时期同类产品的平均销售价格确定； c. 按后续加工非应税产品销售价格，减去后续加工环节的成本利润后确定； d. 组成计税价格＝成本 ×（1 ＋ 成本利润率）÷（1 － 资源税税率）； e. 按其他合理的方法确定
	（2）应纳资源税的确定	从价计征： 根据应税产品的销售额和规定的适用税率可以计算应纳税额，具体计算公式为： $$应纳税额＝销售额 × 适用税率$$ 从量计征： 根据应税产品的课税数量和规定的单位税额可以计算应纳税额，具体计算公式为： $$应纳税额＝课税数量 × 单位税额$$ $$代扣代缴应纳税额＝收购未税矿产品的数量 × 单位税额$$
4. 资源税纳税申报	（1）缴纳地点	凡是缴纳资源税的纳税人，都应当向应税产品的开采或者生产所在地主管税务机关缴纳税款； 如果纳税人在本省、自治区、直辖市范围内开采或者生产应税产品，其纳税地点需要调整的，由所在地省、自治区、直辖市税务机关决定； 如果纳税人应纳的资源税属于跨省开采，其下属生产单位与核算单位不在同一省、自治区、直辖市的，对其开采的矿产品一律在开采地纳税，其应纳税款由独立核算、自负盈亏的单位，按照开采地的实际销售量（或者自用量）及适用的单位税额计算划拨； 扣缴义务人代扣代缴的资源税，应当向收购地主管税务机关缴纳
	（2）纳税时间	纳税人销售应税产品，其纳税义务发生时间为：采取分期收款结算方式，为销售合同规定的收款日期的当天；采取预收货款结算方式的，为发出应税产品的当天；采取其他结算方式的，为收讫销售款或取得索取销售款凭据的当天；纳税人自产自用应税产品的纳税义务发生时间，为移送使用应税产品的当天。 扣缴义务人代扣代缴税款的纳税义务发生时间，为支付货款的当天
	（3）纳税期限	资源税按月或者按季申报缴纳，不能按固定期限计算纳税的，可以按次计算纳税。 纳税人按月或者按季申报缴纳的，应当自月度或季度终了之日起 15 日内申报缴纳；按次申报缴纳的，应当自纳税义务发生之日起 15 日内申报缴纳
	（4）申报方法	直接报送； 网上申报

【典型例题分析】

一、单项选择题

1. 下列关于我国现行的资源税的说法中，不正确的是（　　）。

    A. 我国现行资源税的征税对象是所有具有商品属性的资源

    B. 开征资源税弥补了增值税调节作用不足的缺陷

    C. 资源税具有受益税的性质

    D. 资源税的立法原则为普遍征收、级差调节

    【答案】A

    【分析】选项A，我国现行资源税的征税对象既不是全部的自然资源，也并非对所有具有商品属性的资源都征税，而主要选择对矿产资源进行征税。

2. 下列各项属于资源税征税范围的是（　　）。

    A. 人造石油

    B. 进口的天然气

    C. 铜矿精矿

    D. 石灰岩

    【答案】D

    【分析】选项ABC，不属于资源税征税范围。选项D，石灰岩属于其他非金属矿产，属于资源税征税范围。

3. 下列各项行为中既缴纳增值税，又缴纳资源税的是（　　）。

    A. 工业企业生产销售居民用煤炭制品

    B. 盐场生产销售钾盐

    C. 外贸企业进口大理石

    D. 煤矿将自产原煤移送加工洗煤

    【答案】B

    【分析】选项AC，需要缴纳增值税，但是不缴纳资源税；选项D，不缴纳资源税，也不缴纳增值税。

4. 某锰矿企业2022年8月开采锰矿原矿6 000吨，直接对外销售4 000吨，移送部分锰矿原矿用于入选锰精矿900吨，当月对外销售锰精矿800吨，无偿赠送给关联企业50吨锰精矿。锰矿原矿每吨不含税售价600元，锰矿石适用的资源税税率为5%。该锰矿企业当月应缴纳资源税（　　）元。

    A. 24 000   　　　　　　B. 29 100

    C. 145 500   　　　　　　D. 33 000

    【答案】C

    【分析】该锰矿企业当月应缴纳资源税＝［4 000+（800+50）］×600×5%=145 500（元）。

5. 某独立矿山主要开采铜矿石和锰矿石两种原矿，该独立矿山2022年6月开采铜矿石900吨、锰矿石500吨，当月销售两种矿石共计700吨，未分别核算铜矿石和锰矿石的销售数量。已知该独立矿山适用的资源税锰矿石税率为5%，铜矿石税率为6%。锰矿石售价600元/吨，

铜矿石售价 2 000 元 / 吨。该独立矿山 2022 年 6 月应缴纳资源税（　　）元。

A. 84 000　　　　　　　　　　　　B. 4 200

C. 6 300　　　　　　　　　　　　　D. 9 300

【答案】A

【分析】纳税人开采或生产不同税目应税产品的，应当分别核算不同税目应税产品的销售额或销售数量；未分别核算或不能准确提供不同税目应税产品的销售额或销售数量的，从高适用税率。该独立矿山 2022 年 6 月应缴纳的资源税 =700×2 000×6%=84 000（元）。

6. 某煤矿 2022 年 10 月开采原煤 900 吨，以分期收款方式销售原煤 600 吨，合同约定本月应收取 80% 的货款，由于购买方资金紧张，该煤矿当月实际只收取 50% 的货款；另将部分原煤移送加工成洗煤 100 吨，折算比为 80%，所加工的洗煤当月全部销售。已知原煤适用的资源税税率为 10%，洗煤适用税率为 80%，原煤每吨售价 500 元，洗煤每吨售价 1 000 元，则该煤矿 2022 年 10 月应缴纳资源税（　　）元。

A. 25 500　　　　　　　　　　　　B. 16 500

C. 17 400　　　　　　　　　　　　D. 30 400

【答案】D

【分析】纳税人采用分期收款结算方式销售应税产品的，资源税纳税义务发生时间为销售合同规定的收款日期的当天。该煤矿 2022 年 10 月应缴纳资源税 =600×80%×10%×500+100×80%×8%×1 000=30 400（元）。

7. 某天然气开采企业 2022 年 8 月进口天然气 800 万立方米，在境内专门开采天然气 600 万立方米，当月对外销售天然气 1 200 万立方米（含进口天然气 700 万立方米），取得不含增值税销售收入 2 400 万元，已知天然气的资源税税率为 10%。该企业 2022 年 8 月应缴纳资源税（　　）万元。

A. 100　　　　　　　　　　　　　　B. 60

C. 80　　　　　　　　　　　　　　　D. 120

【答案】A

【分析】进口天然气不需要计算缴纳资源税。该企业 2022 年 8 月应缴纳资源税 =2 400÷1 200×（1 200−700）×10%=100（万元）。

8. 某煤矿 2022 年 8 月开采原煤 2 000 吨，直接对外销售 600 吨，当月职工食堂领用原煤 10 吨。当月还领用部分原煤生产洗煤 800 吨，当月销售洗煤 450 吨，捐给受灾地区 120 吨洗煤。已知原煤适用的资源税税率为 10%，洗煤适用的资源税税率为 8%，原煤和洗煤每吨售价 500 元，洗煤每吨售价 1 000 元，则该煤矿 2022 年 8 月应缴纳资源税（　　）元。

A. 48 800　　　　　　　　　　　　B. 94 400

C. 76 100　　　　　　　　　　　　D. 16 000

【答案】C

【分析】纳税人自产的应税产品用于非生产项目的，视同销售计征资源税。该煤矿 2022 年 8 月应缴纳资源税 =（600+10）×10%×500+（450+120）×8%×1 000=76 100（元）。

9. 北京某独立矿山到河北石家庄收购未税的锰矿石原矿，该独立矿山收购以后到山西太原销售，已知收购合同在天津签订。则该独立矿山代扣代缴资源税时，应当向（　　）主管税务机关缴纳。

A. 北京   B. 天津

C. 太原   D. 石家庄

【答案】D

【分析】扣缴义务人代扣代缴的资源税，应当向收购地主管税务机关缴纳。所以该独立矿山收购未税锰矿石原矿代扣代缴资源税时，应当向收购地即石家庄的主管税务机关缴纳。

二、多项选择题

1. 下列行为中应计算缴纳资源税的有（   ）。

   A. 油田出口自行开采的天然原油

   B. 外贸企业出口收购的钾盐

   C. 独立矿山将自产锰矿原矿移送入选锰精矿

   D. 煤矿自产原煤用于职工食堂

   E. 开采原油过程中将自产原油移送用于加热、修井

   【答案】AD

   【分析】选项B，对于钾盐由生产单位在销售或者视同销售时缴纳资源税，外贸企业收购后出口，不属于资源税纳税人，不缴纳资源税；选项C，原矿加工为选矿产品，在原矿移送环节不缴纳资源税，在选矿销售或自用于应纳资源税情形时计征资源税；选项E，开采原油过程中用于加热、修井的原油，免征资源税。

2. 根据资源税的有关规定，下列表述正确的有（   ）。

   A. 纳税人开采伴生矿减征或免征资源税

   B. 煤炭开采企业因安全生产需要抽采的煤成（层）气免征资源税

   C. 纳税人开采低品位矿减征或免征资源税

   D. 纳税人开采尾矿减征或免征资源税

   【答案】ABCD

   【分析】资源税税收优惠政策。

3. 某油田为增值税一般纳税人，2022年8月开采原油15万吨，当月销售12万吨，取得不含税销售额42 000万元；开采原油过程中用于加热、修井的原油为1万吨，剩余2吨库存待售；与原油同时开采的天然气700万立方米，当月销售600万立方米，取得不含税销售额850万元，剩余100万立方米无偿赠送给大客户。原油、天然气适用的资源税税率均为10%，下列说法正确的有（   ）。

   A. 加热、修井耗用的原油不属于增值税和资源税的征税范围

   B. 加热、修井耗用的原油免征资源税，但应征收增值税

   C. 该油田当月对原油应缴纳资源税2 275万元

   D. 该油田当月对天然气应缴纳资源税99.17万元

   E. 该油田当月增值税销项税额为5 549.25万元

   【答案】DE

   【分析】开采原油过程中用于加热、修井的原油，免征资源税；不属于增值税视同销售，

不征收增值税。该油田当月对原油应缴纳资源税 $=42\,000×10\%=4\,200$（万元）；对天然气应缴纳资源税 $=850/600×700×10\%=99.17$（万元）；对于当月增值税销项税额 $=42\,000×13\%+850/600×700×9\%=5\,549.25$（万元）。

4. 根据资源税的有关规定，下列关于资源税纳税义务发生时间的表述中，正确的有（　　　　　）。

    A. 纳税人采取分期收款结算方式销售应税产品的，其纳税义务发生时间为发出应税产品的当天

    B. 纳税人采取预收货款结算方式销售应税产品的，其纳税义务发生时间为收到预收款的当天

    C. 纳税人自产自用应税产品的，其纳税义务发生时间为移送使用应税产品的当天

    D. 扣缴义务人代扣代缴资源税的，其纳税义务发生时间为货款全额支付的当天

    E. 纳税人采取除分期收款和预收货款以外的其他结算方式销售应税产品的，其纳税义务发生时间为收讫销售款或取得销售款凭证的当天

    【答案】CE

    【分析】选项 A，纳税人采取分期收款方式销售应税产品的，其纳税义务发生时间为销售合同规定的收款日期的当天；选项 B，纳税人采取预收货款方式销售应税产品的，其纳税义务发生时间为发出应税产品的当天；选项 D，扣缴义务人代扣代缴资源税的，其纳税义务发生时间为支付首笔货款或首次开具支付货款凭据的当天。

5. 根据资源税的有关规定，下列表述正确的有（　　　　　）。

    A. 纳税人应纳的资源税，应当向应税产品的开采或者生产所在地主管税务机关缴纳

    B. 资源税纳税人的减税、免税项目，未单独核算销售额或者销售数量的，由主管税务机关核定销售额或销售数量

    C. 纳税人开采或者生产应税产品的过程中，因意外事故或者自然灾害等原因遭受重大损失的，一律免征资源税

    D. 一般情况下，资源税纳税人的应纳税额越大，纳税期限越长

    E. 不定期开采矿产品的纳税人，可以按次计算缴纳资源税

    【答案】AE

    【分析】选项 B，纳税人的减税、免税项目，应当单独核算销售额或者销售数量，未单独核算或者不能准确提供销售额或者销售数量的，不予减税或者免税；选项 C，纳税人开采或者生产应税产品的过程中，因意外事故或者自然灾害等原因遭受重大损失的，由省、自治区、直辖市人民政府酌情决定减税或者免税；选项 D，一般情况下，资源税纳税人的应纳税额越大，纳税期限越短。

6. 根据资源税的有关规定，下列表述不正确的有（　　　　　）。

    A. 纳税人跨省开采资源税应税产品的，一律在总机构所在地汇总缴纳资源税

    B. 资源税按月或按季申报缴纳，不能按固定期限计算缴纳的可以按次申报缴纳

    C. 纳税人自产应税产品用于连续生产应税产品的，于移送时缴纳资源税

    D. 纳税人在本省范围内开采应税资源，纳税地点需要调整的，由省人民政府决定

    【答案】ACD

    【分析】选项 AD，纳税人应向应税产品开采地或者生产地的税务机关申报缴纳资源税，

跨省开采资源税应税产品的，其下属生产单位与核算单位不在同一省、自治区、直辖市的，对其开采或生产的应税产品，一律在开采地或者生产地纳税；选项 C，纳税人开采或者生产应税产品，自用于连续生产应税产品的，不缴纳资源税。

7. 某煤矿为增值税一般纳税人，2022 年 8 月采取分期收款方式销售开采的原煤 80 吨，每吨不含税单价 500 元，合同约定本月收取 1/4 货款，其余货款下月收回，由于购买方资金紧张，当月实际收取不含税价款 8 000 元。当月还销售开采原煤过程中生产的天然气 130 千立方米，取得不含税销售收入 30 万元。以部分原煤生产洗煤，当月销售洗煤 240 吨，取得不含税销售收入 24 万元。已知：该煤矿当月可抵扣的进项税额为 3 700 元，原煤适用的资源税税率为 10%，洗煤适用的资源税税率为 8%，天然气适用的资源税税率为 10%。则对于上述业务的税务处理，下列表述正确的有（   ）。

A. 销售天然气应缴纳资源税 15 000 元

B. 该煤矿当月应缴纳资源税 17 480 元

C. 该煤矿当月应缴纳资源税 50 200 元

D. 该煤矿当月应缴纳增值税 70 660 元

E. 该煤矿当月应缴纳增值税 55 800 元

【答案】CE

【分析】该煤矿应缴纳增值税 =80×500×1/4×13%+30×10 000×9%+24×10 000×13%−3 700=55 800（元）；该煤矿应缴纳资源税 =80×500× 10%×1/4+300 000×10%×8%+240 000×8%=50 200（元）。

三、判断题

1. 对开采主矿产品过程中伴采的其他应税矿产品，一律按主矿产品税目征收资源税。
（   ）

【答案】×

【分析】纳税人开采伴生矿减征或免征资源税。

2. 某矿开采铁矿石和锰矿石两种矿石，适用的资源税税率分别为 6% 和 5%，由于种种原因，未分别核算两种矿石的课税数量。该矿 6 月份销售矿石共 1 000 吨，铁矿石和锰矿石售价分别为 500 元 / 吨和 600 元 / 吨，其应纳资源税额应为 10 000 元。（   ）

【答案】×

【分析】1 000×600×6%=36 000（元），未分别核算，从高适用税率。

3. 水资源税实行从价计征。（   ）

【答案】×

【分析】水资源税实行从量计征。

4. 某生产单位出口应税资源矿产品时，出口环节应退免资源税。（   ）

【答案】×

【分析】出口应税资源矿产品不退免资源税。

5. 纳税人开采应税产品直接用于生产加工非应税产品的部分不计缴资源税。（   ）

【答案】×

　　【分析】纳税人开采或生产应税产品自用于连续生产应税产品的，不缴纳资源税；自用于其他方面的，视同销售，依法缴纳资源税。

【职业能力训练】

一、单项选择题

1. 下列企业既是增值税纳税人，又是资源税纳税人的是（　　）。
   - A. 进口铁矿石的贸易公司
   - B. 销售自产液体盐的盐场
   - C. 销售外购天然气的贸易公司
   - D. 在境外开采有色金属矿产品的企业

2. 纳税人开采或者生产不同税目应税产品，但未分别核算不同税目应税产品的销售额或者销售数量的，下列关于其资源税税务处理的表述正确的是（　　）。
   - A. 从高适用税率
   - B. 从低适用税率
   - C. 由主管税务机关核定不同税目应税产品的销售额或销售数量，按各自的税率分别计算纳税
   - D. 由省人民政府确定，报财政部和国家税务总局备案

3. 某油田 2022 年 10 月开采原油 1 000 吨，销售 600 吨，在开采原油过程中加热、修井使用原油 50 吨，已知每吨原油含增值税的售价为 5 650 元，原油适用的资源税税率为 6%。则该油田当月应缴纳的资源税为（　　）元。
   - A. 30
   - B. 50
   - C. 180 000
   - D. 250 000

4. 下列关于资源税的说法，正确的是（　　）。
   - A. 开采原煤和进口原煤均缴纳资源税
   - B. 资源税属于特定行为税
   - C. 出口应税矿产品可退还资源税
   - D. 目前我国开征的资源税是以部分自然资源为课税对象，对在我国领域和我国管辖的其他海域开发应税资源的单位和个人，就其应税产品销售额或销售数量和自用数量为计税依据而征收的一种税

5. 位于河北省的某水资源开采企业，2022 年 5 月利用取水工程直接取用地表水，实际取用水量为 55 000 立方米，对外销售水量为 38 000 立方米，适用税额为每立方米 1 元。该企业当月应缴纳资源税（　　）元。
   - A. 38 000
   - B. 55 000
   - C. 17 000
   - D. 27 500

6. 某油田 2022 年 5 月份销售原油 86 000 吨，收取不含增值税价款 34 400 万元；销售与原油同时开采的天然气 47 500 千立方米，收取不含税价款 2 375 万元；自用原油 25 吨，其中 18 吨用于本企业在建工程，7 吨用于修井。原油、天然气的资源税税率均为 6%。该油

田本月应纳资源税为（　　　）万元。

A. 2 000.00

B. 1 838.75

C. 2 206.93

D. 1 926.25

7. 企业生产或开采的下列资源产品中，不征收或免征资源税的是（　　　）。

A. 开采原油以及在油田范围内运输原油过程中用于加热的原油、天然气

B. 深水油气田开采的天然气

C. 高含硫天然气

D. 高凝油

8. 下列企业属于资源税纳税义务人的是（　　　）。

A. 生产销售食用盐的工厂

B. 进口原煤的上市公司

C. 销售外购已税原煤的企业

D. 开采铁矿石的上市公司

9. 下列各项中，不属于资源税征税范围的是（　　　）。

A. 天然原油

B. 矿泉水

C. 与原油同时开采的天然气

D. 超市的食用盐

10. 盐的税率为（　　　）。

A. 从价征收

B. 从量征收

C. 从价征收和从量征收

D. 从价征收或从量征收

11. 目前水资源（　　　）征收资源税。

A. 要

B. 不用征收

C. 视具体情况

D. 对河北省等试点

12. 某天然气开采企业2022年10月在境内开采天然气200万立方米，当月对外销售100万立方米，取得不含税销售收入220万元；另将剩余的100万立方米发放给职工作为福利，天然气适用的资源税税率为6%。则该天然气开采企业2022年10月应缴纳资源税（　　　）万元。

A. 22

B. 26.4

C. 11

D. 25.64

13. 北京某独立核算的煤炭企业，其一个下属生产单位在河北省。2022年9月该企业开采原煤480万吨（其中包含河北省生产单位开采的90万吨），当月销售原煤360万吨（其中含河北省生产单位开采的50万吨）。已知北京开采的原煤适用的资源税税率为10%，原煤每吨售价500元，河北省开采的原煤适用的资源税税率为8%，原煤每吨售价400元。则该企业2022年9月在北京应缴纳资源税（　　　）万元。

A. 1 500

B. 15 500

  C. 9 250   D. 9 750

14. 根据资源税的有关规定，纳税人按月或按季申报缴纳资源税的，应当自月度或季度终了之日起（　　）内申报缴纳资源税。

  A. 5 日   B. 10 日

  C. 15 日   D. 30 日

15. 下列属于资源税纳税义务人的是（　　）。

  A. 出口外购铁矿石的外贸企业

  B. 销售外购原煤的商贸企业

  C. 进口天然气的外贸企业

  D. 销售自产固体盐的国有企业

16. 下列关于水资源税征收管理的表述中，不正确的是（　　）。

  A. 在试点省份内取用水，其纳税地点需要调整的，由省级财政、税务部门决定

  B. 水资源的纳税义务发生时间为纳税人取用水资源的当日

  C. 纳税人应当自纳税期满或者纳税义务发生之日起 15 日内申报缴纳水资源税

  D. 水资源税按年征收

二、多项选择题

1. 下列原则中，属于资源税的立法原则的有（　　）。

  A. 平等互利原则   B. 级差调节原则

  C. 个别征收原则   D. 普遍征收原则

  E. 效率优先原则

2. 下列关于资源税的表述中，正确的有（　　）。

  A. 对所有自然资源征税

  B. 具有受益税性质

  C. 具有级差收入税的特点

  D. 征收资源税既弥补了增值税调节作用之不足，又为所得税创造了利润水平大致均衡的征收基础

  E. 征收资源税是实现资源产品或从事开发自然资源的企业增值额中 $V+M$ 比例关系合理化的手段

3. 下列各项中，属于资源税征税范围的有（　　）。

  A. 天然原油

  B. 黑色金属矿原矿

  C. 选煤

  D. 与原油同时开采的天然气

4. 下列各项属于资源税纳税人的有（　　）。

  A. 在中国境内开采原煤销售的国有企业

  B. 在中国管辖海域开采原油自用的油田

  C. 在中国境内生产销售盐的工业企业

D. 进口天然原油的军事单位

5. 下列关于资源税纳税义务发生时间的表述中，正确的有（   ）。

 A. 纳税人自产自用应税产品的，其纳税义务发生时间为移送使用应税产品的当天

 B. 纳税人采取预收货款结算方式销售应税产品的，其纳税义务发生时间为发出应税产品的当天

 C. 纳税人采取分期收款结算方式销售应税产品的，其纳税义务发生时间为签订合同的当天

 D. 纳税人采取直接收款结算方式销售应税产品的，其纳税义务发生时间为收讫销售款或者取得销售款凭据的当天

6. 下列关于资源税的说法，不正确的有（   ）。

 A. 资源税采取从价定率或者从量定额的办法计征

 B. 出口自产固体盐的生产企业不属于资源税的纳税人

 C. 纳税人以 1 个月为一期纳税的，自期满之日起 15 日内申报缴纳资源税

 D. 纳税人应纳的资源税属于跨省开采，其下属生产单位与核算单位不在同一省、自治区、直辖市的，对其开采的矿产品一律在核算地纳税

7. 下列各项中需要同时征收增值税和资源税的有（   ）。

 A. 煤矿销售与原煤同时开采的天然气

 B. 自产原煤用于职工食堂

 C. 进口原油

 D. 油田销售开采的原油

8. 某天然气开采企业销售自行开采的天然气，应缴纳的税种有（   ）。

A. 增值税	B. 消费税
C. 环境保护税	D. 城市维护建设税

 E. 资源税

9. 根据资源税的有关规定，下列行为必须自行计算缴纳资源税的有（   ）。

 A. 纳税人开采应税产品，自用于连续生产非应税产品

 B. 纳税人开采应税产品，自用于非生产项目

 C. 开采原油过程中用于加热、修井的原油

 D. 纳税人开采应税产品过程中，因自然灾害遭受重大损失的

10. 下列各项中属于资源税的纳税期限的有（   ）。

A. 1 日	B. 3 日
C. 15 日	D. 1 个月

 E. 1 个季度

11. 根据资源税法律制度的有关规定，下列关于资源税减税、免税项目的表述中，正确的有（   ）。

 A. 开采原油过程中用于加热、修井的原油，免征资源税

 B. 纳税人的减税、免税项目，应当单独核算课税数量；未单独核算或者不能准确提供课税数量的，不予减税或者免税

　　C. 对煤矿抽采煤层气暂不征收资源税

　　D. 纳税人开采的原油、天然气，企业自用的免征资源税

12. 下列需要征收资源税的城市是（　　　　　）。

　　A. 北京　　　　　　　　　　　　　B. 太原

　　C. 青岛　　　　　　　　　　　　　D. 郑州

三、判断题

　　1. 资源税是对开采、生产所有自然资源的单位和个人征收的一种税。（　　　）

　　2. 资源税实行差别税额，从量征收。（　　　）

　　3. 资源税纳税人未分别核算或不能准确提供不同税目应税产品课税数量的，一律从高适用税额。（　　　）

　　4. 原煤、洗煤、选煤及其他煤制品均应缴纳资源税。（　　　）

四、计算题

（一）

　　1. 目的：练习企业应纳资源税的计算。

　　2. 资料：某矿场属于增值税一般纳税人，2022 年 8 月、9 月发生下列业务：

　　（1）8 月 1 日，采用预收款方式销售自行开采的原煤 500 万吨，销售额为 1 250 万元，双方约定该批原煤于 2022 年 9 月 15 日发出，8 月份收到不含税的预收货款 1 150 万元。

　　（2）8 月 10 日，开采原煤 1 000 万吨，将其中的 600 万吨直接对外销售，取得不含税销售收入 1 500 万元，另外移送部分原煤用于生产选煤，当期对外销售选煤 100 万吨，开具的增值税专用发票上注明价款 500 万元。

　　（3）8 月份开采煤矿的同时开采天然气 100 万立方米，8 月 20 日全部对外销售，开具的增值税普通发票上注明含税金额 220 万元。

　　（4）8 月份该矿场外购 20 台开采原煤的大型设备，取得的增值税专用发票上注明价款 2 600 万元，增值税税款 338 万元。

　　（5）9 月 15 日，将 8 月 1 日采取预收款方式销售的原煤发出，委托运输公司运输，支付运输公司（增值税一般纳税人）不含税运费 20 000 元，取得运输公司开具的增值税专用发票。

　　（6）9 月 20 日，将开采的原煤与开采的锰矿石捆绑销售，合计销售 100 万吨，共取得不含税销售收入 400 万元，未分别核算原煤和锰矿石的销售数量。

　　已知：原煤的资源税税率为 10%，锰矿石的资源税税率为 5%，天然气资源税税率为 6%，选煤的资源税税率为 8%。取得的增值税专用发票均通过税务机关认证并在取得当月抵扣。

　　3. 要求：

　　（1）计算该矿场 2022 年 8 月份应缴纳的资源税税额。

（2）计算该矿场 2022 年 8 月份应缴纳的增值税税额。

（3）计算该矿场 2022 年 9 月份应缴纳的资源税税额。

（4）计算该矿场 2022 年 9 月份应缴纳的增值税税额。

（二）

1. 目的：练习企业应纳资源税的计算。

2. 资料：某联合企业为增值税一般纳税人，2022 年 9 月发生下列业务：

（1）采用分期收款方式销售自行开采的原油 200 吨，不含税销售价格为 6 000 元 / 吨，合同规定，货款分两个月支付，9 月 15 日之前支付 60%，其余货款于 10 月底前支付完毕。

（2）当月开采原煤 800 吨，直接对外出售 200 吨，不含税销售价格为 500 元 / 吨，另外还移送部分原煤用于生产选煤。当月采用预收货款方式向甲企业销售选煤 160 吨，不含税销售额 320 000 元，当月收取不含税销售额 60 000 元，合同约定 10 月 10 日发货，并收回剩余货款。

（3）销售与原煤同时开采的天然气 100 千立方米，取得不含税销售额 320 000 元。

（4）当月销售自产海盐 10 吨，取得不含税销售额 10 000 元。当月对外销售钾盐 60 吨，取得不含税销售额 120 000 元。

其他相关资料：原油和天然气适用的资源税税率为 6%；原煤适用的资源税税率为 10%，选煤的资源税税率为 8%；海盐适用的资源税税率为 5%，该企业自产钾盐适用的资源税税率为 6%；当月可以抵扣的增值税进项税额为 30 000 元。

3. 要求：

（1）计算该联合企业 2022 年 9 月销售海盐和钾盐应缴纳的资源税税额。

（2）计算该联合企业 2022 年 9 月销售原油应缴纳的资源税税额。

（3）计算该联合企业 2022 年 9 月应缴纳的资源税税额。

（4）计算该联合企业 2022 年 9 月应缴纳的增值税税额。

五、实训题

1. 目的：对企业应纳资源税税额进行计算及纳税申报。

2. 资料：广东西山煤矿有限公司（统一社会信用代码 914401063275860078）2022 年 6 月生产原煤 4 500 吨，其中外销 4 000 吨，每吨售价 500 元；无偿赠送给煤炭制品加工厂原煤 500 吨。当期还销售连续加工的选煤 200 吨，每吨售价 1 200 元；又用 100 吨同等价格的选煤支付了发电厂电费。当月购进货物，其中允许抵扣的进项税额为 250 000 元（含购买电力的进项税额）。请计算该煤矿当月应纳的资源税、增值税（原煤资源税税率为 10%，选煤资源税税率为 8%，售价均为不含增值税价格）。

3. 要求：根据上述材料进行 6 月份的资源税计算，并填写资源税纳税申报相关表格（见表 8-1、表 8-2）。

表 8-1　财产和行为税纳税申报表

纳税人识别号（统一社会信用代码）：

纳税人名称：

金额单位：人民币元（列至角分）

序号	税种	税目	税款所属期起	税款所属期止	计税依据	税率	应纳税额	减免税额	已缴税额	应补（退）税额
1										
2										
3										
4										
5										
6	合计	—	—	—	—	—				

声明：此表是根据国家税收法律法规及相关规定填写的，本人（单位）对填报内容（及附带资料）的真实性、可靠性、完整性负责。

纳税人（签章）：

年　月　日

经办人：

经办人身份证号：

代理机构签章：

代理机构统一社会信用代码：

受理人：

受理税务机关（章）：

受理日期：　年　月　日

表 8-2　资源税税源明细表

税款所属期限：自　年　月　日 至　　年　月　日
纳税人识别号（统一社会信用代码）：
纳税人名称：

金额单位：人民币元（列至角分）

申报计算明细

序号	税目	子目	计量单位	销售数量	准予扣减的外购应税产品购进数量	计税销售数量	销售额	准予扣除的运杂费	准予扣减的外购应税产品购进金额	计税销售额
		1	2	3	4	5	6=4-5	7	8	9	10=7-8-9
1										
2										
3										
合计										

减免税计算明细

序号	税目	子目	减免性质代码和项目名称	计量单位	减免税销售数量	减免税销售额	适用税率	减征比例	本期减免税额
		1	2	3	4	5	6	7	8	9①=5×7×8 9②=6×7×8
1									
2									
合计									

项目九
城镇土地使用税办税业务

【学习目标】

通过本项目的学习，能准确界定城镇土地使用税的征税范围、判别城镇土地使用税的纳税人；能熟练运用城镇土地使用税税收优惠政策；能结合各项城镇土地使用税税收政策，正确计算各纳税人应纳税额；能填写准确、完整的城镇土地使用税纳税申报相关表格。

【标志性成果】

提交填写完整、准确的财产和行为税纳税申报表及城镇土地使用税税源明细表。

【重点难点】

重点：城镇土地使用税的征税范围、纳税义务人、适用税率、税收优惠政策、应纳税额的计算及纳税申报表的填写方法。

难点：城镇土地使用税的计税依据，纳税义务时间的判断。

【主要业务】

业务流程	业务内容	处理方法
1. 城镇土地使用税的综合知识	（1）城镇土地使用税的定义	城镇土地使用税是以开征范围内的土地为征税对象，以实际占用的土地面积为计税依据，按规定税额对拥有土地使用权的单位和个人所征收的一种税

续表

业务流程	业务内容	处理方法
1. 城镇土地使用税的综合知识	（2）城镇土地使用税的特点	对占用土地的行为征税，征税对象是土地，征税范围有所限定，实行差别幅度税额
2. 城镇土地使用税的基本要素	（1）征税范围的确定	城镇土地使用税以国有土地为征税对象，征税范围包括城市、县城、建制镇和工矿区内的国家所有和集体所有的土地。对农、林、牧、渔业用地和农民居住用房屋及土地，不征收城镇土地使用税
	（2）纳税人的确定	① 在城市、县城、建制镇和工矿区内拥有土地使用权的单位或个人。 ② 拥有土地使用权的单位和个人不在土地所在地的，其土地的实际使用人和代管人为纳税人。 ③ 土地使用权未确定或权属纠纷未解决的，其实际使用人为纳税人。 ④ 土地使用权共有的，共有各方都是纳税人，各方按各自占用的土地面积分别纳税。 ⑤ 纳税单位无偿使用免税单位的土地，由纳税单位照章纳税
	（3）适用税率的确定	采用地区差别幅度定额税率。具体情况如下：

级别	人口／人	每年每平方米税额／元
大城市	50 万以上	1.5 ～ 30
中等城市	20 万～ 50 万	1.2 ～ 24
小城市	20 万以下	0.9 ～ 18
县城、建制镇、工矿区		0.6 ～ 12

		经济落后地区的城镇土地使用税适用税额标准可适当降低，但降低额不得超过规定的最低税额的 30%；经济发达地区的城镇土地使用税适用税额标准可适当提高，但必须报经财政部批准
	（4）减免税优惠	对农、林、牧、渔业用地和农民居住用房屋及土地，不征收城镇土地使用税。 　一些用于特殊用途的土地可以免征城镇土地使用税：国家机关、人民团体、军队自用的土地；由国家财政部门拨付事业经费的单位自用的土地；宗教寺庙、公园、名胜古迹自用的土地；市政街道、广场、绿化地带等公共用地；经批准开山填海整治的土地和改造的废弃土地，自使用的月份起免交土地使用税 5 年至 10 年；企业办的学校、医院、托儿所、幼儿园，其用地能与企业其他用地明确区分的，免征土地使用税；由财政部另行规定免税的能源、交通、水利设施用地和其他用地。 　自 2007 年 12 月起，对在一个纳税年度内月平均实际安置残疾人就业人数占单位在职职工总数的比例高于 25%（含 25%）且实际安置残疾人人数高于 10 人（含 10 人）的单位，可减征或免征该年度城镇土地使用税
3. 计税依据的确定	确定计税依据	以纳税人实际占用的土地面积为计税依据： 　有房地产管理部门核发的土地使用证书的，以证书确定的土地面积为准； 　尚未核发土地使用证书的，由纳税人据实申报土地面积，据以纳税，待核发土地使用证以后再进行调整
4. 应纳税额的计算	应纳城镇土地使用税的确定	年应纳税额 = 实际占用土地面积（平方米）× 适用年税额 季度应纳税额 = 年应纳税额 ÷ 4 月应纳税额 = 年应纳税额 ÷ 12

续表

业务流程	业务内容	处理方法
5. 城镇土地使用税纳税申报	（1）纳税义务时间	① 纳税人购置新建商品房，自房屋交付使用之次月起，缴纳城镇土地使用税； ② 纳税人购置存量房，自办理房屋权属转移、变更登记手续，房地产权属登记机关签发房屋权属证书之次月起，缴纳城镇土地使用税； ③ 纳税人出租、出借房产，自交付出租、出借房产之次月起，缴纳城镇土地使用税； ④ 以出让或转让方式有偿取得土地使用权的，应由受让方从合同约定交付土地时间的次月起缴纳城镇土地使用税，合同未约定交付时间的，由受让方从合同签订的次月起缴纳城镇土地使用税； ⑤ 纳税人新征用的耕地，自批准征用之日起满 1 年时开始缴纳城镇土地使用税； ⑥ 纳税人新征用的非耕地，自批准征用次月起缴纳城镇土地使用税
	（2）纳税地点和征收机关	城镇土地使用税在土地所在地缴纳： 纳税人使用的土地不属于同一省、自治区、直辖市管辖的，由纳税人分别向土地所在地的税务机关缴纳土地使用税； 纳税人使用的土地在同一省、自治区、直辖市管辖范围内的，纳税人跨地区使用的土地，其纳税地点由各省、自治区、直辖市的税务机关确定
6. 耕地占用税	（1）征税范围	为建房或从事其他非农业建设而占用的国家所有和集体所有的耕地。<table><tr><th>范围</th><th>具体情况</th></tr><tr><td>耕地</td><td>种植农业作物的土地</td></tr><tr><td>视同耕地</td><td>占用园地（园地包括果园、茶园、橡胶园、其他园地）林地、草地、农田水利用地、养殖水面、渔业水域滩涂以及其他农用地建设建筑物、构筑物或者从事非农业建设</td></tr></table>
	（2）税率	采用地区差别定额税率。人均耕地面积越少的地区，单位税额越高： 耕地占用税税额<table><tr><th>人均耕地面积</th><th>每平方米税额／元</th></tr><tr><td>不超过 1 亩[①]的地区</td><td>10 ~ 50</td></tr><tr><td>超过 1 亩但不超过 2 亩的地区</td><td>8 ~ 40</td></tr><tr><td>超过 2 亩但不超过 3 亩的地区</td><td>6 ~ 30</td></tr><tr><td>超过 3 亩的地区</td><td>5 ~ 25</td></tr></table>人均耕地低于 0.6 亩的地区，省、自治区、直辖市可以根据当地经济发展情况适当提高适用税额，但最多不得超过上述规定税额的 50% 占用基本农田的，按照《中华人民共和国耕地占用税法》第四条第二款或者第五条确定的当地适用税额，加按 150% 征收
	（3）计税依据	以纳税人占用耕地的面积为计税依据，以每平方米为计量单位
	（4）应纳税额	应纳税额 = 实际占用耕地面积（平方米）× 适用定额税率

注：① 亩，中国市制土地面积单位，1 亩 ≈666.67 平方米。

续表

业务流程	业务内容	处理方法		
6. 耕地占用税	（5）税收优惠	减免情况		政策规定
		免征		军事设施占用耕地
				学校、幼儿园、社会福利机构、医疗机构占用耕地；农村烈士遗属，因公牺牲军人遗属、残疾军人以及符合农村最低生活保障条件的农村居民，在规定用地标准以内新建自用住宅，免征耕地占用税
		减征		铁路线路、公路线路、飞机场跑道、停机坪、港口、航道、水利工程占用耕地，减按每平方米 2 元的税额征收耕地占用税
				农村居民在规定用地标准以内占用耕地新建自用住宅，按照当地适用税额减半征收；其中农村居民经批准搬迁，新建自用住宅占用耕地不超过原宅基地面积的部分，免征耕地占用税
	（6）纳税申报	耕地占用税由地方税务机关负责征收，获准缴纳耕地占用税的单位或者个人应当在收到土地管理部门的通知之日起 30 日内缴纳耕地占用税。 纳税人临时占用耕地，应按规定缴纳耕地占用税。纳税人在批准临时占用耕地的期限内恢复所占用耕地原状的，全额退还已经缴纳的耕地占用税		

【典型例题分析】

一、单项选择题

1. 城镇土地使用税的纳税人以（   ）的土地面积为计税依据。

    A. 实际占用   B. 拥有   C. 自用   D. 被税务部门认定

【答案】A

【分析】城镇土地使用税的纳税人以实际占用的土地面积为计税依据。

2. 下列各项中，可以免征收城镇土地使用税的是（   ）。

    A. 房地产开发公司建造经济适用房用地

    B. 房地产开发公司建造商品房用地

    C. 盐场的生产厂房用地

    D. 铁路单位对外出租的土地，承租方是纳税单位

【答案】A

【分析】房地产开发公司建造商品房用地，除经批准建造经济适用房的用地外，均要缴纳城镇土地使用税；盐场的盐滩、盐矿的矿井用地，暂免征城镇土地使用税，但盐场的生产厂房、办公、生活区用地应纳税；铁路单位自有的土地，免征城镇土地使用税，但出租给纳税单位使用，不属于免税范围。

3. 甲拥有一土地使用权，其中 40% 土地自用，另外 60% 土地出租给乙生产经营使用，则（   ）。

    A. 应当由甲缴纳全部的城镇土地使用税

    B. 应当由乙缴纳全部的城镇土地使用税

C. 应当按比例计算缴纳城镇土地使用税

D. 按双方协商比例缴纳城镇土地使用税

【答案】A

【分析】该土地由甲拥有，虽然有出租，但所有权还是归甲，因此应由甲缴纳城镇土地使用税，共同拥有才由各方分别纳税。

4. 城镇土地使用税采用（　　）税率。

A. 全区统一的税额　　　　　　　B. 有幅度差别的比例

C. 全省统一的定额　　　　　　　D. 有幅度差别的定额

【答案】D

【分析】我国城镇土地使用税采用地区差别幅度定额税率。

5. 根据城镇土地使用税的有关规定，经济发达地区城镇土地使用税的适用税额标准可以（　　）

A. 适当提高，但提高额不得超过规定的最低税额的 30%

B. 适当提高，但提高额不得超过规定的最高税额的 30%

C. 适当提高，但须报经国家税务总局批准

D. 适当提高，但须报经财政部批准

【答案】D

【分析】经济发达地区的城镇土地使用税适用税额标准可适当提高，但须报经财政部批准。

6. 甲企业和乙企业共同使用面积为 8 000 平方米的土地，甲企业使用其中的 60%，乙企业使用其中的 40%。另外，经有关部门批准，甲企业在 2022 年 3 月份新征用非耕地 3 000 平方米。甲、乙企业共同使用土地所处地段的城镇土地使用税年税额为 4 元 / 平方米，甲企业新征用土地所处地段的城镇土地使用税年税额为 3 元 / 平方米。2022 年甲、乙企业各自应缴纳城镇土地使用税为（　　）。

A. 甲企业纳税 28 200 元，乙企业纳税 12 800 元

B. 甲企业纳税 12 800 元，乙企业纳税 28 200 元

C. 甲企业纳税 25 950 元，乙企业纳税 12 800 元

D. 甲企业纳税 12 800 元，乙企业纳税 21 800 元

【答案】C

【分析】甲企业应纳税额 =8 000×60%×4+3 000×3÷12×9=25 950（元）。

　　　　乙企业应纳税额 =8 000×40%×4=12 800（元）。

7. A 公司位于某经济落后地区，2021 年 12 月取得一宗土地使用权（未取得土地使用证书），2022 年 1 月已按 3 000 平方米申报缴纳了城镇土地使用税。2022 年 6 月该公司取得了政府部门核发的土地使用证书，上面注明的土地面积为 3 200 平方米。已知该地区适用每平方米 0.6 ~ 12 元的固定税额，当地政府规定的固定税额为每平方米 0.6 元，并另按国家规定的最高比例降低税额标准。则该企业 2022 年应补缴的城镇土地使用税为（　　）元。

A. 0　　　　　　B. 120　　　　　　C. 84　　　　　　D. 1 344

【答案】C

【分析】经济落后地区的城镇土地使用税适用税额标准可适当降低，但降低额不得超过规

定的最低税额的 30%。该企业 2022 年应补缴的城镇土地使用税为：（3 200-3 000）×0.6×（1-30%）=84（元）。

8. 某公司实际占地面积共计 50 000 平方米，其中 5 000 平方米为厂区外的绿化区，6 000 平方米为厂区以内的绿化用地，企业创办的学校和医院共占地 2 500 平方米，出租 500 平方米，无偿借出 500 平方米给部队作训练场地。所处地段适用年税额为 2 元/平方米。该公司应缴纳的城镇土地使用税为（   ）元。

    A. 40 000   B. 84 000   C. 41 000   D. 44 000

【答案】B

【分析】对企业厂区以外的公共绿化用地和企业举办的学校和医院占地，可以免税。免税单位无偿使用纳税单位的土地，免征城镇土地使用税。

    该公司应缴纳城镇土地使用税 =（50 000 - 5 000 - 2 500 - 500）×2 = 84 000（元）。

9. 新征用耕地应缴纳的城镇土地使用税，其纳税义务发生时间是（   ）。

    A. 自批准征用之日起满 3 个月   B. 自批准征用之日起满 6 个月

    C. 自批准征用之日起满 1 年   D. 自批准征用之日起满 2 年

【答案】C

【分析】纳税人新征用的耕地，自批准征用之日起满 1 年时开始缴纳城镇土地使用税。

10. 城镇土地使用税的缴纳期限为（   ）。

    A. 按年计算，分期缴纳   B. 按年计算，分季缴纳

    C. 按年征收，分期缴纳   D. 按年计征，分季缴纳

【答案】A

【分析】城镇土地使用税按年计算，分期缴纳。

11. 下列各项中，不属于耕地占用税征税范围的是（   ）。

    A. 占用田间道路建设公路

    B. 占用园地建造写字楼

    C. 占用居民点内部的绿化林木用地建造厂房

    D. 占用人工牧草地建房

【答案】C

【分析】选项 C，占用林地、牧草地、农田水利地、养殖水面以及渔业水域滩涂等其他农用地建房或从事非农业建设，比照占用耕地征收耕地占用税。林地，包括乔木林地、灌木林地、灌丛沼泽、其他林地，不包括城镇村庄范围内的绿化林木用地，铁路、公路征地范围内的林木用地，以及河流、沟渠的护堤林用地。

12. 下列选项中，属于免征耕地占用税范围的是（   ）。

    A. 飞机场跑道占用耕地   B. 医院占用耕地

    C. 铁路线路占用耕地   D. 军事生产企业占用耕地

【答案】B

【分析】铁路线路占用耕地、飞机场跑道占用耕地减按每平方米 2 元的税额征收耕地占用税，军事生产企业占用耕地不属于耕地占用税的减免税范围。

13. 某农村居民因受灾住宅倒塌，经批准占用 120 平方米耕地新建住宅，当地耕地占用税税

率为 18 元 / 平方米，则该村民应缴纳耕地占用税（　　）元。

  A. 2 160　　　　　B. 1 080　　　　　C. 0　　　　　D. 2 400

【答案】B

【分析】农村居民占用耕地新建住宅，按照当地适用税额减半征收耕地占用税，该村民应缴纳耕地占用税 =120×18×50%=1 080（元）。

14. 某企业占用园地35万平方米建造生态高尔夫球场，同时占用园地200万平方米开发经济林木，所占用耕地适用的耕地占用税定额税率为20元 / 平方米，该企业应缴纳的耕地占用税为（　　）万元。

  A. 700　　　　　B. 4 700　　　　　C. 4 000　　　　　D. 3 300

【答案】A

【分析】该企业占用园地建造生态高尔夫球场属于占用耕地从事非农业建设，应缴纳耕地占用税 =35×20=700（万元），占用园地开发经济林木，属于农业建设，不缴纳耕地占用税。

15. 根据耕地占用税的相关规定，人均耕地低于 0.5 亩的地区，适用税额可以适当提高，但最多不得超过规定税额的（　　）。

  A. 30%　　　　　B. 50%　　　　　C. 100%　　　　　D. 20%

【答案】B

【分析】人均耕地低于 0.5 亩的地区，适用税额可以适当提高，但最多不得超过规定税额的 50%。

二、多项选择题

1. 下列各项中，属于城镇土地使用税特点的有（　　）。

  A. 实行差别幅度税额　　　　　B. 征税对象是土地

  C. 征税范围不包括农村　　　　D. 本质是对土地的占用行为征税

  E. 按占用面积实行从价计征

【答案】ABCD

【分析】城镇土地使用税的应纳税额依据纳税人实际占用的土地面积和适用单位税额计算，属于从量计征。

2. 下列各项中，属于城镇土地使用税免税项目的有（　　）。

  A. 军队的办公用地　　　　　B. 企业办的学校用地

  C. 企业内部的绿化用地　　　D. 免税单位无偿使用纳税单位的土地

【答案】ABD

【分析】企业内部的绿化用地不属于免税范围。

3. 下列各项中，免征城镇土地使用税的有（　　）。

  A. 国家财政部门拨付事业经费单位的食堂用地

  B. 名胜古迹场所设立的照相馆用地

  C. 公园内设立的影剧院用地

  D. 政府投资兴办的老年服务机构自用的土地

【答案】AD

【分析】宗教寺庙、公园、名胜古迹自用的土地免征城镇土地使用税，但附设的营业场所应征收城镇土地使用税。

4. 根据城镇土地使用税的规定，下列说法不正确的有（　　　　）。
    A. 城镇土地使用税实行按年计算、分期缴纳的征收办法
    B. 纳税人使用的土地不属于同一省的，由纳税人分别向土地所在地的税务机关缴纳土地使用税
    C. 纳税人因土地的权利发生变化而依法终止城镇土地使用税纳税义务的，其应纳税款的计算应截止到土地权利发生变化的当天
    D. 城镇土地使用税的纳税期限由省、自治区、直辖市的主管税务机关确定

【答案】CD

【分析】纳税人因土地的权利发生变化而依法终止城镇土地使用税纳税义务的，其应纳税款的计算应截止到土地权利发生变化的当月月末；城镇土地使用税的纳税期限由省、自治区、直辖市主管税务机关确定。

5. 城镇土地使用税的纳税义务人通常包括（　　　　）。
    A. 拥有土地使用权的单位和个人
    B. 拥有土地使用权的农村居民
    C. 土地使用权未确定或权属纠纷未解决时的实际使用人
    D. 土地使用权共有时的共有各方

【答案】ACD

【分析】由于农村不属于城镇土地使用税的征税范围，农村居民不属于城镇土地使用税的纳税义务人；土地使用权未确定或权属纠纷未解决的，由实际使用人纳税。

6. 下列各项中，符合城镇土地使用税有关纳税义务发生时间规定的有（　　　　）。
    A. 纳税人新征用的耕地，自批准征用之月起缴纳城镇土地使用税
    B. 纳税人出租房产，自交付出租房产之次月起缴纳城镇土地使用税
    C. 纳税人新征用的非耕地，自批准征用之月起缴纳城镇土地使用税
    D. 纳税人购置新建商品房，自房屋交付使用之次月起缴纳城镇土地使用税

【答案】BD

【分析】纳税人新征用的耕地，自批准征用之日起满1年时开始缴纳城镇土地使用税；纳税人新征用的非耕地，自批准征用之次月起缴纳城镇土地使用税。

7. 下列关于耕地占用税特点的表述正确的有（　　　　）。
    A. 属于对特定土地资源占用课税，具有资源税性质
    B. 在占用耕地环节一次性课税
    C. 采用地区差别比例税率
    D. 在耕地占用后按年征收

【答案】AB

【分析】耕地占用税实行从量定额税率，采用的是地区差别定额税率。耕地占用税在纳税人获准占用耕地的环节征收，具有一次性征收的特点，而非按年征收。

8. 耕地占用税的纳税义务人，是占用耕地建房或从事非农业建设的单位和个人，包括（　　　　）。
    A. 国有企业　　　　B. 集体企业　　　　C. 外商投资企业　　D. 个体工商户

【答案】ABCD

【分析】耕地占用税的纳税义务人，是占用耕地建房或从事非农业建设的单位和个人。所称单位，包括国有企业、集体企业、私营企业、股份制企业、外商投资企业、外国企业以及其他企业和事业单位、社会团体、国家机关、军队以及其他单位；所称个人，包括个体工商户以及其他个人。

9. 下列关于耕地占用税的规定正确的有（　　　　）。

　　A. 耕地占用税实行地区差别幅度定额税率

　　B. 人均耕地面积越少，耕地占用税单位税额越高

　　C. 耕地占用税由地方税务机关负责征收

　　D. 获准占用耕地的单位或者个人应当在收到土地管理部门的通知之日起 10 日内缴纳耕地占用税

【答案】ABC

【分析】获准占用耕地的单位或者个人应当在收到土地管理部门的通知之日起 30 日内缴纳耕地占用税。

10. 甲企业 2021 年实际占地面积为 5 000 平方米，2021 年 4 月 30 日该企业为扩大生产，根据有关部门的批准，新征用非耕地 2 500 平方米，新征用耕地 1 500 平方米。该企业所处地段适用城镇土地使用税年税额 5 元 / 平方米，耕地占用税 20 元 / 平方米。则下列说法正确的有（　　　　）。

　　A. 该企业 2021 年应缴纳城镇土地使用税 34 375 元

　　B. 该企业 2021 年应缴纳耕地占用税 30 000 元

　　C. 该企业 2022 年应缴纳城镇土地使用税 42 500 元

　　D. 该企业 2022 年应缴纳城镇土地使用税 30 500 元

【答案】BC

【分析】2021 年应纳城镇土地税 = 5 000×5 + 2 500×5×8/12 ≈ 33 333.33（元）。

2021 年应缴纳耕地占用税 = 1 500×20 = 30 000（元）。

纳税人新征用的耕地，自批准征用之日起满 1 年时开始缴纳城镇土地使用税，因此 2022 年应缴纳城镇土地税 =7 500×5 + 1 500×5×8/12=37 500 + 5 000=42 500（元）。

三、判断题

1. 城镇土地使用税的计税依据是纳税人生产经营活动的土地面积。　　　　（　　　）

【答案】×

【分析】城镇土地使用税的计税依据是纳税人实际占用的土地面积。

2. 纳税单位无偿使用免税单位的土地，纳税单位亦可免征城镇土地使用税。　（　　　）

【答案】×

【分析】纳税单位无偿使用免税单位的土地，纳税单位应照章缴纳城镇土地使用税。

3. 我国城镇土地使用税采用地区差别幅度的比例税率。　　　　　　　　（　　　）

【答案】×

【分析】我国城镇土地使用税采用地区差别幅度定额税率。

4. 拥有境内土地使用权的外国企业属于城镇土地使用税的纳税人。（　　）

【答案】×

【分析】在城市、县城、建制镇和工矿区内拥有土地使用权的单位或个人为城镇土地使用税纳税人。这里所称单位，包括国有企业、集体企业、私营企业、股份制企业、外商投资企业、外国企业，以及其他企业和事业单位、社会团体、国家机关、军队以及其他单位；所称个人，包括个体工商户以及其他个人。

5. 纳税人新征用的耕地，自批准征用之日起满1年时开始缴纳城镇土地使用税。（　　）

【答案】√

【分析】纳税人新征用的耕地，自批准征用之日起满1年时开始缴纳城镇土地使用税。

6. 城镇土地使用税按月征收。（　　）

【答案】×

【分析】城镇土地使用税按年计算，分期缴纳。

7. 我国城镇土地使用税在征收过程中，体现的是一种属地原则。（　　）

【答案】√

【分析】城镇土地使用税在土地所在地缴纳，体现的是一种属地原则。

8. 纳税人使用的土地不属于同一省管辖的，纳税人可选择其中一地统一办理土地使用税的纳税申报。（　　）

【答案】×

【分析】纳税人使用的土地不属于同一省、自治区、直辖市管辖的，由纳税人分别向土地所在地的税务机关缴纳土地使用税。

9. 为建房或从事其他非农业建设而占用国家所有和集体所有耕地的应缴纳耕地占用税。（　　）

【答案】√

【分析】缴纳耕地占用税的征税范围为：为建房或从事其他非农业建设而占用国家所有和集体所有耕地的行为。

10. 耕地占用税按年计算，分期缴纳。（　　）

【答案】×

【分析】耕地占用税在占用耕地的环节一次性课征。

【职业能力训练】

一、单项选择题

1. 根据城镇土地使用税法律制度的规定，下列土地中，不属于城镇土地使用税征税范围的是（　　）。

A. 城市土地　　　B. 县城土地　　　C. 农村土地　　　D. 建制镇土地

2. 土地使用权未确定或权属纠纷未解决的，以（　　）为土地使用税纳税人。

A. 原拥有人　　　B. 实际使用人　　　C. 代管人　　　D. 产权所有人

3. 根据城镇土地使用税的规定，下列说法正确的是（　　）。

A. 城镇土地使用税实行分级幅度税额

B. 城镇土地使用税的纳税人是所有占用土地的单位和个人

C. 城镇土地使用税的计税依据是纳税人用于生产经营活动的土地面积

D. 企业内的广场、道路占地免征城镇土地使用税

4. 下列单位的用地，征收城镇土地使用税的是（　　　）。

A. 由国家财政部门拨付经费、实行全额预算管理的事业单位的自用土地

B. 由国家财政部门拨付经费、实行差额预算管理的事业单位的自用土地

C. 厂区以外的公共绿化用地和向社会开放的公园用地

D. 盐场、盐矿的生产厂房、办公、生活区用地

5. 几个单位共同拥有一块土地使用权，则纳税人为（　　　）。

A. 其主管部门　　　　　　　　　　B. 税务机关核定的单位

C. 其中实际占用土地面积最大的单位　　D. 对这块土地拥有使用权的每一个单位

6. 位于某县城的一化工厂，2022 年 1 月企业土地使用证书记载占用土地的面积为 30 000 平方米，5 月新征用耕地 2 000 平方米，该县城适用的城镇土地使用税税率为 12 元 / 平方米，则 2022 年该化工厂应缴纳城镇土地使用税（　　　）元。

A. 336 000　　　　B. 360 000　　　　C. 384 000　　　　D. 374 000

7. A 公司与 B 事业单位共同使用一块面积为 10 000 平方米的土地，其中事业单位占用 60%，当地城镇土地使用税单位税额每平方米 4 元。下列说法正确的是（　　　）。

A. A 公司应纳 16 000 元土地使用税，B 单位免税

B. A 公司和 B 单位均免税

C. A 公司应纳 40 000 元土地使用税，B 单位免税

D. A 公司应纳 16 000 元土地使用税，B 单位应纳 24 000 元土地使用税

8. 下列各项中，免征城镇土地使用税的是（　　　）。

A. 基建项目在建期间使用的土地

B. 宗教寺庙内的宗教人员生活用地

C. 从事农、林、牧、渔业生产单位的办公用地

D. 企业关闭、撤销后，其占地用于出租的

9. 2021 年某企业占用某市二等地段土地 3 250 平方米，三等地段 14 500 平方米（其中 500 平方米为该企业幼儿园用地），2021 年 4 月该企业在城郊征用耕地 3 000 平方米，同年 8 月征用非耕地 5 000 平方米。该市城镇土地使用税税额：二等地段 7 元 / 平方米，三等地段 4 元 / 平方米，城郊征用的耕地和非耕地 1.2 元 / 平方米。该企业 2021 年和 2022 年共应缴纳城镇土地使用税（　　　）元。

A. 168 200　　　　B. 128 600　　　　C. 80 750　　　　D. 87 450

10. 某企业 2022 年年初在市区的总公司实际占用土地面积共 30 000 平方米，其中 5 000 平方米为厂区内的绿化区，企业的医院共占地 500 平方米，另有 1 000 平方米土地无偿借给武警部队作为训练场地；另外 2021 年 6 月份新征用非耕地土地 5 000 平方米。企业在市区分设的 A 机构占地 3 000 平方米，其中无偿使用公安机关的一块场地 100 平方米；企业分设的 B 机构在郊区，占地面积 2 000 平方米。税率为：市区的土地 5 元 / 平方米，

郊区的土地 3 元 / 平方米。该企业 2022 年应缴纳的城镇土地使用税是（　　　）万元。

    A. 16.3　　　　　　B. 15.1　　　　　　C. 17.6　　　　　　D. 17.8

11. 下列占用耕地的情形中，不需要计算缴纳耕地占用税的是（　　　）。

    A. 航道占用耕地　　　　　　　　　　B. 医院占用耕地

    C. 港口占用耕地　　　　　　　　　　D. 外商投资企业占用耕地建造厂房

12. 下列各项中，减半征收耕地占用税的是（　　　）。

    A. 民营企业临时占用耕地　　　　　　B. 军事设施占用耕地

    C. 农村居民占用耕地新建住宅　　　　D. 公路线路占用耕地

13. 某企业经批准占用园地 8 000 平方米用于建造厂房，占用菜地 2 000 平方米用于种植经济作物。已知，当地耕地占用税适用税额为 18 元 / 平方米，则该企业应缴纳耕地占用税（　　　）元。

    A. 40 000　　　　　B. 144 000　　　　　C. 180 000　　　　　D. 36 000

14. 某航空企业经批准占用耕地 40 000 平方米用于建设民用机场，其中飞机场跑道占用耕地 24 000 平方米，停机坪占用耕地 10 000 平方米，停车场占用耕地 6 000 平方米。已知该地区耕地占用税适用税额为 10 元 / 平方米，则该航空企业应缴纳耕地占用税（　　　）元。

    A. 102 000　　　　B. 128 000　　　　　C. 60 000　　　　　D. 400 000

15. 根据耕地占用税的有关规定，下列表述不正确的是（　　　）。

    A. 经批准占用耕地的，耕地占用税纳税义务发生时间为纳税人收到土地管理部门办理占用耕地手续通知的当天

    B. 未经批准占用耕地的，耕地占用税纳税义务发生时间为纳税人实际占用耕地的当天

    C. 未经批准占用耕地的，不征收耕地占用税，但由地方税务机关按规定进行处罚

    D. 纳税人占用耕地或其他农用地，应当在耕地或其他农用地所在地申报缴纳耕地占用税

二、多项选择题

1. 城镇土地使用税的征税范围是（　　　）。

    A. 城市　　　　　　B. 县城　　　　　　C. 工矿区　　　　　　D. 建制镇

2. 下列各项中，符合城镇土地使用税有关规定的有（　　　）。

    A. 拥有土地使用权的单位和个人是纳税人，但不包括外商投资企业、外国企业

    B. 在农村用于经营用的土地应缴纳土地使用税

    C. 土地使用权未确定的或权属纠纷未解决的，其实际使用人为土地使用税的纳税人

    D. 对企业厂区外的公共绿化用地暂免征收城镇土地使用税

3. 下列各项中，应当缴纳城镇土地使用税的有（　　　）。

    A. 用于渔场的办公楼及职工宿舍用地　　B. 某公园内专设游客餐厅用地

    C. 公园中管理单位的办公用地　　　　　D. 学校食堂对外营业的餐馆用地

4. 对纳税人实际占用的土地面积，可以按照下列（　　　）方法确定。

    A. 凡由省、自治区、直辖市人民政府确定的单位组织测定土地面积的，以测定面积为准

    B. 尚未组织测量，但纳税人持有政府部门核发的土地使用证书的，以证书确认面积为准

    C. 尚未核发土地使用证书的，应由纳税人申报土地面积据以纳税，待核发土地使用证以后再作调整

D. 尚未核发土地使用证书的，应由当地人民政府予以确定，作为计税依据

5. 下列选项中，可以作为城镇土地使用税的计税依据的有（　　　　　）。

　　A. 实际占用的土地面积

　　B. 房地产管理部门核发的土地使用证书确认的土地面积

　　C. 税务机关核定的土地面积

　　D. 纳税人据实申报的土地面积

6. 下列说法符合城镇土地使用税的税率规定的是（　　　　　）。

　　A. 有幅度差别的比例税率

　　B. 分级幅度税额

　　C. 经省、自治区、直辖市人民政府批准，经济发达地区的税率可以适当提高

　　D. 经省、自治区、直辖市人民政府批准，经济落后地区的税率可以适当降低

7. 以下属于现行城镇土地使用税的特点的有（　　　　　）。

　　A. 城镇土地使用税属于准财产税

　　B. 城镇土地使用税的征税对象包括国有土地和农业土地

　　C. 城镇土地使用税实行差别幅度税额

　　D. 城镇土地使用税征税范围限定在城市、县城、建制镇、工矿区

8. 下列关于城镇土地使用税的陈述，正确的有（　　　　　）。

　　A. 建立在农村的工矿企业不需缴纳城镇土地使用税

　　B. 对非营利性医疗机构自用的土地，免征城镇土地使用税

　　C. 对企业的铁路专用线、公路等用地，征收城镇土地使用税

　　D. 经批准开山填海整治的土地和改造的废弃土地，从使用的月份起免缴城镇土地使用税
　　　 5 年至 10 年

9. 城镇土地使用税的纳税人包括（　　　　　）。

　　A. 土地的实际使用人　　　　　　　　B. 土地的代管人

　　C. 拥有土地使用权的单位和个人　　　 D. 土地使用权共有的各方

10. 以下关于城镇土地使用税的表述中，正确的有（　　　　　）。

　　A. 纳税人使用的土地不属于同一市（县）管辖范围内的，由纳税人分别向土地所在地
　　　 的税务机关申报缴纳

　　B. 纳税人使用的土地在同一省（自治区、直辖市）管辖范围内，纳税人跨地区使用的
　　　 土地，由纳税人分别向土地所在地的税务机关申报缴纳

　　C. 纳税人新征用的土地，必须于批准新征用之日起 15 日内申报登记

　　D. 纳税人如有住址变更、土地使用权属转换等情况，从转移之日起，按规定期限办理
　　　 申报变更登记

11. 根据耕地占用税的有关规定，下列各项土地中属于耕地的有（　　　　　）。

　　A. 菜地　　　　　　B. 园地　　　　　　C. 田地　　　　　　D. 田间道路

12. 下列关于耕地占用税税收要素的说法中，不正确的有（　　　　　）。

　　A. 纳税义务人是占用耕地建房或从事非农业建设的单位和个人

　　B. “耕地”是指种植农业作物的土地，包括菜地、园地，但不包括鱼塘

　　C. 耕地占用税以纳税人占用耕地的面积为计税依据

  D. 经济特区、经济技术开发区和经济发达、人均耕地特别少的地区，适用税额可以适当提高，但最多不得超过上述规定税额的 30%

13. 下列情形免征耕地占用税的有（　　　　）。

  A. 养老院占用耕地   B. 军事设施占用耕地

  C. 幼儿园占用耕地   D. 农村居民占用耕地新建住宅

14. 关于耕地占用税的说法，正确的有（　　　　）。

  A. 耕地占用税收入专用于耕地开发与改良

  B. 耕地占用税采用地区差别税率，按年课征

  C. 耕地占用税的适用税额可以适当提高，但最多不得超过规定税额的 50%

  D. 占用鱼塘及其他农用土地建房或从事其他非农业建设，视同占用耕地

15. 下列符合耕地占用税法规定的有（　　　　）。

  A. 纳税义务人是占用耕地建设非农业用房的单位和个人，但从事农业用房建设的不属于耕地占用税的纳税义务人

  B. 纳税义务人包括从事非农业建设的单位和个人

  C. 征税范围包括国家和集体所有的耕地

  D. 征税范围不包括茶园、果园和其他种植经济林木的土地

三、判断题

1. 城镇土地使用税是对占用土地的行为征税，征税对象是土地。（　　　）

2. 凡在中华人民共和国境内拥有土地使用权的单位和个人，均应依法缴纳城镇土地使用税。（　　　）

3. 经济落后地区，城镇土地使用税的适用税额标准可适当降低，但降低额不得超过规定的最低税额的 30%。（　　　）

4. 企业厂区外公共绿化用地暂免征城镇土地使用税，厂区内绿化用地也暂免征城镇土地使用税。（　　　）

5. 土地使用权未确定的，由土地所有人缴纳城镇土地使用税。（　　　）

6. 实行自收自支、自负盈亏的事业单位的经营用地需要缴纳城镇土地使用税。（　　　）

7. 公园中管理单位的办公用地需要征收城镇土地使用税。（　　　）

8. 只要占用耕地就需要缴纳耕地占用税。（　　　）

9. 耕地占用税采用地区差别定额税率。（　　　）

10. 耕地占用税的适用税额可以适当提高，但最多不得超过规定税额的 50%。（　　　）

四、计算题

（一）

1. 目的：练习企业应纳城镇土地使用税税额的计算。

2. 资料：某企业使用土地面积为 64 000 平方米，经税务机关核定，该土地属于中等城市，每平方米年税额为 2 元。

3. 要求：计算该公司应缴纳的城镇土地使用税税额。

（二）

1. 目的：练习企业应纳城镇土地使用税税额的计算。
2. 资料：某企业 2021 年占用某市一等地段土地 3 200 平方米，三等地段 5 800 平方米（其中 800 平方米为该企业开办医院的用地），2021 年 9 月该企业在该市二等地段再征用非耕地 2 500 平方米，同年 10 月在市郊征得耕地 5 000 平方米，并已缴纳耕地占用税。该市城镇土地使用税年税额：一等地段 24 元 / 平方米，二等地段 16 元 / 平方米，三等地段 10 元 / 平方米，城郊征用的耕地 4 元 / 平方米。
3. 要求：
（1）该公司 2021 年应缴纳的城镇土地使用税税额。
（2）该公司 2022 年应缴纳的城镇土地使用税税额。

（三）

1. 目的：练习企业应纳耕地占用税税额的计算。
2. 资料：某企业在郊区新建立一家分公司，共计占用耕地 38 500 平方米，其中分公司办公用地为 30 000 平方米，幼儿园用地为 800 平方米，中小学学校用地为 1 000 平方米，其余用于公司绿化用地。该地耕地占用税税额为 30 元 / 平方米。
3. 要求：根据上述资料计算该企业应纳耕地占用税税额。

五、实训题
1. 目的：对企业应纳城镇土地使用税税额进行计算及纳税申报。
2. 资料：广州威玖有限责任公司（查账征收纳税人），坐落在广州市番禺商务区繁华地段市桥大北路 33 号，其统一社会信用代码为：236876563232322745；该公司的单位负责人为胡秀雯，财务负责人为陈小朋。2022 年该公司土地使用证书上记载占用土地的面积为 12 400 平方米，土地使用证号为国用（2016）字第 12 号，经确定属一级地段；该公司另设一个统一核算的分店坐落在番禺沙湾市良路 21 号，土地使用证号为国用（2016）字第 190 号，经确定为三级地段，共占地 8 000 平方米；该公司有一座仓库位于番禺沙湾中华大道 12 号，土地使用证号为国用（2017）字第 33 号，属五级地段，占地面积为 1 000 平方米。2022 年 9 月 20 日，又到每年一度的城镇土地使用税交纳税款的最后时限，该公司税务会计张丽娜找出公司的相关土地使用证书，计算公司 2022 年应纳城镇土地使用税税额。
3. 其他信息：广州市城镇土地使用税税额标准，一般用地：一级地段，15 元 / 平方米；三级地段，9 元 / 平方米；五级地段，3 元 / 平方米。
4. 要求：
（1）计算该公司应缴纳的城镇土地使用税。
（2）为该公司填写财产和行为税纳税申报表及城镇土地使用税、房产税税源明细表（见表 9-1、表 9-2），进行纳税申报。

表 9-1　财产和行为税纳税申报表

纳税人识别号（统一社会信用代码）：

纳税人名称：

金额单位：人民币元（列至角分）

序号	税种	税目	税款所属期起	税款所属期止	计税依据	税率	应纳税额	减免税额	已缴税额	应补（退）税额
1										
2										
3										
4										
5										
6										
7										
8										
9										
10										
11	合计	—	—	—	—	—				

声明：此表是根据国家税收法律法规及相关规定填写的，本人（单位）对填报内容（及附带资料）的真实性、可靠性、完整性负责。

纳税人（签章）：　　　　　　　　　　　　　年　　月　　日

经办人：

经办人身份证号：

代理机构签章：

代理机构统一社会信用代码：

受理人：

受理税务机关（章）：

受理日期：　　年　　月　　日

表9-2　城镇土地使用税 房产税税源明细表

金额单位：人民币元（列至角分），面积单位：平方米

纳税人识别号（统一社会信用代码）：

纳税人名称：

一、城镇土地使用税税源明细

*纳税人类型	土地使用权人□　集体土地使用人□　无偿使用人□　代管人□　实际使用人□（必选）	土地使用权人名称	
*土地编号		不动产权证号	
不动产单元代码		*土地性质	国有□　集体□（必选）
*土地取得方式	划拨□　出让□　转让□　租赁□　其他□（必选）	*土地用途	工业□　商业□　居住□　综合□　房地产开发企业的开发用地□　其他□（必选）（必填）
*土地坐落地址（详细地址）		市（区）　县（区）　乡镇（街道）　省（自治区、直辖市）	
*土地所属主管税务所（科、分局）		变更类型	纳税义务终止（权属转移□　其他□）　信息项变更（土地面积变更□　土地等级变更□　减免变更□　其他□）
*土地取得时间	年　月	变更时间	年　月
*占用土地面积		地价	
		*土地等级	*税额标准

减免税部分	序号	减免性质代码和项目名称	减免起止时间				税额标准	减免税土地面积	月减免税金额
			减免起始月份		减免终止月份				
			年	月	年	月			
	1								
	2								
	3								

二、房产税税源明细

（略）

项目十
房产税办税业务

【学习目标】

通过本项目的学习，能准确界定房产税的征税范围、判别房产税的纳税人；能确定房产税的计税依据，选择从价计征和从租计征税率，正确计算各纳税人应纳的房产税税额；能填写准确、完整的房产税纳税申报相关表格。

【标志性成果】

提交填写完整、准确的财产和行为税纳税申报表及城镇土地使用税、房产税税源明细表。

【重点难点】

重点：征税范围，房产税的计税依据和适用税率。
难点：房产税计税依据及房产税改革。

【主要业务】

业务流程	业务内容	处理方法
1. 房产税的综合知识	（1）房产税的定义	房产税是以纳税人的房产为征税对象，依据房产的计税价值或房产租金收入向房产所有人或经营管理人课征的一种税
	（2）房产税的特点	房产税属于财产税体系中的个别财产税；征税范围限于城镇范围内的经营性房屋；区别不同经营使用方式规定的不同征税办法

业务流程	业务内容	处理方法
2. 房产税的基本要素	（1）征税范围的确定	房产税的征税范围为城市、县城、建制镇和工矿区（规定与城镇土地使用税一致）的房产。房产是以房屋形态存在的财产，包括房屋和与房屋不可分割的配套设施和附属设备；但独立于房屋之外的建筑物，如围墙、水塔、烟囱、室外游泳池等，不属于房产
	（2）纳税人的确定	在我国城市、县城、建制镇和工矿区拥有房屋产权的单位和个人，为房产税的纳税人。具体包括产权所有人、经营管理单位、承典人、房产代管人或者使用人。 ① 产权属于国家所有的，由经营管理单位纳税； ② 产权属集体和个人所有的，由集体单位和个人为纳税人； ③ 产权出典的，由承典人依照房产余值缴纳房产税； ④ 产权所有人、承典人不在房产所在地的，或者产权未确定及租典纠纷未解决的，由房产代管人或者使用人缴纳； ⑤ 纳税单位和个人无租使用房产管理部门、免税单位及纳税单位的房产，应由使用人依照房产余值代缴纳房产税； ⑥ 融资租赁的房产，由承租人缴纳房产税
	（3）适用税率的确定	从价计征的，税率为1.2%。 从租计征的，税率为12%。 对个人按市场价格出租的居民住房，可暂减按4%的税率征收房产税。对企事业单位、社会团体以及其他组织按市场价格向个人出租用于居住的住房，减按4%的税率征收房产税
	（4）税收优惠	以下房产免征房产税： 国家机关、人民团体、军队等单位本身的办公用房和公务用房；由国家财政部门拨付事业经费的单位本身的业务用房；宗教寺庙、公园、名胜古迹自用的房产；个人所有非营业用的房产；经营公租房的租金收入；经财政部批准免税的其他房产。上述免税单位出租的房产以及非本身业务用的生产、营业用房产，如事业单位所设的附属工厂、商店，公园内对外营业的影剧院、饮食部、茶社、照相馆等所使用的房产不属于免税范围，应征收房产税。 企业办的各类学校、医院、托儿所、幼儿园自用的房产，可以比照由国家财政部门拨付事业经费的单位自用的房产，免征房产税；为鼓励利用地下人防设施，对其暂不征收房产税；经有关部门鉴定，对毁损不堪居住的房屋和危险房屋，在停止使用后，可免征房产税；房屋大修停用在半年以上的，经纳税人申请，税务机关审核，在大修期间可免征房产税；对微利企业和亏损企业的房产，依照规定应征收房产税，但为了照顾企业的实际负担能力，可由地方根据实际情况在一定期限内暂免征收房产税；纳税人纳税确有困难的，可由省、自治区、直辖市人民政府确定，定期减征或者免征房产税。 高校学生公寓免征房产税
3. 应纳税额的计算	（1）确定计税依据	从价计征是对纳税人自用房产的计征办法，按照房产原值减除10%~30%后的余值计算（具体扣除比例由各省、自治区人民政府规定），税率为1.2%。如没有房产原值作为依据的，由房产所在地的税务机关参考同类房产核定； 房产原值是指纳税人按照会计制度规定，在账簿的"固定资产"科目中记载的房屋造价或原价。房产原值应包括与房屋不可分割的各种附属设备以及一般不单独计算价值的配套设施。纳税人对原有房屋改建、扩建，要相应增加其房屋的原值。 从租计征是对纳税人出租房产的计征办法，按照房产出租的租金收入计算，税率为12%。房产租金收入包括货币收入和实物收入，不含增值税
	（2）应纳房产税的确定	从价计征： 　　　应纳房产税税额 = 房产原值 × （1- 扣除比例）×1.2% 从租计征： 　　　应纳房产税税额 = 租金收入 ×12%

续表

业务流程	业务内容	处理方法
4. 纳税申报	（1）缴纳地点	房产税在房产所在地缴纳。房产不在同一地方的纳税人，应按房产的坐落地点分别向房产所在地的税务机关纳税
	（2）纳税时间及期限	① 将原有房产用于生产经营，从生产经营之日起，计征房产税； ② 自建的房屋用于生产经营的，自建成之日的次月起，计征房产税； ③ 委托施工企业建设的房屋，从办理验收手续之日的次月起，计征房产税。对于在办理验收手续前已使用或出租、出借的新建房屋，应从使用或出租、出借的当月起按规定计征房产税； ④ 购置新建商品房，自房屋交付使用之次月起计征房产税； ⑤ 出租、出借房产，自交付出租、出借之次月起计征房产税； ⑥ 房地产开发企业自用、出租、出借本企业建造的商品房，自房屋使用或交付之次月起计征房产税； ⑦ 纳税人因房产、土地的实物或权利状态发生变化而依法终止房产税纳税义务的，其应纳税款的计算应截止到房产、土地的实物或权利状态发生变化的当月月末； 房产税按年征收、分期缴纳，具体纳税期限由省、自治区、直辖市人民政府确定。可分季缴纳，也可分上下半年两次缴纳
	（3）申报方法	直接报送； 网上申报。 由税务局负责征收
5. 房产税的改革	上海试点	针对居民住房： ① 本地户籍：新购家庭第二套以上住房。外地户籍：新购住房。 ② 计税价格：交易价格70%，以后按评估价计算。 ③ 税率：0.6%，低于平均价格2倍的按0.4%。 ④ 免税额：人均60平方米（含）
	重庆试点	针对居民住房： ① 别墅：存、增量征收；高档住房（高于平均价两倍）：增量征收。 ② 三无（无户口、无工作、无投资）：不管是否高档，第二套开始征收。 ③ 税率：平均价格3倍以下按0.5%，3～4倍按1%，4倍以上按1.2%。 ④ 计税价格：交易价格，以后按评估价

【典型例题分析】

一、单项选择题

1. 处于下列范围中的房产，不属于房产税的征税范围的是（　　）。

    A. 工矿区　　　　　B. 县城　　　　　C. 建制镇　　　　　D. 农村

    【答案】D

    【分析】房产税在城市、县城、建制镇和工矿区征收，其征税范围不包括农村。

2. 根据房产税的有关规定，纳税单位无租使用免税单位的房产的，应由（　　）缴纳房产税。

    A. 免税单位　　　　　　　　　B. 税务机关确定的单位

    C. 双方合同约定的单位　　　　　D. 使用单位

    【答案】D

【分析】纳税单位和个人无租使用房产管理部门、免税单位及纳税单位的房产，应由使用人代为缴纳房产税。

3. 某公司有一栋办公楼，账面原值为 4 000 万元，2022 年 5 月对该办公楼进行改扩建，发生支出 300 万元。在办公楼旁边新建一座玻璃暖房，支出 500 万元安装中央空调系统，同时拆除 200 万元的照明设施，再支付 350 万元安装智能照明和楼宇声控系统，该办公楼于 2022 年 10 月 31 日改建完毕并投入使用。已知：当地规定计算房产余值扣除比例为 20%，2022 年该公司的上述办公楼应缴纳房产税（　　）万元。

A. 39.44　　　　B. 47.52　　　　C. 38.4　　　　D. 46.56

【答案】A

【分析】独立于房屋之外的玻璃暖房不属于房产，不用计算缴纳房产税；纳税人对原有房屋进行改建、扩建的，要相应增加房屋的原值；对于更换房屋附属设备和配套设施的，在将其价值计入房产原值时，可扣减原来相应设备和设施的价值；该公司 2022 年应缴纳房产税 =4 000×（1-20%）×1.2%×10/12+［4 000+500+（350-200）］×（1-20%）×1.2%×2/12=39.44（万元）。

4. 某工业企业 2022 年 1 月购入一块土地，支付价款 1 000 万元，委托施工企业在该土地上建造厂房一栋，建造过程中共计发生支出 800 万元，2022 年 8 月 10 日办理了竣工验收手续，10 月份正式投入使用，则该厂房 2022 年应缴纳房产税（　　）万元。（当地规定计算房产余值的扣除比例为 30%。）

A. 4.5　　　　B. 5　　　　C. 5.04　　　　D. 5.24

【答案】C

【分析】纳税人委托施工企业建设的房屋，从办理验收手续之日的次月起计征房产税；对按照房产原值计税的房产，无论会计上如何核算，房产原值均应包含地价款；应缴纳房产税 =（1 000+800）×（1-30%）×1.2%×4/12=5.04（万元）。

5. 赵某拥有三处房产，其中原值 60 万元的房产供自己和家人居住；原值 20 万元的房产于 2022 年 7 月 1 日出租给王某居住，按市场价每月取得租金收入 1 200 元；原值 150 万元的房产自 2022 年 1 月 1 日起用于经营超市。赵某 2022 年应缴纳房产税（　　）元（已知该省政府规定房产税扣除比例为 20%）。

A. 14 400　　　　B. 14 688　　　　C. 15 264　　　　D. 16 320

【答案】B

【分析】个人拥有的非营业用房是免征房产税的；个人出租住房减按 4% 计算缴纳房产税；所以赵某 2022 年应缴纳房产税 =1 200×6×4% + 150×（1 - 20%）×10 000×1.2%= 14 688（元）。

6. 2022 年某企业拥有房产原值共计 6 000 万元，其中生产经营用房原值 3 500 万元，企业办幼儿园用房原值 500 万元，厂办子弟学校用房原值 850 万元，职工宿舍用房原值 550 万元，另有房产原值为 600 万元的职工食堂出租给个人经营，每月收取租金 5 万元。该企业所在地房产税扣除比例为 20%，2022 年该企业应缴纳房产税（　　）万元。

A. 44.16　　　　B. 43.76　　　　C. 42.88　　　　D. 46.08

【答案】D

【分析】企业办的各类学校、医院、托儿所、幼儿园自用的房产，免征房产税。2022年该企业应缴纳房产税=（3 500+550）×（1-20%）×1.2%+5×12×12%=46.08（万元）。

7. 2022年年初，某企业拥有房屋6栋，其中2栋用于生产经营，房产原值共计10 000万元；1栋（原值600万元）出租给其他企业，年租金80万元；1栋（原值500万元）用于对外投资，共担经营风险，当年参与投资利润分红取得收入10万元；1栋（原值400万元）按市场价格租给居民个人用于居住，年租金5万元（不含增值税）；1栋（原值400万元）自年初提供给公安机关办公无偿使用。按照规定房产原值减除比例为30%。该企业2022年应缴纳房产税（　　）万元。

    A. 135.80　　　　　B. 98　　　　　C. 124.8　　　　　D. 124.20

【答案】B

【分析】对投资联营的房产，在计征房产税时应予以区别对待。对于以房产投资联营，投资者参与投资利润分红，共担风险的情况，按房产的计税余值作为计税依据计征房产税；对于以房产投资，收取固定收入，不承担联营风险的情况，实际上是以联营名义取得房产的租金，应根据有关规定由出租方按租金收入计算缴纳房产税。对企事业单位、社会团体以及其他组织按市场价格向个人出租用于居住的住房，减按4%的税率征收房产税。该企业2022年应缴纳房产税=10 000×（1-30%）×1.2%+80×12%+500×（1-30%）×1.2%+5×4%=98（万元）。

二、多项选择题

1. 下列单位和个人取得的收入中，应按4%的税率计算缴纳房产税的有（　　　　　）。

    A. 个人出租住房取得的租金

    B. 企业向关联方企业出租职工宿舍取得的租金

    C. 社会团体按市场价格向个人出租用于居住的住房取得的租金

    D. 事业单位按市场价格向个人出租用于居住的住房取得的租金

    E. 个人向其他个人出租自己的商铺取得的租金

【答案】ACD

【分析】选项A，对个人出租住房，不区分实际用途，均按4%的税率计算缴纳房产税；选项CD，对企事业单位、社会团体以及其他组织按市场价格向个人出租用于居住的住房，减按4%的税率征收房产税。

2. 下列各项中，应将其价值计入房产原值计征房产税的有（　　　　　）。

    A. 暖气设备　　　　B. 下水道　　　　C. 楼房占用的土地的价款

    D. 室外游泳池　　　E. 卫生设备

【答案】ABCE

【分析】室外游泳池属于独立于房屋之外的建筑物，不需要计算缴纳房产税。

3. 下列房产中，免征房产税的有（　　　　　）。

    A. 人民团体自用的房产　　　　　　B. 宗教寺庙举行宗教仪式的房屋

    C. 名胜古迹内影剧院用房　　　　　D. 个人自用的居住用房

    E. 公园自用的房产

【答案】ABDE

【分析】选项 C，公园、名胜古迹自用的房产是免税的，但是公园、名胜古迹内附设的营业单位，如影剧院、饮食部、茶社、照相馆等所使用的房产及出租的房产，应征收房产税。

4. 下列各项中，经过财政部和国家税务总局批准，可以免征房产税的有（   ）。

   A. 房地产开发企业开发的对外出租的商品房

   B. 专门经营农产品的农产品批发市场用房

   C. 铁路局自用的房产

   D. 中国人民银行总行所属分支机构自用的房产

   E. 军队对外出租的空余房产

【答案】BCDE

【分析】选项 A，房地产开发企业建造的商品房，在出售前不征收房产税，但是对出售前房地产开发企业已使用或者出租、出借的商品房按规定征收房产税。

5. 下列关于房产税纳税义务发生时间的说法中，正确的有（   ）。

   A. 房地产开发企业出租本企业建造的商品房，自房屋交付之月起计征房产税

   B. 纳税人出借的房产，自出借房产之次月起计征房产税

   C. 纳税人购置存量房，自办理房屋权属转移、变更登记手续，房地产权属登记机关签发房屋权属证书之次月起计征房产税

   D. 纳税人委托施工企业建设的房屋，从办理验收手续之日的次月起计征房产税

   E. 纳税人购置新建商品房，自房屋交付使用之次月起计征房产税

【答案】BCDE

【分析】选项 A，房地产开发企业出租本企业建造的商品房，自房屋交付之次月起计征房产税。

6. 下列关于房产税的申报与缴纳的说法中，正确的有（   ）。

   A. 房产税实行按年征收，分期缴纳的方式

   B. 纳税人产权发生转移的，需要向税务机关办理注销登记

   C. 房产税在房产所在地缴纳

   D. 房产税在纳税人所在地缴纳

   E. 房产不在同一地方的纳税人，应按房产的坐落地点分别向房产所在地的税务机关缴纳房产税

【答案】ACE

【分析】选项 B，纳税人产权发生转移的，需要向税务机关办理变更登记；选项 D，房产税在房产所在地缴纳。

7. 某政府机关与甲公司共同使用一幢办公用房，房产价值为 5 000 万元，政府机关占用房产价值 4 000 万元，公司占用房产价值 1 000 万元。2022 年 5 月 1 日，该政府机关将其使用房产的 40%对外出租，当年取得租金收入 120 万元（不含增值税）。2022 年 8 月 1 日，甲公司将其使用房产的 40%出租给乙企业，租赁合同约定从租赁开始日免收租金 3 个月，以后每月收取租金 1 万元（不含增值税）。已知该省房产税扣除比例为 20%。根据上述资料，下列说法正确的有（   ）。

   A. 政府机关免征房产税   B. 政府机关应纳房产税 14.4 万元

　C. 甲公司应纳房产税 9.2 万元　　　　D. 甲公司应纳房产税 5.76 万元

　E. 该办公用房当年合计应缴纳房产税 20.16 万元

【答案】BC

【分析】政府机关自用房产免征房产税，出租房产应从租计征房产税，应纳房产税 =120×12%=14.4（万元），所以选项 A 错误，选项 B 正确；对于出租房产，租赁双方签订的租赁合同约定有免收租金期限的，免收租金期间由产权所有人按照房产原值缴纳房产税。甲公司应纳房产税 =1 000×（1−40%）×（1−20%）×1.2%+1 000×40%×（1−20%）×1.2%×10/12+2×1×12%=9.2（万元），所以选项 C 正确，选项 D 不正确；该办公用房当年合计应缴纳房产税 =14.4+9.2=23.6（万元），所以选项 E 不正确。

三、判断题

1. 房产税的征税对象是房屋，由于房屋属于不动产，所以与房屋不可分割的各种附属设备也应作为房屋一并征税。上述"各种附属设备"包括独立于房屋之外的建筑物，如水塔、烟囱等。　　　　　　　　　　　　　　　　　　　　　　（　　）

【答案】×

【分析】独立于房屋之外的建筑物不属于房产。

2. 一个坐落在房产税开征地区范围之内的工厂，其仓库设在房产税开征范围之外，那么，这个仓库不应征收房产税。　　　　　　　　　　　　　　　　　（　　）

【答案】√

【分析】仓库不在开征范围，不征收房产税。

3. 房产税的税率，依照房产余值计算缴纳的，税率为 12‰。　　　　　　（　　）

【答案】√

【分析】从价计征税率为 1.2%。

4. 房产税由房产所在地在国家税务机关负责征收。　　　　　　　　　　（　　）

【答案】×

【分析】房产税由税务局负责征收。

5. 由国家财政部门拨付事业经费的单位，其经费来源实行自收自支后，可以免征房产税。　　　　　　　　　　　　　　　　　　　　　　　　　　　　（　　）

【答案】×

【分析】由国家财政部门拨付事业经费的单位，其经费来源实行自收自支后，应当征收房产税。

6. 宗教寺庙、公园、名胜古迹中附设的营业单位使用或出租的房产，免征房产税。（　　）

【答案】×

【分析】宗教寺庙、公园、名胜古迹中附设的营业单位使用或出租的房产，应当征收房产税。

7. 个人所有居住房屋，应当由当地税务机关核定面积标准，就超过面积标准的部分征收房产税。　　　　　　　　　　　　　　　　　　　　　　　　　　（　　）

【答案】×

【分析】个人所有居住房屋免征房产税（上海、重庆除外）。

8. 中国人民银行各省、自治区、直辖市分行及其所属分支机构的房产应免征房产税。
（   ）

【答案】×

【分析】中国人民银行各省、自治区、直辖市分行及其所属分支机构的房产应征收房产税。

9. 承租使用房产，以支付修理费抵交房产租金的，房产所有人可免征房产税。（   ）

【答案】×

【分析】承租使用房产，以支付修理费抵交房产租金的，仍由房产的产权所有人缴纳房产税。

10. 纳税单位与免税单位共同使用的房屋，应征收房产税。   （   ）

【答案】×

【分析】纳税单位与免税单位共同使用的房屋，按各自使用的部分划分，分别征收或免征房产税。

【职业能力训练】

一、单项选择题

1. 下列各项中，属于房产税的征税范围的是（   ）。
   A. 围墙   B. 水塔   C. 室外游泳池   D. 办公楼

2. 对个人出租住房，不区分实际用途，均按（   ）的税率计算缴纳房产税。
   A. 1.2%   B. 4%   C. 6%   D. 12%

3. 对出租房产，租赁双方签订的租赁合同约定有免收租金期限的，免收租金期间由（   ）按照房产原值缴纳房产税。
   A. 承租人   B. 产权所有人
   C. 税务机关确定纳税人   D. 房产使用人

4. 下列各项中，应当征收房产税的是（   ）。
   A. 行政机关所属招待所使用的房产
   B. 自收自支事业单位向职工出租的单位自有住房
   C. 施工期间施工企业在基建工地搭建的临时办公用房
   D. 邮政部门坐落在城市、县城、建制镇、工矿区以外的房产

5. 某企业2022年年初委托施工企业建造厂房一幢，3月末办理验收手续，厂房入账原值1200万元，3月31日将原值为600万元的旧厂房对外投资联营，不承担联营风险，当年收取固定收入20万元。已知当地省政府规定计算房产余值的减除比例为20%。2022年该企业上述房产应缴纳房产税（   ）万元。
   A. 12.48   B. 11.04   C. 14.40   D. 10.08

6. 李某在市区拥有A、B两栋住房，A栋房产原值为200万元，用于自己及家人居住，B栋房产原值为150万元，自2022年7月1日起按市场价格出租给居民王某居住，租期1

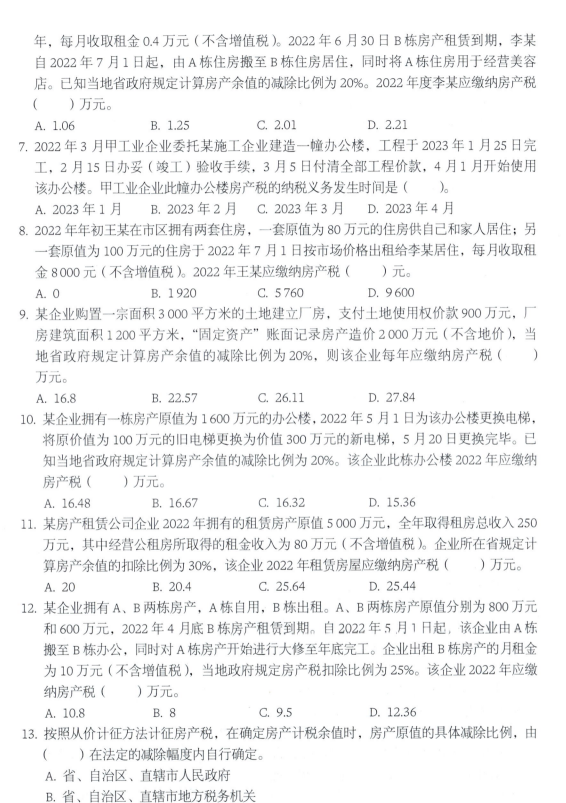

年，每月收取租金 0.4 万元（不含增值税）。2022 年 6 月 30 日 B 栋房产租赁到期，李某自 2022 年 7 月 1 日起，由 A 栋住房搬至 B 栋住房居住，同时将 A 栋住房用于经营美容店。已知当地省政府规定计算房产余值的减除比例为 20%。2022 年度李某应缴纳房产税（　　）万元。

A. 1.06　　　　　B. 1.25　　　　　C. 2.01　　　　　D. 2.21

7. 2022 年 3 月甲工业企业委托某施工企业建造一幢办公楼，工程于 2023 年 1 月 25 日完工，2 月 15 日办妥（竣工）验收手续，3 月 5 日付清全部工程价款，4 月 1 月开始使用该办公楼。甲工业企业此幢办公楼房产税的纳税义务发生时间是（　　）。

A. 2023 年 1 月　　B. 2023 年 2 月　　C. 2023 年 3 月　　D. 2023 年 4 月

8. 2022 年年初王某在市区拥有两套住房，一套原值为 80 万元的住房供自己和家人居住；另一套原值为 100 万元的住房于 2022 年 7 月 1 日按市场价格出租给李某居住，每月收取租金 8 000 元（不含增值税）。2022 年王某应缴纳房产税（　　）元。

A. 0　　　　　　B. 1 920　　　　　C. 5 760　　　　　D. 9 600

9. 某企业购置一宗面积 3 000 平方米的土地建立厂房，支付土地使用权价款 900 万元，厂房建筑面积 1 200 平方米，"固定资产"账面记录房产造价 2 000 万元（不含地价），当地省政府规定计算房产余值的减除比例为 20%，则该企业每年应缴纳房产税（　　）万元。

A. 16.8　　　　　B. 22.57　　　　　C. 26.11　　　　　D. 27.84

10. 某企业拥有一栋房产原值为 1 600 万元的办公楼，2022 年 5 月 1 日为该办公楼更换电梯，将原价值为 100 万元的旧电梯更换为价值 300 万元的新电梯，5 月 20 日更换完毕。已知当地省政府规定计算房产余值的减除比例为 20%。该企业此栋办公楼 2022 年应缴纳房产税（　　）万元。

A. 16.48　　　　　B. 16.67　　　　　C. 16.32　　　　　D. 15.36

11. 某房产租赁公司企业 2022 年拥有的租赁房产原值 5 000 万元，全年取得租房总收入 250 万元，其中经营公租房所取得的租金收入为 80 万元（不含增值税）。企业所在省规定计算房产余值的扣除比例为 30%，该企业 2022 年租赁房屋应缴纳房产税（　　）万元。

A. 20　　　　　　B. 20.4　　　　　C. 25.64　　　　　D. 25.44

12. 某企业拥有 A、B 两栋房产，A 栋自用，B 栋出租。A、B 两栋房产原值分别为 800 万元和 600 万元，2022 年 4 月底 B 栋房产租赁到期。自 2022 年 5 月 1 日起，该企业由 A 栋搬至 B 栋办公，同时对 A 栋房产开始进行大修至年底完工。企业出租 B 栋房产的月租金为 10 万元（不含增值税），当地政府规定房产税扣除比例为 25%。该企业 2022 年应缴纳房产税（　　）万元。

A. 10.8　　　　　B. 8　　　　　　C. 9.5　　　　　　D. 12.36

13. 按照从价计征方法计征房产税，在确定房产计税余值时，房产原值的具体减除比例，由（　　）在法定的减除幅度内自行确定。

A. 省、自治区、直辖市人民政府

B. 省、自治区、直辖市地方税务机关

C. 国家税务总局

D. 财政部

14. 某小区内有一栋房产原值为 200 万元的老年活动中心，属于业主共有，因长时间荒废，2022 年年底李某经过批准遂将其中的 1/4 承租后用于经营超市和居住，每月支付租金 1 000 元（不含增值税），剩下的 3/4 由业主共同开设一家健身房，取得的经营收入用于冲抵小区物业费。已知：当地政府规定的计算房产余值的扣除比例为 20%，则上述房产 2022 年应缴纳房产税（　　）万元。

A. 2.06　　　　　　B. 1.963　　　　　　C. 1.584　　　　　　D. 4.56

15. 2022 年某企业拥有房产原值共计 8 000 万元，其中生产经营用房原值 6 500 万元、内部职工医院用房原值 500 万元、托儿所用房原值 300 万元、超市用房原值 700 万元。当地政府规定计征房产税的扣除比例为 20%，2022 年该企业应缴纳房产税（　　）万元。

A. 62.4　　　　　　B. 69.12　　　　　　C. 76.8　　　　　　D. 77.92

16. 某房地产开发企业 2022 年开发 10 栋房产待售，房产原值共计 1 500 万元，2022 年 5 月 1 日将其中的 8 栋对外出售，另外 2 栋对外出租，年租金共计为 12 万元（不含增值税），则该房地产开发企业 2022 年应纳房产税（　　）万元。

A. 1.68　　　　　　B. 0.84　　　　　　C. 1.44　　　　　　D. 0.96

二、多项选择题

1. 下列关于房产税计税依据的说法中，正确的有（　　）。
   A. 纳税人对原有房屋进行改建、扩建的，要相应增加房屋的原值
   B. 以房产投资联营，投资者参与投资利润分红，共担风险的，不征收房产税
   C. 对出租房产，租赁双方签订的租赁合同约定有免收租金期限的，免收租金期间不征收房产税
   D. 以劳务为报酬抵付房租收入的，应根据当地同类房产的租金水平，确定一个标准租金额从租计征房产税

2. 下列关于房产税纳税人的表述中，正确的有（　　）。
   A. 产权出典的，由出典人纳税
   B. 产权所有人不在房屋所在地的，由房产代管人或者使用人纳税
   C. 产权属于国家所有的，由经营管理单位纳税
   D. 纳税单位和个人无租使用房产管理部门、免税单位及纳税单位的房产，应由使用人代为缴纳房产税

3. 下列关于房产税的有关规定，表述正确的有（　　）。
   A. 对个人出租住房，不区分用途，按 4% 的税率征收房产税
   B. 融资租赁的房产，由承租人自融资租赁合同约定开始日的次月起依照房产余值缴纳房产税，合同未约定开始日的，由承租人自合同签订的次月起依照房产余值缴纳房产税
   C. 出租的地下建筑，按照出租地上房屋建筑的有关规定计算征收房产税
   D. 自 2021 年 1 月 1 日至 2023 年 12 月 31 日，对高校学生公寓、商品储备管理公司及其直属库承担商品储备业务自用的房产，应计算缴纳房产税

4. 下列关于房产原值的说法中，正确的有（　　　　　）。

    A. 对依照房产原值计税的房产，如果未记载在会计账簿固定资产科目中的，不计算缴纳房产税

    B. 房产原值应包括与房屋不可分割的各种附属设备或一般不单独计算价值的配套设施

    C. 纳税人对原有房屋进行改建、扩建的，要相应增加房屋的原值

    D. 对附属设备和配套设施中易损坏，需要经常更换的零配件，更新后不再计入房产原值

5. 纳税人从租计征房产税时，适用的税率有（　　　　　）。

    A. 1.2%　　　　　　　B. 4%　　　　　　　C. 10%　　　　　　　D. 12%

6. 根据房产税的有关规定，下列说法正确的有（　　　　　）。

    A. 对以房产投资联营，投资者参与投资利润分红，共担风险的，不计征房产税

    B. 对以房产投资联营，收取固定收入，不承担联营风险的，按房产余值作为计税依据计征房产税

    C. 融资租赁的房屋，在计征房产税时应以房产余值计算征收

    D. 宗地容积率低于 0.5 的，按房产建筑面积的 2 倍计算土地面积并据此确定计入房产原值的地价

7. 下列各项中，免征房产税的有（　　　　　）。

    A. 国家机关自用的房产

    B. 施工期间在基建工地为基建工地服务的材料棚

    C. 企业因季节性停用的房产

    D. 老年服务机构自用的房产

8. 下列关于房产税纳税人的说法中，正确的有（　　　　　）。

    A. 产权属于国家所有的，由经营管理单位纳税

    B. 产权属于集体和个人所有的，由经营管理单位纳税

    C. 产权出典的，由出典人纳税

    D. 产权未确定及租典纠纷未解决的，由房产代管人或者使用人纳税

    E. 纳税单位无租使用免税单位的房产，由使用人代为缴纳房产税

9. 下列各项中，应将其价值计入房产原值计征房产税的有（　　　　　）。

    A. 照明设备　　　　　　　　　　B. 中央空调

    C. 电梯　　　　　　　　　　　　D. 更换的易损坏的零配件

    E. 智能化楼宇设备

10. 下列关于房产税纳税义务发生时间的说法中，正确的有（　　　　　）。

    A. 将原有房产用于生产经营的，从生产经营的次月起，计征房产税

    B. 自建的房屋用于生产经营的，从建成之日的次月起计征房产税

    C. 购置新建商品房，自房屋交付使用之月起计征房产税

    D. 出租的房产，自交付出租房产之次月起计征房产税

    E. 房地产开发企业自用本企业建造的商品房，自房屋使用之次月起计征房产税

11. 下列关于房产税的申报与缴纳的说法中，不正确的有（　　　　　）。

A. 房产税实行按年征收，一次性缴纳

B. 纳税人对原有房产进行扩建引起房产原值发生变化的，应及时向税务机关办理注销登记

C. 房产税在房产所在地缴纳

D. 房产不在同一地方的纳税人，应该在纳税人所在地计算缴纳房产税

E. 房产不在同一地方的纳税人，应按房产的坐落地点分别向房产所在地的税务机关缴纳房产税

12. 下列单位和个人取得的收入中，应按 4% 的税率计算缴纳房产税的有（   ）。

A. 企业向个人出租住房取得的租金

B. 企业向关联方企业出租职工宿舍取得的租金

C. 社会团体按市场价格向个人出租用于居住的住房取得的租金

D. 事业单位按市场价格向个人出租用于居住的住房取得的租金

E. 个人向其他个人出租厂房取得的租金

13. A 政府机关与 B 公司共同使用一幢写字楼，房产原值共 6 000 万元，A 政府机关占用房产原值 5 000 万元，B 公司占用房产原值 1 000 万元。2022 年 3 月 1 日 A 政府机关将其使用房产的 30% 对外出租，当年取得租金收入 150 万元（不含增值税）。2022 年 7 月 31 日 B 公司将其使用房产的 30% 对外投资，不承担联营风险，投资期限 4 年，当年取得固定利润分红 8 万元。已知该省人民政府统一规定计算房产余值的扣除比例为 20%。根据上述资料，下列说法正确的有（   ）。

A. 政府机关 2022 年应纳房产税 18 万元

B. 政府机关 2022 年无须缴纳房产税

C. B 公司 2022 年应纳房产税 9.36 万元

D. B 公司 2022 年应纳房产税 7.68 万元

E. 该写字楼 2022 年合计应缴纳房产税 25.68 万元

14. 下列关于融资租赁房产的房产税处理，说法正确的有（   ）。

A. 由承租人在合同约定开始日的次月起，按照房产余值缴纳房产税

B. 由出租人在合同约定开始日的次月起，按照房产余值缴纳房产税

C. 合同未约定开始日的，由承租人在合同签订的次月起依照房产余值缴纳房产税

D. 合同未约定开始日的，由出租人在合同签订的当月起依照房产余值缴纳房产税

E. 合同未约定开始日的，由承租人在合同签订的当月起依照房产余值缴纳房产税

三、判断题

1. 从 1994 年开始，对邮电部门所属企业一律恢复征收房产税。   （   ）

2. 对自用的售货亭应征收房产税。   （   ）

3. 房产税以租金收入为计税依据的，年税率为 1.2%。   （   ）

4. 个人所有非营业用的房产免纳房产税。   （   ）

5. 房产税建制镇的征税范围为镇人民政府所在地，不包括所辖的行政村。   （   ）

6. 房产原值是指纳税人按照会计制度规定，在账簿"固定资产"科目中记载的房屋原价。对房产原值明显不合理的，应重新予以评估。   （   ）

7. 实行差额预算管理的事业单位本身自用的房产免征房产税。　　（　　）

8. 房产不在一地的纳税人，应按房产的坐落地点，分别向房产所在地的税务机关缴纳房产税。　　（　　）

9. 纳税人自建的房屋，自建成之月起征收房产税。　　（　　）

10. 纳税单位和个人无租使用免税单位的房产可免纳房产税。　　（　　）

四、计算题

1. 目的：练习房产应纳税额的计算。

2. 资料：2022 年甲企业拥有的部分房产的具体情况如下：

（1）年初对一栋原值为 150 万元的 A 厂房进行扩建，3 月底完工并办理验收手续，增加房产原值 50 万元。

（2）年初将一栋原值为 180 万元的 B 房产用于对外投资联营，不承担投资风险，当年取得固定收益 60 万元。

（3）5 月 31 日签订房屋租赁合同，将原值为 120 万元的 C 仓库从 6 月 1 日起对外出租，租期一年，每月租金 3 000 元（不含增值税）。

（4）一栋 D 房产在 2014 年年底被有关部门鉴定为危险房屋，2018 年年初开始停止使用，房产原值 90 万元。

其他相关资料：当地政府规定计算房产余值的扣除比例为 30%。

3. 要求：

（1）计算 A 厂房 2022 年应缴纳的房产税。

（2）计算 B 房产 2022 年应缴纳的房产税。

（3）计算 C 仓库 2022 年应缴纳的房产税。

（4）计算 D 房产 2022 年应缴纳的房产税。

五、实训题

1. 目的：对企业应纳房产税税额进行计算及纳税申报。

2. 资料：

企业名称：广州吉胜集团公司（有限责任公司）

企业地址及电话：广州番禺区迎宾路 19 号（511426）；83347882

统一社会信用代码：91440111MA59DT7K98（广州市番禺区税务局）

计算机编码：0635897

开户银行及账号：中国工商银行广州迎宾路支行；4201658954235678

该公司法定代表人为廖华，会计主管为林金，税务会计为张峰，主要经营家私展销，2022 年度公司共有房产原值 4 000 万元（65 000 平方米展厅、2 000 平方米仓库），7 月 1 日起企业将原值 200 万元、占地面积 400 平方米的展厅出租给某家私生产企业，租期 1 年，每月租金 1.5 万元（不含增值税）。

3. 要求：根据以上资料办理广州吉胜集团公司 2022 年度房产税申报业务，纳税申报表见表 10-1、表 10-2。

表10—1　财产和行为税纳税申报表

纳税人识别号（统一社会信用代码）：

纳税人名称：

金额单位：人民币元（列至角分）

序号	税种	税目	税款所属期起	税款所属期止	计税依据	税率	应纳税额	减免税额	已缴税额	应补（退）税额
1										
2										
3										
4										
5										
6										
7										
8										
9										
10	合计	—	—	—						

声明：此表是根据国家税收法律法规及相关规定填写的，本人（单位）对填报内容（及附带资料）的真实性、可靠性、完整性负责。

纳税人（签章）：

年　月　日

经办人：

经办人身份证号：

代理机构签章：

代理机构统一社会信用代码：

受理人：

受理税务机关（章）：

受理日期：　　年　月　日

表10-2 城镇土地使用税 房产税税源明细表

纳税人识别号（统一社会信用代码）：
纳税人名称：

金额单位：人民币元（列至角分）；面积单位：平方米

一、城镇土地使用税税源明细

（略）

二、房产税税源明细

（一）从价计征房产税明细

*纳税人类型	产权所有人□ 经营管理人□ 承典人□ 房屋代管人□ 房屋使用人□ 融资租赁承租人□（必选）	所有权人纳税人识别号（统一社会信用代码） 所有权人名称
*房产编号		房产名称
不动产权证号	国用（202×）字第99号	不动产单元代码
*房屋坐落地址（详细地址）	（自治区、直辖市） （区） 乡镇（街道）（必填）	
*房产所属主管税务所（科、分局）		
房屋所在土地编号		
*房产用途	工业□ 商业及办公□ 住房□ 其他□（必选）	
变更类型	纳税义务终止（权属转移□ 其他□）信息项变更（房产原值变更□ 出租房产原值变更□ 减免税变更□ 申报租金收入变更□ 其他□）	变更时间
*建筑面积	其中：出租房产面积	
*房产原值	其中：出租房产原值	计税比例

续表

减免税部分	序号	减免性质代码和项目名称	减免起止时间		减免税房产原值	月减免税金额
			减免起始时间	减免终止月份		
			减免起始月份 年　月	年　月		
	1					
	2					
	3					

（二）从租计征房产税明细

*房产编号	房产名称
*房产所属主管税务所（科、分局）	广东省广州市番禺区税务局
承租方纳税人识别号（统一社会信用代码）	承租方名称
*出租面积	*申报租金收入
*申报租金所属租赁期起	*申报租金所属租赁期止

减免税部分	序号	减免性质代码和项目名称	减免起止时间		减免税租金收入	月减免税金额
			减免起始月份 年　月	减免终止月份 年　月		
	1					
	2					
	3					

项目十一
车船税办税业务

【学习目标】

通过本项目的学习，能准确界定车船税的征税范围，判别车船税的纳税人；能确定车船税的计税依据，选择适用的税率，正确计算各纳税人应纳的车船税税额；能填写准确、完整的车船税纳税申报相关表格。

【标志性成果】

提交填写完整、准确的车船税纳税申报相关表格。

【重点难点】

重点：征税范围，计税依据和适用税率。
难点：车船税的计税依据及应纳税额的计算。

【主要业务】

业务流程	业务内容	处理方法
1. 车船税的综合知识	（1）车船税的定义	车船税是对在我国境内依法应当到公安、交通、农业、渔业、军事等车船管理部门办理登记的车辆、船舶，根据其种类，按照规定的计税单位和年税额标准计算征收的一种税
	（2）车船税的特点	车船税具有涉及面广、税源流动性强的特点，且纳税人多为个人，征管难度较大

续表

业务流程	业务内容	处理方法
2. 车船税的基本要素的确定	（1）征税范围的确定	依法应当在车船登记管理部门登记的机动车辆和船舶以及依法不需要在车船登记管理部门登记的在单位内部场所行驶或者作业的机动车辆和船舶，具体包括：乘用车；商用车；挂车；摩托车；专用作业车；轮式专用机械车；游艇；船舶
	（2）纳税人的确定	车辆、船舶的所有人或者管理人，为车船税的纳税人。这里所称的管理人，是指对车船具有管理使用权，不具有所有权的单位。 从事机动车第三者责任强制保险业务的保险机构为机动车车船税的扣缴义务人，应当在收取保险费时依法代收车船税，并出具代收税款凭证。 机动车车船税扣缴义务人在代收车船税时，应当在机动车交通事故责任强制保险的保险单以及保费发票上注明已收税款的信息，作为代收税款凭证。 已完税或者依法减免税的车辆，纳税人应当向扣缴义务人提供登记地的主管税务机关出具的完税凭证或者减免税证明
	（3）适用税率的确定	（见下表）
	（4）税收优惠	以下项目免征或减征车船税： 捕捞、养殖渔船；军队、武装警察部队专用的车船；警用车船；悬挂应急救援专用号牌的国家综合性消防救援车辆和国家综合性消防救援专用船舶；依照法律规定应当予以免税的外国驻华使领馆、国际组织驻华代表机构及其有关人员的车船；省、自治区、直辖市人民政府根据当地实际情况，可以对公共交通车船，农村居民拥有并主要在农村地区使用的摩托车、三轮汽车和低速载货汽车定期减征或者免征车船税；对节约能源、使用新能源的车船可以减征或者免征车船税；对受严重自然灾害影响，纳税困难，以及有其他特殊原因确需减税、免税的，可以免征或减征车船税

（3）适用税率的确定：

税目			计税标准	每年税额／元
乘用车	1.0 升（含）以下		每辆	60 ~ 360
	1.0 升以上至 1.6 升（含）			300 ~ 540
	1.6 升以上至 2.0 升（含）			360 ~ 660
	2.0 升以上至 2.5 升（含）			660 ~ 1 200
	2.5 升以上至 3.0 升（含）			1 200 ~ 2 400
	3.0 升以上至 4.0 升（含）			2 400 ~ 3 600
	4.0 升以上			3 600 ~ 5 400
商用车	客车		每辆	480 ~ 1 440
	货车		整备质量每吨	16 ~ 120
挂车			整备质量每吨	货车税额的 50%
摩托车			每辆	36 ~ 180
其他车辆	专用作业车		整备质量每吨	16 ~ 120
	轮式专用机械车		整备质量每吨	16 ~ 120
船舶	游艇		艇身长度每米	600 ~ 2 000
	机动船舶	净吨位小于或者等于 200 吨	净吨位每吨	3
		净吨位超过 200 吨但不超过 2 000 吨		4
		净吨位超过 2 000 吨但不超过 10 000 吨		5
		净吨位超过 10 000 吨		6

续表

业务流程	业务内容	处理方法
3. 应纳税额的计算	（1）确定计税依据	车船税法所涉及的排气量、整备质量、核定载客人数、净吨位、千瓦数、艇身长度，以车船登记管理部门核发的车船登记证书或者行驶证所载数据为准。 依法不需要办理登记的车船和依法应当登记而未办理登记或者不能提供车船登记证书、行驶证的车船，以车船出厂合格证明或者进口凭证标注的技术参数、数据为准；不能提供车船出厂合格证明或者进口凭证的，由主管税务机关参照国家相关标准核定，没有国家相关标准的参照同类车船核定。 车船税法涉及的整备质量、净吨位、艇身长度等计税单位，有尾数的一律按照含尾数的计税单位据实计算车船税应纳税额
	（2）应纳车船税的确定	载客汽车、摩托车： 应纳税额 = 应税车辆数量 × 单位年税额 货车、挂车、专用作业车、轮式专用机械车和船舶： 应纳税额 = 车船的整备质量或净吨位 × 单位年税额 游艇： 应纳税额 = 艇身长度 × 单位年税额
4. 车船税纳税申报	纳税时间和纳税地点	车船税纳税义务发生时间为取得车船所有权或者管理权的当月，所指当月是以购买车船的发票或者其他证明文件所载日期的当月为准。购置的新车船，购置当年的应纳税额自纳税义务发生的当月起按月计算。应纳税额为年应纳税额除以 12 再乘以应纳税月份数。 车船税的纳税地点为车船的登记地或者车船税扣缴义务人所在地。依法不需要办理登记的车船，车船税的纳税地点为车船的所有人或者管理人所在地

【典型例题分析】

一、单项选择题

1. 根据车船税的相关规定，商用货车的计税单位是（ ）。

　　A. 每辆　　　　　　　　　　B. 整备质量每吨

　　C. 净吨位每吨　　　　　　　D. 艇身长度每米

　　【答案】B

　　【分析】商用货车的车船税计税单位为整备质量每吨。

2. 根据车船税的相关规定，车辆的具体适用税额由（ ）依照规定的税额幅度和国务院的规定确定。

　　A. 省、自治区、直辖市人民政府

　　B. 省、自治区、直辖市地方主管税务机关

　　C. 车船管理部门

　　D. 国家税务总局

　　【答案】A

　　【分析】车辆的具体适用税额由省、自治区、直辖市人民政府依照车船税税目税额表规定的税额幅度和国务院的规定确定。

3. 拖船和非机动驳船分别按照机动船舶税额的（　　　）计算车船税。

A. 10%　　　　　　　B. 20%　　　　　　　C. 30%　　　　　　　D. 50%

【答案】D

【分析】拖船和非机动驳船分别按照机动船舶税额的 50% 计算车船税。

4. 下列关于已办理退税的被盗抢车船，失而复得的，其车船税应纳税额计算的表述中，正确的是（　　　）。

A. 不予计算缴纳车船税

B. 纳税人应当从公安机关出具相关证明的次月起计算缴纳车船税

C. 纳税人应当从公安机关出具相关证明的当月起计算缴纳车船税

D. 纳税人应当从车船管理部门出具相关证明的次月起计算缴纳车船税

【答案】C

【分析】已办理退税的被盗抢车船，失而复得的，纳税人应当从公安机关出具相关证明的当月起计算缴纳车船税。

5. 根据车船税法的有关规定，按照规定缴纳船舶吨税的机动船舶，自《中华人民共和国车船税法》实施之日起（　　　）内免征车船税。

A. 2 年　　　　　　　B. 3 年　　　　　　　C. 5 年　　　　　　　D. 7 年

【答案】C

【分析】按照规定缴纳船舶吨税的机动船舶，自《中华人民共和国车船税法》实施之日起 5 年内免征车船税。

6. 某企业 2022 年年初拥有小轿车 5 辆；当年 3 月，2 辆小轿车被盗，已按照规定办理退税。通过公安机关的侦查，10 月份被盗车辆失而复得，并取得公安机关的相关证明。已知当地小轿车车船税年税额为 300 元 / 辆，该企业 2022 年实际应缴纳的车船税为（　　　）元。

A. 1 000　　　　　　　B. 1 100　　　　　　　C. 1 150　　　　　　　D. 1 650

【答案】C

【分析】已办理退税的被盗抢车船，失而复得的，纳税人应当从公安机关出具相关证明的当月起计算缴纳车船税。该企业当年实际应缴纳车船税 $=5 \times 300 - 2 \times 300 \times 10/12 + 2 \times 300 \times 3/12 = 1\ 150$（元）。

7. 依法不需要办理登记的车船，其车船税纳税地点是（　　　）。

A. 车船的所有人或者管理人所在地

B. 车船的购买地

C. 纳税人工作单位所在地

D. 纳税人机构所在地

【答案】A

【分析】车船税的纳税地点为车船的登记地或车船税扣缴义务人所在地；依法不需要办理登记的车船，车船税的纳税地点为车船的所有人或者管理人所在地。

8. 某船舶公司 2022 年拥有非机动驳船 5 艘，每艘净吨位 200 吨；发动机功率 4 千瓦的拖船 1 艘。当地机动船舶的车船税计税标准为：净吨位小于或者等于 200 吨的，每吨 3 元。该船舶公司 2022 年应缴纳车船税（　　）元。

　　A. 3 004.02　　　　　B. 1 504.02　　　　　C. 1 508.04　　　　　D. 3 008.04

【答案】B

【分析】拖船按照发动机功率每千瓦折合净吨位 0.67 吨计算征收车船税；拖船和非机动驳船分别按照机动船舶税额的 50% 计算车船税。该船舶公司 2022 年应缴纳车船税 =200×3×5×50%+4×0.67×3×50%=1 504.02（元）。

9. 某企业 2022 年 9 月购买排气量 1.6 升的乘用车 2 辆，商用货车 3 辆，每辆整备质量 5.7 吨。上述购买的车辆，购置当月均取得所有权。已知当地排气量 1.6 升的乘用车车船税年基准税额 540 元 / 辆，货车车船税年基准税额 30 元 / 吨。该企业当年应缴纳车船税（　　）元。

　　A. 513　　　　　B. 360　　　　　C. 1 593　　　　　D. 531

【答案】D

【分析】《中华人民共和国车船税法》简称《车船税法》及其实施条例涉及的整备质量、净吨位、艇身长度等计税单位，有尾数的一律按照含尾数的计税单位据实计算车船税应纳税额。计算得出的应纳税额小数点后超过两位的可四舍五入保留两位小数。该企业当年应缴纳车船税 =（2×540+3×5.7×30）÷12×4=531（元）。

10. 某船舶公司 2022 年 9 月购买机动船舶 2 艘，一艘净吨位 2 001.6 吨，另一艘净吨位 0.3 吨。上述购买的车辆，购置当月均取得所有权。已知车船税计税标准如下：机动船舶净吨位小于或者等于 200 吨的，每吨 3 元；净吨位 201～2 000 吨的，每吨 4 元；净吨位 2 001～10 000 吨的，每吨 5 元。则该船舶公司当年应缴纳车船税（　　）元。

　　A. 2 669.1　　　　　B. 0.3　　　　　C. 10 008　　　　　D. 3 336.3

【答案】D

【分析】《车船税法》及其实施条例涉及的整备质量、净吨位、艇身长度等计税单位，有尾数的一律按照含尾数的计税单位据实计算车船税应纳税额。计算得出的应纳税额小数点后超过两位的可四舍五入保留两位小数。该船舶公司当年应缴纳车船税 =（1×2 001.6×5+1×0.3×3）÷12×4=3 336.3（元）。

二、多项选择题

1. 下列车船中，属于车船税征税范围的有（　　　　）。

　　A. 非机动驳船　　　　　B. 非机动车辆　　　　　C. 电车

　　D. 半挂牵引车　　　　　E. 三轮汽车

【答案】ACDE

【分析】选项 B 非机动车辆不属于车船税征税范围。

2. 下列车船中，以"每辆"作为车船税计税单位的有（　　　　）。

　　A. 乘用车　　　　　B. 商用客车　　　　　C. 机动船舶

　　D. 挂车　　　　　E. 摩托车

【答案】ABE

【分析】选项 C 以"净吨位每吨"为车船税的计税单位；选项 D 以"整备质量每吨"为

车船税的计税单位。

3. 根据车船税法的相关规定，下列表述不正确的有（　　　　）。

A. 养殖渔船按照同类船舶适用税额减半征税

B. 警用车船免税

C. 武装警察部队专用的车船按照同类车船适用税额减半征税

D. 国际组织驻华代表机构的车船按照同类车船适用税额减半征税

E. 燃料电池汽车和插电式混合动力汽车按照同类车辆适用税额减半征税

【答案】ACDE

【分析】选项 ACDE 均免征车船税。

4. 省、自治区、直辖市人民政府根据当地实际情况，可以对公共交通车船，农村居民拥有并主要在农村地区使用的（　　　　）定期减征或者免征车船税。

A. 养殖渔船 　　　　　　　B. 摩托车 　　　　　　　C. 三轮汽车

D. 低速载货汽车 　　　　　E. 小轿车

【答案】BCD

【分析】省、自治区、直辖市人民政府根据当地实际情况，可以对公共交通车船，农村居民拥有并主要在农村地区使用的摩托车、三轮汽车和低速载货汽车定期减征或者免征车船税。

5. 下列关于车船税的表述中，正确的有（　　　　）。

A. 车船税由地方税务机关负责征收

B. 从事机动车第三者责任强制保险业务的保险机构为机动车车船税的扣缴义务人

C. 车船税纳税义务发生时间为取得车船所有权或者管理权的次月

D. 车船税按年申报，分月计算，一次性缴纳

E. 车船税的具体申报纳税期限由省、自治区、直辖市人民政府规定

【答案】ABDE

【分析】选项 C 车船税纳税义务发生时间为取得车船所有权或者管理权的当月。

6. 下列关于车船税计税单位的相关表述中，正确的有（　　　　）。

A. 电车以"每辆"为车船税的计税单位

B. 三轮汽车以"每辆"为车船税的计税单位

C. 摩托车以"每辆"为车船税的计税单位

D. 游艇以"艇身长度每米"为车船税的计税单位

E. 机动船舶以"净吨位每吨"为车船税的计税单位

【答案】ACDE

【分析】选项 B 三轮汽车以"整备质量每吨"为车船税的计税单位。

7. 某企业 2022 年年初拥有机动船舶 3 艘，每艘净吨位 200 吨；游艇 3 艘，艇身长度均为 6 米。2022 年 8 月 1 日购置捕捞渔船 2 艘，每艘净吨位 190 吨，购置当月取得船舶所有权。机动船舶净吨位小于或者等于 200 吨的，车船税单位年税额为 3 元 / 吨；游艇艇身长度不超过 10 米的，车船税单位年税额为 600 元 / 米。下列关于该企业当年车船税的税务处理，说法正确的有（　　　　）。

A. 该企业当年拥有的机动船舶应缴纳车船税 1 800 元

B. 该企业当年购置的捕捞渔船应缴纳车船税 475 元

C. 该企业当年拥有的游艇应缴纳车船税 10 800 元

D. 该企业当年应缴纳车船税 12 600 元

E. 该企业当年应缴纳车船税 13 075 元

【答案】ACD

【分析】捕捞渔船免征车船税。该企业当年拥有的机动船舶应缴纳车船税 =3×200×3= 1 800（元）；该企业当年拥有的游艇应缴纳车船税 =3×6×600=10 800（元）；该企业当年应缴纳车船税 =1 800+10 800=12 600（元）。

8. 某运输公司 2022 年 9 月 5 日购买了 1 辆客车、1 辆半挂牵引车，每辆整备质量为 3 吨，购置当月均取得车辆所有权。车船税计税标准如下：客车车船税年基准税额为 600 元 / 辆；货车车船税年基准税额为 120 元 / 吨。下列关于该运输公司当年缴纳车船税的税务处理，说法正确的有（   ）。

A. 该运输公司当年应缴纳车船税 320 元

B. 该运输公司当年应缴纳车船税 960 元

C. 该运输公司当年应缴纳车船税 560 元

D. 该运输公司车船税纳税义务发生时间为 9 月

E. 该运输公司车船税纳税义务发生时间为 10 月

【答案】AD

【分析】车船税纳税义务发生时间为取得车船所有权或者管理权的当月，即为购买车船的发票或者其他证明文件所载日期的当月，所以该运输公司车船税纳税义务发生时间为 9 月；当年应缴纳车船税 =1×600×4/12+1×3×120/12×4=320（元）。

9. 某企业 2022 年 9 月购置三轮汽车 4 辆，每辆整备质量 3.4 吨；低速载货汽车 5 辆，每辆整备质量 4.6 吨；挂车 6 辆，每辆整备质量 0.4 吨。上述车辆均在购置当月取得所有权。已知当地货车车船税年税额 60 元 / 吨。下列关于该企业当年缴纳车船税的税务处理，说法正确的有（   ）。

A. 该企业当年购置的三轮汽车应缴纳车船税 272 元

B. 该企业当年购置的低速载货汽车应缴纳车船税 460 元

C. 该企业当年购置的挂车应缴纳车船税 48 元

D. 该企业当年应缴纳车船税 780 元

E. 该企业当年共应缴纳车船税 756 元

【答案】ABE

【分析】《车船税法》及其实施条例涉及的整备质量、净吨位、艇身长度等计税单位，有尾数的一律按照含尾数的计税单位据实计算车船税应纳税额。计算得出的应纳税额小数点后超过两位的可四舍五入保留两位小数。该企业当年购置的三轮汽车应缴纳车船税 =4×3.4×60/12×4=272（元）。该企业当年购置的低速载货汽车应缴纳车船税 =5×4.6×60/12×4=460（元）。该企业当年购置的挂车应缴纳车船税 =6×0.4×60/12×4×50%=24（元）。该企业当年共应缴纳车船税 =272+460+24=756（元）。

10. 下列各项中, 属于专用作业车的有 (   )。

    A. 汽车起重机   B. 消防车   C. 混凝土泵车

    D. 清障车   E. 救护车

【答案】ABCD

【分析】以载运人员或货物为主要目的的专用汽车, 如救护车, 不属于专用作业车。

三、判断题

1. 已向交通航运管理机关上报报废的车船, 当年不发生车船税的纳税义务。   (   )

【答案】√

【分析】报废的车船当年不缴纳车船税。

2. 从事机动车交通事故责任强制保险业务的保险机构, 在向纳税人依法代收代缴车船税时, 纳税人可以选择向保险机构缴纳, 也可以选择向当地地方主管税务局缴纳。   (   )

【答案】×

【分析】纳税人应当向保险机构缴纳交强险。

3. 车船税按年申报缴纳, 纳税义务时间为车船管理部门核发的车船登记证书或行驶证书所记载日期的当月。   (   )

【答案】√

【分析】《中华人民共和国车船税法》规定。

4. 对市内公共汽车、出租汽车可暂免征收车船税。   (   )

【答案】×

【分析】公共汽车和出租车应当缴纳车船税。

5. 对专用作业车在计算征收车船税时, 一律按自重每吨作为计税依据。   (   )

【答案】√

【分析】作业车按自重吨数计算。

6. 企业内部行驶的车辆, 不领取行驶执照, 也不上公路行驶的, 可免征车船税。

    (   )

【答案】√

【分析】该情形属于免征车船税。

7. 船舶净吨位尾数在半吨以下者, 按半吨计算征收车船税; 超过半吨的, 按 1 吨计算征税。   (   )

【答案】×

【分析】船舶净吨位有尾数的, 一律按照含尾数的计税单位据实计算应纳税额。

8. 由国家财政部门拨付事业经费的单位自用的车辆免征车船使用税。   (   )

【答案】×

【分析】由国家财政部门拨付事业经费的单位自用的车辆应征收车船税。

9. 车辆自重尾数在半吨以下的, 按半吨计算; 超过半吨的, 按 1 吨计算。   (   )

【答案】×

【分析】车辆自重有尾数的, 一律按照含尾数的计税单位据实计算应纳税额。

【职业能力训练】

一、单项选择题

1. 车船税采用的税率类型是（　　）。
   - A. 比例税率
   - B. 超率累进税率
   - C. 定额幅度税率
   - D. 超额累进税率

2. 根据车船税的相关规定，机动船舶的计税单位是（　　）。
   - A. 每辆
   - B. 整备质量每吨
   - C. 净吨位每吨
   - D. 艇身长度每米

3. 车船税由（　　）负责征收。
   - A. 国家税务总局
   - B. 地方主管税务机关
   - C. 车船管理部门
   - D. 财政部门

4. 机动车车船税的扣缴义务人是（　　）。
   - A. 销售车船的一方
   - B. 车船管理部门
   - C. 公安机关
   - D. 保险机构

5. 根据当地实际情况可以对公共交通车船，农村居民拥有并主要在农村地区使用的摩托车、三轮汽车和低速载货汽车定期减征或者免征车船税的有关机关是（　　）。
   - A. 国务院
   - B. 省、自治区、直辖市税务机关
   - C. 车船管理部门
   - D. 省、自治区、直辖市人民政府

6. 根据《车船税法》的有关规定，机场、港口内部行驶或作业的车船，自《车船税法》实施之日起（　　）年内免征车船税。
   - A. 1
   - B. 2
   - C. 3
   - D. 5

7. 依法需要办理登记的车船，车船税的纳税地点是（　　）。
   - A. 纳税人机构所在地
   - B. 纳税人经常居住地
   - C. 车船登记地
   - D. 车船的购买地

8. 某企业 2022 年年初拥有货车 2 辆，每辆整备质量为 6 吨；2022 年 7 月 2 日购买了 1 辆摩托车、1 辆纯电动汽车，当月取得购置发票。当地规定货车车船税年税额为 100 元 / 吨，摩托车车船税年税额为 150 元 / 辆，则该企业当年应缴纳车船税（　　）元。
   - A. 1 262.5
   - B. 1 275
   - C. 1 325
   - D. 1 350

9. 根据《中华人民共和国车船税法》的规定，车船税的纳税义务发生时间为（　　）。
   - A. 取得车船所有权或管理权的次月
   - B. 取得车船所有权或管理权的当月
   - C. 车船交付的次月
   - D. 购买车船的发票所载日期的次月

10. 根据《车船税法》的规定，下列表述正确的是（　　）。
    - A. 依法应当在车船管理部门登记的机动车辆和船舶属于车船税的征收范围

    B. 依法不需要在车船管理部门登记的机动车辆和船舶不属于车船税的征收范围

    C. 在单位内部场所行驶的机动车辆和船舶不属于车船税的征收范围

    D. 在单位内部场所作业的机动车辆和船舶属于车船税的征收范围

11. 某企业 2022 年年初拥有插电式混合动力汽车 2 辆，其他混合动力汽车 3 辆，汽车核定载客人数均为 9 人；机动船舶 5 艘，每艘净吨位 2 000 吨；非机动驳船 6 艘，每艘净吨位 1 800 吨；当地规定 9 人载客汽车车船税年税额为 400 元 / 辆，机动船舶净吨位 201 吨至 2 000 吨的，车船税年税额为每吨 4 元。则该企业当年应缴纳车船税（　　　）元。

    A. 62 000　　　　　　　　　　B. 62 200

    C. 62 600　　　　　　　　　　D. 63 600

12. 下列各项中，不属于专用作业车的是（　　　）。

    A. 高空作业车　　　　　　　　B. 洒水车

    C. 扫路车　　　　　　　　　　D. 救护车

13. 客货两用车依照（　　　）的计税单位和年基准税额计征车船税。

    A. 客车　　　　　　　　　　　B. 货车

    C. 专用作业车　　　　　　　　D. 轮式专用机械车

14. 根据车船税的有关规定，下列说法中，不正确的是（　　　）。

    A. 车辆的具体适用税额由省、自治区、直辖市人民政府依照车船税税目税额表规定的税额幅度和国务院的规定确定

    B. 拖船按照机动船舶税额的 50% 计算车船税

    C. 已办理退税的被盗抢车船，失而复得的，纳税人应当从税务机关出具相关证明的次月起计算缴纳车船税

    D. 按照规定缴纳船舶吨税的机动船舶，自《车船税法》实施之日起 5 年内免征车船税

15. 下列关于车船税计税单位的说法中，不正确的是（　　　）。

    A. 摩托车以每辆为计税单位

    B. 客车以整备质量每吨为计税单位

    C. 机动船舶以净吨位每吨为计税单位

    D. 游艇以艇身长度每米为计税单位

二、多项选择题

1. 下列车船中，应当征收车船税的有（　　　）。

    A. 自行车　　　　　　B. 商用客车　　　　　　C. 摩托车

    D. 拖船　　　　　　　E. 游艇

2. 下列车船中，属于车船税征税范围的有（　　　）。

    A. 乘用车　　　　　　B. 低速载货汽车　　　　C. 挂车

    D. 电动自行车　　　　E. 非机动驳船

3. 下列车船中，以"整备质量每吨"作为车船税计税单位的有（　　　）。

A. 商用货车　　　　　　　B. 挂车　　　　　　　　　　C. 游艇

D. 电车　　　　　　　　　E. 半挂牵引车

4. 下列关于车船税应税车船的年基准税额的说法中，正确的有（　　　　）。

A. 半挂牵引车按照货车税额的 50% 计算车船税

B. 挂车按照货车税额的 50% 计算车船税

C. 拖船按照非机动驳船税额的 50% 计算车船税

D. 拖船按照机动船舶税额的 50% 计算车船税

E. 非机动驳船按照机动船舶税额的 50% 计算车船税

5. 下列关于车船税应纳税额计算的表述中，正确的有（　　　　）。

A. 购置的新车船，购置当年的应纳税额自纳税义务发生的当月起按月计算

B. 已办理退税的被盗抢车船，失而复得的，纳税人应当从公安机关出具相关证明的次月起计算缴纳车船税

C. 在一个纳税年度内，纳税人在非车辆登记地由保险机构代收代缴机动车车船税，且能够提供合法有效完税证明的，不再向车辆登记地的地方税务机关缴纳车辆车船税

D. 已缴纳车船税的车船在同一纳税年度内办理转让过户的，对新承受方征税，但对原纳税人不予退税

E. 已缴纳车船税的车船在同一纳税年度内办理转让过户的，对新承受方征税，同时对原纳税人应退税

6. 根据《车船税法》的相关规定，下列表述正确的有（　　　　）。

A. 保险机构作为车船税的扣缴义务人应当在收取保险费时依法代收车船税，并出具代收税款凭证

B. 纳税人以前年度没有缴纳车辆车船税的，保险机构在代收代缴税款的同时，还应代收代缴欠缴税款的滞纳金

C. 扣缴义务人应当及时解缴代收代缴的税款，并向国家税务机关申报

D. 扣缴义务人向税务机关解缴税款时，应当同时报送明细的税款扣缴报告

E. 车辆的具体适用税额由省、自治区、直辖市人民政府依照车船税税目税额表规定的税额幅度和国务院的规定确定

7. 下列车船中，属于法定免征车船税的有（　　　　）。

A. 捕捞渔船　　　　　　　　　　B. 军队专用的车船

C. 非插电式混合动力汽车　　　　D. 外国驻华使领馆的车船

E. 纯电动汽车

8. 下列关于车船税减免税优惠政策的表述，正确的有（　　　　）。

A. 经批准临时入境的外国车船，不征收车船税

B. 插电式混合动力汽车按照同类车辆适用税额减半征税

C. 按照规定缴纳船舶吨税的机动船舶，自《车船税法》实施之日起 3 年内免征车船税

D. 燃料电池汽车免征车船税

E. 对节约能源的车船减半征收车船税，对使用新能源的车船免征车船税

9. 根据《车船税法》的相关规定，下列表述正确的有（   ）。

 A. 对于依法不需要办理登记的车船，车船税的纳税地点为车船的所有人或者管理人所在地

 B. 扣缴义务人代收代缴车船税的，纳税地点为车船税扣缴义务人所在地

 C. 从事机动车第三者责任强制保险业务的保险机构为车船税的扣缴义务人

 D. 税务机关可以在车船管理部门、车船检验机构的办公场所集中办理车船税征收事宜

 E. 对于依法不需要购买机动车交通事故责任强制保险的车辆，纳税人应当向主管税务机关申报缴纳车船税

10. 下列关于车船税计税单位的相关表述中，正确的有（   ）。

 A. 乘用车以"每辆"为车船税的计税单位

 B. 低速载货汽车以"每辆"为车船税的计税单位

 C. 挂车以"每辆"为车船税的计税单位

 D. 商用货车以"整备质量每吨"为车船税的计税单位

 E. 半挂牵引车以"整备质量每吨"为车船税的计税单位

11. 根据《车船税法》的有关规定，下列车船中，属于法定免征车船税的有（   ）。

 A. 拖船   B. 挂车   C. 燃料电池汽车

 D. 非机动驳船   E. 警用车船

12. 下列关于车船税的申报和缴纳，说法不正确的有（   ）。

 A. 车船税纳税义务发生时间为取得车船所有权或管理权的当月

 B. 依法需要办理登记的车船，纳税人自行申报缴纳车船税的，车船税的纳税地点为车船所有人或管理人所在地

 C. 依法不需要办理登记的车船，车船税的纳税地点为车船的所有人或者管理人所在地

 D. 车船税按季申报，分月计算

 E. 车船税具体纳税申报期限由省、自治区、直辖市税务机关规定

13. 下列关于车船税的说法中，正确的有（   ）。

 A. 车船税由车船管理部门负责征收

 B. 购置的新车船，购置当年的应纳税额自纳税义务发生的次月起按月计算

 C. 已办理退税的被盗抢车船，失而复得的，纳税人应当从公安机关出具相关证明的次月起计算缴纳车船税

 D. 在一个纳税年度内，纳税人在非车辆登记地由保险机构代收代缴机动车车船税，且能够提供合法有效完税证明的，纳税人不再向车辆登记地的地方主管税务机关缴纳车辆车船税

 E. 拖船和非机动驳船分别按照机动船舶税额的 50% 计算车船税

14. 下列关于车船税的说法中，正确的有（   ）。

 A. 车船税采用定额幅度税率

 B. 小吨位船舶的税负轻于大船舶

  C. 挂车按照货车税额的 50% 计算车船税

  D. 从事机动车第三者责任强制保险业务的保险机构为机动车车船税的扣缴义务人

  E. 车辆的具体适用税额由省、自治区、直辖市地方主管税务机关依照车船税税目税额表规定的税额幅度和国务院的规定确定

15. 下列关于车船税的说法中，正确的有（　　　　　）。

  A. 游艇的计税单位是艇身长度每米

  B. 车船管理部门为机动车车船税的扣缴义务人

  C. 拖船按照机动船舶税额的 50% 计算征收车船税

  D. 依法应当在车船管理部门登记的机动车辆和船舶属于车船税的征收范围

  E. 省、自治区、直辖市地方主管税务机关可以根据当地实际情况对公共交通车船，农村居民拥有并主要在农村地区使用的摩托车、三轮汽车和低速载货汽车定期减征或者免征车船税

三、判断题

1. 船舶净吨位尾数在半吨以下的不予计算，超过半吨的按 1 吨计算。（　　）

2. 1 吨以下的小型车辆，一律按照 1 吨计算。（　　）

3. 拖船和非机动驳船分别按船舶税额的 50% 计算。（　　）

4. 叉车、铲车等部分专用作业车或轮式专用机械车有的没有标明整备质量（自重），只标有总质量。对于不装载、运输物资的专用作业车和轮式专用机械车，可以按总质量计算征收车船税。（　　）

5. 一主一挂的半挂载货汽车分别投保，应分别按各自的自重吨位征税。（　　）

6. 救护车、运钞车应按照载客汽车税额标准征税。（　　）

7. 对于交强险保费额度较大的单位和个人，保费分期支付，车船税也可分期缴纳。（　　）

8. 在中华人民共和国境内，车辆、船舶的所有人或者管理人为车船税的纳税人。（　　）

9. 车船税的纳税义务发生时间，为车船管理部门核发的车船登记证书或者行驶证书所记载日期的当月。（　　）

10. 车船的所有人或者管理人未缴纳车船税的，使用人应当代为缴纳车船税。（　　）

11. 从事机动车交通事故责任强制保险业务的保险机构为机动车车船税的扣缴义务人。（　　）

12. 在机场、港口以及其他企业内部场所行驶或者作业，并在车船管理部门登记的车船，应当缴纳车船税。（　　）

13. 纳税人在购买机动车交通事故责任强制保险时缴纳车船税的，不再向地方主管税务机关申报纳税。（　　）

四、计算题

（一）

1. 目的：练习企业应纳车船税税额的计算。
2. 资料：广州恒达运输公司拥有载货汽车30辆（货车整备质量全部为5吨）；大客车20辆；发动机气缸容量2.0的乘用车10辆（注：载货汽车按整备质量每吨年税额80元，大客车每辆年税额500元，发动机气缸容量2.0的乘用车每辆年税额400元）。
3. 要求：计算该企业应缴纳的车船税税额。

（二）

1. 目的：练习企业应纳车船税税额的计算。
2. 资料：广州一路通物流公司拥有汽车30辆（40吨）、挂车5辆（50吨）、机动船12艘（其中600吨的10艘，5 000吨的2艘）。其中载重汽车有5辆为企业场内行驶的车辆，不领取驾驶执照，也不上公路行驶。请计算该企业一年应缴纳的车船税（广东省载货汽车年纳税额为每吨40元）。
3. 要求：计算该企业应缴纳的车船税税额。

五、实训题

1. 目的：对企业应纳车船税税额进行计算及纳税申报。
2. 资料：
（1）企业名称：广州吉胜集团公司（有限责任公司）
（2）企业地址及电话：广州番禺区迎宾路19号（511426）；83347882
（3）统一社会信用代码：91440111MA59DT7K98（国家税务总局广州市番禺区税务局）
（4）计算机编码：0635897
（5）开户银行及账号：中国工商银行广州迎宾路支行；4201658954235678

该公司2022年拥有载货汽车25辆，挂车10辆，整备质量均为5吨；排量为2.0升的小轿车2辆，25座客车5辆，叉车10辆（均在场内使用）。该公司法定代表人为廖华，会计主管为林金，税务会计为张峰，该地区所有车辆单位税额按车船税法规定的上限执行。

3. 要求：请根据以上资料计算广州吉胜集团公司2022年度应纳车船税并填写纳税申报表（见表11-1、表11-2）。

表11-1 财产和行为税纳税申报表

纳税人识别号（统一社会信用代码）：

纳税人名称：

金额单位：人民币元（列至角分）

序号	税种	税目	税款所属期起	税款所属期止	计税依据	税率	应纳税额	减免税额	已纳税额	应补（退）税额
1										
2										
3										
4										
5										
6										
7										
8										
9										
10	合计	—	—	—						

声明：此表是根据国家税收法律法规及相关规定填写的，本人（单位）对填报内容（及附带资料）的真实性、可靠性、完整性负责。

纳税人（签章）：

年　月　日

经办人：

经办人身份证号：

代理机构签章：

代理机构统一社会信用代码：

受理人：

受理税务机关（章）：

受理日期：　年　月　日

表 11-2　车船税税源明细表

纳税人识别号（统一社会信用代码）：

纳税人名称：

体积单位：升；质量单位：吨；功率单位：千瓦；长度单位：米

车辆税源明细

序号	车牌号码	*车辆识别代码（车架号）	*车辆类型	车辆品牌	车辆型号	*车辆发票日期或注册登记日期	排（气）量	核定载客	整备质量	*单位税额	减免性质代码和项目名称	纳税义务终止时间
1												
2												
3												

船舶税源明细

序号	船舶登记号	*船舶识别号	*船舶种类	*中文船名	初次登记号码	船籍港	发证日期	取得所有权日期	建成日期	净吨位	主机功率	艇身长度（总长）	*单位税额	减免性质代码和项目名称	纳税义务终止时间
1															
2															
3															

项目十二
契税办税业务

【学习目标】

通过本项目的学习，能准确界定契税的征税范围、判别契税的纳税人；能确定契税的计税依据，并根据规定的税率，正确计算各纳税人应纳的契税税额；能填写准确、完整的契税纳税申报相关表格。

【标志性成果】

提交填写完整、准确的契税纳税申报相关表格。

【重点难点】

重点：征税范围，计税依据和适用税率，契税的计算。
难点：征税范围，计税依据的确定。

【主要业务】

业务流程	业务内容	处理方法
1. 契税的综合知识	（1）契税的定义	契税是在土地、房屋权属转移时，国家按照当事人双方签订合同契约，以及所确定价格的一定比例，向权属承受方一次性征收的一种财产行为税
	（2）契税的特点	土地、房屋权属每转移一次，就征收一次契税；由承受房屋、土地权属的一方缴纳
2. 契税的基本要素	（1）征税范围的确定	契税的征税范围为境内转移土地使用权和房屋所有权。具体包括以下五项内容：承受国有土地使用权并支付出让金；土地使用权转让；房屋买卖；房屋赠与；房屋交换

续表

业务流程	业务内容	处理方法
2. 契税的基本要素	（2）纳税人的确定	契税的纳税义务人是在中华人民共和国境内转移土地、房屋权属，承受的单位和个人。即契税的纳税人应是土地使用权和房屋所有权的受让方、购买方、受赠方等。这里的单位是指企业单位、事业单位、国家机关、军事单位和社会团体以及其他组织，个人是指个体经营者及其他个人，包括中国公民和外籍人员
	（3）适用税率的确定	① 契税实行3%～5%的幅度税率。各省、自治区、直辖市人民政府可以在幅度税率规定的范围内，根据本地区的实际情况决定具体税率 ② 对个人购买家庭唯一住房且面积为90平方米以下的，减按1%的税率征收契税；面积为90平方米以上的，按1.5%的税率征收 ③ 对个人购买家庭第二套改善性住房，面积为90平方米以下的减按1%的税率征收；面积为90平方米以上的，减按2%的税率征收（北、上、广、深除外）
	（4）税收优惠	国家机关、事业单位、社会团体、军事单位承受土地、房屋权属用于办公、教学、医疗、科研、军事设施，免征契税；非营利性的学校、医疗机构、社会福利机构承受土地、房屋权属用于办公、教学、医疗、科研、养老、救助，免征契税；承受荒山、荒地、荒滩土地使用权用于农、林、牧、渔业生产，免征契税；婚姻关系存续期间夫妻之间变更土地、房屋权属，免征契税；法定继承人通过继承承受土地、房屋权属，免征契税；依照法律规定应当予以免税的外国驻华使馆、领事馆和国际组织驻华代表机构承受土地、房屋权属，免征契税。根据国民经济和社会发展的需要，国务院对居民住房需求保障、企业改制重组、灾后重建等情形可以规定免征或者减征契税，报全国人民代表大会常务委员会备案。 省、自治区、直辖市可以决定对下列情形免征或者减征契税：① 因土地、房屋被县级以上人民政府征收、征用，重新承受土地、房屋权属；② 因不可抗力灭失住房，重新承受住房权属。免征或者减征契税的具体办法，由省、自治区、直辖市人民政府提出，报同级人民代表大会常务委员会决定，并报全国人民代表大会常务委员会和国务院备案
3. 应纳税额的计算	（1）确定计税依据	契税的计税依据为土地和房屋的价格。计征契税的成交价格不含增值税。土地房屋权属的转移方式不同，确定计税依据的方法也不同，归结起来有四种： ① 按成交价格计税： 以成交价格作为契税的计税依据，主要适用于国有土地使用权出让、土地使用权转让、房屋买卖。成交价格是指土地、房屋权属转移合同确定的价格（不含增值税）。 ② 按市场价格计税： 由于土地、房屋的价格不是一成不变的，会随着经济的发展而变动。赠与土地使用权、房屋所有权，受赠方缴纳契税只能以赠与时土地和房屋的市场价格而不是原值作为契税的计税依据。 ③ 按交换差价计税： 土地使用权交换、房屋交换，计税依据为所交换的土地使用权、房屋的价格差额。也就是说，交换价格相等时，交易双方都不需要缴纳契税；交换价格不等时，由支付差价的一方缴纳契税。 ④ 按土地收益计税： 以划拨方式取得土地使用权，经批准转让房地产时，由房地产转让者补交契税。计税依据为补缴的土地使用权出让费用或者土地收益
	（2）应纳契税的确定	契税的计算公式：应纳税额 = 计税依据 × 税率
4. 纳税申报	（1）缴纳时间及地点	契税的纳税义务发生时间，为纳税人签订土地、房屋权属转移合同的当天，或者纳税人取得其他具有土地、房屋权属转移合同性质凭证的当天。纳税人因改变土地、房屋用途应补缴已减免契税的，以改变土地、房屋用途的当天为纳税义务的发生时间。 纳税人应自纳税义务发生之日起10日内，向土地、房屋所在地的契税征收机关办理纳税申报，并在征收机关核定的期限内缴纳税款
	（2）申报方法	直接报送；网上申报。 由土地、房屋所在地税务机关负责办理

【典型例题分析】

一、单项选择题

1. 根据契税的有关规定，下列行为不属于契税征税范围的是（　　）。

　　A. 国有土地使用权出让　　　　　B. 国有土地使用权转让

　　C. 房屋买卖　　　　　　　　　　D. 房屋出租

　　【答案】D

　　【分析】选项D房屋出租不涉及房屋产权转移，不属于契税的征税范围。

2. 企业依照有关规定实施破产，非债权人承受破产企业土地、房屋权属，按照规定妥善安置原企业全部职工，与原企业全部职工签订服务年限不少于（　　）的劳动用工合同的，对其承受所购企业的土地、房屋权属（　　）。

　　A. 3年　免征契税　　　　　　　B. 3年　减半征收契税

　　C. 2年　免征契税　　　　　　　D. 2年　减半征收契税

　　【答案】A

　　【分析】企业依照有关规定实施破产，非债权人承受破产企业土地、房屋权属，按照规定妥善安置原企业全部职工，与原企业全部职工签订服务年限不少于3年的劳动用工合同的，对其承受所购企业的土地、房屋权属，免征契税。

3. 2022年6月，甲企业将其闲置的办公楼以800万元的价格出售给乙企业，该办公楼原值1 000万元，已计提折旧300万元。已知，当地契税适用税率为4%。下列关于契税的处理，正确的是（　　）。

　　A. 甲企业应缴纳契税28万元　　　B. 甲企业应缴纳契税32万元

　　C. 乙企业应缴纳契税28万元　　　D. 乙企业应缴纳契税32万元

　　【答案】D

　　【分析】契税的纳税人是产权承受方；房屋买卖，契税的计税依据为成交价格。因此，乙企业应缴纳契税=800×4%=32（万元）。

4. 已购公有住房经补缴土地出让金和其他出让费用成为完全产权住房，下列关于此行为契税的处理中，正确的是（　　）。

　　A. 免征土地权属转移的契税

　　B. 以补缴的土地出让金和其他出让费用为计税依据计算缴纳契税

　　C. 参照市场价格核定计税依据计算缴纳契税

　　D. 减半征收契税

　　【答案】A

　　【分析】已购公有住房经补缴土地出让金和其他出让费用成为完全产权住房的，免征土地权属转移的契税。

5. 2022年9月，居民甲某因无力偿还乙某120万元的债务，将其自有的市场价格110万元的房产转让给乙某用于抵债，并支付差价款10万元。已知，当地契税适用税率为4%，则乙某应缴纳契税（　　）万元。

　　A. 0.4　　　　　　B. 2.8　　　　　　C. 4.4　　　　　　D. 4.8

【答案】C

【分析】以房产抵债，视同房屋买卖，按照房屋现值缴纳契税。乙某应缴纳契税 $=110×4\%=4.4$（万元）。

6. 2022年7月，甲企业因经营不善按规定实施破产，将一套价值300万元的房产转让给乙企业用于抵偿债务。乙企业取得房产后与丙企业进行房屋交换，乙企业支付差价50万元。已知，当地契税适用税率为5%，则乙企业应缴纳契税（   ）万元。

A. 2.5   B. 15   C. 17.5   D. 20

【答案】A

【分析】企业依照有关规定实施破产后，债权人承受破产企业土地、房屋权属以抵偿债务的，免征契税；房屋交换的，以所交换的房屋价格差额为计税依据，由支付差价方缴纳契税。乙企业应缴纳契税 $=50×5\%=2.5$（万元）。

7. 2022年7月，我国公民甲某的住房被市人民政府按有关规定征收，甲某选择货币补偿用以重新购置房屋，共获得补偿款75万元，9月购入一套房屋支付价款100万元。已知，当地契税适用税率为4%，则甲某应缴纳契税（   ）万元。

A. 1   B. 3   C. 4   D. 6

【答案】A

【分析】居民因个人房屋被征收而选择货币补偿用以重新购置房屋，并且购房成交价格不超过货币补偿的，对新购房屋免征契税；购房成交价格超过货币补偿的，对差价部分按规定征收契税。甲某应缴纳契税 $=（100-75）×4\%=1$（万元）。

8. 居民张某2022年8月以其自有的一辆价值35万元的小汽车和银行存款50万元换取王某的一套住房，当月张某还将其自有的一套价值60万元的房产作股投入本人独资经营的企业。已知，当地契税适用税率为4%，则张某应缴纳契税（   ）万元。

A. 2   B. 3.4   C. 4.4   D. 5.8

【答案】B

【分析】以实物交换房屋，视同房屋买卖，由产权承受人按房屋现值缴纳契税；以自有房产作股投入本人独资经营的企业，免纳契税。张某应缴纳契税 $=（35+50）×4\%=3.4$（万元）。

9. 2022年6月中国公民李某首次购买一套普通住房，该住房属于家庭唯一住房，面积80平方米，李某支付价款65万元（其中含装修费5万元）。已知当地适用的契税税率为3%，李某购买该住房应缴纳契税（   ）万元。

A. 0.6   B. 0.65   C. 1.8   D. 1.95

【答案】B

【分析】从2016年2月22日起，对个人购买90平方米及以下且属于家庭唯一住房的普通住房，减按1%税率征收契税；房屋买卖的契税计税价格为房屋买卖合同的总价款，买卖装修的房屋，装修费用应包括在内。李某购买该住房应缴纳契税 $=65×1\%=0.65$（万元）。

10. 契税的纳税人应当自纳税义务发生之日起（   ）日内，向土地、房屋所在地的契税征收机关办理纳税申报，并在契税征收机关核定的期限内缴纳税款。

A. 30   B. 15   C. 10   D. 5

【答案】C

【分析】契税的纳税人应当自纳税义务发生之日起 10 日内，向土地、房屋所在地的契税征收机关办理纳税申报，并在契税征收机关核定的期限内缴纳税款。

二、多项选择题

1. 下列关于契税的表述中，正确的有（　　　　　　）。

   A. 以自有房产作股投入本人独资经营的企业，免纳契税

   B. 以获奖方式取得房屋产权的，免征契税

   C. 以划拨方式取得土地使用权的，不需要缴纳契税

   D. 经批准以房抵债的，房屋产权承受人应缴纳契税

   E. 房屋产权相互交换，双方交换价值不相等的，由取得差价方缴纳契税

   【答案】ACD

   【分析】选项 B 以获奖方式取得房屋产权的，其实质是接受赠与房产，应照章缴纳契税；选项 E 房屋产权相互交换，双方交换价值不相等的，按超出部分由支付差价方缴纳契税。

2. 根据契税的有关规定，下列表述正确的有（　　　　　　）。

   A. 非公司制企业，按规定整体改建为有限责任公司的，对改建后的公司承受原企业土地、房屋权属，免征契税

   B. 国有控股公司以部分资产投资组建新公司，且该国有控股公司占新公司股份超过 70% 的，方可对新公司承受该国有控股公司土地、房屋权属，免征契税

   C. 企业依照有关规定实施破产后，债权人承受破产企业土地、房屋权属以抵偿债务的，免征契税

   D. 居民因个人房屋被征收而选择房屋产权调换，缴纳房屋产权调换差价的，对新换房屋就差价部分征收契税

   E. 以出让方式或国家作价出资（入股）方式承受原改制重组企业划拨用地的，免征契税

   【答案】ACD

   【分析】选项 B 国有控股公司以部分资产投资组建新公司，且该国有控股公司占新公司股份超过 85% 的，方可对新公司承受该国有控股公司土地、房屋权属，免征契税；选项 E 以出让方式或国家作价出资（入股）方式承受原改制重组企业、事业单位划拨用地的，不属于规定的免税范围，对承受方应按规定征收契税。

3. 根据契税的有关规定，下列表述不正确的有（　　　　　　）。

   A. 采取分期付款方式购买房屋附属设施土地使用权、房屋所有权的，应按合同规定的总价款计征契税

   B. 承受的房屋附属设施权属与房屋统一计价的，适用与房屋相同的契税税率

   C. 对承受国有土地使用权应支付的土地出让金，不征收契税

   D. 个体工商户将其名下的房屋、土地权属转回原经营者个人名下，免征契税

   E. 契税的具体执行税率，由各省、自治区、直辖市税务机关在规定的幅度内确定

   【答案】CE

   【分析】选项 C 对承受国有土地使用权应支付的土地出让金，要征收契税，不得因减免出

让金而减免契税；选项 E 契税具体执行税率，由各省、自治区、直辖市人民政府在规定的幅度内，根据本地区的实际情况确定。

4. 下列关于契税计税依据的表述中，正确的有（　　　　）。

    A. 土地使用权出售、房屋买卖，其计税依据为成交价格

    B. 土地使用权赠与、房屋赠与，其计税依据由征收机关参照土地使用权出售、房屋买卖的市场价格核定

    C. 土地使用权交换、房屋交换，其计税依据为所交换的土地使用权、房屋的价格差额

    D. 出让国有土地使用权的，其计税依据为承受人为取得该土地使用权而支付的全部经济利益

    E. 买卖装修的房屋，装修费用不能包括在计税价格中

【答案】ABCD

【分析】选项 E 房屋买卖的契税计税价格为房屋买卖合同的总价款，买卖装修的房屋，装修费用应包括在计税价格内。

5. 根据契税的有关规定，下列各项中，由征收机关参照土地出售、房屋买卖的市场价格核定契税计税依据的有（　　　　）。

    A. 土地使用权赠与

    B. 房屋赠与

    C. 以协议方式出让国有土地使用权，但没有成交价格的

    D. 以竞价方式出让国有土地使用权的

    E. 成交价格明显低于市场价格且无正当理由的房屋交换

【答案】ABE

【分析】选项 C 以协议方式出让国有土地使用权，没有成交价格或者成交价格明显偏低的，征收机关可依次按照土地评估价格、土地基准价格两种方式确定契税计税价格；选项 D 以竞价方式出让国有土地使用权的，其契税计税价格一般应确定为竞价的成交价格。

6. 下列关于契税税收优惠的表述中，不正确的有（　　　　）。

    A. 城镇职工按规定第一次购买公有住房的，减按 1% 税率征收契税

    B. 因不可抗力丧失住房而重新购买住房的，免征契税

    C. 对国家石油储备基地第一期项目建设过程中涉及的契税予以免征

    D. 婚姻关系存续期间，房屋原归夫妻一方所有，变更为夫妻双方共有的，免征契税

    E. 对公租房经营管理单位购买住房作为公租房，免征契税

【答案】AB

【分析】选项 A 城镇职工按规定第一次购买公有住房的，免征契税；选项 B 因不可抗力丧失住房而重新购买住房的，酌情准予减免契税。

7. 根据契税的有关规定，下列各项中，免征契税的有（　　　　）。

    A. 受赠人接受他人赠与的房产　　　　B. 等价交换房屋

    C. 承受荒山土地使用权用于建房　　　D. 事业单位承受土地用于办公

    E. 廉租住房经营管理单位购买住房作为廉租住房

【答案】BDE

【分析】选项 A 受赠人接受他人赠与的房产需要缴纳契税；选项 C 承受荒山、荒沟、荒丘、荒滩土地使用权，并用于农、林、牧、渔业生产的，免征契税。

8. 甲企业将其闲置的厂房出售给乙企业，双方签订房屋权属转移合同并按规定办理了房屋产权过户手续。根据契税的有关规定，下列表述正确的有（　　　　　）。

A. 作为交易双方，甲企业和乙企业均负有契税的纳税义务

B. 契税的计税依据为房屋权属转移合同中确定的厂房成交价格

C. 纳税人在签订房屋权属转移合同的当天发生纳税义务

D. 纳税人应当自纳税义务发生之日起 10 日内进行纳税申报

E. 纳税人应在厂房所在地缴纳契税

【答案】BCDE

【分析】选项 A 契税的纳税人是产权承受方，乙企业负有契税纳税义务。

三、判断题

1. 对各类公有制单位为解决职工住房问题而采取集资建房方式建成的普通住房或由单位购买的普通商品住房，经当地县级以上人民政府房改部门批准、按照国家房改政策出售给本单位职工的，如属职工首次购买住房，免征契税。（　　　）

【答案】√

【分析】城镇职工按规定第一次购买公有住房的，免征契税。

2. 在股权转让中，单位、个人承受企业股权，企业的土地、房屋权属不发生转移，所以不征契税。（　　　）

【答案】×

【分析】"股权转让"仅包括股权转让后企业法人存续的情况，不包括企业法人注销的情况。在执行中，应根据工商管理部门对企业进行的登记认定，即企业不需办理变更和新设登记，或仅办理变更登记的，免征契税；企业办理新设登记的，对新设企业承受原企业的土地、房屋权属应征收契税。

3. 房屋买卖计征契税的依据要按市场价格核定。（　　　）

【答案】×

【分析】契税以土地、房屋权属转移当事人签订的合同成交价格或者核定的市场价格作为计税依据。

4. 甲方和乙方进行房地产交换，属于契税的征税范围，所以都应该缴纳契税。（　　　）

【答案】×

【分析】等价互换房地产时，免征契税。

5. 纳税人应当自纳税义务发生之日起 7 日内，向土地、房屋所在地的契税征收机关办理纳税申报。（　　　）

【答案】×

【分析】纳税人应当自纳税义务发生之日起 10 日内，向土地、房屋所在地的契税征收机关办理纳税申报。

【职业能力训练】

一、单项选择题

1. 根据契税的有关规定，下列说法中，不正确的是（　　）。

   A. 契税的征税对象为发生权属转移的土地和房屋

   B. 转让房产的单位和个人需要缴纳契税

   C. 契税属于财产转移税

   D. 土地、房屋产权未发生转移的，不征收契税

2. 根据契税的有关规定，下列行为中，产权承受方应缴纳契税的是（　　）。

   A. 以自有房产作股投入本人独资经营的企业

   B. 等价交换房屋

   C. 买房拆料

   D. 债权人承受破产企业抵偿债务的房屋权属

3. 国有企业整体出售，被出售企业的法人予以注销，并且买受人按照规定妥善安置原企业全部职工，与原企业全部职工签订服务年限不少于 3 年的劳动用工合同的，对其承受所购企业的土地、房屋权属（　　）。

   A. 免征契税　　　　　　　　　　B. 减半征收契税

   C. 不征收契税　　　　　　　　　D. 照章征收契税

4. 根据契税的有关规定，下列表述中，不正确的是（　　）。

   A. 企业合并，原投资主体存续的，对其合并后的企业承受原合并各方的土地、房屋权属，免征契税

   B. 农村集体土地承包经营权的转移属于契税的征税范围

   C. 公司按照法律规定、合同约定分设为两个或两个以上与原公司投资主体相同的公司，对派生方、新设方承受原企业土地、房屋权属，免征契税

   D. 对金融租赁公司开展售后回租业务，承受承租人房屋、土地权属的，照章征收契税

5. 刘某于 2022 年 9 月购买一栋别墅，成交价格 950 万元，另按照与房地产开发公司的合同约定支付别墅装修费用 150 万元。已知，当地契税适用税率为 3%，则刘某应缴纳契税（　　）万元。

   A. 28.5　　　　　　B. 29.5　　　　　　C. 30　　　　　　D. 33

6. 2022 年 6 月，李某以价值 30 万元的小汽车和价值 70 万元的货物与张某一套价值 120 万元的房产进行交换，李某另支付差价款 20 万元。已知，当地契税适用税率为 5%，则李某应缴纳契税（　　）万元。

   A. 1　　　　　　　B. 3　　　　　　　C. 5　　　　　　　D. 6

7. 根据契税的有关规定，某企业 2022 年 5 月发生的下列业务中，应缴纳契税的是（　　）。

   A. 接受某破产企业用来抵债的房屋　　B. 接受甲某用于投资的房屋

   C. 与 A 公司等价交换房屋　　　　　　D. 将其拥有的土地使用权出售

8. 甲企业将一套价值 160 万元的房屋给乙企业用以抵偿 140 万元的债务，甲企业取得乙企

业支付的差价款 20 万元。已知，当地契税适用税率为 5%，则乙企业应缴纳契税（　　）
万元。

A. 1　　　　　　　　B. 7　　　　　　　　C. 8　　　　　　　　D. 10

9. 甲企业破产清算时将其账面价值 1 800 万元的房产以 2 000 万元的价格转让给非债权人乙企业，乙企业与原甲企业 80% 的职工签订了服务年限为 5 年的劳动用工合同。已知，当地契税适用税率为 5%，则乙企业应缴纳契税（　　）万元。

A. 50　　　　　　　B. 100　　　　　　　C. 0　　　　　　　D. 45

10. 2022 年 5 月，甲企业将一套房产销售给王某，取得收入 340 万元，该房产原值 400 万元，已提折旧 100 万元。王某取得房产后，以房产作价投资转让给乙企业。上述业务涉及的当事人各方合计应缴纳契税（　　）万元（当地契税适用税率为 3%）。

A. 18　　　　　　　B. 19.2　　　　　　　C. 20.4　　　　　　　D. 25

11. 居民甲某有三套房产，2022 年将第一套市价为 80 万元的房产给乙某抵偿了 100 万元的债务，并支付乙某差价款 20 万元；将第二套市价 65 万元的房产与丙某进行房屋交换，并取得丙某支付的差价款 15 万元；将第三套房产出售取得收入 90 万元，并以 90 万元的价格购买一宗土地使用权。已知当地契税税率为 5%，则甲某应缴纳契税（　　）万元。

A. 9.5　　　　　　　B. 6.25　　　　　　　C. 5.25　　　　　　　D. 4.5

12. 甲企业于 2022 年 8 月从某房地产开发企业处购置一栋办公楼，合同中注明办公楼总价款 1 500 万元。甲企业采取分期付款的方式，分五年支付，每年付款 300 万元，当年购买时支付价款 300 万元。甲企业应缴纳契税（　　）万元（契税适用税率为 3%）。

A. 9　　　　　　　B. 18　　　　　　　C. 36　　　　　　　D. 45

13. 甲企业购买乙企业一处闲置的房产，合同上注明土地使用权价款 2 000 万元，厂房和附着物价款共计 1 500 万元。已知，当地契税适用税率 5%，则甲企业应缴纳契税（　　）万元。

A. 100　　　　　　　B. 175　　　　　　　C. 75　　　　　　　D. 200

14. 从 2010 年 10 月 1 日起，对个人购买 90 平方米及以下且属家庭唯一住房的普通住房，（　　）契税。

A. 免征　　　　　　　　　　　　B. 减半征收

C. 减按 1% 税率征收　　　　　　　D. 按照当地确定的适用税率征收

15. 位于甲县的 A 公司从位于乙县的 B 公司购买一栋位于丙县的办公楼，根据契税的有关规定，A 公司应向（　　）的契税征收机关办理纳税申报。

A. 甲县　　　　　　B. 乙县　　　　　　C. 甲县或乙县　　　　　　D. 丙县

二、多项选择题

1. 根据契税的有关规定，下列行为应征收契税的有（　　　　）。

A. 以实物交换房屋　　　　　　　B. 以获奖方式取得房屋产权

C. 国有土地使用权出让　　　　　　D. 以划拨方式取得土地使用权的

E. 购买房产翻新建房

2. 根据契税的有关规定，下列行为应征收契税的有（   ）。
   A. 以房抵债
   B. 以土地使用权作价投资到其他企业
   C. 以受赠方式承受土地使用权
   D. 以经营租赁方式租入房屋
   E. 购买旧房

3. 下列关于企事业单位改制重组的契税政策的说法中，正确的有（   ）。
   A. 国有控股公司以部分资产投资组建新公司，且该国有控股公司占新公司股份超过85%的，对新公司承受该国有控股公司的土地、房屋权属，免征契税
   B. 在股权转让中，单位、个人承受公司股权，企业土地、房屋权属不发生转移，不征收契税
   C. 经批准实施债权转股权的企业，对债权转股权后新设立的公司承受原企业的土地、房屋权属，减半征收契税
   D. 承受县级以上人民政府按规定进行行政性调整、划转国有土地权属的单位，免征契税
   E. 事业单位按规定改制为企业的过程中，投资主体没有发生变化的，改制后的企业承受原事业单位的土地、房屋权属，免征契税

4. 根据契税的有关规定，下列表述不正确的有（   ）。
   A. 采取分期付款方式购买房屋附属设施土地使用权、房屋所有权的，应按各期实际收到的价款计征契税
   B. 承受的房屋附属设施权属单独计价的，按照当地确定的适用税率征收契税
   C. 承受国有土地使用权减免土地出让金的，可以减免契税
   D. 对纳税人因改变土地用途而签订土地使用权出让合同变更协议或者重新签订土地使用权出让合同的，应征收契税
   E. 土地使用者将土地使用权及所附建筑物转让给他人的，应按照转让的总价款计征契税

5. 下列各项中，可以作为契税计税依据的有（   ）。
   A. 房地产的成交价格   B. 房地产的重置价格
   C. 房地产交换时的价格差额   D. 补缴的土地出让金和其他出让费用
   E. 由征收机关参照房地产市场价格核定的价格

6. 以竞价方式出让国有土地使用权的，其契税计税价格一般应确定为竞价的成交价格，包括（   ）。
   A. 土地出让金   B. 土地补偿费用   C. 青苗补偿费
   D. 市政建设配套款   E. 相关手续费

7. 根据契税的有关规定，下列各项中，以土地使用权或房屋的成交价格作为契税计税依据的有（   ）。
   A. 土地使用权交换   B. 房屋交换   C. 接受土地使用权赠与
   D. 购买房屋   E. 购买土地使用权

8. 根据契税的有关规定，下列表述中正确的有（　　　　　）。
   A. 以协议方式出让国有土地使用权的，其契税计税价格为成交价格
   B. 以协议方式出让国有土地使用权，没有成交价格的，不征收契税
   C. 以竞价方式出让国有土地使用权的，其契税计税价格一般应确定为竞价的成交价格
   D. 先以划拨方式取得土地使用权，后经批准改为出让方式取得该土地使用权的，应依法缴纳契税，其计税依据为应补缴的土地出让金和其他出让费用
   E. 已购公有住房经补缴土地出让金和其他出让费用成为完全产权住房的，免征土地权属转移的契税

9. 某生产企业从房地产开发企业购入一栋办公楼，双方签订了合同。针对此业务，该生产企业需要缴纳的税种有（　　　　　）。
   A. 消费税　　　　　　B. 土地增值税　　　　　　C. 契税
   D. 印花税　　　　　　E. 城市维护建设税

10. 2022 年 9 月，居民甲某将其自有的市场价格 160 万元的房产给乙某用于抵债。乙某以该房产换取丙某价值 140 万元的房产，同时丙某免除了乙某所欠的债务 20 万元。已知当地契税适用税率为 4%，下列关于契税的处理正确的有（　　　　　）。
   A. 甲某不缴纳契税　　　　　　　　　　B. 乙某缴纳契税 6.4 万元
   C. 乙某缴纳契税 7.2 万元　　　　　　　D. 丙某不缴纳契税
   E. 丙某缴纳契税 0.8 万元

11. 根据契税的有关规定，下列各项中，免征契税的有（　　　　　）。
   A. 城镇职工按规定购买公有住房的
   B. 个人购买属于家庭唯一住房的普通住房
   C. 承受荒山、荒丘土地使用权用于农业生产的
   D. 土地、房屋被县级以上人民政府征用、占用后，重新承受土地、房屋权属的
   E. 婚姻关系存续期间，房屋、土地权属原归夫妻一方所有，变更为夫妻双方共有的

12. 根据契税的有关规定，下列表述不正确的有（　　　　　）。
   A. 因不可抗力丧失住房而重新购买住房的，酌情准予减征或者免征契税
   B. 对拆迁居民因拆迁重新购置住房的，免征契税
   C. 对国家石油储备基地第一期项目建设过程中涉及的契税予以免征
   D. 已缴纳契税的购房单位在未办理房屋权属变更登记前退房的，退还已缴纳契税
   E. 符合减免税规定的纳税人，应在土地、房屋权属转移合同生效的 15 日内向契税征收机关提出减免税申报

13. 根据契税的有关规定，下列表述正确的有（　　　　　）。
   A. 居民因个人房屋被征收而选择房屋产权调换，对新换房屋免征契税
   B. 以招拍挂方式出让国有土地使用权的，契税纳税人为最终与土地管理部门签订出让合同的土地使用权承受人
   C. 企业承受土地使用权用于房地产开发，并在该土地上代政府建设保障性住房的，计税价格为取得全部土地使用权的成交价格

  D. 合伙企业的合伙人将其名下的房屋、土地权属转移至合伙企业名下，减半征收契税

  E. 对售后回租合同期满，承租人回购原房屋、土地权属的，免征契税

14. 下列关于契税申报和缴纳的表述中，正确的有（　　　　　）。

  A. 纳税人签订土地、房屋权属转移合同的当天即发生契税纳税义务

  B. 纳税人取得土地、房屋使用权的当天即发生契税纳税义务

  C. 契税纳税人应当自纳税义务发生之日起7日内，向土地、房屋所在地的契税征收机关办理纳税申报

  D. 契税纳税人应当自纳税义务发生之日起10日内，向土地、房屋所在地的契税征收机关办理纳税申报

  E. 纳税人办理纳税事宜后，征收机关应向纳税人开具契税完税凭证

三、判断题

  1. 甲企业将原值28万元的房产评估作价30万元投资乙企业，乙企业办理产权登记后又将该房产以40万元价格售与丙企业，当地契税税率为3%，则乙企业缴纳契税0.84万元。（　　）

  2. 城镇职工按规定第一次购买商品住房，免征契税。（　　）

  3. 纳税人在签订土地、房屋权属转移合同的当天为纳税义务发生时间。（　　）

  4. 企业改制重组过程中，同一投资主体内部所属企业之间土地、房屋权属的无偿划转，照章征收契税。（　　）

  5. 企业合并中，新设方或者存续方承受被解散方土地、房屋权属，如合并前各方为相同投资主体的，不征契税，其余的则征收契税。（　　）

  6. 国有、集体企业出售，被出售企业法人予以注销，并且买受人妥善安置原企业20%以上职工的，对其承受所购企业的土地、房屋权属，减半征收契税；全部安置原企业职工的，免征契税。（　　）

  7. 甲企业与乙企业属相同投资主体，在2022年7月进行合并。新设方承受原企业土地使用权，价值30 000万元，房屋2 000万元。该土地使用权和房屋应该缴纳契税。（　　）

  8. 某大型国有企业承受国有土地使用权，国家给予其照顾，减按应支付土地出让金的70%缴纳出让金，该企业实际支付140万元，当地规定的契税适用税率为3%，该企业应缴纳的契税为4.2万元。（　　）

四、计算题

（一）

  1. 目的：练习企业应纳契税税额的计算。

  2. 资料：居民甲将一栋私有房屋出售给居民乙，房屋成交价格为60 000元。甲另将一处两室住房与居民丙的两处一室住房交换，并支付换房差价款11 000元，当地的契税税率

为 5%。

3. 要求：计算上述当事人应纳契税税额。

（二）

1. 目的：练习对应纳契税税额进行纳税筹划。

2. 资料：刘先生有一套 80 平方米、已居住 6 年的住宅，为了改善住房条件，刘某打算以 25 万元出售该住宅，再购买一套面积为 120 平方米、价格约为 40 万元的新房。

3. 要求：从纳税筹划的角度考虑，刘先生应该怎样操作才能省钱呢（当地的契税税率为 2%）？

五、实训题

1. 目的：练习判断契税的纳税人及计算契税税额。

2. 资料：

（1）企业名称：广州吉胜集团公司（有限责任公司）

企业地址及电话：广州番禺区迎宾路 19 号（511426）；83347882

统一社会信用代码：91440111MA59DT7K98（国家税务总局广州市番禺区税务局）

计算机编码：0635897

开户银行及账号：中国工商银行广州迎宾路支行；4201658954235678

该公司法定代表人为廖华，会计主管为林金，税务会计为张峰。

（2）企业名称：广州珠江海大集团公司（有限责任公司）

企业地址及电话：广州番禺区清河路 1119 号（511283）；83349999

统一社会信用代码：91440113MA59B08F83（国家税务总局广州市番禺区税务局）

计算机编码：0883388

开户银行及账号：中国工商银行广州迎宾路支行；4201658954987654

该公司法定代表人为叶敏，会计主管为刘斌，税务会计为张珊。

（3）企业名称：广州长天集团公司（有限责任公司）

企业地址及电话：广州番禺区大北路 109 号（511285）；83343333

统一社会信用代码：91440113MA59CX704T（国家税务总局广州市番禺区税务局）

计算机编码：0998181

开户银行及账号：中国工商银行广州迎宾路支行；4201658954123456

该公司法定代表人为叶忠，会计主管为张庆，税务会计为陈广。

广州吉胜集团公司有两套房屋，2022 年将一套出售给广州珠江海大集团公司，成交价格为 500 000 元；将另一套两室住房与广州长天集团公司交换成两处房屋，并支付换房差价款 40 000 元。

3. 要求：分析判断以上三家公司是否要缴纳契税。如要，试计算三家公司相关行为应缴纳的契税（按照规定，契税税率为 3%），并填制纳税申报表（见表 12-1、表 12-2）。

纳税人识别号（统一社会信用代码）：

税人名称：

表 12–1　契税税源明细表

金额单位：人民币元（列至角分），面积单位：平方米

* 税源编号	* 土地房屋坐落地址		不动产单元代码	
合同编号	* 合同签订日期		* 共有方式	□单独所有／按份共有 □共同共有 （共有人：＿＿＿＿）
* 权属转移对象	* 权属转移方式		* 用途	
* 成交价格	* 权属转移面积		* 成交单价	
* 评估价格		* 计税价格		
* 适用税率		减免性质代码和项目名称		

表12-2 财产和行为税纳税申报表

纳税人识别号（统一社会信用代码）：

纳税人名称：

金额单位：人民币元（列至角分）

序号	税种	税目	税款所属期起	税款所属期止	计税依据	税率	应纳税额	减免税额	已缴税额	应补（退）税额
1										
2										
3										
4										
5										
6										
7										
8										
9										
10	合计	—	—	—	—					

声明：此表是根据国家税收法律法规及相关规定填写的，本人（单位）对填报内容（及附带资料）的真实性、可靠性、完整性负责。

纳税人（签章）：

年 月 日

经办人：

经办人身份证号：

代理机构签章：

代理机构统一社会信用代码：

受理人：

受理税务机关（章）：

受理日期： 年 月 日

项目十三
印花税办税业务

【学习目标】

通过本项目的学习，能准确界定印花税的征税范围、判别印花税的纳税人；能根据应税凭证的性质，确定不同应税凭证的计税依据，选择适用的税率，正确计算各纳税人应纳的印花税税额；能填写准确、完整的印花税纳税申报相关表格。

【标志性成果】

提交填写完整、准确的印花税纳税申报相关表格。

【重点难点】

重点：征税范围，应税凭证的性质，不同应税凭证的计税依据和适用税率。
难点：应税凭证的性质及其计税依据。

【主要业务】

业务流程	业务内容	处理方法
1. 印花税的综合知识	（1）印花税的定义	印花税是对在中华人民共和国境内书立应税凭证、进行证券交易的单位和个人以及对在中华人民共和国境外书立在境内使用的应税凭证的单位和个人所征收的一种税
	（2）印花税的特点	兼有凭证税和行为税的性质；征税范围广泛；税率低、税负轻；由纳税人自行完成纳税义务

续表

业务流程	业务内容	处理方法		
2. 印花税的基本要素	（1）征税范围的确定	对应税凭证征税，包括："印花税税目税率表"列明的合同、产权转移书据和营业账簿		
		类别	**税目**	
		经济合同	借款合同（不包括同业拆借合同）、融资租赁合同、买卖合同、承揽合同、建设工程合同、运输合同、技术合同（不包括专利权、专有技术使用权转让书据）、租赁合同、保管合同、仓储合同、财产保险合同（不包括再保险合同）	
		产权转移书据	土地使用权出让书据；土地使用权、房屋等建筑物和构筑物所有权转让书据；股权转让书据（不包括应缴纳证券交易印花税的）；商标专用权、著作权、专利权、专有技术使用权转让书据。（但不包括土地承包经营权和土地经营权的转移。）转让包括买卖（出售）、继承、赠与、互换、分割	
		营业账簿	记载资金的账簿	
		证券交易	证券交易印花税，是从普通印花税中发展而来的，属于行为税类，根据一笔股票交易成交金额单独对卖方收取的，基本税率为 0.1% 且单向征收，基金和债券不征收印花税	
	（2）纳税人的确定	在中国境内书立应税凭证、进行证券交易的单位和个人，在中国境外书立在境内使用的应税凭证的单位和个人		
		纳税人	**具体内容**	
		立合同人	合同当事人，不包括合同的担保人、证人、鉴定人。注意：签订合同的各方都是当事人	
		立账簿人	设立并使用营业账簿的单位和个人	
		立据人	财产转移书据的当事人	
		使用人	在国外书立但在国内使用应税凭证的单位和个人	
	（3）适用税率的确定	**税目**	**税率**	**备注**
		合同（指书面合同） · 借款合同	借款金额的 0.05‰	指银行业金融机构、经国务院银行业监督管理机构批准设立的其他金融机构与借款人（不包括同业拆借）的借款合同
		合同（指书面合同） · 融资租赁合同	租金的 0.05‰	
		合同（指书面合同） · 买卖合同	价款的 0.3‰	指动产买卖合同（不包括个人书立的动产买卖合同）

续表

业务流程	业务内容	处理方法		

续表

		税目	税率	备注
2. 印花税的基本要素	（3）适用税率的确定	合同（指书面合同） 承揽合同	报酬的 0.3‰	
		建设工程合同	价款的 0.3‰	
		运输合同	运输费用的 0.3‰	指货运合同和多式联运合同（不包括管道运输合同）
		技术合同	价款、报酬或者使用费的 0.3‰	不包括专利权、专有技术使用权转让书据
		租赁合同	租金的 1‰	
		保管合同	保管费的 1‰	
		仓储合同	仓储费的 1‰	
		财产保险合同	保险费的 1‰	不包括再保险合同
		产权转移书据 土地使用权出让书据	价款的 0.5‰	转让包括买卖（出售）、继承、赠与、互换、分割
		土地使用权、房屋等建筑物和构筑物所有权转让书据（不包括土地承包经营权和土地经营权转移）	价款的 0.5‰	
		股权转让书据（不包括应缴纳证券交易印花税的）	价款的 0.5‰	
		商标专用权、著作权、专利权、专有技术使用权转让书据	价款的 0.3‰	
		营业账簿	实收资本（股本）、资本公积合计金额的 0.25‰	
		证券交易	成交金额的 1‰	

续表

业务流程	业务内容	处理方法
2. 印花税的基本要素	（4）税收优惠	以下项目免征印花税： 应税凭证的副本或者抄本；依照法律规定应当予以免税的外国驻华使馆、领事馆和国际组织驻华代表机构为获得馆舍书立的应税凭证；中国人民解放军、中国人民武装警察部队书立的应税凭证；农民、家庭农场、农民专业合作社、农村集体经济组织、村民委员会购买农业生产资料或者销售农产品书立的买卖合同和农业保险合同；无息或者贴息借款合同、国际金融组织向中国提供优惠贷款书立的借款合同；财产所有权人将财产赠与政府、学校、社会福利机构、慈善组织书立的产权转移书据；非营利性医疗卫生机构采购药品或者卫生材料书立的买卖合同；个人与电子商务经营者订立的电子订单。 根据国民经济和社会发展的需要，国务院对居民住房需求保障、企业改制重组、破产、支持小型微型企业发展等情形可以规定减征或者免征印花税，报全国人民代表大会常务委员会备案
3. 应纳税额的计算	（1）确定计税依据	应税凭证的计税依据如下所示： 合同或凭证 / 计税依据 应税合同 / 合同所列的金额，不包括列明的增值税税款 应税产权转移书据 / 产权转移书据所列的金额，不包括列明的增值税税款 账簿类凭证 / 记载资金的营业账簿：账簿记载的"实收资本"和"资本公积"两项的合计金额 证券交易 / 成交金额 特殊规定： 应税合同、产权转移书据未列明金额的，印花税的计税依据按照实际结算的金额确定。 证券交易无转让价格的，按照办理过户登记手续时该证券前一个交易日收盘价计算确定计税依据；无收盘价的，按照证券面值计算确定计税依据。 已缴纳印花税的营业账簿，以后年度记载的实收资本（股本）、资本公积合计金额比已缴纳印花税的实收资本（股本）、资本公积合计金额增加的，按照增加部分计算应纳税额。 另外，同一应税凭证载有两个以上税目事项并分别列明金额的，按照各自适用的税目税率分别计算应纳税额；未分别列明金额的，从高适用税率。 同一应税凭证由两方以上当事人书立的，按照各自涉及的金额分别计算应纳税额
	（2）应纳印花税的确定	应纳税额 = 计税金额 × 适用税率
4. 印花税纳税申报	（1）缴纳方法	印花税按季、按年或者按次计征。实行按季、按年计征的，纳税人应当自季度、年度终了之日起 15 日内申报缴纳税款；实行按次计征的，纳税人应当自纳税义务发生之日起 15 日内申报缴纳税款；证券交易印花税按周解缴，证券交易印花税扣缴义务人应当自每周终了之日起 5 日内申报解缴税款以及银行结算的利息。 印花税可以采用粘贴印花税票或者由税务机关依法开具其他完税凭证的方式缴纳。印花税票粘贴在应税凭证上的，由纳税人在每枚税票的骑缝处盖戳注销或者画销。印花税票由国务院税务主管部门监制

续表

业务流程	业务内容	处理方法
4. 印花税纳税申报	（2）纳税环节和纳税地点	印花税的纳税义务发生时间为纳税人书立应税凭证或者完成证券交易的当日，证券交易印花税扣缴义务发生时间为证券交易完成的当日。 　　纳税人为单位的，应当向其机构所在地的主管税务机关申报缴纳印花税；纳税人为个人的，应当向应税凭证书立地或者纳税人居住地的主管税务机关申报缴纳印花税；不动产产权发生转移的，纳税人应当向不动产所在地的主管税务机关申报缴纳印花税；纳税人为境外单位或者个人，在境内有代理人的，以其境内代理人为扣缴义务人；在境内没有代理人的，由纳税人自行申报缴纳印花税，具体办法由国务院税务主管部门规定；证券登记结算机构为证券交易印花税的扣缴义务人，应当向其机构所在地的主管税务机关申报解缴税款以及银行结算的利息

【典型例题分析】

一、单项选择题

1. 下列合同及证照中，应缴纳印花税的是（　　）。

A. 税务登记证

B. 审计咨询证

C. 贴息贷款合同

D. 发电厂与电网订立的购电合同

【答案】D

【分析】选项 AB 不属于印花税征税范围，选项 C 属于免税范围。

2. 下列各项属于印花税纳税义务人的是（　　）。

A. 合同的保证人

B. 权利许可证照的发放人

C. 合同的鉴定人

D. 合同的签订人

【答案】D

【分析】合同的鉴定人和保证人，不是印花税的纳税义务人，权利许可证照不缴纳印花税。

3. 下列关于印花税计税依据的表述中，正确的是（　　）。

A. 技术合同的计税依据包括研究开发经费

B. 财产保险合同的计税依据包括所保财产的金额

C. 货物运输合同的计税依据包括货物装卸费和保险费

D. 记载资金账簿的计税依据为实收资本和资本公积的合计金额

【答案】D

【分析】技术合同的计税依据为合同所载金额，不包括研发费用，这是为鼓励技术研究开发；财产保险合同的计税依据支付或收取的保险费金额，不包括所保财产的金额；货物运输合同的计税依据运输费用或收入，不包括所运货物的金额、装卸费和保险费。

4. 甲公司与乙公司分别签订了两份合同：一是以货换货合同，甲公司的货物价值 30 万元，乙公司的货物价值 50 万元；二是采购合同，甲公司购买乙公司 10 万元货物，但因故合同未能兑现。甲公司应缴纳印花税（   ）元。

A. 120   B. 240   C. 180   D. 270

【答案】D

【分析】以物易物合同应按买卖合同金额合计计税贴花，应税合同在签订时产生纳税义务，不论合同是否兑现，均应贴花。买卖合同的适用税率为 0.3‰，该公司应纳印花税 ＝（300 000+500 000+100 000）×0.3‰ =270（元）。

5. 某建筑公司与某企业签订一份建筑承包合同，合同金额为 8 000 万元。施工期间，该建筑公司因工期问题，将其中价值 2 000 万元的安装工程转包出去，并签订了转包合同。则该建筑公司应缴纳印花税（   ）万元。

A. 2.4   B. 3   C. 1.8   D. 5

【答案】B

【分析】建筑承包合同中，总包合同和分包合同都需要贴花，建设工程合同的适用税率 0.3‰。该公司应纳税额 ＝（8 000+2 000）×0.3‰ =3（万元）。

6. 某企业与某公司签订技术开发合同，合同总金额为 300 万元，其中研究开发费 100 万元。该企业应缴纳印花税（   ）元。

A. 900   B. 600   C. 1 200   D. 1 500

【答案】B

【分析】技术合同，只就合同所载的报酬金额计税，研究开发经费不作为计税依据。该企业应缴纳印花税 ＝（3 000 000-1 000 000）×0.3‰ =600（元）。

7. A 运输公司与另外两家运输公司实行联运，共同为某单位运输货物，该单位直接和 A 公司统一结算全程运费 90 万元，而后 A 公司和另外两家运输公司均分运费，则 A 公司该业务应缴纳印花税（   ）元。

A. 270   B. 120   C. 400   D. 800

【答案】A

【分析】国内运输业务，凡实行联运的，在起运地统一结算全程运费的，应以全程运费为计税依据，由起运地结算双方缴纳印花税，凡分程结算运费的，应以分程运费作为计税依据。运输合同适用税率为 0.3‰。则：A 公司应纳印花税 =900 000×0.3‰ =270（元）。

8. 某公司向其他单位租赁设备一台，合同记载租金 30 万元，则该公司该业务应纳印花税（   ）元。

A. 0   B. 150   C. 5   D. 300

【答案】D

【分析】租赁合同按租金的 1‰计税，该公司应纳印花税 =300 000×1‰ =300（元）。

9. A 公司委托 B 公司为其加工产品，合同约定主要材料由 A 公司提供，价值 200 万元，A 公司另外支付加工费 20 万元给 B 公司，下列表述正确的是（   ）。

A. AB 公司均应以 220 万元为计税依据

B. A 公司以 220 万元为计税依据，B 公司以 20 万元为计税依据

C. AB 公司均应以 20 万元为计税依据

D. A 公司以 20 万元为计税依据，B 公司以 220 万元为计税依据

【答案】C

【分析】对于由委托方提供主要材料或原料，受托方只提供辅助材料的加工合同，无论加工费和辅助材料是否分别记载，均以辅助材料和加工费的合计数，依照加工合同计税贴花，而对委托方提供的主要材料和原料金额不计税贴花。

10. 某公司因购买设备与银行签订 3 500 万元的借款合同，后因故购销合同作废，改签融资租赁合同，租赁费为 4 000 万元，该公司应缴纳印花税（　　　）元。

A. 1 750　　　　　B. 4 750　　　　　C. 3 750　　　　　D. 13 750

【答案】C

【分析】融资租赁合同也属于借款合同，因此按借款合同计税，该公司应缴纳印花税 = （35 000 000+40 000 000）×0.05‰=3 750（元）。

11. 下列关于印花税贴花的说法，不正确的是（　　　）。

A. 签订应税凭证后，于凭证生效之日起贴花

B. 凡多贴印花税票者，不得申请退税或者抵扣

C. 印花税票应贴在应税凭证上，由纳税人注销或画销

D 纳税人购买了印花税票不等于履行了纳税义务，只有将印花税票贴在应税凭证上才算完成纳税义务

【答案】A

【分析】印花税在应税凭证书立时贴花。

二、多项选择题

1. 下列各项中，应当征收印花税的有（　　　　　）。

A. 以物易物合同　　　　　B. 会计咨询合同

C. 已税合同的副本　　　　D. 融资租赁合同

【答案】AD

【分析】一般的法律、会计、审计等方面的咨询不属于技术咨询，其所立合同不贴印花；已缴纳印花税的凭证副本或抄本免纳印花税。

2. 下列各项中，应当征收印花税的有（　　　　　）。

A. 未列明租期的财产租赁合同　　B 户口簿

C. 税务登记证　　　　　　　　　D. 土地使用权出让书据

【答案】AD

【分析】未列明租期的合同先按件贴花，待明确计税金额后再按实际金额结算；户口簿和税务登记证不属于印花税的征税范围。

3. 下列合同中，应按"产权转移书据"科目征收印花税的有（　　　　　）。

A. 商品房销售合同　　　　B. 非专利技术转让合同

C. 专利申请转让合同　　　D. 土地使用权出让合同

【答案】AD

【分析】专利申请转让合同、非专利技术转让合同应按"技术合同"税目计税贴花。

4. 下列凭证中不纳印花税的有（　　　　）。

　　A. 购销合同副本　　　　　　　　　　B. 以货易货合同

　　C. 著作权合同　　　　　　　　　　　D. 农牧业保险合同

【答案】AD

【分析】合同副本和著作权合同不纳印花税；农牧业保险合同免征印花税。

5. 下列属于印花税纳税人的有（　　　　）。

　　A. 产权转移书据的立据人

　　B. 合同担保人

　　C. 颁发商标注册证的商标局

　　D. 签订买卖合同的中外合资企业

【答案】AD

【分析】合同的担保人不是印花税的纳税人；商标注册证不纳税。

6. 下列说法中，符合印花税计税依据的有（　　　　）。

　　A. 买卖合同的计税依据为买卖金额，不得扣除任何费用

　　B. 由委托方提供主要材料的加工合同，以加工费和主要材料金额合计为计税依据

　　C. 对于技术合同，只就合同所载的报酬金额计税，研究开发经费不作为计税依据

　　D. 记载资金的营业账簿，以实收资本和资本公积的两项合计金额为计税依据

【答案】ACD

【分析】由委托方提供主要材料的加工合同，其主要材料不作为计税依据。

7. 甲公司与乙公司签订以货易货合同，以 70 万元的钢材换取乙公司 75 万元的水泥，甲公司支付差价 5 万元。下列表述符合印花税有关规定的有（　　　　）。

　　A. 甲乙公司均属于印花税纳税人

　　B. 甲乙公司印花税的计税依据分别是换出货物的价款

　　C. 甲公司应该缴纳印花税 435 元

　　D. 乙公司应缴纳印花税 450 元

【答案】AC

【分析】甲乙公司印花税的计税依据分别是换出和换入货物的价款。甲乙公司应纳印花税 =（700 000+750 000）×0.3‰ =435（元）。

三、判断题

1. 法律、会计、审计等方面的咨询属于技术咨询，其所立合同按技术合同应当依法缴纳印花税。　　　　　　　　　　　　　　　　　　　　　　　　　　　　　（　　）

【答案】×

【分析】一般的法律、会计、审计等方面的咨询不属于技术咨询，其所书立的合同不贴印花。

2. 对应税凭证，凡由两方或两方以上当事人共同书立的，其当事人各方都是印花税的纳税人，应就其所持凭证的计税金额履行纳税义务。　　　　　　　　　　　（　　）

【答案】√

【分析】印花税的纳税人广泛，凡书立应税凭证涉及两方或两方以上当事人的，各方都是纳税人。

3. 我国现行印花税税率采用比例税率和定额税率两种。（　　）

【答案】×

【分析】从 2022 年 7 月 1 日起我国印花税税率只剩比例税率。

4. 我国税法规定，对于国外书立，但在国内使用的应税凭证应以使用人为纳税人。（　　）

【答案】√

【分析】对于国外书立，但在国内使用的应税凭证应以使用人为纳税人。

5. 同一类应税凭证需频繁贴花的，纳税人可以根据实际情况自行决定是否采用按期汇总。（　　）

【答案】√

【分析】同一类应税凭证需频繁贴花的，纳税人可以选择按期汇总申报纳税。

6. 买卖合同的计税依据为合同记载金额，但是合同中涉及的保险费等可扣除。（　　）

【答案】×

【分析】买卖合同的计税依据购销金额，不作任何扣除。

7. 货物运输合同的印花税计税依据为取得的运输费收入，包括所运货物的金额、装卸费等。（　　）

【答案】×

【分析】货物运输合同的印花税计税依据为取得的运输费收入，不包括所运货物的金额、装卸费和保险费等。

8. 已贴印花合同，修改后所载金额增加的，其增加部分应补贴印花，凡多贴的印花可申请退税或抵用。（　　）

【答案】×

【分析】已贴花合同，修改后所载金额增加的，其增加部分应补贴印花，多贴的印花不可申请退税或抵用。

9. 印花税的缴纳方法只有在书立时贴花一种方法。（　　）

【答案】×

【分析】印花税一般是自行计税，自行购票贴花，自行注销；但如果贴花频繁等特殊情况，亦可选择以缴款书或完税凭证代替贴花（应纳税额超过 500 元）或按期汇总缴纳等方法。

10. 实行汇贴办法缴纳印花税的单位，凡分别汇总应税凭证和免税凭证的，应按本期应税凭证汇总金额计税，不能分别汇总的，应按全部凭证的实际汇总金额计算缴纳印花税。（　　）

【答案】√

【分析】实行汇贴办法缴纳印花税的单位，应分别汇总应税凭证和免税凭证，缴纳印花税，不能分别汇总的，应按全部凭证的实际汇总金额计算缴纳印花税。

【职业能力训练】

一、单项选择题

1. 下列各项中，属于印花税应税凭证的是（   ）。
   A. 审计咨询合同
   B. 南方电网系统内部各级电网互供电合同
   C. 银行为管理而使用的现金收付登记簿
   D. 家庭财产保险合同

2. 下列合同和凭证中，应纳印花税的是（   ）。
   A. 企业因改制签订的产权转移书据
   B. 劳务输出合同
   C. 国际金融组织向我国国家金融机构提供优惠贷款所书立的合同
   D. 企业与银行之间的借款合同

3. 下列合同中，应当征收印花税的是（   ）。
   A. 技术合同
   B. 法律咨询合同
   C. 审计咨询合同
   D. 会计咨询合同

4. 下列各项中，不属于印花税征税范围的有（   ）。
   A. 融资租赁合同
   B. 家庭财产保险合同
   C. 电网与用户之间签订的供电合同
   D. 发电厂与电网之间签订的购售电合同

5. 下列合同中，应按照"财产租赁合同"征收印花税的是（   ）。
   A. 企业与个体工商户签订的租赁合同
   B. 企业与主管部门签订的租赁承包合同
   C. 企业与金融机构签订的融资租赁合同
   D. 房地产管理部门与个人签订的生活居住用房租赁合同

6. 下列各项中，属于印花税纳税义务人的是（   ）。
   A. 签订应税凭证的当事人
   B. 合同的代理人
   C. 权利许可证照的发放人
   D. 合同的保证人

7. 下列关于印花税计税依据的表述中，符合印花税法规定的是（   ）。
   A. 对采用易货方式进行商品交易签订的合同，应以易货差价为计税依据
   B. 货物运输合同的计税依据是运输费用总额，含装卸费和保险费
   C. 建筑安装工程承包合同的计税依据是承包总额
   D. 对于由委托方提供辅助材料的加工合同，无论加工费和辅助材料金额是否分开记载，

均以其辅助材料与加工费的合计数，依照加工承揽合同计税贴印花

8. 某汽车修配厂买设备向中国工商银行签订 500 万元的借款合同。后因故购销合同作废，改签融资租赁合同，租赁费 200 万元。根据上述情况，该厂共应缴纳印花税税额为（　　　）元。

  A. 350　　　　　　　B. 180　　　　　　　C. 35　　　　　　　D. 210

9. A 公司与 B 公司签订了一份货物交换合同，A 公司以价值 40 万元的货物交换 B 公司价值 48 万元的货物，A 公司再支付 8 万元的差价给 B 公司，则 A 公司应缴纳的印花税税额为（　　　）元。

  A. 264　　　　　　　B. 120　　　　　　　C. 134　　　　　　　D. 288

10. 2022 年 8 月，甲公司将闲置厂房出租给乙公司，合同约定每月租金 4 500 元，租期未定。签订合同时，预收租金 9 000 元，双方已按定额贴花。12 月底合同解除，甲公司收到乙公司补交租金 18 000 元。甲公司 12 月份应补缴印花税（　　　）元。

  A. 27　　　　　　　B. 22　　　　　　　C. 18　　　　　　　D. 12

11. 某公司 2022 年 10 月开业，领受房屋产权证、工商营业执照、商标注册证、土地使用证、专利证和税务登记证各一份，公司实收资本为 800 万元，除资金账簿外，启用了 6 本营业账簿，则该公司以上业务共应缴纳印花税税额为（　　　）元。

  A. 2 000　　　　　　B. 4 055　　　　　　C. 40 055　　　　　D. 2 025

12. 某企业 2022 年实收资本为 6 000 万元，资本公积为 5 000 万元。该企业 2022 年资金账簿上已按规定贴印花 10 000 元。该企业 2022 年应纳印花税税额为（　　　）元。

  A. 5 000　　　　　　B. 17 500　　　　　C. 45 000　　　　　D. 35 000

13. 某运输公司以价值 100 万元的仓库作抵押，从银行取得抵押贷款 80 万元，并在合同中规定了还款日期，但是到了还款日期后，由于资金周转困难而无力偿还，按合同规定将抵押财产的产权转移给银行以抵偿贷款本息 100 万元，签订了产权转移书据。以上经济事项该运输公司应缴纳印花税税额为（　　　）元。

  A. 575　　　　　　　B. 265　　　　　　　C. 765　　　　　　　D. 540

14. 某企业与某运输公司签订一份合同，载明运输货物的金额为 90 万元，运输费用 3 万元，装卸费用 5 000 元，保险费 800 元，保管费 2 万元，该企业应缴纳印花税税额为（　　　）元。

  A. 102　　　　　　　B. 29　　　　　　　C. 250　　　　　　　D. 400

15. 某企业与某运输公司签订一份合同，载明运输货物的金额为 300 万元，运输费用 12 万元，其中装卸费用 2 万元，保险费 1 万元，该企业应缴纳印花税税额为（　　　）元。

  A. 27　　　　　　　B. 60　　　　　　　C. 50　　　　　　　D. 40

16. 某电厂与某货运公司签订一份运输保管合同，合同载明的费用为 500 000 元（运费和保管费未分别记载）。该项合同双方各应缴纳的印花税税额为（　　　）元。

  A. 500　　　　　　　B. 250　　　　　　　C. 375　　　　　　　D. 1 000

17. A 公司从 B 汽车运输公司租入 5 辆载重汽车，双方签订的合同规定，5 辆载重汽车的总价值为 240 万元，租期 3 个月，租金为 12.8 万元。则 A 公司应缴纳印花税税额为（　　　）元。

  A. 32　　　　　　　B. 128　　　　　　　C. 600　　　　　　　D. 2 400

18. 下列有关我国证券交易印花税目前执行标准说法正确的是（　　　）。

A. 交易双方均按交易价格的 1‰ 计交印花税

B. 由卖方按交易成交价格的 1‰ 计交印花税

C. 由买方按交易成交价格的 1‰ 计交印花税

D. 凡证券交易均应交纳印花税，包括基金和债券交易

二、多项选择题

1. 下列各项中，应当征收印花税的项目有（　　　　）。

A. 产品加工合同

B. 法律咨询合同

C. 技术合同

D. 出版印刷合同

2. 依据印花税的有关规定，技术转让合同包括（　　　　）。

A. 专利申请转让合同

B. 专利权转让合同

C. 专利实施许可合同

D. 非专利技术转让合同

3. 以下各项中，按照"产权转移书据"缴纳印花税的是（　　　　）。

A. 商品房销售合同

B. 土地使用权出让合同

C. 专利申请权转让合同

D. 个人无偿赠与不动产登记表

4. 下列凭证免纳印花税的有（　　　　）。

A. 个人将财产赠给政府所立书据

B. 农民销售粮食给军队食堂的销售合同

C. 企业改制中经评估增加的资金

D. 企业改制签订的产权转移书据

5. 下列合同不征收印花税的有（　　　　）。

A. 未按期兑现的合同

B. 列明购货金额的合同

C. 企业与主管部门签订的租赁承包合同

D. 企业仓库设置的不记载金额的登记簿

6. 下列合同，应缴纳印花税的有（　　　　）。

A. 购货合同

B. 贴息贷款合同

C. 企业出租门店合同

D. 已缴纳印花税的合同副本

7. 下列单位或个人属于印花税纳税义务人的有（　　　　）。

A. 贷款合同的担保人

B. 借款合同的贷款人

C. 与个人签订的用于生活居住的房产租赁合同的房地产管理部门

D. 运输合同的托运方

8. 关于印花税的纳税义务人，下列表述正确的有（　　　　　）。

A. 建立账簿的以立账簿人为纳税人

B. 订立财产转移书据的以立据人为纳税人

C. 书立经济合同的以合同各方当事人为纳税人

D. 在国外书立凭证转国内使用的以使用人为纳税人

9. 下列项目中，符合印花税计税依据规定的有（　　　　　）。

A. 建筑安装工程承包合同的计税依据为转包金额

B. 仓储保管合同的计税依据为仓储保管的费用

C. 产权转移书据的计税依据是书据中所载的金额

D. 对采用易货方式进行商品交易签订的合同，应以易货差价为计税依据

10. 下列关于印花税纳税贴花的表述中，正确的有（　　　　　）。

A. 签订应税凭证后，自凭证生效之日起贴花完税

B. 多贴印花税票者，不得申请退还或抵扣印花税

C. 已经贴花的凭证，修改后所载金额增加的，其增加部分应补贴印花

D. 企业启用新账簿后，实收资本和资本公积两项的合计金额大于原已贴花金额的，仅就增加的部分补贴印花

11. 下列各项中，符合印花税有关规定的有（　　　　　）。

A. 作为正本使用的合同副本，交印花税

B. 对技术合同，以合同所载的报酬金额和研究开发经费作为计税依据

C. 房地产管理部门与个人签订的房屋租赁合同，凡用于生活居住的，可免贴花

D. 在国外签订，在国内使用的应税合同，其纳税义务发生时间为合同签订时

12. 某企业 2022 年 10 月份开业，领受房屋产权证、工商营业执照、商标注册证、土地使用证、税务登记证各一件；与其他企业订立销售合同一份，所载金额 100 万元；订立房屋租赁合同一份，所载金额 100 万元；订立加工合同一份，列明加工收入 10 万元，受托方提供原材料金额 90 万元。以下关于该企业发生上述业务应纳印花税的说法中，正确的有（　　　　　）。

A. 权利、许可证照不缴纳印花税

B. 加工合同应缴纳印花税 50 元

C. 销售合同应缴纳印花税 400 元

D. 该企业所有业务应缴纳印花税 1 600 元

13. 以下关于纳税人缴纳印花税的说法，正确的有（　　　　　）。

A. 纳税人自行申报应税行为

B. 纳税人自行计算应纳税额

C. 纳税人自行购买印花税票

D. 纳税人自行贴花并注销或画销

14. 下列各项中，符合印花税有关规定的有（   ）。

    A. 已贴用的印花税票，不得揭下重用

    B. 凡多贴印花税票者，不得申请退税或者抵扣

    C. 应税合同不论是否兑现或按期兑现，均应贴花

    D. 修改合同并增加合同所载金额的，应补贴印花

15. 下列各项中，不属于印花税免税项目的有（   ）。

    A. 无息贷款合同

    B. 专利证

    C. 已缴纳印花税的合同副本

    D. 技术合同

三、判断题

1. 根据《中华人民共和国印花税法》的规定，合同的担保人也是印花税的纳税人。（   ）

2. 对于同一凭证，如果由两方或两方以上当事人签订并各执一份的，其中一方为纳税人，其他各方均不再缴纳印花税。（   ）

3. 已缴纳印花税的凭证的副本和抄本免税，但副本或抄本视同正本使用的，应按规定贴花纳税。（   ）

4. 甲公司与乙公司签订一份受托加工合同，甲公司提供价值 500 万元的原材料，并且提供 30 万元的辅助材料，另收取加工费 25 万元，合同中分别记载了各项金额。甲公司应纳印花税 275 元。（   ）

5. 甲企业与乙企业签订以货易货合同，以市价 30 万元的产品换取 30 万元的材料，则按 60 万元计税贴花。（   ）

6. 甲乙双方签订一份仓储保管合同，合同上注明货物金额 500 万元，保管费用 10 万元。甲乙双方共应缴纳印花税 200 元。（   ）

7. A 企业与 B 企业签订货物购销合同，所载购销金额 150 万元，后因不可抗力的影响未能履行，恢复正常生产经营后，又另行签订 180 万元的货物购销合同，可向税务机关申请只按 30 万元计征印花税。（   ）

8. 不记载金额的营业账簿，以账簿的件数为计税依据缴纳印花税。（   ）

9. 建筑安装工程承包合同中的总包和分包合同，应分别计缴印花税。（   ）

10. 投资者购买封闭式证券投资基金应缴纳印花税。（   ）

四、计算题

（一）

1. 目的：练习企业应纳印花税税额的计算。

2. 资料：某企业注册成立，领取营业执照、税务登记证、房产证、土地使用证、商标注册证各一件，资金账簿记载实收资本 2 000 万元，新启用其他营业账簿 12 本。

3. 要求：计算该企业注册成立时应缴纳的印花税税额。

（二）

1. 目的：练习企业应纳印花税税额的计算。

2. 资料：甲公司与乙公司分别签订了两份合同：一是以货换货合同，甲公司的货物价值 200 万元，乙公司的货物价值 150 万元；二是采购合同，甲公司购买乙公司 50 万元货物，但因故合同未能兑现。

3. 要求：根据上述资料计算甲公司应缴纳印花税税额。

（三）

1. 目的：练习企业应纳印花税税额的计算。

2. 资料：某建筑公司与甲企业签订一份建筑承包合同，合同金额 6 000 万元（含相关费用 50 万元）。施工期间，该建筑公司又将其中价值 800 万元的安装工程转包给乙企业，并签订转包合同。

3. 要求：根据上述资料计算该建筑公司此项业务应缴纳印花税税额。

（四）

1. 目的：练习企业应纳印花税税额的计算。

2. 资料：A 企业与 B 建筑工程公司签订一建筑承包工程合同，由 B 公司为 A 企业建造一栋写字楼，工程总承包金额为 2 000 万元，B 公司又将其中内部装饰工程分包给 C 公司，分包工程造价 500 万元。

3. 要求：

（1）计算 A 企业应缴纳印花税税额。

（2）计算 B 公司应缴纳印花税税额。

（3）计算 C 公司应缴纳印花税税额。

（五）

1. 目的：练习企业应纳印花税税额的计算。

2. 资料：某企业 2022 年 9 月发生如下业务：

（1）与甲公司签订一份易货合同，约定用本企业市场价格为 400 万元的库存商品换取甲公司市场价格为 430 万元的原材料，支付甲公司差价 30 万元。

（2）与乙公司签订一份加工合同，受托为其加工一批商品，原材料由本企业提供，金额 280 万元，另收取加工费 120 万元。

（3）与丙公司签订一份建筑安装工程总承包合同，金额为 900 万元，施工期间将价值

200万元的水电工程分包给其他施工单位，并签订了分包合同，由于施工单位安装水电工程的质量未达到企业的要求，款项尚未实际支付。

（4）将闲置的一栋办公楼对外出租，租期1年，租赁合同记载全年应收租金20万元。

3. 要求：根据上述资料计算该企业2022年9月共计应缴纳印花税税额。

五、实训题

1. 目的：对企业应纳印花税税额进行计算及纳税申报。

2. 资料：广州达信有限责任公司，主要从事建筑工程机械的生产制造，坐落于广州番禺区市桥繁华路123号，统一社会信用代码：120000005663322123（国家税务总局广州市番禺区税务局），开户银行及账号：中国建设银行广州番禺市桥支行4201658954235678，其法定代表人为张小华，会计主管为叶娟媚，税务会计为黄玲，电话：84734682。该公司2022年10月发生以下业务：

（1）签订钢材采购合同一份，采购金额1 500万元；签订以货换货合同，用库存的2 000万元A型钢材换取对方相同金额的B型钢材；签订销售合同一份，销售金额6 800万元。

（2）公司作为受托方签订甲、乙两份加工承揽合同，甲合同约定：由委托方提供主要材料（金额450万元），受托方只提供辅助材料（金额50万元），受托方另收取加工费30万元；乙合同约定：由受托方提供主要材料（金额250万元）并收取加工费12万元。

（3）公司作为受托方签订技术合同一份，合同约定：技术开发金额共计5 800万元，其中研究与开发费用与报酬金额之比为3∶1。

（4）公司作为承包方签订建筑安装工程承包合同一份，承包金额400万元，公司随后又将其中的100万元业务分包给另一单位，并签订相关合同。

（5）公司新增实收资本4 000万元，资本公积300万元。

（6）公司启用其他账簿8本。

3. 要求：

（1）计算签订的买卖合同应缴纳的印花税。

（2）计算签订的加工承揽合同应缴纳的印花税。

（3）计算签订的技术合同应缴纳的印花税。

（4）计算签订的建筑安装工程承包合同应缴纳的印花税。

（5）计算新增记载资金的营业账簿应缴纳的印花税。

（6）办理印花税申报业务（见表13-1、表13-2）。

表 13-1　财产和行为税纳税申报表

纳税人识别号（统一社会信用代码）：

纳税人名称：

金额单位：人民币元（列至角分）

序号	税种	税目	税款所属期起	税款所属期止	计税依据	税率	应纳税额	减免税额	已缴税额	应补（退）税额
1										
2										
3										
4										
5										
6										
7										
8										
9										
10										
11	合计		—	—	—					

声明：此表是根据国家税收法律法规及相关规定填写的，本人（单位）对填报内容（及附带资料）的真实性、可靠性、完整性负责。

纳税人（签章）：

年　　月　　日

经办人：

经办人身份证号：

代理机构签章：

代理机构统一社会信用代码：

受理人：

受理税务机关（章）：

受理日期：　　年　　月　　日

表 13-2　印花税税源明细表

纳税人识别号（统一社会信用代码）：□□□□□□□□□□□□□□□□□□

纳税人名称：

金额单位：人民币元（列至角分）

序号	*税目	*税款所属期起	*税款所属期止	应纳税凭证编号	应纳税凭证书立（领受）日期	*计税金额或件数	核定比例	*税率	减免性质代码和项目名称
按期申报									
1									
2									
3									
按次申报									
1									
2									
3									

项目十四
环境保护税办税业务

【学习目标】

通过本项目的学习，能准确界定环境保护税的征税范围、判别环境保护税的纳税人；能根据应税凭证的性质，确定不同污染物的计税依据，选择适用的税率，正确计算各纳税人应纳的环境保护税额；能填写准确、完整的纳税申报相关表格。

【标志性成果】

提交填写完整、准确的纳税申报相关表格。

【重点难点】

重点：征税范围，不同污染物的计税依据和适用税率。
难点：各污染物的计税依据。

【主要业务】

业务流程	业务内容	处理方法
1. 环境保护税的综合知识	（1）环境保护税的定义	环境保护税是向在中华人民共和国领域和中华人民共和国管辖的其他海域，直接向环境排放应税污染物的企业事业单位和其他生产经营者所征收的一种税
	（2）环境保护税立法的意义	《中华人民共和国环境保护法》是中国第一部体现"绿色税制"的法律，该法终止了近40年的排污费制度，是我国"费改税"进程中重要的里程碑

续表

业务流程	业务内容	处理方法
2. 环境保护税的基本要素	（1）征税范围的确定	环境保护税的征税税目是直接向环境排放下列内容的应税污染物： ① 大气污染物；② 水污染物；③ 固体废物；④ 噪声：指工业噪声。 　　下列情形不属于直接向环境排放污染物，不缴纳相应污染物的环境保护税： ① 企业事业单位和其他生产经营者向依法设立的污水集中处理、生活垃圾集中处理场所排放应税污染物的；② 企业事业单位和其他生产经营者在符合国家和地方环境保护标准的设施、场所贮存或者处置固体废物的；③ 达到省级人民政府确定的规模标准并且有污染物排放口的畜禽养殖场，应当依法缴纳环境保护税，但依法对畜禽养殖废弃物进行综合利用和无害化处理的，不属于直接向环境排放污染物，不缴纳环境保护税
	（2）纳税人的确定	在中华人民共和国领域和中华人民共和国管辖的其他海域，直接向环境排放应税污染物的企业事业单位和其他生产经营者为环境保护税的纳税人
	（3）适用税率的确定	环境保护税税目税额表

环境保护税税目税额表

税目		计税单位	税额	备注
大气污染物		每污染当量	1.2 元至12 元	
水污染物		每污染当量	1.4 元至14 元	
固体污染	煤矸石	每吨	5 元	
	尾矿	每吨	15 元	
	危险废物	每吨	1 000 元	
	冶炼渣、粉煤灰、炉渣、其他固体废物（含半固态、液态废物）	每吨	25 元	
噪声	工业噪声	超标 1～3 分贝	每月350 元	① 一个单位边界上有多个噪声超标，根据最高一处超标声级计算应纳税额；当沿边界长度超过 100 米有两处以上噪声超标，按照两个单位计算应纳税额。 ② 一个单位有不同地点作业场所的，应当分别计算应纳税额，合并计算。 ③ 昼、夜均超标的环境噪声，昼、夜分别计算应纳税额，累计计征。 ④ 声源一个月内超标不足 15 天的，减半计算应纳税额。 ⑤ 夜间频繁突发或夜间偶然突发厂界超标噪声，按等效声级和峰值噪声两种指标中超标分贝值高的一项计算应纳税额
		超标 4～6 分贝	每月700 元	
		超标 7～9 分贝	每月1 400 元	
		超标 10～12 分贝	每月2 800 元	
		超标 13～15 分贝	每月5 600 元	
		超标 16 分贝以上	每月11 200 元	

续表

业务流程	业务内容	处理方法
2. 环境保护税的基本要素	（4）税收优惠	下列情形，暂予免征环境保护税： ① 农业生产（不包括规模化养殖）排放应税污染物的； ② 机动车、铁路机车、非道路移动机械、船舶和航空器等流动污染源排放应税污染物的； ③ 依法设立的城乡污水集中处理、生活垃圾集中处理场所排放相应应税污染物，不超过国家和地方规定的排放标准的； ④ 纳税人综合利用的固体废物，符合国家和地方环境保护标准的； ⑤ 国务院批准免税的其他情形，由国务院报全国人民代表大会常务委员会备案

续（续表内容）

业务流程	业务内容	处理方法
3. 应纳税额的计算	（1）确定计税依据	应税凭证的计税依据：

税目	计税依据	计税依据确定方法
大气污染物	污染当量数	污染当量数 = 该污染物的排放量 ÷ 该污染物的污染当量值
水污染物		
固体废物	排放量	固体废物的排放量 = 当期固体废物的产生量 − 当期固体废物的综合利用量 − 当期固体废物的贮存量 − 当期固体废物的处置量 纳税人有下列情形之一的，以其当期应税固体废物的产生量作为固体废物的排放量： ① 非法倾倒应税固体废物； ② 进行虚假纳税申报
噪声	标准分贝数	工业噪声按超过国家规定标准的分贝数确定

注意：每一排放口或者没有排放口的应税大气污染物，按照污染当量数从大到小排序，对前三项污染物征收环境保护税；每一排放口的应税水污染物，按照"应税污染物和当量值表"，区分第一类水污染物和其他类水污染物，按照污染当量数从大到小排序，对第一类水污染物按照前五项征收环境保护税，对其他类水污染物按照前三项征收环境保护税

业务流程	业务内容	处理方法
	（2）确定应纳环境保护税税额	环境保护税应纳税额计算方法如下：

应税污染物	计税公式
大气污染物	应纳税额 = 污染当量数 × 适用税额
水污染物	
固体废物	应纳税额 = 固体废物排放量 × 适用税额
噪声	超过国家规定标准的分贝数对应的具体适用税额

续表

业务流程	业务内容	处理方法
4. 印花税环境保护税纳税申报	（1）缴纳方法	环境保护税纳税义务发生时间为纳税人排放应税污染物的当日。环境保护税按月计算，按季申报缴纳。不能按固定期限计算缴纳的，可以按次申报缴纳。纳税人按季申报缴纳的，应当自季度终了之日起15日内，向税务机关办理纳税申报并缴纳税款。纳税人按次申报缴纳的，应当自纳税义务发生之日起15日内，向税务机关办理纳税申报并缴纳税款
	（2）纳税环节和纳税地点	纳税人应当向应税污染物排放地的税务机关申报缴纳环境保护税。 纳税人跨区域排放应税污染物，税务机关对税收征收管辖有争议的，由争议各方按照有利于征收管理的原则协商解决。 纳税人从事海洋工程向中华人民共和国管辖海域排放应税大气污染物、水污染物或者固体废物，申报缴纳环境保护税的具体办法，由国务院税务主管部门会同国务院海洋主管部门规定

【典型例题分析】

一、单项选择题

1. 下列情形中，属于直接向环境排放污染物从而应缴纳环境保护税的是（　　）。

　　A. 企业在符合国家和地方环境保护标准的场所处置固体废物的

　　B. 事业单位向依法设立的生活垃圾集中处理场所排放应税污染物的

　　C. 企业向依法设立的污水集中处理场所排放应税污染物的

　　D. 依法设立的城乡污水集中处理场所超过国家和地方规定的排放标准排放应税污染物的

　　【答案】D

　　【分析】依法设立的城乡污水集中处理、生活垃圾集中处理场所排放相应应税污染物，不超过国家和地方规定的排放标准的，暂予免征环境保护税。超过国家和地方排放标准的，应当征税。

2. 下列各项噪音中，属于环境保护税征税范围的是（　　）。

　　A. 生活噪音　　　　　　　　　　B. 建筑噪音

　　C. 工业噪音　　　　　　　　　　D. 交通噪音

　　【答案】D

　　【分析】环境保护税征税范围的噪声，仅指工业噪声。

3. 下列应税污染物中，在确定计税依据时只对超过规定标准的部分征收环境保护税的是（　　）。

　　A. 固体废物　　　　　　　　　　B. 水污染物

　　C. 工业噪声　　　　　　　　　　D. 大气污染物

　　【答案】C

　　【分析】工业噪声按超过国家规定标准的分贝数确定计税依据。

4. 某纳税人直接向河流排放总铅4 000千克，已知总铅污染当量值为0.025千克，假定其所在省公布的水污染物环境保护税税额为每污染当量5元，则该纳税人应缴纳的环境保护税为（　　）元。

A. 6 000　　　　　　　　　　B. 24 000

C. 160 000　　　　　　　　　D. 800 0000

【答案】D

【分析】污染当量数＝排放量／污染当量值＝4 000/0.025=160 000

应纳环境保护税＝污染当量数 × 适用税额=160 000×5=800 000（元）

5. 梅州荷树园火力发电厂是一家火电企业，总部设在梅州市区，电厂在梅州市所辖梅县。那么向荷树园火力发电厂收取环境保护税的部门是（　　　）。

A. 梅州市环境保护局　　　　　B. 梅县环境保护局

C. 税务局梅州市分局　　　　　D. 税务局梅县分局

【答案】D

【分析】《中华人民共和国环境保护税法》规定，纳税人应当向应税污染物排放地的税务机关申报缴纳环境保护税。

二、多项选择题

1. 环境保护税法中所称的应税污染物是指（　　　）。

A. 大气污染物　　　　　　　　B. 水污染物

C. 固体废物　　　　　　　　　D. 噪声

【答案】ABCD

【分析】应税污染物包括大气污染物、水污染物、固体废物和噪声。

2. 下列污染物中，属于环境保护税征收范围的有（　　　）。

A. 建筑噪声　　　　　　　　　B. 二氧化硫

C. 煤矸石　　　　　　　　　　D. 氮氧化物

【答案】BCD

【分析】应税污染物是指"环境保护税科目税额表""应税污染物和当量值表"规定的大气污染物、水污染物、固体废物和噪声，其中噪声特指的是工业噪声，不包括建筑噪声和交通噪声。

3. 下列应税污染物中，按照污染物排放量折合的污染当量数作为环境保护税计税依据的有（　　　）。

A. 大气污染物　　　　　　　　B. 水污染物

C. 固体废物　　　　　　　　　D. 噪声

【答案】AB

【分析】大气污染物和水污染物的计税依据都按照污染物排放量折合的污染当量数确定；固体废物按照固体废物的排放量确定；噪声按照超过国家规定标准的分贝数确定。

4. 下列各项中，暂予免征环境保护税的有（　　　）。

A. 农业生产（不包括规模化养殖）排放应税污染物的

B. 机动车等流动污染源排放应税污染物的

C. 依法设立的城乡污水集中处理、生活垃圾集中处理场所排放应税污染物的

D. 纳税人综合利用的固体废物，符合国家和地方环境保护标准的

【答案】ABD

【分析】依法设立的城乡污水集中处理、生活垃圾集中处理场所排放相应应税污染物，不超过国家和地方规定的排放标准的，暂予免征环境保护税；依法设立的城乡污水集中处理、生活垃圾集中处理场所超过国家和地方规定的排放标准向环境排放应税污染物的，应当缴纳环境保护税。

三、判断题

1. 环境保护税的纳税人为向我国领域或管辖的其他海域直接向环境排放应税污染物的企业事业单位和其他生产经营者。　　　　　　　　　　　　　　　（　　）

【答案】√

【分析】在中华人民共和国领域和中华人民共和国管辖的其他海域，直接向环境排放应税污染物的企业事业单位和其他生产经营者为环境保护税的纳税人。包括企业事业单位和其他生产经营者，不包括居民个人。

2. 依照规定减征环境保护税的，应当对每一排放口排放的不同应税污染物分别计算。　　　　　　　　　　　　　　　　　　　　　　　　　　　　（　　）

【答案】√

【分析】依照规定减征环境保护税的，应当对每一排放口排放的不同应税污染物分别计算。

3. 大气污染物的污染当量数＝该污染物的排放量÷该污染物的污染当量值。（　　）

【答案】√

【分析】污染当量数以该污染物的排放量除以该污染物的污染当量值计算。应税大气污染物、水污染物的污染当量数＝该污染物的排放量÷该污染物的污染当量值

4. 环境保护税纳税义务发生时间为纳税人排放污染物的次日。　　　（　　）

【答案】×

【分析】表述错误，环境保护税纳税义务发生时间为纳税人排放污染物的当日。

【职业能力训练】

一、单项选择题

1. 下列情形应缴纳环境保护税的是（　　）。
   A. 农业生产者种植排放应税污染物
   B. 存栏300头奶牛的养殖场排放应税污染物
   C. 船舶行驶排放应税污染物
   D. 企业直接向依法设立的生活垃圾集中处理中心运送应税污染物

2. 下列情形应缴纳环境保护税的是（　　）。
   A. 企业向依法设立的污水集中处理场所排放应税污染物
   B. 个体户向依法设立的生活垃圾集中处理场所排放应税污染物
   C. 事业单位在符合国家和地方环境保护标准的设施贮存固体废物

D. 企业在不符合国家和地方环境保护标准的场所处置固体废物

3. 下列关于环境保护税的税率规定正确的是（   ）。

　A. 环境保护税采用定额税率

　B. 环境保护税全部应税污染物适用税额的确定和调整均由省、自治区、直辖市人民政府统筹考虑，在规定的税额幅度内提出

　C. 环境保护税全部应税污染物适用税额的确定和调整均由国家税务总局决定

　D. 环境保护税全部应税污染物适用税额的确定和调整均需报国务院备案

4. 每一排放口或者没有排放口的应税大气污染物，在计征环境保护税时应（   ）。

　A. 按照污染当量数从大到小排序，对前三项污染物征收环境保护税

　B. 按照排放量从大到小排序，对前三项污染物征收环境保护税

　C. 按照排放量从大到小排序，对前五项污染物征收环境保护税

　D. 对所有污染物征收环境保护税

5. 一个单位多处噪声超标准，征收额应按照最高一处超标声级计算应纳税额；当沿边界长度超过（   ）米有两处以上噪声超标，按照两个单位计算应纳税额。

　A. 100　　　　　　　　　　　　B. 200

　C. 300　　　　　　　　　　　　D. 400

6. 某餐饮公司，通过安装水流量计量测得当月排放污水量为 100 吨，已知饮食娱乐服务业污染当量值为 0.5 吨，假设当地水污染物适用税额为每污染当量 3 元，该公司当月应缴纳的环境保护税为（   ）元。

　A. 600　　　　　　　　　　　　B. 100

　C. 50　　　　　　　　　　　　D. 150

7. 某企业 2022 年 10 月产生煤矸石 3 000 吨，其中综合利用煤矸石 300 吨（符合国家相关规定），在符合国家和地方环境保护标准的设施贮存 500 吨。煤矸石环境保护税适用税额为每吨 5 元，当企业当月煤矸石应缴纳环境保护税为（   ）元。

　A. 13 500　　　　　　　　　　　B. 15 000

　C. 1 100　　　　　　　　　　　D. 2 200

8. 某企业 2022 年 9 月连续 10 天发生的工业噪声分贝数超过国家标准 6 分贝。按照环境保护税科目税额表规定，噪声超标 4~6 分贝的，应纳税额每月 700 元。该企业当月应纳环境保护税（   ）元。

　A. 0　　　　　　　　　　　　B. 350

　C. 700　　　　　　　　　　　D. 42 000

9. 某养殖场 2022 年 9 月养牛存栏量为 200 头，污染当量值为 0.1 头，当地水污染物适用税额为每污染当量 2.8 元，当月应纳环境保护税税额为（   ）元。

　A. 560　　　　　　　　　　　B. 5 600

　C. 2 800　　　　　　　　　　D. 280

10. 某医院床位 300 张，每月按时消毒，无法计量月污水排放量，污染当量值为 0.2 床，假设当地水污染物适用税额为每污染当量 2.1 元，每月应纳环境保护税（   ）元。

　A. 3 150　　　　　　　　　　B. 630

C. 126   D. 28.58

11. 环境保护税的申报缴纳期限是（   ）。

    A. 15 日   B. 一个月

    C. 一个季度   D. 一年

二、多项选择题

1. 环境保护税法中所称的应税污染物是指（   ）。

    A. 大气污染物   B. 水污染物

    C. 固体废物   D. 噪声

2. 下列污染物中，属于环境保护税征收范围的有（   ）。

    A. 建筑噪声   B. 二氧化硫

    C. 煤矸石   D. 氮氧化物

3. 下列各项中，暂予免征环境保护税的有（   ）。

    A. 农业生产（不包括规模化养殖）排放应税污染物的

    B. 机动车等流动污染源排放应税污染物的

    C. 依法设立的城乡污水集中处理、生活垃圾集中处理场所排放应税污染物的

    D. 纳税人综合利用的固体废物，符合国家和地方环境保护标准的

4. 环境保护税的计税单位有（   ）。

    A. 每污染当量   B. 每吨

    C. 每千克指数   D. 超标分贝

5. 下列情形中，以纳税人当期污染物产生量作为排放量计征环境保护税的有（   ）。

    A. 未依法安装使用污染物自动监测设备

    B. 通过暗管方式违法排放污染物

    C. 损毁或擅自移动污染物自动监测设备

    D. 规模化养殖以外的农业生产排放污染物

    E. 篡改、伪造污染物监测数据

6. 下列关于环境保护税应纳税额计算的表述中，正确的有（   ）。

    A. 应税大气污染物的应纳税额为污染排放量乘以具体适用税额

    B. 应税水污染物的应纳税额为污染当量数乘以具体适用税额

    C. 应税固体废物的应纳税额为固体废物排放量乘以具体适用税额

    D. 应税噪声的应纳税额为超过国家规定标准的分贝数对应的具体适用税额

7. 关于环境保护税，下列说法正确的有（   ）。

    A. 环境保护税纳税人不包括家庭和个人

    B. 环境保护税税率为统一比例税率

    C. 机动车和船舶排放的应税污染物暂时免征环境保护税

    D. 环境保护税是原有的排污费"费改税"平移过来的税收

    E. 环境保护税收入全部归地方

8. 下列项目属于环境保护税特点的有（   ）。

A. 属于综合型环境税

B. 对所有污染物规定了幅度定额税率

C. 采用税务、环保部门紧密配合的征收方式

D. 收入纳入一般预算收入，全部划归地方

9. 下列关于环境保护税征收管理的说法中，正确的有（　　　　）。

A. 纳税义务发生时间为排放应税污染物的当日

B. 纳税人应当按月申报缴纳

C. 不能按固定期限计算缴纳的，可以按次申报缴纳

D. 纳税人应当向企业注册登记地税务机关申报缴纳

10. 以下符合环境保护税政策规定的有（　　　　）。

A. 环境保护税的纳税义务发生时间是季度终了之日起 15 日内

B. 纳税人应当向应税污染物排放地的税务机关申报缴纳环境保护税

C. 不能按固定期限计算缴纳的，可以按次申报缴纳环境保护税

D. 县级以上地方人民政府应当建立税务机关、环境保护主管部门和其他相关单位分工协作工作机制

三、判断题

1. 环境保护税的纳税人为向我国领域或管辖的其他海域直接排放应税污染物的企业事业单位和其他生产经营者。　　　　　　　　　　　　　　　　　　　　　（　　）

2. 企业事业单位和其他生产经营者向依法设立的污水集中处理、生活垃圾集中处理场所排放应税污染物，也需要缴纳环境保护税。　　　　　　　　　　　　　　（　　）

3. 农业生产（不包括规模化养殖）排放应税污染物的暂免征收环境保护税。　（　　）

4. 依照规定减征环境保护税的，应当对每一排污水排放口排放的不同应税污染物分别计算。　　　　　　　　　　　　　　　　　　　　　　　　　　　　　　（　　）

5. 声源一个月内超标不足 15 天的，减半计算应纳环境保护税税额。　　（　　）

6. 夜间频繁突发和夜间偶然突发厂界超标噪声，按等效声级和峰值噪声两种指标分别计算应纳税额。　　　　　　　　　　　　　　　　　　　　　　　　　　（　　）

7. 应税固体废物按照固体废物的排放量折合的污染当量数确定环境保护税的计税依据。　　　　　　　　　　　　　　　　　　　　　　　　　　　　　　　　（　　）

8. 应税噪声按照超过国家规定标准的分贝数确定。　　　　　　　　　（　　）

四、计算题

（一）

1. 目的：练习企业应纳环境保护税税额的计算。

2. 资料：企业 2022 年 8 月向大气直接排放二氧化硫、氟化物各 237.5 千克，一氧化碳 100 千克，氯化氢 80 千克，当地大气污染物每污染当量税额 6 元，该企业只有一个排

放口。

　　3. 要求：计算该企业当月应纳环境保护税税额。

（二）

　　1. 目的：练习企业应纳环境保护税税额的计算。

　　2. 资料：某化工厂是环境保护税纳税人，该厂仅有一个污水排放口且直接向河流排放污水，已安装使用符合国家规定和监测规范的污染物自动监测设备。监测数据显示，该排放口 2022 年 10 月共排放污水 8 万吨（折合 8 万立方米），应税污染物为六价铬，浓度为六价铬 0.5mg/L。

　　3. 要求：计算该化工厂当月应纳税额。（该厂所在地的水污染物税率为 4 元 / 污染当量，六价铬的污染当量值为 0.02 千克）。

五、实训题

　　1. 目的：对企业环境保护税税额进行计算及纳税申报。

　　2. 资料：广州利群生物技术有限公司厂界长度超过 100 米，坐落于广州番禺区莲花山德胜路 53 号，社会统一信用代码：120000005453382123（国家税务总局广州市莲花山税务局），开户银行及账号：4201653354235622（中国工商银行广州番禺莲花山办事处），其法定代表人为张越，会计主管为李海媚，税务会计为叶小华，电话：84884632。该公司 2022 年 9 月，其应税污染物排放情况如下：

　　（1）噪声超标天数为 20 天，昼间最高分贝为 82 分贝，夜间最高分贝为 64 分贝。

　　（2）生产过程产生医药废物 50 吨，当期在符合国家和地方标准的场所储存了 10 吨，处置了 3 吨，综合利用了 20 吨（符合国家相关规定）。

　　（3）将生产过程中产生的水污染物 60 千克排放经依法设立的污水处理厂。

　　（其他相关资料：昼间噪声标准限值为 65 分贝，夜间噪声标准限值为 55 分贝。医药废物属于固体废物中的危险废物，税额标准为 1 000 元 / 吨。水污染物污染当量值为 0.02 千克，税额标准为 5 元 / 污染当量）

　　3. 要求：

　　（1）计算业务（1）应缴纳的环境保护税。

　　（2）计算业务（2）应缴纳的环境保护税。

　　（3）计算业务（3）应缴纳的环境保护税。

　　（4）办理该公司 2022 年 9 月环境保护税纳税申报（见表 14-1、表 14-2）。

表 14-1 财产和行为税纳税申报表

纳税人识别号（统一社会信用代码）：

纳税人名称：

金额单位：人民币元（列至角分）

序号	税种	税目	税款所属期起	税款所属期止	计税依据	税率	应纳税额	减免税额	已缴税额	应补（退）税额
1										
2										
3										
4										
5										
6										
7										
8										
9	合计	—	—	—	—	—				

声明：此表是根据国家税收法律法规及相关规定填写的，本人（单位）对填报内容（及附带资料）的真实性、可靠性、完整性负责。

纳税人（签章）：

　　　　年　　月　　日

经办人：

经办人身份证号：

代理人机构签章

代理机构统一社会信用代码：

受理人：

受理税务机关（章）：

受理日期：　　年　　月　　日

表 14-2　环境保护税税源明细表

纳税人识别号（统一社会信用代码）：

纳税人名称：　　　　　　　　　　　　　　　　　　金额单位：人民币元（列至角分）

1. 按次申报□	2. 从事海洋工程□
3. 城乡污水集中处理场所□	4. 生活垃圾集中处理场所□
*5. 污染物类别	大气污染物 □ 水污染物 □ 固体废物 □ 噪声 □
6. 排污许可证编号	
*7. 生产经营所在区划	
*8. 生态环境主管部门	

税源基础采集信息

新增□　变更☑　删除□

*税源编号		（1）			
排放口编号		（2）			
*排放口名称或噪声源名称		（3）			
*生产经营所在街乡		（4）			
排放口地理坐	*经度	（5）			
	*纬度	（6）			
*有效期起止		（7）			
*污染物类别		（8）			
水污染物种类		（9）			
*污染物名称		（10）			
危险废物污染物子类		（11）			
*污染物排放量计算方法		（12）			
大气、水污染物标准排放限值	*执行标准	（13）			
	*标准浓度值（毫克/升或毫克/标立方米）	（14）			
产（排）污系数	*计税基数单位	（15）			
	*污染物单位	（16）			
	*产污系数	（17）			
	*排污系数	（18）			
固体废物信息	贮存情况	（19）			
	处置情况	（20）			
	综合利用情况	（21）			
噪声信息	*是否昼夜产生	（22）			
	*标准值——昼间（6时至22时）	（23）			
	*标准值——夜间（22时至次日6时）	（24）			

续表

申报计算及减免信息				
	*税源编号	（1）		
	*税款所属月份	（2）		
	*排放口名称或噪声源名称	（3）		
	*污染物类别	（4）		
	*水污染物种类	（5）		
	*污染物名称	（6）		
	危险废物污染物子类	（7）		
	*污染物排放量计算方法	（8）		
大气、水污染物监测计算	*废气（废水）排放量（万标立方米、吨）	（9）		
	*实测浓度值（毫克/标立方米、毫克/升）	（10）		
	*月均浓度（毫克/标立方米、毫克/升）	（11）		
	*最高浓度（毫克/标立方米、毫克/升）	（12）		
产（排）污系数计算	*计算基数	（13）		
	*产污系数	（14）		
	*排污系数	（15）		
固体废物计算	*本月固体废物的产生量（吨）	（16）		
	*本月固体废物的贮存量（吨）	（17）		
	*本月固体废物的处置量（吨）	（18）		
	*本月固体废物的综合利用量（吨）	（19）		
噪声计算	*噪声时段	（20）		
	*监测分贝数	（21）		
	*超标不足15天	（22）		
	*两处以上噪声超标	（23）		
抽样测算计算	特征指标	（24）		
	特征单位	（25）		
	特征指标数量	（26）		
	特征系数	（27）		

污染物排放量（千克或吨）	大气、水污染物监测计算： （28）=（9）×（10）÷100 （1 000） 　大气、水污染物产（排）污系数计算： （28）=（13）×（14）×M （28）=（13）×（15）×M 　pH 值、大肠菌群数、余氯量等水污染物计算： （28）=（9） 　色度污染物计算：（28）=（9）×色度超标倍数固体废物排放量（含综合利用量）： （28）=（16）-（17）-（18）			
*污染当量值（特征值） （千克或吨）	（29）			
*污染当量数	大气、水污染物污染当量数计算：（30）=（28）÷（29）			
减免性质代码和项目名称	（31）			
*单位税额	（32）			
*本期应纳税额	大气、水污染物应纳税额计算： （33）=（30）×（32） 　固体废物应纳税额计算：（33）=（28）×（32） 　噪声应纳税额计算：（33）=0.5 或 1 [（22）为是的用 0.5；为否的用 1] ×2 或 1 [（23）为是的用 2，为否的用 1] ×（32）按照税法所附表二中畜禽养殖业等水污染物当量值表计算：（33）=（26）÷（29）×（32） 　采用特征系数计算：（33）=（26）×（27）÷（29）×（32） 　采用特征值计算：（33）=（26）×（29）×（32）			
本期减免税额	大气、水污染物减免税额计算：（34）=（30）×（32）×N 固体废物减免税额计算：（34）=（19）×（32）			
本期已缴税额	（35）			
*本期应补（退）税额	（36）=（33）-（34）-（35）			

项目十五
纳税后续工作

【学习目标】

通过本项目的学习，能判断税务机关税务检查行为的合法性；能判断税务机关责令提供纳税担保要求的合法性；能依法提供纳税担保；能依法承担纳税担保责任；能判断税收保全要求的合法性；能判断税收强制执行决定的合法性；能判断税收违法行为的法律后果；能把握税务行政复议的适用情形，并能判断是否可以提请税务行政复议；能依法提出税务行政复议申请；能把握税务行政复议与税务行政诉讼的关系，并能根据具体情况选择合适的维权方法；能把握税务行政诉讼的适用情形，并能判断是否可以提起税务行政诉讼；能把握税务行政赔偿程序的适用情形，并能判断是否可以依法提出税务行政赔偿请求；能依法提出税务行政赔偿申请。

【标志性成果】

草拟涉税案件法律建议。

【重点难点】

重点：依法提供纳税保证、纳税抵押和纳税质押；依法配合税收保全和税收强制执行措施；依法提起税务行政复议、行政诉讼和国家赔偿程序。

难点：确定税务行政复议机关；处理好税务行政复议和税务行政诉讼的关系。

【主要业务】

业务流程	业务内容	处理方法
1. 接受税务机关的税收征收管理	（1）配合税务机关的税务检查	税务机关可以依法对纳税人或扣缴义务人行使的税务检查权力包括：查账权、场地检查权、责成提供资料权、调查取证权、查证权、检查存款账户权。 税务人员进行税务检查时，应当出示税务检查证和税务检查通知书，并有责任为被检查人保守秘密；否则纳税人、扣缴义务人及其他当事人有权拒绝检查
	（2）提供纳税担保	纳税担保是指经税务机关同意或确认，纳税人或其他自然人、法人、经济组织以保证、抵押、质押的方式，为纳税人应当缴纳的税款及滞纳金提供担保的行为。 纳税担保的适用情形包括：税务机关有根据认为从事生产、经营的纳税人有逃避纳税义务行为的，在规定的纳税期之前已经责令其限期缴纳应纳税款，在限期内发现纳税人有明显的转移、隐匿其应纳税的商品、货物以及其他财产或者应纳税收入的迹象；欠缴税款、滞纳金的纳税人或者其法定代表人需要出境的；纳税人同税务机关在纳税上发生争议而未缴清税款，需要申请行政复议的；税收法律、行政法规规定可以提供纳税担保的其他情形。 纳税担保的方式包括纳税保证、纳税抵押和纳税质押：

种类	担保人（物）	生效时间	责任期限
纳税保证	中国境内具有纳税担保能力的自然人、法人或者其他经济组织； 例外：7种	纳税担保书经纳税人、纳税保证人签字盖章并经税务机关签字盖章之日	税务机关自纳税人应缴纳税款的期限届满之日起60日内有权要求纳税保证人承担保证责任，缴纳税款、滞纳金； 纳税保证人应当自收到税务机关的纳税通知书之日起15日内履行保证责任
纳税抵押	可以用于纳税抵押财产：5种； 不得用于纳税抵押财产：8种	纳税担保书和纳税担保财产清单经纳税人、纳税担保人签字盖章并经税务机关确认，并办理抵押物登记之日	税务机关应当在期限届满之日起15日内书面通知；纳税担保人自收到纳税通知书之日起15日内缴纳担保的税款、滞纳金
纳税质押	动产质押：现金及其他除不动产以外的财产； 权利质押：汇票、支票、本票、债券、存款单等权利凭证	纳税担保书和纳税担保财产清单经纳税人、纳税担保人签字盖章，并经税务机关确认和质物移交之日	税务机关应当在期限届满之日起15日内书面通知；纳税担保人自收到纳税通知书之日起15日内缴纳担保的税款、滞纳金

续表

业务流程	业务内容	处理方法
1. 接受税务机关的税收征收管理	（3）接受税收保全措施	税收保全措施的适用情形： 对未按照规定办理税务登记的从事生产、经营的纳税人以及临时从事经营的纳税人，由税务机关核定其应纳税额，责令缴纳；不缴纳的，税务机关可以扣押其价值相当于应纳税款的商品、货物。 税务机关有根据认为从事生产、经营的纳税人有逃避纳税义务行为的，可以在规定的纳税期之前，责令限期缴纳应纳税款；在限期内发现纳税人有明显的转移、隐匿其应纳税的商品、货物，以及其他财产或者应纳税收入迹象的，税务机关可以责成纳税人提供纳税担保。如果纳税人不能提供纳税担保，经县以上税务局局长批准，税务机关可以采取相应的税收保全措施。 税务机关对从事生产、经营的纳税人以前纳税期的纳税情况依法进行税务检查时，发现纳税人有逃避纳税义务行为，并有明显的转移、隐匿其应纳税的商品、货物，以及其他财产或者应纳税收入迹象的，可以依法采取相应的税收保全措施 税收保全措施包括： 种类 / 范围：冻结银行存款——相当于应纳税款的金额；扣押、查封商品、货物或其他财产——不超过应纳税款的价值；个人及其所扶养家属维持生活必需的住房和用品除外 税收保全措施的后续处理：纳税人在规定的限期内缴纳税款，税务机关必须立即解除税收保全措施；如果逾期，经县以上税务局局长批准，税务机关可以依法进一步采取强制执行措施
	（4）接受税收强制执行措施	税收强制执行措施的适用情形： 对未按照规定办理税务登记的从事生产、经营的纳税人以及临时从事经营的纳税人，由税务机关核定其应纳税额，责令缴纳；不缴纳的，税务机关可以扣押其价值相当于应纳税款的商品、货物。扣押后仍不缴纳应纳税款的，经县以上税务局局长批准，税务机关可以采取相应的税收强制执行措施。 税务机关有根据认为从事生产、经营的纳税人有逃避纳税义务行为的，可以在规定的纳税期之前，责令限期缴纳应纳税款；限期期满仍未缴纳税款的，经县以上税务局局长批准，税务机关可以采取相应的税收强制执行措施。 从事生产、经营的纳税人、扣缴义务人未按照规定的期限缴纳或者解缴税款，纳税担保人未按规定的期限缴纳所担保的税款，由税务机关责令限期缴纳，逾期仍未缴纳的，经县以上税务局局长批准，税务机关可以采取相应的强制执行措施。 税务机关对从事生产、经营的纳税人以前纳税期的纳税情况依法进行税务检查时，发现纳税人有逃避纳税义务行为，并有明显的转移、隐匿其应纳税的商品、货物，以及其他财产或者应纳税收入迹象的，经县以上税务局局长批准，税务机关可以采取相应的税收强制执行措施。

续表

业务流程	业务内容	处理方法
1. 接受税务机关的税收征收管理	（4）接受税收强制执行措施	税收强制执行措施包括： **种类 / 范围**<table><tr><td>种类</td><td colspan="2">范围</td></tr><tr><td>扣划银行存款</td><td>相当于未缴纳的税款和滞纳金的金额</td><td rowspan="2">个人及其所扶养家属维持生活必需的住房和用品除外</td></tr><tr><td>拍卖、变卖已扣押、查封的财产</td><td>不超过未缴纳的税款和滞纳金的价值</td></tr></table>
	（5）承担税收法律责任	税收法律责任的种类包括： <table><tr><td>种类</td><td>适用</td><td>主体</td><td>类型</td></tr><tr><td>行政处罚</td><td>违反税法但未构成犯罪</td><td>税务机关</td><td>责令限期改正；罚款；没收违法所得和作案工具；收缴未使用发票和暂停供应发票；停止出口退税权；提请工商行政管理部门吊销营业执照</td></tr><tr><td>刑事责任</td><td>违反税法并构成犯罪</td><td>司法机关</td><td>主刑：管制、拘役、有期徒刑、无期徒刑、死刑；附加刑：罚金、没收财产、剥夺政治权利和驱逐出境</td></tr></table> 纳税人、扣缴义务人的具体税收违法行为的法律责任包括：违反日常税收管理的法律责任；直接妨害税款征收的法律责任；直接妨害发票管理的法律责任。 　　税务行政处罚"首违不罚"：对于首次发生《税务行政处罚"首违不罚"事项清单》中所列事项且危害后果轻微，在税务机关发现前主动改正或者在税务机关责令限期改正的期限内改正的，不予行政处罚
2. 依法保障纳税人合法权益	（1）申请税务行政复议	税务行政复议是指纳税人、扣缴义务人、纳税担保人及其他税务当事人不服税务机关及其工作人员作出的具体行政行为，依法向上一级税务机关提出复议申请，复议机关经审理对原税务机关具体行政行为依法作出维持、变更、撤销等决定的一种行政执法活动。 　　税务行政复议的当事人和复议机关如下所示： <table><tr><td>主体</td><td>确定方法</td></tr><tr><td>申请人</td><td>认为税务行政机关的具体行政行为侵犯其合法权益，依法向税务行政复议机关提出行政复议申请的公民、法人和其他组织</td></tr><tr><td>被申请人</td><td>作出具体行政行为的税务机关或者应当作出具体行政行为而不作为的税务行政机关</td></tr><tr><td>复议机关</td><td>依法受理行政复议申请、对具体行政行为进行审查并作出行政复议决定的税务机关</td></tr></table>

续表

业务流程	业务内容	处理方法
2. 依法保障纳税人合法权益	（1）申请税务行政复议	税务行政复议的适用情形：仅限于税务机关作出的具体行政行为，包括征税行为；行政许可、行政审批行为；发票管理行为；税收保全措施、强制执行措施；行政处罚行为；不依法履行有关职责的行为；资格认定行为；不依法确认纳税担保行为；政府信息公开工作中的具体行政行为；纳税信用等级评定行为；通知出入境管理机关阻止出境行为；其他具体行政行为。 税务行政复议申请的提出：自得知税务机关作出具体行政行为之日起60日内以口头或者书面形式提出。 税务行政复议的决定时限：受理复议申请之日起60日内。 税务行政复议决定的种类：决定维持；限期履行；撤销、变更或确认原具体行政行为违法。 税务行政复议决定的生效时间：行政复议决定书一经送达，即发生法律效力
	（2）提起税务行政诉讼	税务行政诉讼是指公民、法人和其他组织认为税务机关及其工作人员的具体行政行为违法或者不当，侵犯了其合法权益，依法向人民法院提起行政诉讼，由人民法院对具体行政行为的合法性和适当性进行审理并作出裁决的司法活动。 税务行政诉讼的当事人如下所示： 表A 税务行政诉讼的适用情形：与税务行政复议的受案范围基本一致，包括征税行为；行政许可、行政审批行为；发票管理行为；税收保全措施、强制执行措施；行政处罚行为；不依法履行有关职责的行为；资格认定行为；不依法确认纳税担保行为；政府信息公开工作中的具体行政行为；纳税信用等级评定行为；通知出入境管理机关阻止出境行为；税务机关改变了原具体行政行为，或复议期限届满，税务机关不予答复的行为。 税务行政复议与税务行政诉讼的关系：只有因税务机关的征税行为引起的争议，才必须以税务行政复议作为税务行政诉讼的必经前置程序；申请人对税务机关作出的征税行为以外的其他税务具体行政行为不服，既可以申请复议，也可以直接向人民法院提起行政诉讼。 税务行政诉讼受诉法院的选定，应当遵守级别管辖和地域管辖的规定： 表B

当事人表：

当事人	确定方法
原告	认为税务机关具体行政行为侵犯其合法权益的纳税人、扣缴义务人、纳税担保人以及其他当事人
被告	作出具体行政行为的税务机关或其上一级税务机关

种类	规定
级别管辖	基层人民法院：一般的税务行政诉讼案件； 中高级人民法院：本辖区内重大、复杂的税务行政诉讼案件； 最高人民法院：全国范围内重大、复杂的税务行政案件
地域管辖	一般由最初作出具体行政行为的税务机关所在地人民法院管辖； 经过复议的，由原告选择最初作出具体行政行为的税务机关所在地人民法院，或者复议机关所在地人民法院管辖； 原告可以向任何一个有管辖权的人民法院起诉，最先立案的人民法院为第一审法院

续表

业务流程	业务内容	处理方法
2. 依法保障纳税人合法权益	（2）提起税务行政诉讼	税务行政诉讼申请的提出：对税务机关的征税行为提起诉讼，必须先经过复议，对复议决定不服的，可以自接到复议决定书之日起 15 日内向人民法院起诉；对其他具体行政行为不服的，当事人可以自接到通知或者自知道之日起 15 日内直接向人民法院起诉。 税务行政诉讼判决的种类：维持判决；撤销判决；履行判决；变更判决。 税务行政诉讼的上诉：对一审判决不服的，当事人可以在判决书送达之日起 15 日内向上一级人民法院提起上诉；未在上诉期内提起上诉，一审判决发生法律效力
	（3）索取税务行政赔偿	税务行政赔偿是指税务机关和税务机关工作人员因违法行使职权对公民、法人和其他组织的合法权益造成损害，由税务机关代表国家承担赔偿责任的制度。 税务行政赔偿程序的当事人如下所示： ┌表┐

当事人	确定方法
请求人	受害的纳税人和其他税务当事人。受害的纳税人和其他税务当事人死亡或终止的，应当由受害公民的继承人、其他有扶养关系的亲属或者承受原法人或者其他组织的法人或者其他组织提出赔偿请求
赔偿义务机关	直接侵权行为人所属的税务机关； 共同行使职权的税务机关； 法律、法规授权的组织； 经过上级税务机关行政复议的，最初造成侵权的税务机关为赔偿义务机关，但复议决定加重损害的，则上级税务机关对加重损害部分履行赔偿义务； 应当履行赔偿义务的税务机关被撤销的，继续行使其职权的税务机关是赔偿义务机关，没有继续行使其职权的，撤销该赔偿义务机关的行政机关为赔偿义务机关

税务行政赔偿程序的适用情形：税务机关或者其工作人员非法行使职权，并因此给纳税人和其他税务当事人合法权益造成损害，包括侵犯人身权和财产权的行为。

提起税务行政赔偿的时间：请求国家赔偿的时效为 2 年，自其知道或者应当知道税务机关及其工作人员行使职权时的行为侵犯其人身权、财产权之日起计算，但被羁押等限制人身自由期间不计算在内。

税务行政赔偿的决定时限：自收到申请之日起 2 个月内。

税务行政赔偿的后续救济：税务行政赔偿义务机关逾期未作出是否赔偿决定的，赔偿请求人可以自期间届满之日起 3 个月内向人民法院提起诉讼；税务行政赔偿请求人对赔偿的方式、项目、数额有异议，或者赔偿义务机关作出不予赔偿决定的，可以自赔偿义务机关作出赔偿或不予赔偿决定之日起 3 个月内向人民法院提起诉讼

【典型例题分析】

一、单项选择题

1. 税务机关自纳税人应缴纳税款的期限届满之日起（   ）内有权要求纳税保证人承担保

证责任，缴纳税款、滞纳金。

A. 10 日　　　　B. 15 日　　　　C. 30 日　　　　D. 60 日

【答案】D

【分析】税务机关自纳税人应缴纳税款的期限届满之日起 60 日内有权要求纳税保证人承担保证责任，缴纳税款、滞纳金。

2. 经税务机关同意，纳税人或纳税担保人将其动产或权利凭证移交税务机关占有，将该动产或权利凭证作为税款及滞纳金的担保，称为（　　）。

A. 纳税担保　　B. 纳税质押　　C. 纳税抵押　　D. 纳税补偿

【答案】B

【分析】纳税质押是指经税务机关同意，纳税人或纳税担保人将其动产或权利凭证移交税务机关占有，将该动产或权利凭证作为税款及滞纳金的担保。

3. 税务机关采取税收保全措施时，个人及其所抚养家属维持生活必需的住房和用品不在税收保全措施的范围之内，下列不属于保全范围的是（　　）。

A. 豪华住宅　　　　　　　　　B. 金银饰品

C. 配偶的退休工资　　　　　　D. 家中唯一的小汽车

【答案】C

【分析】豪华住宅、金银饰品、小汽车均不属于维持生活必需的住房和用品，包含在税收保全措施的范围之内。

4. 根据《中华人民共和国税收征收管理法》的规定，经县以上税务局局长批准，税务机关可以对符合税法规定情形的纳税人采取税收保全措施。下列各项中，属于税收保全措施的是（　　）。

A. 责令纳税人暂时停业，限期缴纳应纳税款

B. 书面通知纳税人开户银行从其存款中扣缴应纳税款

C. 书面通知纳税人开户银行冻结纳税人的金额相当于应纳税款的存款

D. 依法拍卖纳税人的价值相当于应纳税款的商品，以拍卖所得抵缴税款

【答案】C

【分析】税收保全措施包括：① 书面通知其开户银行或者其他金融机构，从其存款中扣缴税款；② 扣押、查封其价值相当于应纳税款的商品、货物或者其他财产。

5. 税务机关实施税收保全措施，需经（　　）批准。

A. 国家税务总局局长

B. 省、自治区、直辖市税务局局长

C. 县以上税务局局长

D. 税务所所长

【答案】C

【分析】税务机关实施税收保全措施应经县以上税务局局长批准。

6. 从事生产、经营的纳税人、扣缴义务人未按照规定的期限缴纳或者解缴税款，纳税担保人未按照规定的期限缴纳所担保的税款，由税务机关责令限期缴纳，逾期仍未缴纳的，经县以上税务局局长批准，税务机关可以采取的措施是（　　）。

A. 税收保全　　　B. 强制执行　　　C. 刑事拘留　　　D. 没收财产

【答案】B

【分析】从事生产、经营的纳税人、扣缴义务人未按照规定的期限缴纳或者解缴税款，纳税担保人未按照规定的期限缴纳所担保的税款，由税务机关责令限期缴纳，逾期仍未缴纳的，经县以上税务局局长批准，税务机关可以采取相应的税收强制执行措施。

7. 纳税人未按照规定的期限申报办理税务登记、变更或注销税务登记的，可以处（　　）以下的罚款；情节严重的，处以（　　）的罚款。

A. 1 000 元　2 000 元以上 10 000 元以下

B. 1 000 元　1 000 元以上 10 000 元以下

C. 2 000 元　2 000 元以上 10 000 元以下

D. 5 000 元　2 000 元以上 10 000 元以下

【答案】C

【分析】纳税人有下列行为之一的，由税务机关责令限期改正，可以处 2 000 元以下的罚款；情节严重的，处 2 000 元以上 10 000 元以下的罚款：未按照规定的期限申报办理税务登记、变更或者注销登记；未按照规定设置、保管账簿或者保管记账凭证和有关资料；未按照规定将财务、会计制度或者财务、会计处理办法和会计核算软件报送税务机关备查；未按照规定将全部银行账号向税务机关报告；未按照规定安装、使用税控装置，或者损毁或擅自改动税控装置；未按照规定办理税务登记证件验证或者换证手续。

8. 对下列企业或者个人，税务机关可以采取税收保全措施的是（　　）。

A. 扣缴义务人　　　　　　　B. 纳税担保人

C. 从事生产经营的纳税人　　D. 非从事生产经营的纳税人

【答案】C

【分析】税收保全措施的适用主体仅限于从事生产经营的纳税人。

9. 税务机关采取税收保全措施的期限，一般不得超过 6 个月，重大案件需要延长的，应当报经批准，有权批准的税务机关是（　　）。

A. 县级税务局　　　B. 市级税务局　　　C. 省级税务局　　　D. 国家税务总局

【答案】D

【分析】税务机关采取税收保全措施的期限一般不得超过 6 个月；重大案件需要延长的，应当报国家税务总局批准。

10. 某市一加工企业因账簿不全，市主管税务局对其核定征收企业所得税，企业认为核定数额过高，在双方协商无果的情况下，企业准备请求法律救济。下列关于企业的做法正确的是（　　）。

A. 加工企业可以直接向人民法院提起行政诉讼

B. 加工企业可以向该市人民政府提起行政复议

C. 加工企业应在复议决定做出后及时缴纳税款

D. 加工企业可以向该省税务局提起行政复议

【答案】D

【分析】本题属于对税务机关的征税行为不服的，属于税务行政复议前置的情形，不能直接提起行政诉讼，故选项 A 错误。对各级税务局的具体行政行为不服的，应当向其上一级税务局申请行政复议，故选项 D 正确，选项 B 错误。申请人申请行政复议的，必须先行缴纳或者解缴税款和滞纳金，或者提供相应的担保，故选项 C 错误。

11. 税务行政复议机关应当自受理申请之日起（　　）日内作出行政复议决定，案件情况复杂，税务行政复议机关不能在规定期限内作出行政复议决定的，经复议机关负责人批准，可以适当延期，但是延期不得超过（　　）日。

　　A. 30　30　　　　　B. 30　60　　　　　C. 60　30　　　　　D. 60　60

　　【答案】C

　　【分析】税务行政复议机关应当自受理申请之日起 60 日内作出行政复议决定。案件情况复杂，税务行政复议机关不能在规定期限内作出行政复议决定的，经复议机关负责人批准，可以适当延期，并告知申请人和被申请人，但是延期不得超过 30 日。

12. 下列各项中，不可以提出税务行政复议附带审查的是（　　）。

　　A. 国家税务总局的规章　　　　　B. 地方人民政府工作部门的规定

　　C. 其他各级税务机关的规定　　　D. 地方各级人民政府的规定

　　【答案】A

　　【分析】可以提出税务行政复议附带审查的规定包括：国家税务总局和国务院其他部门的规定；其他各级税务机关的规定；地方各级人民政府的规定；地方人民政府工作部门的规定。上述"规定"均不包括规章。

13. 对税务机关作出的征税行为以外的其他具体行政行为不服的，当事人可以自接到通知或者自知道之日起（　　）日内直接向人民法院起诉。

　　A. 5　　　　　　　　B. 15　　　　　　　C. 30　　　　　　　D. 60

　　【答案】B

　　【分析】对税务机关作出的征税行为以外的其他具体行政行为不服的，当事人可以自接到通知或者自知道之日起 15 日内直接向人民法院起诉。

14. 在税务行政诉讼中，中高级人民法院管辖的是（　　）。

　　A. 一般的税务行政诉讼案件

　　B. 本辖区内重大、复杂的税务行政诉讼案件

　　C. 全国范围内重大、复杂的税务行政案件

　　D. 各种税务行政复议活动

　　【答案】B

　　【分析】一般情况下，基层人民法院管辖一般的税务行政诉讼案件，中高级人民法院管辖本辖区内重大、复杂的税务行政诉讼案件，最高人民法院管辖全国范围内重大、复杂的税务行政案件。

15. 下列各项中，不给予税务行政赔偿的是（　　）。

　　A. 税务机关工作人员违法采取限制公民人身自由的行政强制措施的

　　B. 税务机关工作人员殴打纳税人造成公民身体伤害的

　　C. 税务机关工作人员下班回家途中与他人发生争执造成公民身体伤害的

　　D. 税务机关工作人员违法实施罚款造成公民财产损失的

【答案】C

【分析】税务机关不承担税务行政赔偿责任的情形包括：税务机关工作人员与行使职权无关的个人行为；因纳税人和其他税务当事人自己的行为致使损害发生的；法律规定的其他情形。

16. 属于我国现行税务行政处罚种类的是（   ）。

A. 罚款　　　　　　B. 加收滞纳金　　C. 停止出口退税权　　D. 没收违法所得

【答案】B

【分析】税务机关可以依法给予的行政处罚包括：责令限期改正、罚款、没收违法所得和作案工具、收缴未使用发票和暂停供应发票、停止出口退税权以及提请工商行政管理部门吊销营业执照。

二、多项选择题

1. 下列关于税务机关行使税务检查权的表述中，符合税法规定的有（   ）。

A. 到纳税人的住所检查应纳税的商品、货物和其他财产

B. 责成纳税人提供与纳税有关的文件、证明材料和有关材料

C. 到车站检查纳税人托运货物或者其他财产的有关单据、凭证和资料

D. 经县税务局长批准，凭统一格式的检查存款账户许可证，查询案件涉嫌人员的储蓄存款

【答案】BC

【分析】税务机关可以到纳税人的生产、经营场所和货物存放地检查应纳税的商品、货物或其他财产，但是不能进入纳税人的生活场所检查，选项 A 错误。经设区的市、自治州以上税务局局长批准，凭全国统一格式的检查存款账户许可证明，方可查询案件涉嫌人员的储蓄存款，选项 D 错误。

2. 税务机关派出人员在进行税务检查时，必须出示（   ）。

A. 外出经营活动税收管理证明　　　　B. 工作证

C. 税务检查证件　　　　　　　　　　D. 税务检查通知书

【答案】CD

【分析】税务机关派出人员在进行税务检查时，必须出示税务检查证件，送达或者出示税务检查通知书。

3. 纳税人发生的下列情形中，不得作为纳税保证人的有（   ）。

A. 有逃避追缴欠税行为被税务机关、司法机关追究过法律责任已满 5 年的

B. 因有税收违法行为正在被税务机关立案处理或涉嫌刑事犯罪被司法机关立案侦查的

C. 纳税信誉等级被评为 B 级的

D. 限制民事行为能力的自然人

【答案】BD

【分析】不得作为纳税保证人的情形包括：有偷税、抗税、骗税、逃避追缴欠税行为被税务机关、司法机关追究过法律责任未满 2 年的；因有税收违法行为正在被税务机关立案处理或涉嫌刑事犯罪被司法机关立案侦查的；纳税信誉等级被评为 C 级以下的；在主管税务机

关所在地的市（地、州）没有住所的自然人或税务登记不在本市（地、州）的企业；无民事行为能力或限制民事行为能力的自然人；与纳税人存在担保关联关系的；有欠税行为的。

4. 下列各项中，可以作为纳税抵押财产的有（　　　　　）。

    A. 抵押人所有的房屋　　　　　　B. 抵押人拥有的土地所有权

    C. 抵押人依法被查封的财产　　　D. 抵押人所有的交通运输工具

【答案】AD

【分析】不得用于纳税抵押的财产包括：土地所有权；土地使用权；学校、幼儿园、医院等以公益为目的的事业单位、社会团体、民办非企业单位的教育设施、医疗卫生设施和其他社会公益设施；所有权、使用权不明或者有争议的财产；依法被查封、扣押、监管的财产；依法定程序确认为违法、违章的建筑物；法律、行政法规规定禁止流通的财产或者不可转让的财产；经设区的市、自治州以上税务机关确认的其他不予抵押的财产。因此，题中选项AD可以用于抵押。

5. 以下不符合《中华人民共和国税收征收管理法》规定的有（　　　　　）。

    A. 纳税保证人应当自收到税务机关的纳税通知书之日起 60 日内履行保证责任，缴纳税款及滞纳金

    B. 学校、幼儿园、医院等以公益为目的的事业单位、社会团体，不得以其财产为其应缴纳的税款及滞纳金提供抵押

    C. 纳税保证期间内税务机关未通知纳税保证人缴纳税款及滞纳金以承担担保责任的，纳税保证人免除担保责任

    D. 纳税质押是指经税务机关同意，纳税人或纳税担保人不转移不动产等财产的占有，将该财产作为税款及滞纳金的担保。纳税人逾期未缴清税款及滞纳金的，税务机关有权依法处置该财产以抵缴税款及滞纳金。

【答案】ABD

【分析】履行纳税保证责任的期限为 15 日，故选 A。学校、幼儿园、医院等以公益为目的的事业单位、社会团体，可以其教育设施、医疗卫生设施和其他社会公益设施以外的财产为其应缴纳的税款及滞纳金提供抵押，故选 B。纳税质押，是指经税务机关同意，纳税人或纳税担保人将其动产或权利凭证移交税务机关占有，将该动产或权利凭证作为税款及滞纳金的担保。纳税人逾期未缴清税款及滞纳金的，税务机关有权依法处置该动产或权利凭证以抵缴税款及滞纳金，故选 D。

6. 下列关于税务机关实施税收保全措施的表述中，正确的有（　　　　　）。

    A. 税收保全措施仅限于从事生产、经营的纳税人

    B. 只有在事实全部查清，取得充分证据的前提下才能进行

    C. 冻结纳税人的存款时，其数额要以相当于纳税人的应纳税款的数额为限

    D. 个人及其扶养家属维持生活必需的住房和用品，不在税收保全措施的范围之内

【答案】ACD

【分析】税收保全措施是税务机关有根据认为从事生产、经营的纳税人有逃避纳税义务行为的，可以在规定的纳税期之前，责令其限期缴纳税款；在限期内发现纳税人有明显的转移、隐匿其应纳税的商品、货物以及其他财产或者应纳税的收入的迹象的，税务机关可以责

成纳税人提供纳税担保。如果纳税人不能提供纳税担保，经县以上税务局局长批准，税务机关可以采取相应的税收保全措施。因此，税收保全措施是针对纳税人即将转移、隐匿其应纳税的商品、货物以及其他财产或者应纳税的收入的紧急情况下采取的一种紧急处理措施，故选项 B 错误。

7. 下列关于税收强制执行措施的表述中，错误的是（　　　　　）。

    A. 税收强制执行措施不适用于扣缴义务人

    B. 作为家庭唯一代步工具的轿车，不在税收强制执行的范围之内

    C. 税务机关采取强制执行措施时，可对纳税人未缴纳的滞纳金同时强制执行

    D. 税务机关可对未按期缴纳工薪收入个人所得税的个人实施税收强制执行措施

    【答案】ABD

    【分析】税收强制执行措施适用于从事生产、经营的纳税人、扣缴义务人和纳税担保人，故选 A。个人及其所扶养家属维持生活必需的住房和用品，不在税收保全措施的范围之内，但家庭使用的轿车不属于生活必需，可以强制执行，故选 B。取得工薪收入的个人不属于从事生产、经营的纳税人，税务机关不能对未按期缴纳工薪收入个人所得税的个人实施税收强制执行措施，故选 D。

8. 纳税人的下列行为中，属于由税务机关责令限期改正，可以处 2 000 元以下的罚款；情节严重的，处 2 000 元以上 10 000 元以下的罚款的有（　　　　　）。

    A. 未按照规定设置、保管账簿或者保管记账凭证和有关资料

    B. 未按照规定将财务、会计制度或者财务、会计处理办法和会计核算软件报送税务机关备查

    C. 未按照规定将全部银行账号向税务机关报告

    D. 纳税人未按照规定使用税务登记证件

    【答案】ABC

    【分析】纳税人未按照规定使用税务登记证件，或者转借、涂改、损毁、买卖、伪造税务登记证件的，处 2 000 元以上 10 000 元以下的罚款；情节严重的，处 10 000 元以上 50 000 元以下的罚款，故不选 D。

9. 下列各项中，能够表明法人或者其他经济组织具有纳税担保能力的有（　　　　　）。

    A. 未曾因偷漏税款被税务机关处罚

    B. 上年缴纳的税款超过担保税额及滞纳金 3 倍以上

    C. 财务报表资产净值超过需要担保的税额及滞纳金 2 倍以上

    D. 拥有或者依法可以处分的未设置担保的财产价值超过需要担保的税额及滞纳金

    【答案】CD

    【分析】法人或其他经济组织财务报表资产净值超过需要担保的税额及滞纳金 2 倍以上的，自然人、法人或其他经济组织所拥有或者依法可以处分的未设置担保的财产价值超过需要担保的税额及滞纳金的，为具有纳税担保能力。

10. 下列选项中，属于税务行政处罚类型的有（　　　　　）。

    A. 罚款　　　　　　　　　　B. 没收违法所得

    C. 注销税务登记　　　　　　D. 不予退还税款

【答案】AB

【分析】税务机关可以依法给予的行政处罚包括：责令限期改正、罚款、没收违法所得和作案工具、收缴未使用发票和暂停供应发票、停止出口退税权以及提请工商行政管理部门吊销营业执照。

11. 下列关于税务行政复议管辖范围的说法中，不正确的有（　　　　　）。

　　A. 对计划单列市税务局作出的行政行为不服的，应直接向省税务局申请行政复议

　　B. 对直辖市税务局作出的行政行为不服的，可以向直辖市人民政府申请行政复议

　　C. 对国家税务总局作出的具体行政行为不服的，应向国家税务总局申请行政复议

　　D. 对某市税务局作出的行政行为不服的，只能向省级税务局申请行政复议

【答案】AB

【分析】对计划单列市税务局的具体行政行为不服的，应当向国家税务总局申请复议，故选 A。对各级税务局的具体行政行为不服的，应当向其上一级税务局申请复议，故选 B，选项 D 说法正确。对国家税务总局作出的具体行政行为不服的，应向国家税务总局申请行政复议，故选项 C 说法正确。

三、判断题

1. 采取税收保全措施、强制执行措施的权力，由公安机关行使。（　　）

【答案】×

【分析】采取税收保全措施、强制执行措施的权力，由税务机关行使。

2. 对国家税务总局做出的具体行政行为不服的，应当向国务院申请行政复议。（　　）

【答案】×

【分析】对国家税务总局的具体行政行为不服的，应当向国家税务总局申请行政复议。

3. 当事人对税务机关的征税决定、处罚决定，强制执行措施或者税收保全措施不服的，可以依法申请复议，也可以依法向人民法院起诉。（　　）

【答案】×

【分析】因税务机关的征税行为引起的争议，必须以税务行政复议作为税务行政诉讼的必经前置程序。

4. 税务人员进行税务检查时，即便未能现场出示税务检查证件和税务检查通知书，纳税人、扣缴义务人及其他当事人也不得拒绝检查，但可以事后要求税务人员再行出示。（　　）

【答案】×

【分析】税务人员进行税务检查时，应当出示税务检查证件，送达或者出示税务检查通知书，未出示税务检查证和税务检查通知书的，纳税人、扣缴义务人及其他当事人有权拒绝检查。

5. 税务机关行使查账权时，只能检查纳税人、扣缴义务人当年的账簿、记账凭证、报表和有关资料，不得调取其以前年度的账簿、记账凭证、报表和有关资料。（　　）

【答案】×

【分析】税务机关查账权既可以针对纳税人、扣缴义务人当年的账簿、记账凭证、报表

和有关资料，也可以针对其以前会计年度的账簿、记账凭证、报表和其他有关资料。

6. 税务机关行使查核存款账户权应当由专人负责，并有责任为被检查人保守秘密，查询所获得的资料，不得用于税收以外的用途。　　　　　　　　　　　　（　　　）

【答案】√

【分析】税务机关行使查核存款账户权应当由专人负责，并有责任为被检查人保守秘密，查询所获得的资料，不得用于税收以外的用途。

7. 欠缴税款、滞纳金的纳税人或者其法定代表人需要出境的，税务机关可以采取税收保全措施。　　　　　　　　　　　　　　　　　　　　　　　　　　（　　　）

【答案】×

【分析】欠缴税款、滞纳金的纳税人或者其法定代表人需要出境的，税务机关可要求其提供纳税担保。

8. 纳税保证从税务机关在纳税担保书签字盖章之日起生效。　　　　（　　　）

【答案】√

【分析】纳税保证从税务机关在纳税担保书签字盖章之日起生效。

9. 税务行政赔偿请求人在赔偿请求时效的最后 6 个月内，因不可抗力或者其他障碍不能行使请求权的，时效中止。从中止时效的原因消除之日起，赔偿请求时效期间重新计算。　　　　　　　　　　　　　　　　　　　　　　　　　　　　　（　　　）

【答案】×

【分析】赔偿请求时效中止的，从中止时效的原因消除之日起，赔偿请求时效期间继续计算。

10. 因纳税人和其他税务当事人自己的行为致使损害发生的，税务机关不承担赔偿责任。　　　　　　　　　　　　　　　　　　　　　　　　　　　　　　（　　　）

【答案】√

【分析】因纳税人和其他税务当事人自己的行为致使损害发生的，税务机关不承担赔偿责任。

【职业能力训练】

一、单项选择题

1. 下列各项中，可以作为纳税保证人的是（　　　）。

  A. 国家机关　　　　　　　　　　　B. 与纳税人存在担保关联关系的企业

  C. 纳税信誉等级被评为 A 级的企业　　D. 无民事行为能力的自然人

2. 纳税保证人未按照规定的期限缴纳所担保的税款、滞纳金的，由税务机关责令限期在（　　　）内缴纳；逾期仍未缴纳的，经县以上税务局局长批准，对纳税保证人采取强制执行措施。

  A. 10 日　　　　　B. 15 日　　　　　C. 30 日　　　　　D. 45 日

3. 下列不属于税收保全措施的有（　　　）。

  A. 冻结纳税人的存款　　　　　　　B. 扣押商品货物

    C. 查封其他财产   D. 查封公司

4. 税务机关采取的下列措施中，属于税收保全措施的是（   ）。

    A. 查封纳税人的价值相当于应纳税款的商品或货物

    B. 对纳税人逃避纳税义务的行为处以 2 000 元以上 5 000 元以下的罚款

    C. 书面通知纳税人的开户银行从其银行存款中扣缴税款

    D. 拍卖纳税人价值相当于应纳税款的商品用以抵缴税款

5. 税务机关对纳税人采取纳税收保全措施时，冻结的存款数额应当是（   ）。

    A. 全部存款

    B. 全部存款加上纳税人维持生活必需的住房和用品价值的金额

    C. 纳税人应纳税款数的两倍

    D. 相当于纳税人应纳税款的数额

6. 纳税保证人未按照规定的期限缴纳所担保的税款、滞纳金的，由税务机关责令限期在 15 日内缴纳；逾期仍未缴纳的，经（   ）批准，对纳税保证人采取强制执行措施。

    A. 县以上税务局党组书记   B. 县以上税务局局长

    C. 省级税务局党组书记   D. 省级税务局局长

7. 下列各项中，不符合《中华人民共和国税收征收管理法》有关规定的是（   ）。

    A. 采取税收保全措施时，冻结的存款以纳税人应纳税款的数额为限

    B. 采取税收强制执行措施时，被执行人未缴纳的滞纳金必须同时执行

    C. 税收强制执行措施的适用范围不仅限于从事生产经营的纳税人，也包括扣缴义务人

    D. 税收保全措施的适用范围不仅限于从事生产经营的纳税人，也包括扣缴义务人

8. 采取税收保全措施、强制执行措施的权力的是（   ）。

    A. 税务机关   B. 公安局   C. 财务部门   D. 审计部门

9. 下列选项中，不属于税务行政处罚类型的有（   ）。

    A. 停止出口退税权   B. 暂停供应发票

    C. 责令限期改正   D. 警告

10. 下列关于税务行政赔偿的义务机关的表述正确的是（   ）。

    A. 两个以上税务机关共同行使行政职权时侵犯公民合法权益造成损害的，共同行使职权的税务机关为共同赔偿义务机关

    B. 法律、法规授权的组织在行使授了的行政权力时侵犯公民合法权益造成损害的，授权的组织为赔偿义务机关

    C. 应当履行赔偿义务的税务机关被撤销的，上一级的税务机关为赔偿义务机关

    D. 经过上级税务机关行政复议的，上一级税务机关为赔偿义务机关

11. 纳税人不办理税务登记的，由税务机关责令限期改正，逾期不改的，由（   ）。

    A. 税务机关责令停业整顿

    B. 税务机关处 2 000 元以下的罚款

    C. 工商行政管理机关吊销营业执照

    D. 税务机关处 2 000 元以上 10 000 元以下罚款

12. 纳税人未按照规定使用税务登记证件，或者转借、涂改、损毁、买卖、伪造税务登记证

件的，处 2 000 元以上 10 000 元以下的罚款，情节严重的处罚是（   ）。

    A. 1 万元以上 5 万元以下罚款   B. 1 万元以上 6 万元以下罚款

    C. 1 万元以上 8 万元以下罚款   D. 1 万元以上 10 万元以下罚款

13. 对国家税务总局的具体行政行为不服的，向（   ）申请行政复议。

    A. 国家税务总局   B. 国务院

    C. 全国人民代表大会常务委员会   D. 最高人民法院

14. 李某向税务行政复议机关申请复议，但复议机关不能在规定期限内作出行政复议决定的，经复议机关负责人批准，可以适当延期，并告知申请人和被申请人，但是延期不得超过（   ）日。

    A. 15   B. 30   C. 60   D. 90

15. 税务行政复议机关作出行政复议决定的一般时限为（   ）日。

    A. 15   B. 30   C. 60   D. 90

16. 税务行政复议申请人可以在知道税务机关作出具体行政行为之日起（   ）内向税务行政复议机关提出行政复议申请。

    A. 15 日   B. 30 日   C. 60 日   D. 90 日

17. 税务行政复议机关在收到行政复议申请后，应当在（   ）日内进行审查并决定是否予以受理。

    A. 5   B. 10   C. 15   D. 30

18. 根据《中华人民共和国税收征收管理法》及其他相关规定，对税务机关的征税行为提起诉讼，必须先经过复议，对复议决定不服的，可以自接到复议决定书之日起（   ）日内向人民法院起诉。

    A. 15   B. 30   C. 60   D. 90

19. 纳税人对税务机关作出的（   ）行为不服的，可以不经过行政复议，直接提起行政诉讼。

    A. 确认纳税主体   B. 不予抵扣税款

    C. 停止出口退税权   D. 加收滞纳金

二、多项选择题

1. 根据《中华人民共和国税收征收管理法》的规定，税务机关有权（   ）。

    A. 责成扣缴义务人提供与代扣代缴、代收代缴税款有关的有关文件、证明材料和有关资料

    B. 询问扣缴义务人与代扣代缴、代收代缴税款有关的问题和情况

    C. 经县以上税务局局长批准，税务机关可以将纳税人当年的账簿、记账凭证、报表和其他有关资料调回检查

    D. 到邮政企业检查纳税人邮寄应纳税商品、货物或者其他财产的有关单据、凭证和有关资料

2. 纳税担保是指经税务机关同意或确认，为纳税人应当缴纳的税款及滞纳金提供担保的行为。纳税担保范围包括（   ）。

A. 税款   B. 滞纳金

C. 实现税款、滞纳金的费用   D. 实现罚款的费用

3. 按照《纳税担保试行办法》的相关规定，下列财产不得抵押的有（　　　　）。

 A. 抵押人所有的机器设备

 B. 土地使用权

 C. 公立学校的教育设施

 D. 抵押人依法有权处分的国有交通运输工具

4. 根据《中华人民共和国税收征收管理法》的规定，下列各项中，不属于税收保全措施的有（　　　　）。

 A. 暂扣纳税人税务登记证

 B. 书面通知纳税人开户银行从其存款中扣缴税款

 C. 拍卖纳税人价值相当于应纳税款的货物，以拍卖所得抵缴税款

 D. 查封纳税人价值相当于应纳税款的货物

5. 税收保全措施的被执行人不包括（　　　　）。

 A. 从事生产、经营的纳税人

 B. 缴纳工资、薪金个人所得税的纳税人

 C. 纳税担保人

 D. 代扣代缴、代收代缴义务人

6. 下列各项中，可能导致税收保全措施终止的情况有（　　　　）。

 A. 纳税人在规定的期限内缴纳了应纳税款

 B. 纳税人提请税务行政复议的

 C. 纳税人超过规定期限仍不纳税，经县以上税务局（分局）局长批准，终止税收保全措施，转入强制执行措施

 D. 纳税人提请税务行政诉讼的

7. 以下不符合《中华人民共和国税收征收管理法》规定的有（　　　　）。

 A. 税务机关采取税收保全措施的期限一般不得超过 6 个月；重大案件需要延长的，应当报省、自治区、直辖市税务局批准。

 B. 对在责令限期缴纳期间有逃避纳税义务迹象的纳税人，税务机关应首先要求纳税人提供纳税担保，而不是直接采取税收保全措施

 C. 税务机关采取税收保全措施以后，纳税人如果在规定的限期内缴纳税款，则税务机关应当在 3 日内解除税收保全措施

 D. 税务机关采取强制执行措施时，对纳税人、扣缴义务人、纳税担保人未缴纳的滞纳金应当同时强制执行

8. 根据《中华人民共和国税收征收管理法》的规定，下列关于税收强制执行措施的说法正确的有（　　　　）。

 A. 税收强制执行措施仅适用于从事生产、经营的纳税人

 B. 税收强制执行措施必须发生在责令期满后

 C. 采取税收强制执行措施，应当报经县以上税务局局长批准

D. 对逾期不履行法定义务的纳税人必须告诫在先，执行在后

9. 关于税收强制执行措施，下列说法正确的有（　　　　）。

A. 个人及其所抚养的家属维持生活所必需的住房和用品不在强制执行的范围之内

B. 书面通知纳税人开户银行或者其他金融机构冻结其相当于应纳税款的存款属于税收强制执行措施

C. 纳税人未缴纳的滞纳金不在强制执行的范围之内

D. 应当经县以上税务局局长批准

10. 根据税收征管法律制度的规定，下列各项中，属于税务机关可以采取的税收强制执行措施有（　　　　）。

A. 书面通知纳税人开户银行冻结纳税人存款

B. 书面通知纳税人开户银行从其存款中扣缴税款

C. 拍卖所扣押的纳税人价值相当于应纳税款的财产，以拍卖所得抵缴税款

D. 扣押纳税人价值相当于应纳税款的财产

11. 下列属于税务机关可以处 1 倍以上 5 倍以下罚款的违法行为的有（　　　　）。

A. 偷税　　　　　　B. 抗税　　　　　　C. 逃避追缴欠税　　　　D. 骗税

12. 对骗取国家出口退税款的，税务机关可以（　　　　）。

A. 追缴其骗取的退税款　　　　　　　　B. 处骗取税款 1 倍以上 5 倍以下的罚款

C. 取消其出口退税权　　　　　　　　　D. 在规定期间内停止为其办理出口退税

13. 纳税人偷税，尚未构成犯罪的，可以采取的处罚措施有（　　　　）。

A. 追缴其不缴或少缴的税款

B. 追缴其不缴或少缴税款的滞纳金

C. 处不缴或少缴的税款 50% 以上 5 倍以下的罚款

D. 由当地上级主管部门给偷税企业的领导人记过或警告、撤职处分

14. 下列各项中，符合税务行政复议管辖权规定的有（　　　　）。

A. 对国家税务总局作出的具体行政行为不服的，应向国家税务总局申请行政复议

B. 对省级税务局作出的具体行政行为不服的，应当向国家税务总局申请行政复议

C. 对两个以上税务机关共同作出的具体行政行为不服的，向共同上一级人民政府申请行政复议

D. 对被撤销的税务机关在撤销以前所作出的具体行政行为不服的，向具体行政行为发生地的县级地方人民政府申请行政复议

15. 纳税人及其他当事人认为税务机关的具体行政行为所依据的（　　　　）不合法，对具体行政行为申请行政复议时，可一并向复议机关提出对该规定的审查申请。

A. 国务院各部委的部门规章　　　　　　B. 省级税务机关的规定

C. 地方各级人民政府的规定　　　　　　D. 国家税务总局的规定

16. 下列各项中，符合《中华人民共和国行政复议法》和《税务行政复议规则》规定的有（　　　　）。

A. 对国务院的行政复议裁决不服的，可以向人民法院提出行政诉讼

B. 对国家税务总局作出的具体行政行为不服的，向国家税务总局申请行政复议

C. 对国家税务总局作出的具体行政行为经复议仍不服复议决定的，可以向国务院申请裁决

D. 对税务机关作出逾期不缴纳罚款加处罚款的决定不服的，向作出行政处罚决定的上一级税务机关申请行政复议

17. 税务行政复议申请人提供担保的方式主要有（　　　）。

A. 保证　　　　　B. 抵押　　　　　C. 质押　　　　　D. 留置

18. 根据税务行政法制的规定，税务行政诉讼的受案或者审查范围包括（　　　）。

A. 国家税务总局制定规章的行为　　B. 税务机关作出的复议行为
C. 税务机关作出的税收保全措施　　D. 税务机关作出的税收强制执行措施

19. 下列各项中，纳税人对税务机关作出的具体行政行为不服，不必经过税务行政复议，可以直接向人民法院提起行政诉讼的有（　　　）。

A. 暂停供应发票和收缴发票　　B. 加收滞纳金
C. 取消增值税一般纳税人资格　　D. 征收税款

20. 当事人对税务机关的（　　　）不服的，可以依法申请行政复议，也可以依法向人民法院起诉。

A. 处罚决定　　B. 强制执行措施　　C. 税收保全措施　　D. 征税决定

21. 税务机关作出的下列行为中，必须经过行政复议程序申请复议的有（　　　）。

A. 确认征税对象　　B. 罚款行为　　C. 代收代缴行为　　D. 没收非法所得

22. 纳税人和其他税务当事人对侵犯其合法权益的特定税务行政行为，可以依法向人民法院提起行政诉讼，属于法定税务行政诉讼受案范围的有（　　　）。

A. 税务机关通知银行冻结其存款的行为
B. 税务机关逾期未对其复议申请作出答复的行为
C. 税务机关对其所缴的税款没有上交国库的行为
D. 税务机关制订的规范性文件损害了纳税人合法权益的行为

23. 纳税人对于首次发生下列（　　　）事项且危害后果轻微，并在税务机关发现前主动改正或者在税务机关责令限期改正的期限内改正的，不予行政处罚。

A. 未按照规定将其全部银行账号向税务机关报送
B. 未按照规定设置、保管账簿或者保管记账凭证和有关资料
C. 未按照规定的期限办理纳税申报和报送纳税资料
D. 未按照规定缴销发票且没有违法所得

三、判断题

1. 纳税人、扣缴义务人、纳税担保人同税务机关在纳税上发生争议时，可以依法申请行政复议，也可以依法直接向人民法院起诉。（　　）

2. 税务机关调查税务违法案件时，对与案件有关的情况和资料，只能记录、复制或者照相，不得录音、录像。（　　）

3. 税务机关对集贸市场及集中经营业户进行检查时，可以使用统一的税务检查通知书。（　　）

4. 经县以上税务局局长批准，税务机关可以将纳税人、扣缴义务人当年的账簿、记账凭证、报表和其他有关资料调回税务机关检查，并在 3 个月内完整退还。　　　　　（　　）

5. 纳税人同税务机关在纳税上发生争议而未缴清税款，需要申请行政复议的，税务机关可要求其提供纳税担保。　　　　　（　　）

6. 纳税抵押从税务机关在纳税担保书签字盖章之日起生效。　　　　　（　　）

7. 查封商品、货物或者其他财产时，必须开付收据。　　　　　（　　）

8. 纳税人如果在规定的限期内缴纳税款，则税务机关应当在下一个工作日内解除税收保全措施，否则，税务机关应当承担赔偿因此给纳税人的合法利益造成的损失。　　（　　）

9. 主刑包括管制、拘役、有期徒刑、无期徒刑、死刑和剥夺政治权利。　　（　　）

10. 纳税人未按照规定的期限办理纳税申报和报送纳税资料的，由税务机关责令限期改正，处 2 000 元以上 10 000 元以下的罚款；情节严重的，处 10 000 元以上 50 000 元以下的罚款。　　　　　（　　）

11. 增值税专用发票由国务院税务主管部门指定的企业印制；其他发票，按照国务院税务主管部门的规定，分别由各省、自治区、直辖市税务局指定企业印制。　　（　　）

12. 对税务机关作出已处罚款和逾期不缴纳罚款加处罚款的决定不服的，向作出行政处罚决定的税务机关申请行政复议。　　　　　（　　）

13. 原税务机关不按照规定提出书面答复，提交当初作出具体行政行为的证据、依据和其他有关材料的，视为该具体行政行为没有证据、依据，复议机关应确认该具体行政行为违法。　　　　　（　　）

14. 申请人向人民法院提起行政诉讼，人民法院已经依法受理的，申请人也可以再申请行政复议。　　　　　（　　）

15. 税务行政诉讼应当由最初作出具体行政行为的税务机关所在地人民法院管辖。但是经过复议的，可以由原告选择最初作出具体行政行为的税务机关所在地人民法院，或者复议机关所在地人民法院管辖。　　　　　（　　）

16. 税务行政赔偿是指税务机关和税务机关工作人员因违法行使职权对公民、法人和其他组织的合法权益造成损害，由人民法院代表国家承担赔偿责任的制度。　　（　　）

17. 只要税务机关或者其工作人员行使职权的行为给纳税人和其他税务当事人的合法权益造成损害，纳税人和其他税务当事人就都可以依法索取税务行政赔偿。　　（　　）

18. 税务行政赔偿请求人请求国家赔偿的时效为 2 年，自请求人知道或者应当知道税务机关及其工作人员行使职权时的行为侵犯其人身权、财产权之日起计算，被羁押等限制人身自由期间也计算在内。　　　　　（　　）

19. 税务行政赔偿义务机关逾期未作出是否赔偿决定的，赔偿请求人可以自期间届满之日起 3 个月内向人民法院提起诉讼。　　　　　（　　）

20. 税务机关对从事生产、经营的纳税人以前纳税期的纳税情况依法进行税务检查时，发现纳税人有逃避纳税义务行为，并有明显的转移、隐匿其应纳税的商品、货物，以及其他财产或者应纳税收入迹象的，应当立即采取相应的税收强制执行措施。　　（　　）

21. 对未按照规定办理税务登记的从事生产、经营的纳税人以及临时从事经营的纳税人，由税务机关核定其应纳税额，责令缴纳；不缴纳的，税务机关可以书面通知纳税人开户银行或者其他金融机构冻结纳税人的金额相当于应纳税款的存款，或者扣押其价值相当于应纳税款的商品、货物。　　　　　　　　　　　　　　　　　　　　　　　　　　（　　）

22. 纳税人逃税数额较大达到入罪标准的，只要在税务机关依法下达追缴通知后，补缴应纳税款，缴纳滞纳金，接受行政处罚的，均不再追究其刑事责任。　　　　　　　（　　）

四、实训题

1. 目的：协助企业有效地行使税收救济权利。

2. 资料：2022 年 1 月 9 日，甲市税务局稽查局对该市 A 机械厂进行稽查时，发现该企业 2021 年度销售产品，收取价外费用 140.40 万元，未并入产品销售收入申报缴纳增值税。遂于 1 月 14 日向 A 厂下达了补缴增值税 20.40 万元的税务处理决定书。A 厂不服，于 1 月 17 日向市税务局提出复议申请。市税务局以 A 厂未缴纳税款为由，拒绝受理其复议申请。1 月 31 日，市税务局稽查局又向 A 厂下达了限期缴纳税款通知书，限 A 厂于 2 月 8 日前，缴清所查补的税款。因 A 厂领导始终认为，他们收取的价外费用不应同产品销售收入一道缴纳增值税，故在 2 月 8 日前未能主动缴纳税款。

2 月 9 日上午，市税务局稽查局强行从 A 厂开户银行账户上划走了查补的税款。就在这时，A 厂进行了企业改制，更换了法定代表人。直到 6 月 20 日，A 厂才正式就价外费用补税和强行划缴税款问题，向法院提起行政诉讼。

法院经过审查，于 2022 年 6 月 25 日，以 A 厂超过诉讼期限为由，驳回了该厂的诉讼请求。

3. 要求：根据上述内容分析：

（1）1 月 17 日，市税务局拒绝受理 A 厂复议申请的决定是否合法？

（2）2 月 9 日，市税务局稽查局从 A 厂账户上划走税款的行为是否合法？

（3）6 月 25 日，法院驳回 A 厂诉讼请求的裁定是否合法？

（4）你认为 A 厂应该怎样行使税收救济权利去维护自己的合法权益？

郑重声明

高等教育出版社依法对本书享有专有出版权。任何未经许可的复制、销售行为均违反《中华人民共和国著作权法》，其行为人将承担相应的民事责任和行政责任；构成犯罪的，将被依法追究刑事责任。为了维护市场秩序，保护读者的合法权益，避免读者误用盗版书造成不良后果，我社将配合行政执法部门和司法机关对违法犯罪的单位和个人进行严厉打击。社会各界人士如发现上述侵权行为，希望及时举报，我社将奖励举报有功人员。

反盗版举报电话 （010）58581999　58582371

反盗版举报邮箱 dd@hep.com.cn

通信地址 北京市西城区德外大街 4 号　高等教育出版社法律事务部

邮政编码 100120

读者意见反馈

为收集对教材的意见建议，进一步完善教材编写并做好服务工作，读者可将对本教材的意见建议通过如下渠道反馈至我社。

咨询电话 400-810-0598

反馈邮箱 gjdzfwb@pub.hep.cn

通信地址 北京市朝阳区惠新东街 4 号富盛大厦 1 座

　　　　　高等教育出版社总编辑办公室

邮政编码 100029

防伪查询说明

用户购书后刮开封底防伪涂层，使用手机微信等软件扫描二维码，会跳转至防伪查询网页，获得所购图书详细信息。

防伪客服电话 （010）58582300

资源服务提示

授课教师如需获取本书配套教辅资源，请登录"高等教育出版社产品信息检索系统"（http://xuanshu.hep.com.cn/），搜索本书并下载资源。首次使用本系统的用户，请先注册并进行教师资格认证。

高教社高职会计教师交流及资源服务 QQ 群（在其中之一即可，请勿重复加入）：

　　QQ3 群：675544928　QQ2 群：708994051（已满）　QQ1 群：229393181（已满）